U0604665

2022年

国家统一法律职业资格考试

客观题
刑事诉讼法题库

陈龙 © 编著

为生命辩护
为自由呐喊

陈龙

中国政法大学出版社

2022·北京

图书在版编目（ＣＩＰ）数据

2022 年国家统一法律职业资格考试客观题刑事诉讼法题库/陈龙编著.—北京：中国政法大学出版社，2022.3

ISBN 978-7-5764-0409-8

Ⅰ.①2… Ⅱ.①陈… Ⅲ.①刑事诉讼法－中国－资格考试－习题集 Ⅳ.①D925.2-44

中国版本图书馆 CIP 数据核字(2022)第 049514 号

出 版 者	中国政法大学出版社
地　　址	北京市海淀区西土城路 25 号
邮寄地址	北京 100088 信箱 8034 分箱　邮编 100088
网　　址	http://www.cuplpress.com（网络实名：中国政法大学出版社）
电　　话	010-58908285(总编室) 58908433（编辑部）58908334(邮购部)
承　　印	固安华明印业有限公司
开　　本	787mm×1092mm　1/16
印　　张	18
字　　数	430 千字
版　　次	2022 年 3 月第 1 版
印　　次	2022 年 3 月第 1 次印刷
定　　价	55.00 元

目　录

专题一　刑事诉讼的基本原理 …………………………………………………… 1

专题二　刑事诉讼主体中的专门机关 …………………………………………… 15

专题三　刑事诉讼主体中的诉讼参与人 ………………………………………… 17

专题四　刑事诉讼的基本原则 …………………………………………………… 23

专题五　管辖 ……………………………………………………………………… 32

专题六　回避 ……………………………………………………………………… 44

专题七　辩护与代理 ……………………………………………………………… 50

专题八　刑事证据 ………………………………………………………………… 63

专题九　强制措施 ………………………………………………………………… 90

专题十　附带民事诉讼 …………………………………………………………… 107

专题十一　期间、送达 …………………………………………………………… 118

专题十二　立案 …………………………………………………………………… 121

专题十三　侦查 …………………………………………………………………… 128

专题十四　起诉 …………………………………………………………………… 145

专题十五　刑事审判概述 ………………………………………………………… 154

专题十六　公诉案件一审普通程序 ……………………………………………… 163

专题十七　简易程序 ……………………………………………………………… 188

专题十八　速裁程序 ……………………………………………………………… 193

专题十九　自诉案件的第一审程序 ……………………………………………… 196

专题二十　第二审程序 …………………………………………………………… 202

专题二十一　死刑复核程序 ……………………………………………………… 212

专题二十二　审判监督程序 ……………………………………………………… 223

专题二十三　执行 ………………………………………………………………… 231

专题二十四　特别程序 …………………………………………………………… 244

专题二十五　涉外刑事诉讼程序与司法协助制度 ……………………………… 278

专题一　刑事诉讼的基本原理

一、刑事诉讼法概述

（一）刑事诉讼法与刑法的关系

1. 二审法院发现一审法院的审理违反《刑事诉讼法》关于公开审判、回避等规定的，应当裁定撤销原判、发回原审法院重新审判。关于该规定，下列哪些说法是正确的？（2012－2－65，多）

A. 体现了分工负责、互相配合、互相制约的原则

B. 体现了严格遵守法定程序原则的要求

C. 表明违反法定程序严重的，应当承担相应法律后果

D. 表明程序公正具有独立的价值

【考点】刑事诉讼的独立价值

【解析】正义在司法领域可以被区分为实体正义和程序正义，严格按照刑法的定罪标准、量刑幅度对被告人定罪处罚体现的是实体正义，严格按照刑诉法的诉讼程序解决被告人的刑事责任体现的是程序正义。实体正义与程序正义缺一不可。

对于刑法而言，刑事诉讼法具有工具价值。意思是指，刑法条款中的内容需要通过刑诉法中的程序一步一步变成现实，刑诉法可以成为刑法的工具为其提供程序服务。但是，刑诉法并非仅仅只能成为工具，刑诉法还有自身独特、独立的价值，即程序正义。程序正义不依赖于实体正义而存在，但如果离开了程序正义，仅有的实体正义也无法实现最终的正义。

为了保障程序正义，应当确立违反法定程序的惩戒后果，对于违反法定诉讼程序严重的行为，应当对实施该违法行为的人员进行惩罚，同时宣告违法的诉讼行为无效，即程序性制裁。

在我国，长期存在"重实体、轻程序，重刑法、轻刑诉，重打击、轻保护"的做法，因此，在司法实践中，应当更加重视刑诉法、更加强调程序正义。

本题中，A项，"分工负责、互相配合、互相制约"原则体现的是公、检、法三机关在侦查、起诉和审判时应当遵守的相互关系，而非指上下级法院之间的监督制约关系。故而错误。

B项，二审法院发现一审法院的审理违反法定诉讼程序，裁定撤销原判、发回原审法院重新审判的做法要求严格遵守法定程序。B项正确。

C项，一审法院的审理违反《刑事诉讼法》关于公开审判、回避等规定属于严重的违反法定程序，应当承担相应法律后果，即被发回重审。C项正确。

D项，违反了公开审判等程序，不一定会影响对被告人定罪量刑的准确性，但程序具有独立价值，只要违反了程序，不论实体是否正确，都需要承担程序性制裁的后果。D项正确。

扫码听课

综上所述，本题答案为 B、C、D。

2. 刑事诉讼法的独立价值之一是具有影响刑事实体法实现的功能。下列哪些选项体现了这一功能？（2016－2－64，多）

A. 被告人与被害人达成刑事和解而被法院量刑时从轻处理

B. 因排除犯罪嫌疑人的口供，检察院作出证据不足不起诉的决定

C. 侦查机关对于已超过追诉期限的案件不予立案

D. 只有被告人一方上诉的案件，二审法院判决时不得对被告人判处重于原判的刑罚

【考点】刑事诉讼法的独立价值

【解析】在刑事诉讼中，刑事诉讼法具有影响刑事实体法实现的功能。依据刑事诉讼法定和正当程序的理念，刑事实体法需要通过法律程序来实施。然而，刑事诉讼法并非实施刑事实体法的被动"服务器"，而是在启动或者终结实施刑事实体法活动方面扮演着十分积极的角色，有自己独立价值。比如，依照不告不理的原则，如果没有控诉机关或者人员起诉，就不能对现实中的犯罪行为适用刑事实体法；当出现了某些法定情形时，就要结束适用刑事实体法的程序，而不能适用刑事实体法；对同一案件，如果选择不同的刑事程序，适用刑事实体法的结果可能会不同。这些都是刑事诉讼法独立具有而非依赖于刑事实体法的功能。

本题中，A 项中"被告人与被害人达成刑事和解而被法院量刑时从轻处理"和 D 项中"只有被告人一方上诉的案件，二审法院判决时不得对被告人判处重于原判的刑罚"，体现了"对同一案件，如果选择不同的刑事程序，适用刑事实体法的结果可能会不同"。B 项中"因排除犯罪嫌疑人的口供，检察院作出证据不足不起诉的决定"体现了"当出现了某些法定情形时，就要结束适用刑事实体法的程序，而不能适用刑事实体法"。

C 项中，超过追诉期限，根据刑事实体法的要求是不再追究刑事责任的，因此刑事诉讼法作出相应的不立案处理，并没有体现出刑事诉讼法影响、制约刑事实体法的独立价值，C 项错误。

综上所述，本题答案为 A、B、D。

（二）刑事诉讼法与法治国家

关于"宪法是静态的刑事诉讼法、刑事诉讼法是动态的宪法"，下列哪些选项是正确的？（2014－2－64，多）

A. 有关刑事诉讼的程序性条款，构成各国宪法中关于人权保障条款的核心

B. 刑事诉讼法关于强制措施的适用权限、条件、程序与辩护等规定，都直接体现了宪法关于公民人身、住宅、财产不受非法逮捕、搜查、扣押以及被告人有权获得辩护等规定的精神

C. 刑事诉讼法规范和限制了国家权力，保障了公民享有宪法规定的基本人权和自由

D. 宪法关于人权保障的条款，都要通过刑事诉讼法保证刑法的实施来实现

【考点】刑事诉讼法与宪法的关系

【解析】宪法是我国的根本大法，具有最高法律效力和权威。刑事诉讼法也被称为"小宪法"，因为刑事诉讼法与宪法的理念相同，都是规制国家公权力、保障公民私权利。宪法虽然是根本大法，但在司法实践中却不能直接被援引，正

是从这个意义上说，宪法是静态的。刑事诉讼法属于基本法律，可以在刑事诉讼过程中被直接引用，是对宪法中相关抽象规定的具体化，因此说是动态的。

A项，主要法治国家的宪法都有尊重、保障人权的内容，但是，宪法是各国的法治总纲、宗旨、原则，比较抽象，不利于在司法实践中被切实执行。而刑事诉讼法的内容主要体现为程序性条款，通过一步一步的诉讼程序，可以将宪法中的人权保障条款从抽象的法律规定变为可操作性强的司法现实。故，A项正确。

B项，我国宪法中规定了公民的基本权利，作出了公民人身、住宅、财产不受非法逮捕、搜查、扣押以及被告人有权获得辩护等规定。这些宪法规定在刑事诉讼法中具体体现为关于强制措施的适用权限、条件、程序与辩护等规定。这些刑事诉讼法中的规定应当秉承宪法中相关规定的精神，不得违宪。B项正确。

C项，刑诉法直接涉及公民的自由、人身、财产的基本权利，与宪法的理念相同，都是规制国家公权力、保障公民私权利。因此，"刑事诉讼法规范和限制了国家权力，保障了公民享有宪法规定的基本人权和自由"的表述正确。

D项，宪法关于人权保障的条款，需要刑事诉讼法来实现、变成现实。譬如，宪法规定了"获得辩护"，但具体怎么获得辩护、谁来保障、如何具体行使权利等都需要刑事诉讼法进行细化规定。但不是宪法关于所有人权保障的条款都要通过刑事诉讼法保证刑法的实施来实现。D项错误。

综上所述，本题答案为 A、B、C。

二、刑事诉讼法的制定目的与任务

关于《刑事诉讼法》"尊重和保障人权，保护公民的人身权利、财产权利、民主权利和其他权利"的规定，下列哪一选项是正确的？（2012－2－22，单）

A. 体现了以人为本、保障和维护公民基本权利和自由的理念
B. 体现了犯罪嫌疑人、被告人权利至上的理念
C. 体现了实体公正与程序公正并重的理念
D. 体现了公正优先、兼顾效率的理念

【考点】刑事诉讼法的任务、刑事诉讼的基本理念

【解析】2012 年刑诉法修改将人权保障写入条文中，即《刑事诉讼法》第 2 条规定："中华人民共和国刑事诉讼法的任务，是保证准确、及时地查明犯罪事实，正确应用法律，惩罚犯罪分子，保障无罪的人不受刑事追究，教育公民自觉遵守法律，积极同犯罪行为作斗争，维护社会主义法制，尊重和保障人权，保护公民的人身权利、财产权利、民主权利和其他权利，保障社会主义建设事业的顺利进行。"《刑事诉讼法》中引入人权条款对于在刑事诉讼活动中切实保障人权意义重大。

A项，保障人权体现了以人为本、人权至上的精神，利于保障和维护公民基本权利和自由，A项正确。

B项，在刑事诉讼活动中，犯罪嫌疑人、被告人处于被追诉的地位，合法权益容易受到公权机关的侵犯，因此应当得到重点保障。但是，参与到刑事诉讼活动中诉讼参与人并非只有犯罪嫌疑人、被告人，还有证人、鉴定人等等，他们的人权也有可能会被侵犯，也应当得到保障。因此，刑事诉讼法中的人权是一种普遍主体的人权，只要是在刑事诉讼活动中出现的诉讼参与人及其他参加人（如旁

听人员、见证人等），他们的人权都应当得到平等的保护。另保障人权也不能脱离惩罚犯罪，故 B 项中说犯罪嫌疑人、被告人人权至上过于绝对和片面，B 选项错误。

C、D 选项是真题中惯用的命题陷阱，即似是而非、所答非所问。如果孤立地看 C 项和 D 项，实体公正与程序公正并重，公正优先、兼顾效率的表述是正确的。但是，这与尊重和保障人权没有直接联系。与题目的问题不搭界，故而不选。

综上所述，本题答案为 A。

三、刑事诉讼的基本理念。

1. 社会主义法治公平正义的实现，应当高度重视程序的约束作用，避免法治活动的任意性和随意化，据此，下列哪一说法是正确的？（2014－2－22，单）

A. 程序公正是实体公正的保障，只要程序公正就能实现实体公正

B. 刑事程序的公开与透明有助于发挥程序的约束作用

C. 为实现程序的约束作用，违反法定程序收集的证据均应予以排除

D. 对复杂程度不同的案件进行程序上的繁简分流会限制程序的约束作用

【考点】实体公正与程序公正

【解析】公正在司法领域可以被区分为实体公正和程序公正，实现了实体法（主要指《刑法》）规定的内容即实现了实体公正，实体公正要求结果公正。实现了程序法（主要指《刑事诉讼法》）规定的内容即实现了程序公正，程序公正要求过程公正。二者相辅相成，不可偏废。

A 项，程序公正确实是实体公正的保障，因为实体法中的内容必须通过程序法提供的程序才能变为现实，程序法对于实体法具有工具价值。此外，程序公正也有自己的独立价值，程序公正能够最大限度地保证实体公正的实现，但是，不能说只要程序公正就能实现实体公正，程序公正不能取代实体公正，实体公正与程序公正应当并重，离开了实体公正的程序公正很难被称为最终的公正。故，A 项错误。

B 项，程序公开是程序公正的应有之义，程序公开有利于诉讼各方知晓程序的具体设置，有利于对诉讼行为进行预测，有利于增强对诉讼结果的接受程度，最重要的是，有利于对程序进行监督。这是因为，程序公开是进行程序监督的前提，如果程序是隐秘的，公安司法机关如何操作不为民众所知，自然无法对程序进行监督。故，B 项正确。

C 项，程序正义要求程序约束，但是，是否违反法定程序收集的证据均应予以排除呢？答案是否定的。根据《刑事诉讼法》的相关规定，在我国，证据可以被区分为合法证据与不合法证据，其中，不合法证据又可以被区分为瑕疵证据和非法证据。可见，瑕疵证据和非法证据都属于违反法定程序收集的证据。根据《刑事诉讼法》关于非法证据排除规则的规定，只有通过非法取证手段、通过侵犯人权的方式获取的非法证据才会被依法排除，而瑕疵证据仅指违反法定程序（如忘了签名、忘了拍照等方式）收集的证据，一般不涉及侵犯人权的非法手段（如刑讯、暴力等方式）。对于瑕疵证据，可以通过补正或者合理解释而被采纳，一般不予以排除。故，C 项错误。

D 项，程序分流是指针对具体案件复杂程度的不同，分别设置和适用繁简程

度不同的程序。譬如,审判程序有普通程序与简易程序之分,公诉制度有起诉和不起诉制度之分等等。程序分流的目的一方面是为了节约司法资源、提高诉讼效率,另一方面也是为了保障诉讼参与人的人权。譬如,适用简易程序是因为案情简单明了,被告人认罪,适用简易程序能够通过快速的审判让被告人尽早摆脱诉累。但适用简易程序并非就会限制程序的约束作用,其一,简易程序有自己的法定适用条件,不是随意适用的;其二,在简易程序中,依然存在控辩双方的对抗,被告人依然需要做最后陈述,如若违反程序依然会被二审法院撤销原判、发回重审,对程序的制约依法明确而严格。故,D 项错误。

综上所述,本题答案为 B。

2. 甲发现自家优质甜瓜常被人夜里偷走,怀疑乙所为。某夜,甲带上荧光恐怖面具,在乙偷瓜时突然怪叫,乙受到惊吓精神失常。甲后悔不已,主动承担乙的治疗费用。公安机关以涉嫌过失致人重伤将甲拘留,乙父母向公安机关表示已谅解甲,希望不追究甲的责任。在公安机关主持下,乙父母与甲签订和解协议,公安机关将案件移送检察院并提出从宽处理建议。下列社会主义法治理念和刑事诉讼理念的概括,哪一选项与本案处理相一致?(2012 - 2 - 23,单)

A. 既要充分发挥司法功能,又要构建多元化的矛盾纠纷化解机制

B. 既要坚持法律面前人人平等,又要考虑对特殊群体区别对待

C. 既要追求公平正义,又要兼顾诉讼效率

D. 既要高度重视程序的约束作用,又不应忽略实体公正

【考点】刑事诉讼的基本理念

【解析】刑事和解是指在刑事诉讼过程中,通过调停人或其他组织使被害人与犯罪嫌疑人、被告人直接沟通、共同协商,双方达成民事赔偿和解协议后,司法机关根据案件的具体情况对犯罪嫌疑人、被告人不再追究刑事责任或从轻减轻刑事责任的诉讼活动。

在自诉案件中,自诉人与被告人可以和解。在公诉案件中,《刑事诉讼法》对刑事和解的公诉案件诉讼程序进行了专门规定。和解的目的在于化解社会矛盾,修复被破坏的社会关系,保障被害人及犯罪嫌疑人、被告人的合法权益。这是诉讼途径之外的另一种解决社会矛盾的纠纷化解机制。

A 项,公诉案件的和解程序属于特别程序,不需要经过公诉、审判程序,属于正式的诉讼程序之外的一种矛盾纠纷化解机制,A 项正确。

B 项,刑事诉讼中的特殊人群一般指的是未成年人、精神病人、怀孕或者哺乳的妇女等,本案中没有涉及特殊群体,B 项错误。

C 项,和解没有直接体现出公正和效率的关系,C 项错误。

D 项,和解没有直接体现出实体和程序的关系,D 项错误。

综上所述,本题答案为 A。

3. 诉讼效率是指诉讼中所投入的司法资源(包括人力、财力、物力等)与案件处理数量的比例。刑事诉讼法在保障公正优先的前提下尽量提高办理刑事案件的效率。下列关于刑事诉讼中的做法有哪些体现效率原则?(2018 仿真题,多)

A. 集中审理原则

B. 速裁程序

C. 在看守所派驻值班律师为犯罪嫌疑人提供法律帮助的认罪认罚案件

大咖点拨区

扫码听课

扫码听课

D. 网上远程视频开庭

【考点】诉讼效率

【解析】选项，集中审理原则是指法院开庭审理案件，应在不更换审判人员的条件下连续进行，不得中断审理的诉讼原则。其要求法庭成员不可更换，集中证据调查与法庭辩论，庭审不中断并迅速做出裁判。集中审理原则有利于实现审判公正与效率的双重价值目标，有利于实现被告人的迅速审判权，故该原则体现了诉讼效率原则。A 选项正确。

B 选项，适用速裁程序审理案件，一般在受理后 10 日内审结，对可能判处有期徒刑超过 1 年的，可以延长至 15 日，这是典型的提高诉讼效率的体现。B 选项正确。

C 选项，认罪、认罚案件是推进案件繁简分流的重要方式，对于认罪认罚的当事人，量刑上从宽，程序上从简。在看守所派驻值班律师为犯罪嫌疑人提供法律帮助，能够使犯罪嫌疑人、被告人了解认罪认罚的性质和后果，自愿认罪认罚，有效提高诉讼效率。C 选项正确。

D 选项，网上远程视频开庭突破了传统的庭审方式，使辩护人不需提前赶往法院，在当地看守所就可参加庭审，也无需法警押解被告人往返看守地与法院，不但方便了诉讼参与人参加诉讼，降低了被告人押解风险，而且缩短了庭审周期，节约了司法资源，助推审判工作提高诉讼效率。D 选项正确。

综上所述，本题答案为 A、B、C、D。

4. 效率是刑事诉讼的基本理念之一，下列哪些选项体现了刑事诉讼的效率理念？（2019 仿真题，多）

A. 被告人人数较多、案情较为复杂的案件在正式开庭审理前可以召开庭前会议

B. 检察机关可不经逮捕程序而直接起诉涉嫌交通肇事罪的犯罪嫌疑人

C. 不满十八周岁的犯罪嫌疑人符合条件的，可以适用附条件不起诉

D. 辩护人可通过申请在法庭审理中播放特定时间段的讯问录像的方式，来调查口供收集的合法性

【考点】诉讼效率

【解析】诉讼效率是指诉讼中所投入的司法资源（包括人力、财力、设备等）与所取得的成果的比例。提高诉讼效率不仅是为了节约司法成本、缓和办案经费紧张，更重要的是为了使犯罪分子及时得到惩罚，无罪的人早日免受刑事追诉，被害人也可以及时得到精神上和物质上的补偿，从而更有效地实现刑事诉讼的任务。我国《刑事诉讼法》也规定了："准确、及时地查明犯罪事实"的内容。召开庭前会议厘清案件争议焦点，提高庭审效率，有利于提高诉讼效率，A 项正确。交通肇事案件一般属于案件事实清楚、案情简单的案件，检察机关可不经逮捕程序而直接起诉涉嫌交通肇事罪的犯罪嫌疑人，有利于提高诉讼效率，B 项正确。适用附条件不起诉，有利于未成年人案件的分流，将那些犯罪情节轻微，社区矫正较为方便的案件在审前进行分流，有利于将更多的司法资源集中到那些疑难复杂的案件上来，实现司法资源的有效分配，从而提高诉讼效。C 项正确。辩护人可通过申请在法庭审理中播放特定时间段的讯问录像的方式，来调查口供收集的合法性，体现非法证据排除规则，是程序公正的重要体现。D 项错误。

综上所述，本题答案为 A，B，C。

四、刑事诉讼的基本范畴

（一）刑事诉讼目的

在刑事司法实践中坚持不偏不倚、不枉不纵、秉公执法原则，反映了我国刑事诉讼"惩罚犯罪与保障人权并重"的理论观点。如果有观点认为"司法机关注重发现案件真相的立足点是防止无辜者被错误定罪"，该观点属于下列哪一种学说？（2013 - 2 - 22，单）

A. 正当程序主义
B. 形式真实发现主义
C. 积极实体真实主义
D. 消极实体真实主义

【考点】刑事诉讼目的的理论分类

【解析】关于刑事诉讼目的的理论分类，主要包括以下三种学说：

（1）犯罪控制模式与正当程序模式，犯罪控制模式价值体系的理论基点是：控制犯罪绝对为刑事诉讼程序最主要的机能，刑事程序运作的方式与取向，应循此"控制犯罪"之目标进行。该模式的基本价值理念是：刑事诉讼以惩罚犯罪的"效率"为目标与评价标准。一个能以有限的资源处理数量庞大的案件并提高逮捕与有罪判决率的刑事程序，才是符合犯罪控制模式的成功程序。与犯罪控制模式对立的是正当程序模式，该模式的理论基础是自然法的学说，认为人类拥有某些与生俱来的基本权利，如果统治者侵犯了这项权利，人民将不信任政府，并撤回授予统治者的权力。因此，该模式主张刑事诉讼目的不单是发现实体真实，更重要的是以公平与合乎正义的程序来保护被告人的人权。

（2）家庭模式。犯罪控制模式与正当程序模式的划分，受到了一些学者的批评。主要是认为该模式划分是基于"国家与个人间为敌对关系"，并以"整个刑事程序自始至终为一项战争"为出发点的。因此，两个对立模式实为一项"战争模式"或"争斗模式"。对此，有学者提出了刑事程序的第三种模式，即家庭模式。该模式以家庭中父母与子女关系为喻，强调国家与个人间的和谐关系，并以此为出发点，提出解决问题的途径。

（3）实体真实主义与正当程序主义。正当程序主义，正当程序的目的观认为，刑事诉讼目的在于维护正当程序。刑事诉讼是将真实设定为诉讼程序之外的客观实在，并谋求通过诉讼程序内的活动来接近它。刑事诉讼所追求的，是在所给定的程序范围内，竭尽人之所能，将以此认定的事实视作真实。实体真实主义，其可分为积极实体真实主义和消极实体真实主义。积极实体真实主义，是指凡是出现了犯罪，就应当毫无遗漏地加以发现、认定并予以处罚；为不使一个犯罪人逃脱，刑事程序以发现真相为要。消极实体真实主义，是指将发现真实与保障无辜相联系的目的观，认为刑事诉讼目的在于发现实体真实，本身应包含力求避免处罚无罪者的意思，而不单纯是无遗漏地处罚任何一个犯罪者。

本题中，"司法机关注重发现案件真相的立足点是防止无辜者被错误定罪"所表达的意思是：（1）司法机关应当注重发现案件真相，正确地惩罚犯罪，准确地定罪量刑；（2）司法机关也应当力求保障无辜，不能对无罪者错误定罪。根据上述对刑事诉讼目的理论分类的介绍可以看出，这一表达体现了消极实体真实主义的思想。故 D 项正确，A、B、C 项错误。

综上所述,本题答案为 D。

(二)刑事诉讼的价值

1. 关于刑事诉讼价值的理解,下列哪一选项是错误的?(2015－2－22,单)

A. 公正在刑事诉讼价值中居于核心的地位

B. 通过刑事程序规范国家刑事司法权的行使,是秩序价值的重要内容

C. 效益价值属刑事诉讼法的工具价值,而不属刑事诉讼法的独立价值

D. 适用强制措施遵循比例原则是公正价值的应有之义

【考点】刑事诉讼三大价值

【解析】刑事诉讼三大价值分别是秩序、公正和效益,其中,公正价值是核心价值,A 项正确。

秩序价值强调维护社会秩序和追究犯罪活动本身有序。其中,"通过刑事程序规范国家刑事司法权的行使"体现了追究犯罪的活动本身有序的要求。B 项正确。

刑事诉讼的秩序、公正、效益价值既体现刑事诉讼法的工具价值,也体现刑事诉讼法的独立价值。C 项错误。

公正价值中的公正,可以被区分为实体公正与程序公正,程序公正强调强制措施的适用应当适度,D 项正确。

综上所述,本题答案为 C。

2. 关于刑事诉讼的秩序价值的表述,下列哪些选项是正确的?(2012－2－64,多)

A. 通过惩罚犯罪维护社会秩序

B. 追究犯罪的活动必须是有序的

C. 刑事司法权的行使,必须受到刑事程序的规范

D. 效率越高,越有利于秩序的实现

【考点】刑事诉讼的秩序价值

【解析】刑事诉讼价值是指刑事诉讼立法及其实施对国家、社会及其一般成员具有的效用和意义。刑事诉讼价值主要包括:秩序、公正、效益等。

秩序价值:(1)通过惩治犯罪,维护社会秩序。(2)惩治犯罪活动的本身应当是有序的。(3)应当严格依刑事程序法办事。简单地说,即社会秩序、本身有序和法定程序。

公正价值:是诸价值的核心。包括实体公正和程序公正。

效益价值:注意效益与效率的区别,刑事诉讼效益既包括效率,还包括刑事诉讼对推动社会经济发展方面的效益。

三大价值之间的关系:三者相互依存,相互作用。片面地只追求三大价值中任一价值都会造成诉讼不公和冤狱。

三大价值是通过刑事诉讼法的制定和实施来实现的,只要严格执行刑事诉讼法,就可以实现秩序、公正和效益,这就是刑诉法自身的独立价值,不需要依赖于刑法而实现。同时,刑诉法也具有保障刑法正确实施的功能,这是刑诉法的工具价值。

本题考查三大价值中的秩序价值。其中,"A 项通过惩罚犯罪维护社会秩序"体现了社会秩序,"B 项追究犯罪的活动必须是有序的"体现了本身有序,"C 项

刑事司法权的行使，必须受到刑事程序的规范"体现了法定程序。A、B、C 项正确。

D 项，并非效率越高就会越有秩序，相反，效率过高可能会使秩序乱套，D 项错误。

综上所述，本题答案为 A、B、C。

3. 刑事诉讼的效益价值既包括效率，也包括在保证社会生产方面所产生效益，即刑事诉讼对推动社会经济发展方面的效益。下列关于刑事诉讼中的做法有哪些体现效益价值？（2018 仿真题，多）

A. 扩大人民陪审员的参审范围

B. 简易的案件，在派出所对被告人进行视频讯问

C. 对短期内无法回国出庭作证的证人，允许进行视频作证

D. 在看守所派驻值班律师为犯罪嫌疑人提供法律帮助的认罪认罚案件

【考点】刑事诉讼的效益价值

【解析】本题属于结合程序与理论综合考查的题型，考生只需要记住效益的价值是指以一定司法资源（人力、物力、财力等）投入换取尽可能多的刑事案件的处理，过于迟缓和过于急速都是极端。

A 选项，扩大人民陪审员的范围既能保障人民参与司法、监督司法，又能够缓解法院案多人少的压力，即节约了司法资源。A 选项正确。

B 选项，简单的案件，实现讯问方式的多元化，能够提升诉讼的效率。B 选项正确。

C 选项，根据刑诉法的规定对有正当理由的证人，可以不用出庭作证，但是可以采用视频作证的方式进行替代，而正当理由就包括身处国外短期无法回国。视频作证既节约了司法资源，又能实现案件的公正处理。C 选项正确。

D 选项，认罪认罚案件是推进案件繁简分流的重要方式，对于认罪认罚的当事人，量刑上将从宽，程序上从简。在看守所派驻值班律师为犯罪嫌疑人提供法律帮助，能够使犯罪嫌疑人、被告人了解认罪认罚的性质和后果，自愿认罪认罚，有效提高诉讼效率。D 选项正确。

综上所述，本题答案为 A、B、C、D。

（三）刑事诉讼构造

1. 关于我国刑事诉讼构造，下列哪一选项是正确的？（2017 - 2 - 22，单）

A. 自诉案件审理程序适用当事人主义诉讼构造

B. 被告人认罪案件审理程序中不存在控辩对抗

C. 侦查程序已形成控辩审三方构造

D. 审查起诉程序中只存在控辩关系

【考点】刑事诉讼构造

【解析】诉讼结构又称刑事诉讼模式、刑事诉讼形式、刑事诉讼构造，是指控诉、辩护、审判三方在刑事诉讼中的法律地位和相互关系。在侦查程序中是警察和犯罪嫌疑人的对抗，没有形成控辩审三方构造。随着程序的推进，在审查起诉，由检察机关与被告人分别替代原来的警察。犯罪嫌疑人地位继续进行对抗，到了审判阶段才形成控辩审三方构造。所以 C 说法错误，D 正确。另被告人认罪案件审理程序也是审判程序，仍然存在控辩对抗，故 B 错误。

大咖点拨区

扫码听课

扫码听课

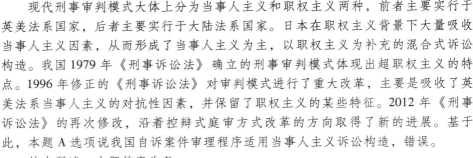

大咖点拨区

扫码听课

现代刑事审判模式大体上分为当事人主义和职权主义两种，前者主要实行于英美法系国家，后者主要实行于大陆法系国家。日本在职权主义背景下大量吸收当事人主义因素，从而形成了当事人主义为主，以职权主义为补充的混合式诉讼构造。我国1979年《刑事诉讼法》确立的刑事审判模式体现出超职权主义的特点。1996年修正的《刑事诉讼法》对审判模式进行了重大改革，主要是吸收了英美法系当事人主义的对抗性因素，并保留了职权主义的某些特征。2012年《刑事诉讼法》的再次修改，沿着控辩式庭审方式改革的方向取得了新的进展。基于此，本题A选项说我国自诉案件审理程序适用当事人主义诉讼构造，错误。

综上所述，本题答案为D。

2.《中共中央关于全面深化改革若干重大问题的决定》提出"让审理者裁判、由裁判者负责"。结合刑事诉讼基本原理，关于这一表述的理解，下列哪一选项是正确的？（2016－2－22，单）

A. 体现了我国刑事诉讼职能的进一步细化与完善

B. 体现了刑事诉讼直接原则的要求

C. 体现了刑事审判的程序性特征

D. 体现了刑事审判控辩式庭审方式改革的方向

【考点】刑事诉讼构造

【解析】本题考查对"让审理者裁判、由裁判者负责"的理解。"让审理者裁判、由裁判者负责"体现了法官的职权，突出审理者直接参与审判，对于审判的结果，裁判者应当保障其正确性，未来如果发现裁判有误，裁判者应当承担相应的法律责任。可见，裁判者直接参与审判并做判决是这句话的核心思想。

A项，我国的刑事诉讼职能有三：控诉、辩护、审判，即控辩审。可见，刑事诉讼职能强调控辩审三方之间的关系，而题目中主要提到法官的作用，文意与刑事诉讼职能并不贴近，A项错误。

B项，刑事审判原则包含四项：审判公开原则、直接言词原则、辩论原则和集中审理原则。其中，直接言词原则包括直接原则和言词原则两项原则，理论上合称为直接言词原则。直接原则，是指法官必须与诉讼当事人和诉讼参与人直接接触，直接审查案件事实材料和证据。直接原则可以被区分为：（1）直接审理原则。庭审中，法官、公诉人、诉讼参与人应当在场，除法律另有规定，这些人不在场的审判无效。（2）直接采证原则。法官必须亲自、当庭调查证据，不得以书面审查方式采信证据。言词原则，是指法庭审理须以口头陈述的方式进行。除非法律有特别规定，凡是未经口头调查之证据，不得作为定案的依据采纳。可见，本题中涉及的"让审理者裁判、由裁判者负责"，集中体现了直接原则的思想，B项正确。

C项，刑事审判具有程序性，要求刑事审判必须严格依照法定的诉讼程序进行。但本题中，"让审理者裁判、由裁判者负责"强调审理者直接参与审理、对审判结果负责，但没有直接体现出严格依据程序办事的意思，C项错误。

D项，当今世界有三大主要诉讼构造（审判模式），当事人主义、职权主义和混合式。1979年，我国制定了新中国第一部《刑事诉讼法》，当时的诉讼构造（审判模式）被学者称为超职权主义，法官职权过于突出，控辩双方的对抗不够充分。1997年，《刑事诉讼法》第一次修改后，我国吸收了一些当事人主义的合理因素，但仍被学者称为强职权主义诉讼构造。2012 年，《刑事诉讼法》又进一步吸收了当事人主义的合理因素，削弱法官的职权主义特色，强调控辩双方的平等对抗，现行《刑事诉讼法》被学者称之为控辩式审判模式。可见，控辩式审判模式的核心在于突出控辩双方的积极、平等对抗，而非法官的审判与负责。D 项错误。

综上所述，本题答案为 B。

3. 关于刑事诉讼构造，下列哪一选项是正确的？（2014 - 2 - 24，单）

A. 刑事诉讼价值观决定了刑事诉讼构造

B. 混合式诉讼构造是当事人主义吸收职权主义的因素形成的

C. 职权主义诉讼构造适用于实体真实的诉公目的

D. 当事人主义诉讼构造与控制犯罪是矛盾的

【考点】刑事诉讼构造

【解析】诉讼构造，也被称为诉讼结构、诉讼模式，指的是刑事诉讼三种职能（控诉、辩护、审判）之间的地位和相互作用。当今世界上主要的诉讼构造有当事人主义、职权主义和混合式三种。

A 项，刑事诉讼价值是指刑事诉讼立法及其实施对国家、社会及其一般成员具有的效用和意义。刑事诉讼价值包括：秩序、公正、效益等。对于价值的追求不同不会直接关系到刑事诉讼构造，刑事诉讼构造主要和诉讼目的相关。通常来说，刑事诉讼结构由刑事诉讼目的决定，一个国家制定刑诉法的目的如何，就会采取相应的诉讼结构，至于一个国家持何诉讼目的，又会受到当时对诉讼价值认识的影响。即：一国对诉讼价值（秩序、公正、效益等）的认识程度和水平决定一国制定刑诉法的目的（根本目的、直接目的），再决定一国采取什么样的诉讼结构。简言之，"价值"影响"目的"，"目的"决定"构造"。而不能说"价值"直接决定"构造"。故，A 项错误。

B 项，采用混合式诉讼构造的国家以日本和意大利为代表。日本明治维新以后的刑事诉讼法受法国和德国影响较大，诉讼构造属职权主义。"二战"后，日本法制受到美国法律制度的影响。从 1948 年重新制定《刑事诉讼法》开始至 20 世纪 50 年代末，日本的刑事诉讼构造完成了从以职权主义为主到以当事人主义为主的转型，但又与美国刑事诉讼构造不完全相同而形成了自己的特色。一方面，日本坚持被告人享有沉默权，实行起诉状一本主义，法官在庭审前不得接触控方除起诉状以外的案卷证据，证据由控辩双方当庭提出，证人主要由双方传唤和当庭询问，法庭调查实行交叉询问程序，这些都是当事人诉讼构造的内容；另一方面，法官仍然主导审判程序并在事实与证据调查中起着积极的作用，不实行陪审团制，为了查明事实真相，法官可以依职权自行扩大证据调查范围，主动调查并提出证据，有权询问证人、鉴定人，有权对控辩双方提出的调查证据的请求进行审查并有权不予准许。意大利的刑事诉讼原属职权主义模式，"二战"后意大利的刑事司法制度不断改革，特别是于 1988 年修改《刑事诉讼法》，大量吸收英美法系当事人主义审判模式的内容。可见，混合式诉讼构造应当是职权主义吸收当事人主义的因素形成，而非当事人主义吸收职权主义因素形成的，B 项错误。

C 项，在适用职权主义诉讼构造的国家，由法官主持和推进庭审，认为法官是法律专家，能够最大限度地依据自己的专业、理性、良心作出公正的判决，正

大咖点拨区

扫码听课

确地打击犯罪，以追求惩罚犯罪和实体真实为目的。在适用当事人主义诉讼构造的国家，由陪审团裁判，陪审团对法官进行制约，由控辩双方主导庭审，这是为了程序正义及制衡公权，以保障人权和追寻正当程序为目的。故 C 项说"职权主义诉讼构造适用于实体真实的诉讼目的"，表述正确。

D 项，无论当事人主义诉讼构造还是职权主义诉讼构造，都追寻惩罚犯罪和保障人权，都赞同实体真实与程序正义。只不过，当事人主义诉讼构造更加倾向于保障人权和程序正义，职权主义诉讼构造更加倾向于惩罚犯罪和实体真实。不能说当事人主义诉讼构造与控制犯罪就是矛盾的。试想，在奉行当事人主义的美国，就只保障人权，不打击犯罪了？显然不对，D 项错误。

综上所述，本题答案为 C。

4. 在刑事诉讼中，法官消极中立，通过当事人举证、辩论发现事实真相，并由当事人推动诉讼进程。这种诉讼构造属于下列哪一种类型？（2013 - 2 - 23，单）

A. 职权主义　　　　　　　　　B. 当事人主义

C. 纠问主义　　　　　　　　　D. 混合主义

扫码听课

【考点】刑事诉讼构造的类型

【解析】在奴隶制后期和封建制前期，刑事诉讼活动中曾存在纠问主义与弹劾主义两种诉讼构造或者审判模式。

纠问主义的主要特点是：（1）审判官集侦查、控诉、审判职能于一身。（2）侦查和审判秘密进行。（3）被告人只是诉讼客体，没有诉讼权利。（4）被告人口供为最佳证据，刑讯逼供合法。

弹劾主义的基本特征是：（1）遵循"不告不理"原则。（2）案件由被害人起诉，法院受理。（3）当事人双方地位平等。法官不主动追究犯罪。（4）审判实行公开原则、言词辩论原则和陪审原则。

在现代社会，世界上主要有三种诉讼构造或者审判模式，职权主义、当事人主义和混合主义。

职权主义审判模式，又称审问式审判模式，是指法官在居于主导和控制地位，而限制控辩双方积极性的审判模式。职权主义审判模式有三个特征：（1）法官居于中心地位，主导法庭审理的进行。法官不仅仅是一个裁判者，而且是一个积极的事实调查者。为了查明案件事实，法官有权而且有责任积极地行使调查权和审判指挥权。法官的中心地位和主导作用主要表现在三个方面：①公诉机关向法院提起诉讼时向法院随案移送案件的卷宗材料，以便法官开庭前对案件事实有所了解和制定庭审计划；②可以主动询问证人、鉴定人，主动出示并核实证据；③案件的审理范围、审理方式、证人出庭、进程安排等均由法官决定。（2）控辩双方的积极性受到抑制，处于消极被动的地位。检察机关将案卷材料和证据移送给法院以后，检察官出庭支持公诉只是当庭陈述公诉主张，并不需要主动向辩方出击。控辩双方需要向诉讼参与人发问或出示某项证据，必须在法官讯问和示证结束之后，而且要先征得法官的同意。在整个事实与证据调查过程中，控辩双方都处在被动、辅助、补充的地位。（3）法官掌握程序控制权。在审判程序中，控辩双方不仅要遵守法律规则，也要服从法官的安排和指挥。庭审通常按法官事先制定的计划进行，而法官如果认为有必要，则又可临时改变事先确定的案件事实和证据的调查范围。而控方或辩方试图调取新的证据、提供新的证人出庭或重新勘验、鉴定等，都只能向法官提出申请，法官有权依法拒绝申请。

当事人主义审判模式，又称对抗制审判模式、抗辩式审判模式，是指法官（陪审团）居于中立且被动的裁判者地位，法庭审判的进行由控方的举证和辩方的反驳共同推动和控制的一种审判模式。当事人主义审判模式有三个基本特征：（1）法官消极中立。法官对于案件事实的调查持消极态度，即不主动查明案件事实。（2）控辩双方积极主动和平等对抗。（3）控辩双方共同控制法庭审理的进程。

混合主义审判模式，融合了当事人主义审判模式和职权主义审判模式的长处，既重视法官的审判指挥和裁决功能，又重视控辩双方的积极对抗。

请考生重点掌握现代社会世界上主要的三种诉讼构造或者审判模式：当事人主义、职权主义、混合式。

本题中，"法官消极中立，通过当事人举证、辩论发现事实真相，并由当事人推动诉讼进程"应当属于当事人主义的特点。

综上所述，本题答案为 B。

5. 下列关于刑事诉讼职能的表述，正确的是：（2019 仿真题，单）

A. 人民检察院排除侦查机关的非法证据，体现了其控诉职能

B. 证人证明被告人罪轻或无罪，体现了其辩护职能

C. 被害人在公诉和自诉案件中均承担控诉职能

D. 诉讼代理人均承担控诉职能

【考点】刑事诉讼职能

扫码听课

【解析】刑事诉讼职能是指根据法律规定，国家专门机关和诉参与人在刑事诉中所承担的职责、具有的作用和功能。刑事诉讼有三种基本职能，即控诉、辩护和审判。

A 选项，控诉职能，是指提出控诉，要求追究犯罪嫌疑人、被告人的刑事责任的功能。人民检察院排除侦查机关的非法证据，该行为体现了其法律监督的职能，并未体现控诉犯罪的功能。所以选项 A 错误。

B 选项，证人、见证人、鉴定人、翻译人员在刑事诉讼处于中立位置，并不承担控诉、辩护、审判职能。选项 B 错误。

C 选项，被害人在公诉案件中辅助检察院承担控诉职能，在自诉案件中作为自诉人承担着提出控诉，要求追究被告人的刑事责任的功能。选项 C 正确。

D 选项，刑事诉讼中被害人、自诉人委托的诉讼代理人承担着控诉职能，但是附带民事诉讼的诉讼代理人并不承担刑事诉讼的控诉职能，因此选项中的"均"表述过于绝对，选项 D 错误。

综上所述，本题答案为 C。

6. 下列关于刑事诉讼职能的说法哪些是正确的？（2019 仿真题，多）

A. 无论是公诉案件还是自诉案件，被害人均承担控诉职能

B. 检察机关只有在审判阶段才能对有利于被告人的量刑事实，行使控诉职能

C. 某证人出庭证明被告人的口供系刑讯逼供所得，其承担的是辩护职能

D. 公安机关侦查终结的案件移送检察院审查起诉，检察院排除了其非法取得的证据，检察院的行为体现的是控诉职能

扫码听课

【考点】刑事诉讼职能

【解析】A项，在公诉案件中，虽然追诉被认为是一种国家的职能活动，被害人不再担任原告的角色，但是作为案件的当事人，被害人依然是承担着部分控诉职能的诉讼参与人。而在自诉案件中，被害人作为自诉人，在诉讼中的地位相当于原告，执行控诉职能。A项正确。B项，检察机关就被告人的犯罪事实进行控诉，只有在审判阶段辩护方提出有利于被告人的量刑事实时，才能对有利于被告人的量刑事实，行使控诉职能。B项正确。C项，证人是指除当事人以外的了解案件情况并向专门机关作出陈述的人，因此证人不承担控诉职能。C项错误。D项，检察院排除非法证据，行使的检察监督职能而非控诉职能。D项错误。

综上所述，本题答案为A、B。

7. 关于刑事诉讼构造，下列哪一选项是正确的？（2020仿真题，单）

A. 当今世界范围内，刑事诉讼构造有职权主义、当事人主义、混合式诉讼构造和纠问式诉讼构造四种类型

B. 混合式诉讼构造是当事人主义吸收职权主义的因素形成的

C. 一个国家实行何种诉讼构造是由该国的诉讼目的和价值所决定的

D. 职权主义诉讼将诉讼的主动权委托于国家专门机关

【考点】刑事诉讼构造

【解析】A选项，刑事诉讼构造有弹劾式诉讼、纠问式诉讼、职权主义、当事人主义、混合式诉讼构造五种类型，A项错误。

B选项，混合式诉讼构造式是在职权主义背景下大量吸收当事人主义因素，从而形成的诉讼模式，B项错误。

C选项，立法者总是基于实现一定的刑事诉讼目的，设计相应的诉讼构造。另外，刑事诉讼目的的提出与实现，也必须以刑事诉讼构造本身所具有的功能为前提。一个国家特定时期的诉讼目的与构造具有内在的一致性，他们都受到当时占主导地位的关于刑事诉讼的法律价值观的深刻影响。因此，一个国家的诉讼构造不能简单地由目的和价值决定，三者之间是互相影响的关系。C项错误。

D选项，职权主义的特征是将诉讼的主动权委诸国家专门机关，适用于实体真实的诉讼目的。D项正确。

综上所述，本题答案为D。

专题二　刑事诉讼主体中的专门机关

一、公、检、法的性质、组织体系与职权

1. 某案件经中级法院一审判决后引起社会的广泛关注。为回应社会关注和保证办案质量，在案件由高级法院作出二审判决前，基于我国法院和检察院的组织体系与上下级关系，最高法院和最高检察院可采取下列哪些措施？（2017－2－65，多）

A. 最高法院可听取高级法院对该案的汇报并就如何审理提出意见

B. 最高法院可召开审判业务会议对该案的实体和程序问题进行讨论

C. 最高检察院可听取省检察院的汇报并对案件事实、证据进行审查

D. 最高检察院可决定检察机关在二审程序中如何发表意见

扫码听课

【考点】法院和检察院的组织体系与职权

【解析】人民法院独立行使审判权的含义是每个法院独立，不是法官个人和合议庭独立，因为上下级法院之间是监督与被监督的事后监督关系；上下级监督关系，不能"请示、汇报"，上级只能通过法定程序的审级监督即二审、死刑复核程序等，故 AB 错误。《检察院组织法》规定最高人民检察院领导地方各级人民检察院和专门人民检察院的工作，上级人民检察院领导下级人民检察院的工作，即上级检察院有权就具体案件对下级检察院作出具体的命令、指示和发表意见，故 CD 正确。

综上所述，本题答案为 C、D。

2. 关于公检法机关的组织体系及其在刑事诉讼中的职权，下列哪些选项是正确的？（2015－2－65，多）

A. 公安机关统一领导、分级管理，对超出自己管辖的地区发布通缉令，应报有权的上级公安机关发布

B. 基于检察一体化，检察院独立行使职权是指检察系统整体独立行使职权

C. 检察院上下级之间是领导关系，上级检察院认为下级检察院二审抗诉不当的，可直接向同级法院撤回抗诉

D. 法院上下级之间是监督指导关系，上级法院如认为下级法院审理更适宜，可将自己管辖的案件交由下级法院审理

扫码听课

【考点】公、检、法的性质、组织体系与职权

【解析】A 项，各级公安机关在自己管辖的地区以内，可以直接发布通缉令；超出自己管辖的地区，应当报请有权决定的上级机关发布。A 项正确。

B 项，人民检察院上下级之间是领导与被领导的关系，上级人民检察院有权就具体案件对下级人民检察院作出命令、指示。独立行使检察权实质上是指整个检察系统作为一个整体独立行使检察权，这在理论上又被称为检察一体化。B 项正确。

C 项，上级人民检察院如果认为抗诉不当，可以向同级人民法院撤回抗诉，并且通知下级人民检察院。C 项正确。

D 项，法院上下级之间是监督指导关系，但是，法院应当受到级别管辖的规制，上级法院不可以将本属于自己管辖的案件交由下级法院审理。D 项错误。

综上所述，本题答案为 A、B、C。

专题三　刑事诉讼主体中的诉讼参与人

一、当事人

（一）被害人

1. 犯罪嫌疑人、被告人在刑事诉讼中享有的诉讼权利可分为防御性权利和救济性权利。下列哪些选项属于犯罪嫌疑人、被告人享有的救济性权利？（2017 - 2 - 67，多）

A. 侦查机关讯问时，犯罪嫌疑人有申辩自己无罪的权利

B. 对办案人员人身侮辱的行为，犯罪嫌疑人有提出控告的权利

C. 对办案机关应退还取保候审保证金而不退还的，犯罪嫌疑人有申诉的权利

D. 被告人认为一审判决量刑畸重，有提出上诉的权利

【考点】犯罪嫌疑人、被告人的诉讼权利

【解析】防御性权利，是指犯罪嫌疑人、被告人为对抗追诉方的指控、抵销其控诉效果所享有的诉讼权利。救济性权利，是指犯罪嫌疑人、被告人对国家专门机关所作的对其不利的行为、决定或裁判，要求另一专门机关予以审查并作出改变或撤销的诉讼权利。根据上述界定不难判断，对审判人员、检察人员和侦查人员侵犯其诉讼权利和人身侮辱的行为提出控告，属于救济性权利。犯罪嫌疑人、被告人所享有的救济性权利主要包括：（1）有权申请回避，对驳回申请回避的决定，有权申请复议；（2）对侵犯其诉讼权利和人身侮辱的行为，有权提出控告；（3）对于人民法院、人民检察院和公安机关采取强制措施超过法定期限的，有权要求解除；（4）对于人民检察院依照《刑事诉讼法》规定作出的不起诉决定，有权向人民检察院申诉；（5）犯罪嫌疑人、被告人被羁押的，有权申请取保候审；（6）对各级人民法院已经发生法律效力的判决、裁定，有权向人民法院、人民检察院提出申诉；（7）对地方各级人民法院的第一审的判决、裁定，有权用书状或者口头向上一级人民法院上诉。故BCD正确。

综上所述，本题答案为B、C、D。

2. 关于刑事诉讼当事人中的被害人的诉讼权利，下列哪些选项是正确的？（2015 - 2 - 66，多）

A. 撤回起诉、申请回避

B. 委托诉讼代理人、提起自诉

C. 申请复议、提起上诉

D. 申请抗诉、提出申诉

【考点】被害人的诉讼权利

【解析】被害人的诉讼权利和义务包括：

（1）被害人的诉讼权利。

①当事人共有的权利（使用本族语言；申请回避、复议；控告侵犯、侮辱；参加调查、辩论；生效裁判申诉）。

②申请复议权。控告人对公安机关不立案的决定不服的，可以申请复议。对

扫码听课

扫码听课

法院作出的强制医疗决定不服的，可向上一级法院申请复议。

③申诉权。包括三种情况：第一种，对公安机关不立案的申诉。对公安机关应当立案而不立案的，有权向人民检察院提出，请求人民检察院责令公安机关向检察机关说明不立案的理由。人民检察院应当要求公安机关说明不立案的理由。人民检察院认为其理由不能成立的，应当通知公安机关立案，公安机关则必须立案。第二种，对检察机关不起诉决定的申诉。对检察院作出的不起诉决定不服的，有权自收到不起诉决定书之日起7日内向上一级检察院提出申诉。第三种，对生效裁判的申诉。被害人不服地方各级人民法院的生效裁判的，有权提出申诉。

④委托诉讼代理人的权利。自刑事案件移送审查起诉之日起，有权委托诉讼代理人。

⑤自诉权。如有证据证明公安机关、检察院对于侵犯其人身权利、财产权利的行为应当追究刑事责任而不予追究的，有权直接向法院提起自诉。

⑥申请抗诉权。不服地方各级法院的第一审判决的，有权请求检察院抗诉。

⑦人身安全受到保护的权利。被害人因在诉讼中作证，本人或者其近亲属的人身安全依法受到保护。

（2）被害人的诉讼义务。

①如实向公、检、法及其工作人员作出陈述，如果故意捏造事实，提供虚假陈述，情节严重的，应当承担法律责任。

②接受公、检、法的传唤，按时出席法庭参加审判。

③遵守法庭纪律，回答提问，接受询问和调查。

A项，被害人有权申请回避，但对于提起的公诉案件，被害人无权决定撤诉。A项错误。

C项，被害人有申请复议权，但被害人对公诉案件一审判决不服，没有上诉权，只能申请检察院抗诉。C项错误。

综上所述，本题答案为B、D。

3. 关于被害人在刑事诉讼中的权利，下列哪一选项是正确的？（2014－2－25，单）

A. 自公诉案件立案之日起有权委托诉讼代理人

B. 对因作证而支出的交通、住宿、就餐等费用，有权获得补助

C. 对法院作出的强制医疗决定不服的，可向作出决定的法院申请复议一次

D. 对检察院作出的附条件不起诉决定不服的，可向上一级检察院申诉

【考点】被害人的诉讼权利

【解析】A项，《刑事诉讼法》第46条第1款规定："公诉案件的被害人及其法定代理人或者近亲属，附带民事诉讼的当事人及其法定代理人，自案件移送审查起诉之日起，有权委托诉讼代理人。自诉案件的自诉人及其法定代理人，附带民事诉讼的当事人及其法定代理人，有权随时委托诉讼代理人。"可见，应当自公诉案件"移送审查起诉"之日起有权委托诉讼代理人，A项错误。

B项，《刑事诉讼法》第65条第1款规定："证人因履行作证义务而支出的交通、住宿、就餐等费用，应当给予补助。证人作证的补助列入司法机关业务经费，由同级政府财政予以保障。"可见，该规定只适用于证人，而不适用于被害人，选项中虽然表述为"作证"，但无法改变被害人不是证人的事实。故B项

扫码听课

错误。

C 项，《刑事诉讼法》第 305 条第 2 款规定："被决定强制医疗的人、被害人及其法定代理人、近亲属对强制医疗决定不服的，可以向上一级人民法院申请复议。"可见，应当是可以向"上一级"人民法院申请复议，C 项错误。

D 项，《人民检察院办理未成年人刑事案件的规定》第 33 条第 1 款、第 2 款规定：人民检察院作出附条件不起诉的决定后，应当制作附条件不起诉决定书，并在 3 日以内送达公安机关、被害人或者其近亲属及其诉讼代理人、未成年犯罪嫌疑人及其法定代理人、辩护人。送达时，应当告知被害人或者其近亲属及其诉讼代理人，如果对附条件不起诉决定不服，可以自收到附条件不起诉决定书后 7 日以内向上一级人民检察院申诉。可见，D 项正确。

综上所述，本题答案为 D。

二、其他诉讼参与人

（一）法定代理人与诉讼代理人

关于诉讼代理人参加刑事诉讼，下列哪一说法是正确的？（2012 - 2 - 24，单）

A. 诉讼代理人的权限依据法律规定而设定

B. 除非法律有明文规定，诉讼代理人也享有被代理人享有的诉讼权利

C. 诉讼代理人应当承担被代理人依法负有的义务

D. 诉讼代理人的职责是帮助被代理人行使诉讼权利

【考点】诉讼代理人的诉讼权利与义务

【解析】"诉讼代理人"是指公诉案件的被害人及其法定代理人或者近亲属、自诉案件的自诉人及其法定代理人委托代为参加诉讼的人和附带民事诉讼的当事人及其法定代理人委托代为参加诉讼的人。

"法定代理人"是指被代理人的父母、养父母、监护人和负有保护责任的机关、团体的代表，是由法律规定的对被代理人负有专门保护义务并代其进行诉讼的人。

本题中，A 项，诉讼代理人的权限依据"委托协议"设定，法定代理人的权限才是依据"法律规定"设定，A 项错误。

B 项，既然诉讼代理人的权限依据"委托协议"设定，诉讼代理人不可以享有被代理人没有委托的诉讼权利，B 项错误。

C 项，诉讼代理人只是基于委托关系运用自己的法律技能保障被代理人的合法权益，不承担被代理人依法负有的义务，C 项错误。

D 项，诉讼代理人的职责是运用自己的法律技能帮助被代理人行使诉讼权利，D 项正确。

综上所述，本题答案为 D。

（二）证人与鉴定人

1. 在袁某涉嫌故意杀害范某的案件中，下列哪些人员属于诉讼参与人？（2017 - 2 - 66，多）

A. 侦查阶段为袁某提供少数民族语言翻译的翻译人员

B. 公安机关负责死因鉴定的法医

大咖点拨区

扫码听课

扫码听课

C. 就证据收集合法性出庭说明情况的侦查人员

D. 法庭调查阶段就范某死因鉴定意见出庭发表意见的有专门知识的人

【考点】诉讼参与人的范围

【解析】刑事诉讼主体是所有参与刑事诉讼活动，在刑事诉讼中享有一定权利、承担一定义务的国家专门机关和诉讼参与人。其中承担基本诉讼职能的专门机关和当事人是主要的诉讼主体，其他诉讼参与人是一般诉讼主体。根据刑事诉讼法的规定，我国刑事诉讼主体包括三大类：一是代表国家行使侦查权、起诉权、审判权、刑罚执行权的国家专门机关，包括公安机关、国家安全机关、军队保卫部门、监狱、人民检察院、人民法院等；二是直接影响诉讼进程并且与诉讼结果有直接利害关系的诉讼当事人，包括犯罪嫌疑人、被告人、被害人、自诉人、附带民事诉讼的原告人和被告人；三是协助国家专门机关和诉讼当事人进行诉讼活动的其他诉讼参与人，包括法定代理人、诉讼代理人、辩护人、证人、鉴定人和翻译人员等。A选项中翻译人员和B选项中的鉴定人都属于诉讼参与人。C选项中的侦查人员属于专门机关人员，另D选项中的有专门知识的人不属于诉讼参与人。

综上所述，本题答案为A、B。

2. 关于证人证言与鉴定意见，下列哪一选项是正确的？（2015－2－23，单）

A. 证人证言只能由自然人提供，鉴定意见可由单位出具

B. 生理上、精神上有缺陷的人有时可以提供证人证言，但不能出具鉴定意见

C. 如控辩双方对证人证言和鉴定意见有异议的，相应证人和鉴定人均应出庭

D. 证人应出庭而不出庭的，其庭前证言仍可能作为证据；鉴定人应出庭而不出庭的，鉴定意见不得作为定案根据

【考点】证人和鉴定人的区别

【解析】在刑事诉讼法中，证人与鉴定人都必须是自然人，鉴定意见只能由鉴定人出具，A项错误。

生理上、精神上有缺陷，同时不能辨别是非、不能正确表达的才不能作为证人，否则，确实有可能成为证人。此外，精神上有缺陷的人确实不能成为鉴定人，但生理上有缺陷的人，还是有可能成为鉴定人的。譬如，张三一只耳朵失聪，但不妨碍其对足迹进行鉴定。故B项错误。

公诉人、当事人或者辩护人、诉讼代理人对证人证言有异议，且该证人证言对定罪量刑有重大影响，或者对鉴定意见有异议，申请法庭通知证人、鉴定人出庭作证，人民法院认为有必要的，应当通知证人、鉴定人出庭。可见，对证人证言有异议或者对鉴定意见有异议，还需要向法庭提出要求证人、鉴定人的申请，并且法院认为确有出庭必要的，证人、鉴定人才应当出庭，C项错误。

《刑诉解释》第91条第3款规定："经人民法院通知，证人没有正当理由拒绝出庭或者出庭后拒绝作证，法庭对其证言的真实性无法确认的，该证人证言不得作为定案的根据。"可见，需要"法庭对其证言的真实性无法确认的"，该证人证言才不得作为定案的根据。《刑诉解释》第99条第1~2款规定："经人民法院通知，鉴定人拒不出庭作证的，鉴定意见不得作为定案的根据。鉴定人由于不能抗拒的原因或者有其他正当理由无法出庭的，人民法院可以根据情况决定延期审理或者重新鉴定。"可见，鉴定人应当出庭不出庭，鉴定意见不得作为定案根据。

大咖点拨区

扫码听课

鉴定人即使是由于不可抗拒或者正当理由无法出庭，法院可以延期审理或者重新鉴定，但是，延期审理的目的仍然是等待鉴定人出庭，重新鉴定意味着原来的鉴定意见不得作为定案根据了。"总之，鉴定人应出庭而不出庭的，鉴定意见不得作为定案根据。D 项正确。

综上所述，本题答案为 D。

3. 关于鉴定人与鉴定意见，下列哪一选项是正确的？（2014-2-29，单）

A. 经法院通知，鉴定人无正当理由拒不出庭的，可由院长签发强制令强制其出庭

B. 鉴定人有正当理由无法出庭的，法院可中止审理，另行聘请鉴定人重新鉴定

C. 经辩护人申请而出庭的具有专门知识的人，可向鉴定人发问

D. 对鉴定意见的审查和认定，受到意见证据规则的规制

【考点】 鉴定人

【解析】 本题综合考查鉴定人与鉴定意见，这一考查方式再一次提醒考生，第三章中诉讼参与人的重要性在于这些主体在不同诉讼阶段的诉讼权利和参与程序，需要考生重点掌握教材中对这些诉讼主体的权利总结。

A 项，《刑诉解释》第 255 条规定："强制证人出庭的，应当由院长签发强制证人出庭令。"但关于鉴定人，立法及司法解释没有强制鉴定人出庭的相关规定。A 项错误。

B 项，《刑诉解释》第 99 条规定："经人民法院通知，鉴定人拒不出庭作证的，鉴定意见不得作为定案的根据。鉴定人由于不能抗拒的原因或者有其他正当理由无法出庭的，人民法院可以根据情况决定延期审理或者重新鉴定。对鉴定人无正当理由拒不出庭作证的，人民法院应当通报司法行政机关或者有关部门。"可见，鉴定人有正当理由无法出庭的，法院可延期审理而非中止审理。B 项错误。

C 项，《刑诉解释》第 250 条第 1 款规定："公诉人、当事人及其辩护人、诉讼代理人申请法庭通知有专门知识的人出庭，就鉴定意见提出意见的，应当说明理由。法庭认为有必要的，应当通知有专门知识的人出庭。"可见，有专门知识的人出庭的目的就是向鉴定人发问，C 项正确。

D 项，《刑诉解释》第 88 条第 2 款规定："证人的猜测性、评论性、推断性的证言，不得作为证据使用，但根据一般生活经验判断符合事实的除外。"该条也被称为意见证据规则，即证人只能客观陈述看到或者感知的事实，不能提推断性意见。意见证据规则规制证人作证，与鉴定人、鉴定意见无关。D 项错误。

综上所述，本题答案为 C。

4. 某幼儿园老师甲因 4 岁的小朋友小杨午休期间吵闹而用针扎了他。同是 4 岁的小刘目睹了小杨被针扎的过程。小刘放学后把小杨被老师针扎的事情告诉了自己妈妈。小刘妈妈随即报警。甲因涉嫌犯罪被公安机关立案侦查。关于本案，下列说法正确的是？（2018 仿真题，多）

A. 因小刘对所证事实具有辨别能力，符合其智力水平，其证言可以作为定案的依据

B. 4 岁的小杨作为被害人可以对犯罪嫌疑人甲进行辨认

C. 由于小杨的辨认笔录没有见证人的签名，该辨认笔录不能作为定案的依据

大咖点拨区

D. 小杨的母亲与案件有利害关系，其证言不可以作为定案的依据

【考点】诉讼参与人

【解析】A 选项，《刑事诉讼法》第 62 条规定："凡是知道案件情况的人，都有作证的义务。生理上、精神上有缺陷或者年幼，不能辨别是非、不能正确表达的人，不能作证人。"据此，要排除一个年幼的人作证的资格，必须还得符合"不能辨别是非、不能正确表达"才行。在本案中，虽然 4 岁的小刘年幼，但其对所证事实具有辨别能力，符合其智力水平，因此可以作为证人，其证言可以作为定案的依据。A 选项正确。

B 选项，《公安部规定》第 258 条规定："为了查明案情，在必要的时候，侦查人员可以让被害人、证人或者犯罪嫌疑人对与犯罪有关的物品、文件、尸体、场所或者犯罪嫌疑人进行辨认。"据此，不管年龄大小，只要是被害人，都是辨认的主体。B 选项正确。

C 选项，《关于办理死刑案件审查判断证据若干问题的规定》第 30 条第 2 款规定：有下列情形之一的，通过有关办案人员的补正或者作出合理解释的，辨认结果可以作为证据使用：（1）主持辨认的侦查人员少于 2 人的；（2）没有向辨认人详细询问辨认对象的具体特征的；（3）对辨认经过和结果没有制作专门的规范的辨认笔录，或者辨认笔录没有侦查人员、辨认人、见证人的签名或者盖章的；（4）辨认记录过于简单，只有结果没有过程的；（5）案卷中只有辨认笔录，没有被辨认对象的照片、录像等资料，无法获悉辨认的真实情况。根据该条第 2 款第（3）项，C 选项错误。

D 选项，《刑事诉讼法》第 62 条第 1 款规定："凡是知道案件情况的人，都有作证的义务。"据此，尽管小杨的母亲与案件有利害关系，但其也有作证的义务，其证言可以作为定案的根据，故 D 选项错误。

综上所述，本题答案为 A、B。

专题四　刑事诉讼的基本原则

一、严格遵守法律程序原则

1. 关于程序法定，下列哪些说法是正确的？（2015 - 2 - 64，多）

A. 程序法定要求法律预先规定刑事诉讼程序

B. 程序法定是大陆法系国家法定原则的重要内容之一

C. 英美国家实行判例制度而不实行程序法定

D. 以法律为准绳意味着我国实行程序法定

【考点】刑事诉讼的程序法定原则

【解析】A 项，程序法定原则既是一项立法原则，也是一项司法原则。作为立法原则，程序法定原则要求法律预先规定刑事诉讼程序，即有法可依，A 项正确。

B 项，在大陆法系国家，法定原则可以被区分为罪刑法定原则与程序法定原则，B 项正确。

C 项，在英美法系国家，刑事程序法定原则具体体现为正当程序原则。可见，英美法系国家也实行程序法定原则，C 项错误。

D 项，程序法定原则既是一项立法原则，也是一项司法原则。作为司法原则，程序法定原则要求刑事诉讼活动应当依据国家法律规定的刑事诉讼程序来进行，即有法必依、司法必严，也就是说应当以法律为准绳。D 项正确。

综上所述，本题答案为 A、B、D。

扫码听课

2. 某市发生一起社会影响较大的绑架杀人案。在侦查阶段，因案情重大复杂，市检察院提前介入侦查工作。检察官在开展勘验、检查等侦查措施时在场，并就如何进一步收集、固定和完善证据以及适用法律向公安机关提出了意见，对已发现的侦查活动中的违法行为提出了纠正意见。关于检察院提前介入侦查，下列哪些选项是正确的？（2017 - 2 - 64，多）

A. 侵犯了公安机关的侦查权，违反了侦查权、检察权、审判权由专门机关依法行使的原则

B. 体现了分工负责，互相配合，互相制约的原则

C. 体现了检察院依法对刑事诉讼实行法律监督的原则

D. 有助于严格遵守法律程序原则的实现

【考点】刑事诉讼的基本原则

【解析】分工负责，就是要求公、检、法三机关依据法律规定的职权，各司其职，各负其责，严格按照法律规定的职权分工进行刑事诉讼，不允许互相代替和超越职权，更不允许任何一个机关独自包办。互相配合，就是要求公、检、法三机关通力协作，互相支持，互通情报，共同完成刑事诉讼法规定的任务。互相制约，就是要求公、检、法三机关在刑事诉讼中，能互相约束，依据法律规定的

扫码听课

职权对有关问题、有关决定，提出自己的主张和意见，防止可能出现的偏差和纠正已经出现的错误。对于重大、疑难、复杂的案件，人民检察院认为确有必要时，可以派员适时介入侦查活动，对收集证据、适用法律提出意见，监督侦查活动是否合法。并没有侵犯公安的侦查权，这是检察院行使刑事法律监督权的表现，故 A 错，BCD 说法正确。

综上所述，本题答案为 B、C、D。

二、犯罪嫌疑人、被告人有权获得辩护原则

关于犯罪嫌疑人、被告人有权获得辩护原则，下列哪些说法是正确的？(2011－2－64，多)

A. 在任何情况下，对任何犯罪嫌疑人、被告人都不得以任何理由限制或者剥夺其辩护权

B. 辩护权是犯罪嫌疑人、被告人最基本的诉讼权利，有关机关应当为每个犯罪嫌疑人、被告人免费提供律师帮助

C. 为保障辩护权，任何机关都有为犯罪嫌疑人、被告人提供辩护帮助的义务

D. 辩护不应当仅是形式上的，而且应当是实质意义上的

【考点】犯罪嫌疑人、被告人有权获得辩护原则

【解析】A 项，辩护权是犯罪嫌疑人、被告人用于对抗刑事指控最有力、最基本的武器。如果犯罪嫌疑人、被告人的辩护权被剥夺，控辩双方的力量对比将会彻底失衡。强大的公权力失去制约后会有滥用的风险，难免不出现冤错案件，违背司法公正。因此，对于犯罪嫌疑人、被告人的辩护权不得进行任何形式的剥夺和限制。A 项正确。

B 项，为犯罪嫌疑人、被告人提供免费律师帮助属于法律援助。根据现行《刑事诉讼法》第 35 条的规定："犯罪嫌疑人、被告人因经济困难或者其他原因没有委托辩护人的，本人及其近亲属可以向法律援助机构提出申请。对符合法律援助条件的，法律援助机构应当指派律师为其提供辩护。犯罪嫌疑人、被告人是盲、聋、哑人，或者是尚未完全丧失辨认或者控制自己行为能力的精神病人，没有委托辩护人的，人民法院、人民检察院和公安机关应当通知法律援助机构指派律师为其提供辩护。犯罪嫌疑人、被告人可能被判处无期徒刑、死刑，没有委托辩护人的，人民法院、人民检察院和公安机关应当通知法律援助机构指派律师为其提供辩护。"《刑事诉讼法》第 278 条规定："未成年犯罪嫌疑人、被告人没有委托辩护人的，人民法院、人民检察院、公安机关应当通知法律援助机构指派律师为其提供辩护。"《刑事诉讼法》第 293 条规定："人民法院缺席审判案件，被告人没有委托辩护人，被告人的近亲属可以代为委托辩护人。"

可见，根据上述《刑事诉讼法》的规定，并非对任何犯罪嫌疑人、被告人都提供免费法律援助，应当提供法律援助的主体包括：(1) 经济困难，经过申请，符合法援条件的犯罪嫌疑人、被告人；(2) 盲、聋、哑的犯罪嫌疑人、被告人；(3) 精神病的犯罪嫌疑人、被告人；(4) 无期、死刑的犯罪嫌疑人、被告人；(5) 未成年的犯罪嫌疑人、被告人；(6) 缺席审判。故，B 项错误。

C 项，对于因经济困难没有委托辩护人的犯罪嫌疑人、被告人，只能靠其自己或者近亲属向法律援助机构提出申请，并非任何机关都有义务负责提供法律援

助。对于"盲聋哑、精神病、无期死刑、未成年"的法律援助，也只有公、检、法有职责为犯罪嫌疑人、被告人通知法律援助，其他机关没有该职责。故，C 项错误。

D 项，我国不能仅在立法及司法解释中规定保障辩护权实现的若干条文，还应当在司法实践中切实保护犯罪嫌疑人、被告人及辩护人的辩护权，严格依法办事，杜绝有法不依、变相剥夺、限制辩护权的做法，这是有效辩护原则的要求。D 项正确。

综上所述，本题答案为 A、D。

三、未经人民法院依法判决对任何人都不得确定有罪

社会主义法治的公平正义，要通过法治的一系列基本原则加以体现。"未经法院依法判决，对任何人都不得确定有罪"是《刑事诉讼法》确立的一项基本原则。关于这一原则，下列哪些说法是正确的？（2013 - 2 - 64，多）

A. 明确了定罪权的专属性，法院以外任何机关、团体和个人都无权行使这一权力

B. 确定被告人有罪需要严格依照法定程序进行

C. 表明我国刑事诉讼法已经全面认同和确立无罪推定原则

D. 按照该规定，可以得出疑罪从无的结论

【考点】未经人民法院依法判决对任何人都不得确定有罪原则

【解析】A、B 项，《刑事诉讼法》第 12 条规定："未经人民法院依法判决，对任何人都不得确定有罪。"该原则包括以下含义：（1）明确规定了确定被告人有罪的权力由人民法院统一行使，其他任何机关、团体和个人都无权行使。定罪权是刑事审判权的核心，人民法院作为我国唯一的审判机关，代表国家统一独立行使刑事审判权。（2）人民法院判决被告人有罪，必须严格依照法定程序，在保障被告人享有充分的辩护权的基础上，依法组成审判庭进行公正、公开的审理。故，A、B 项正确。

C 项，《刑事诉讼法》第 12 条被称为人民法院专属定罪权原则，其他任何机关、团体、个人都无此权力。该原则体现了无罪推定的精神，但并不意味着我国确立了无罪推定原则。因为在我国司法实践中，仍然存在一些有罪推定的做法。C 项错误。

D 项，"疑罪从无"是人民法院在对被告人定罪时需要把握的司法原则，与"疑罪从无"相对的是"疑罪从有"或"疑罪从挂"，"疑罪从无"与人民法院享有排他的定罪权没有关系。我们可以说，从无罪推定原则可以推导出疑罪从无的精神或者理念，但说从人民法院专属定罪权原则可以得出疑罪从无的结论略显牵强。故 D 项错误。

综上所述，本题答案为 A、B。

四、具有法定情形不予追究刑事责任原则

社会主义法治要通过法治的一系列原则加以体现。具有法定情形不予追究刑事责任是《刑事诉讼法》确立的一项基本原则，下列哪一案件的处理体现了这一原则？（2014 - 2 - 23，单）

扫码听课

扫码听课

A. 甲涉嫌盗窃，立案后发现涉案金额400余元，公安机关决定撤销案件

B. 乙涉嫌抢夺，检察院审查起诉后认为犯罪情节轻微，不需要判处刑罚，决定不起诉

C. 丙涉嫌诈骗，法院审理后认为其主观上不具有非法占有他人财物的目的，作出无罪判决

D. 丁涉嫌抢劫，检察院审查起诉后认为证据不足，决定不起诉

【考点】具有法定情形不予追究刑事责任原则的体现

【解析】《刑事诉讼法》第16条规定，有下列情形之一的，不追究刑事责任，已经追究的，应当撤销案件，或者不起诉，或者终止审理，或者宣告无罪：（1）情节显著轻微、危害不大，不认为是犯罪的；（2）犯罪已过追诉时效期限的；（3）经特赦令免除刑罚的；（4）依照刑法告诉才处理的犯罪，没有告诉或者撤回告诉的；（5）犯罪嫌疑人、被告人死亡的；（6）其他法律规定免予追究刑事责任的。

最高人民法院、最高人民检察院关于《办理盗窃刑事案件适用法律若干问题的解释》第1条第1款规定，盗窃公私财物价值1000元至3000元以上、3万元至10万元以上、30万元至50万元以上的，应当分别认定为刑法第264条规定的"数额较大"、"数额巨大"、"数额特别巨大"。

可见，A项，立案后侦查阶段发现涉案金额400元不足以追究刑事责任，属于上述第（1）项规定的情形，故撤销案件，正确。

B项，若因《刑事诉讼法》第16条之原因而不起诉属于法定不起诉制度。B项属于《刑事诉讼法》第177条第2款规定的情形，即"对于犯罪情节轻微，依照刑法规定不需要判处刑罚或者免除刑罚的，人民检察院可以作出不起诉决定"。该条文属于酌定不起诉制度。我国的不起诉制度包含三种不起诉：法定不起诉、酌定不起诉、存疑不起诉。这三种不起诉制度是平行关系，而非包含与被包含的关系。因此，B项不属于法定不起诉，即不属于《刑事诉讼法》第16条规定的法定情形不追究刑事责任原则。因为《刑事诉讼法》第177条第2款规定的"犯罪情节轻微"与《刑事诉讼法》第16条"情节显著轻微"不认为是犯罪，有着本质区别，故B项错误。

C项，"主观上不具有非法占有他人财物的目的"意味着，被告人没有犯罪故意，主观方面没有罪过，根本不存在犯罪行为。《刑事诉讼法》第16条规定的情形主要包括："显著轻微、已过时效、经过特赦、撤回告诉、已经死亡"，但不包含"没有犯罪事实或者行为"的情形。可见，C项错误。

D项，若因《刑事诉讼法》第16条之原因而不起诉属于法定不起诉制度。D项属于《刑事诉讼法》第175条第4款规定的情形，即"对于二次补充侦查的案件，人民检察院仍然认为证据不足，不符合起诉条件的，应当作出不起诉的决定。"该条文属于存疑不起诉（证据不足不起诉）制度。法定不起诉制度与存疑不起诉制度属于平行关系，故D项不属于法定不起诉制度，即不属于《刑事诉讼法》第16条规定的法定情形不追究刑事责任原则。D项错误。

综上所述，本题答案为A。

五、保障诉讼参与人诉讼权利原则

关于保障诉讼参与人的诉讼权利原则，下列哪些选项是正确的？（2016 – 2 – 65，多）

A. 是对《宪法》和《刑事诉讼法》尊重和保障人权的具体化

B. 保障诉讼参与人的诉讼权利，核心在于保护犯罪嫌疑人、被告人的辩护权

C. 要求诉讼参与人在享有诉讼权利的同时，还应承担法律规定的诉讼义务

D. 保障受犯罪侵害的人的起诉权和上诉权，是这一原则的重要内容

【考点】保障诉讼参与人诉讼权利原则

【解析】本题考查保障诉讼参与人诉讼权利理论。A 项，2004 年我国《宪法》修改时，第一次引入"国家尊重和保障人权"的规定。1996 年《刑事诉讼法》中没有专门规定"尊重和保障人权"，2013 年《刑事诉讼法》在第 2 条明确规定了"尊重和保障人权"，因此，《刑事诉讼法》第 2 条的规定也被称为人权条款。《宪法》与《刑事诉讼法》中的人权条款需要在刑事诉讼活动中，通过若干原则和具体法律规定来具体化，保障诉讼参与人的诉讼权利原则由我国《刑事诉讼法》第 14 条规定："人民法院、人民检察院和公安机关应当保障犯罪嫌疑人、被告人和其他诉讼参与人依法享有的辩护权和其他诉讼权利。诉讼参与人对于审判人员、检察人员和侦查人员侵犯公民诉讼权利和人身侮辱的行为，有权提出控告。"可见，该条文通过相对细化的规定对《宪法》与《刑事诉讼法》中的人权条款进行诠释。A 项正确。

B 项，诉讼权利，即诉讼参与人参加刑事诉讼活动，依法行使诉讼行为的合法权利。整个刑事诉讼活动的核心就是在国家专门机关和相关诉讼参与人参与下，解决犯罪嫌疑人、被告人刑事责任问题。从某种角度讲，犯罪嫌疑人、被告人是刑事诉讼活动的核心焦点。为了对抗公诉或者自诉，最大限度地维护自身合法权益，犯罪嫌疑人、被告人需要辩护权作为看牌，因而保障诉讼参与人的诉讼权利，核心在于保护犯罪嫌疑人、被告人的辩护权。B 项正确。

C 项，权利和义务是相对的，诉讼参与人在享有诉讼权利的同时，还应当承担法律规定的诉讼义务。公安司法机关有义务保障诉讼参与人的诉讼权利，也有权力要求诉讼参与人履行相应的诉讼义务。C 项正确。

D 项，在刑事案件中，受侵害的人在公诉案件中被称为被害人，在自诉案件中被称为自诉人。其中，对于自诉案件而言，自诉人既有起诉权，也有上诉权。但在公诉案件中，被害人没有起诉权（但享有控告权），也没有上诉权（但享有申请抗诉权）。故 D 项表述较为片面，错误。

综上所述，本题答案为 A、B、C。

六、人民法院、人民检察院依法独立行使职权原则

人民法院、人民检察院依法独立行使职权是司法改革的重要目标。下列关于人民法院、人民检察院依法独立行使职权说法不正确的是？（2018 仿真题，单）

A. 人民法院、人民检察院依照法律规定独立行使审判权、检察权，不受行政机关、社会团体和个人的干涉，也不受党和人大的监督

B. 人民法院工作人员在审理相关案件时，以本人或者他人名义持有与所审理

大咖点拨区

扫码听课

扫码听课

案件相关的上市公司股票的，应主动申请回避

C. 健全维护司法权威的法律制度。完善惩戒妨碍司法机关依法行使职权、拒不执行生效裁判和决定、藐视法庭权威等违法犯罪行为的法律规定

D. 非因法定事由，非经法定程序，不得将法官、检察官调离、辞退或者作出免职、降级等处分

【考点】人民法院、人民检察院依法独立行使职权原则

【解析】人民法院、人民检察院依法独立行使职权是指人民法院、人民检察院依照法律规定独立行使审判权、检察权，不受行政机关、社会团体和个人的干涉。即法官除了法律没有别的上司。A 项中，我国人民法院、人民检察院依法独立行使职权不仅仅是独立，而且要受监督，尤其是受党和人大的监督。故 A 项表述错误。B 项中，根据相关规定，人民法院工作人员在审理相关案件时，以本人或者他人名义持有与所审理案件相关的上市公司股票的，应主动申请回避，以实现公正与中立。人民法院、人民检察院依法独立行使职权要求做到：健全维护司法权威的法律制度。完善惩戒妨碍司法机关依法行使职权、拒不执行生效裁判和决定、藐视法庭权威等违法犯罪行为的法律规定；建立健全司法人员履行法定职责保护机制。非因法定事由，非经法定程序，不得将法官、检察官调离、辞退或者作出免职、降级等处分。故 C、D 项表述正确。

综上所述，本题答案为 A。

七、人民检察院依法对刑事诉讼实行法律监督

张某发现甲企业在生产有毒有害食品，于是向 A 县质量监督局举报。A 县质量监督局受理后经过调查发现甲企业已经构成生产有毒有害食品罪，遂将案件移送给 A 县公安局立案侦查。A 县公安局审查后作出不予立案的决定。关于张某与 A 县质量监督局的诉讼权利，下列哪一选项是正确的？（2018 仿真题，单）

A. 张某可以向作出不予立案决定的公安机关申请复议

B. 张某可以向作出不予立案决定的公安机关的上一级公安机关申请复核

C. A 县质量监督局可以向作出不予立案决定的公安机关申请复议

D. A 县质量监督局可以向作出不予立案决定的公安机关的上一级公安机关申请复核

【考点】人民检察院依法对刑事诉讼实行法律监督原则

【解析】本案中，张某并不是控告人身份，而是举报人身份，因此不享有控告人的复议复核权。据此，A、B 选项错误。《公安部规定》第 181 条规定：移送案件的行政执法机关对不予立案决定不服的，可以在收到不予立案通知书后 3 日以内向作出决定的公安机关申请复议；公安机关应当在收到行政执法机关的复议申请后 3 日以内作出决定，并书面通知移送案件的行政执法机关。由此可见，移送案件的行政执法机关对公安机关不立案决定不服的，可以申请复议，但不能申请复核。据此，C 项正确，D 项错误。

综上所述，本题答案为 C。

扫码听课

八、认罪认罚从宽原则

1. 认罪认罚从宽原则是我国刑事诉讼法规定的一项基本原则。下列关于认罪认罚从宽原则的理解，说法正确的有？（2020 仿真题，多）

A. 认罪是指犯罪嫌疑人、被告人自愿如实供述自己的罪行，对指控的犯罪事实没有异议

B. 犯罪嫌疑人、被告人犯数罪，仅如实供述其中一罪或部分罪名事实的，全案不作"认罪"的认定，不适用认罪认罚从宽制度

C. 认罚在审查起诉阶段表现为接受人民检察院拟作出的起诉或不起诉决定，认可人民检察院的量刑建议，签署认罪认罚具结书

D. 犯罪嫌疑人、被告人虽然表示"认罚"，但不同意适用速裁程序的，不作"认罚"的认定，不适用认罪认罚从宽制度

【考点】认罪认罚从宽原则

【解析】A 选项，《刑诉解释》第 347 条规定认罪是指犯罪嫌疑人、被告人自愿如实供述自己的罪行，对指控的犯罪事实没有异议。认罚是指犯罪嫌疑人、被告人真诚悔罪，愿意接受处罚。

B 选项，《关于适用认罪认罚从宽制度的指导意见》中第 6 条规定，犯罪嫌疑人、被告人犯数罪，仅如实供述其中一罪或部分罪名事实的，全案不作"认罪"的认定，不适用认罪认罚从宽制度，但对如实供述的部分，人民检察院可以提出从宽处罚的建议，人民法院可以从宽处罚。

C 选项，《关于适用认罪认罚从宽制度的指导意见》中第 7 条规定，"认罚"，在侦查阶段表现为表示愿意接受处罚；在审查起诉阶段表现为接受人民检察院拟作出的起诉或不起诉决定，认可人民检察院的量刑建议，签署认罪认罚具结书；在审判阶段表现为当庭确认自愿签署具结书，愿意接受刑罚处罚。

D 选项，《关于适用认罪认罚从宽制度的指导意见》中第 7 条规定，"认罚"考察的重点是犯罪嫌疑人、被告人的悔罪态度和悔罪表现，应当结合退赃退赔、赔偿损失、赔礼道歉等因素考量。犯罪嫌疑人、被告人享有程序选择权，不同意适用速裁程序、简易程序的，不影响"认罚"的认定。因此，A、B、C 项正确，D 项错误。

综上所述，本题答案为 A、B、C。

2. 方某涉嫌集资盗窃，其认罪认罚，检察院对方某提出从宽的量刑建议，下列关于该案的说法，正确的是？（2021 仿真题，多）

A. 方某不同意适用速裁程序，不影响对其认罚的认定

B. 方某认罪认罚，但隐匿、转移财产，则不能适用认罪认罚从宽制度

C. 检察院需经法院同意后，才可调整量刑建议

D. 检察院在庭审后调整量刑建议，法院认为调整后的量刑建议适当的，应当予以采纳

【考点】认罪认罚从宽

【解析】依据《关于适用认罪认罚从宽制度的指导意见》第 7 条第 2 款之规定，"认罚"考察的重点是犯罪嫌疑人、被告人的悔罪态度和悔罪表现，应当结合退赃退赔、赔偿损失、赔礼道歉等因素来考量。犯罪嫌疑人、被告人虽然表示

"认罚",却暗中串供、干扰证人作证、毁灭、伪造证据或者隐匿、转移财产,有赔偿能力而不赔偿损失,则不能适用认罪认罚从宽制度。犯罪嫌疑人、被告人享有程序选择权,不同意适用速裁程序、简易程序的,不影响"认罚"的认定。故此得知 AB 选项正确。

依据《关于适用认罪认罚从宽制度的指导意见》第 41 条第 1 款之规定:"量刑建议的调整。人民法院经审理,认为量刑建议明显不当,或者被告人、辩护人对量刑建议有异议且有理有据的,人民法院应当告知人民检察院,人民检察院可以调整量刑建议。人民法院认为调整后的量刑建议适当的,应当予以采纳;人民检察院不调整量刑建议或者调整后仍然明显不当的,人民法院应当依法作出判决。"故此得知 D 选项正确。C 选项错在检察院无需经法院同意,就看可调整量刑建议。

九、综合

1. 检察院对法院审理案件违反法定程序,只能在庭审后以检察院的名义提出书面纠正意见。关于这做法的表述,说法正确的是?（2021 仿真题,多）

A. 体现了检察监督原则

B. 体现了程序的独立价值

C. 体现了分工负责,互相配合,互相制约

D. 有助于实现严格遵守法律程序原则

【考点】刑诉法基本原则

【解析】检察院是我国法律监督机关,本题中的做法体现了检察院对法院审理程序的监督,故 A 项正确。刑事诉讼法独立价值含义体现在刑事诉讼法所规定的诉讼结构、原则、制度、程序,体现着程序本身的民主、法治、人权精神。本题中检察院对法院审理程序的监督,体现了程序违法可能会引起一定的法律后果,体现了刑事诉讼程序的独立价值,故 B 项正确。本题中检察院对法院的监督,体现了公检法三机关的分工负责,互相配合,互相制约中的"互相制约",故 C 项正确。《刑事诉讼法》第 3 条第 2 款规定,人民法院、人民检察院和公安机关进行刑事诉讼,必须严格遵守《刑事诉讼法》和其他法律的有关规定。这一条文规定了严格遵守法律程序原则,本题中检察院对法院的监督,有助于法院更好地遵守法律程序。故 D 项正确。

综上,本题的正确答案为 A、B、C、D 四项。

2. 关于刑事诉讼基本原则,下列哪些说法是正确的?（2014 - 2 - 65,多）

A. 体现刑事诉讼基本规律,有着深厚的法律理论基础和丰富的思想内涵

B. 既可由法律条文明确表述,也可体现于刑事诉讼法的指导思想、目的、任务、具体制度和程序之中

C. 既包括一般性原则,也包括独有原则

D. 与规定具体制度、程序的规范不同,基本原则不具有法律约束力,只具有倡导性、指引性

【考点】刑事诉讼基本原则

【解析】刑事诉讼法的基本原则,是指反映刑事诉讼理念和目的的要求,贯穿于刑事诉讼全过程或者主要诉讼阶段,对刑事诉讼过程具有普遍或者重大指导

扫码听课

扫码听课

意义和规范作用，为国家专门机关和诉讼参与人参与刑事诉讼必须遵循的基本行为准则。简单地说，刑事诉讼法基本原则的特点包括：（1）体现刑事诉讼活动的基本规律；（2）由刑诉法明确规定；（3）一般贯穿于刑事诉讼全过程；（4）具有法律约束力。

A项，刑事诉讼法基本原则是对司法实践经验的总结和归纳，体现刑事诉讼活动基本规律。同时，各项基本原则均蕴含着深厚的法学理论基础，也是法学学者多年科研成果的总结和结晶。A项正确。

B、C项，我国刑事诉讼法的基本原则包括：侦查权、检察权、审判权由专门机关依法行使；严格遵守法律程序；人民法院、人民检察院依法独立行使职权；分工负责，相互配合，相互制约；人民检察院依法对刑事诉讼实行法律监督；各民族公民有权使用本民族语言文字进行诉讼；犯罪嫌疑人、被告人有权获得辩护；审判公开；未经人民法院依法判决，对任何人都不得确定有罪；具有法定情形不予追究刑事责任；追究外国人刑事责任适用我国刑事诉讼法。

在这些原则中，"各民族公民有权使用本民族语言文字进行诉讼"原则就是由《刑事诉讼法》第9条明确规定，而"分工负责，相互配合，相互制约"原则不仅是一种处理公检法三机关相互关系的指导思想，而且在《刑事诉讼法》中的具体程序中，如侦查、起诉、审判程序中，都通过具体程序体现了分工负责，相互配合，相互制约的基本精神和要求。B项正确。

在上述这些基本原则中，有些原则不仅刑事诉讼法中有，在民事诉讼法、行政诉讼法中也有，譬如"严格遵守法律程序"原则，"审判公开"原则等。有些原则则是刑事诉讼法所特有，譬如"犯罪嫌疑人、被告人有权获得辩护"原则，"未经人民法院依法判决，对任何人都不得确定有罪"等。故，C项正确。

D项，前文已述，刑事诉讼法基本原则的重要特点之一就是"具有法律约束力"，与刑事诉讼法的一般规定相比，基本原则只不过是高度抽象、比较笼统，但它仍然是法律，仍然具有法律效力。D项错误。

综上所述，本题答案为A、B、C。

大咖点拨区

大咖点拨区

扫码听课

专题五　管　辖

一、立案管辖

1. 下列哪种案件可由检察院立案侦查？（2021 仿真题，单）

A. 某海警工作站站长刘某在办理刑事案件时询问证人苏某，对苏某进行殴打，致其重伤

B. 某县副县长张某隐瞒自己发热的事实，参加打牌并致使多人感染新冠肺炎

C. 某县检察院副检察长周某在办公大楼建设招标过程中收受巨额贿赂

D. 警察王某利用职务之便为境外刺探国家情报

【考点】立案管辖

【解析】依据《高检规则》第 13 条，人民检察院在对诉讼活动实行法律监督中发现的司法工作人员利用职权实施的非法拘禁、刑讯逼供、非法搜查等侵犯公民权利、损害司法公正的犯罪，可以由人民检察院立案侦查。A 项中的刘某涉嫌刑讯逼供罪，检察院可以立案侦查。B 项属于公安机关侦查的涉嫌妨害传染病案件。

依据《监察法》第 11 条：监察委员会依照本法和有关法律规定履行监督、调查、处置职责：

（一）对公职人员开展廉政教育，对其依法履职、秉公用权、廉洁从政从业以及道德操守情况进行监督检查；

（二）对涉嫌贪污贿赂、滥用职权、玩忽职守、权力寻租、利益输送、徇私舞弊以及浪费国家资财等职务违法和职务犯罪进行调查；

（三）对违法的公职人员依法作出政务处分决定；对履行职责不力、失职失责的领导人员进行问责；对涉嫌职务犯罪的，将调查结果移送人民检察院依法审查、提起公诉；向监察对象所在单位提出监察建议。故此 C 项属于监察机关管辖的案件。

D 项是涉嫌为境外非法提供国家秘密情报罪，属于危害国家安全的犯罪，应由国家安全机关立案侦查。

2. 关于监狱在刑事诉讼中的职权，下列哪一选项是正确的？（2016 - 2 - 23，单）

A. 监狱监管人员指使被监管人体罚虐待其他被监管人的犯罪，由监狱进行侦查

B. 罪犯在监狱内犯罪并被发现判决时所没有发现的罪行，应由监狱一并侦查

C. 被判处有期徒刑罪犯的暂予监外执行均应当由监狱提出书面意见，报省级以上监狱管理部门批准

D. 被判处有期徒刑罪犯的减刑应当由监狱提出建议书，并报法院审核裁定

【考点】监狱的职权

扫码听课

【解析】监狱负责立案、侦查发生在监狱内部的犯罪行为，但法律另有规定的除外。

A 项，监狱监管人员指使被监管人体罚虐待其他被监管人的犯罪属于虐待被监管人案，依 2018 新修订的《刑事诉讼法》第 19 条和《关于人民检察院立案侦查司法工作人员相关职务犯罪案件若干问题的规定》第 1 条第 5 项，可以由检察院立案侦查，监狱无权管辖。A 项错误。

B 项，罪犯在监狱内犯罪可以由监狱立案侦查，但是罪犯在监狱之外所犯的判决时没有发现的罪行，则不能由监狱并案侦查，而应当由有管辖权的监察委调查或公安、检察院立案侦查。B 项错误。

C 项，关于暂予监外执行的批准、决定要分情况确定：（1）在交付执行前，暂予监外执行由交付执行的人民法院决定；（2）在交付执行后，暂予监外执行由监狱或者看守所提出书面意见，报省级以上监狱管理机关或者设区的市一级以上公安机关批准。可见，一般而言，被判处有期徒刑罪犯的暂予监外执行是由监狱提出书面意见，报省级以上监狱管理部门批准。但是，如果有期徒刑余刑在 3 个月以下，刑罚由看守所代为执行，此时，暂予监外执行则应由看守所提出书面意见，报设区的市一级以上的公安机关批准。C 项错误。

D 项，最高人民法院《关于减刑、假释案件审理程序的规定》第 1 条规定，对减刑、假释案件，应当按照下列情形分别处理：（1）对被判处死刑缓期执行的罪犯的减刑，由罪犯服刑地的高级人民法院在收到同级监狱管理机关审核同意的减刑建议书后 1 个月内作出裁定；（2）对被判处无期徒刑的罪犯的减刑、假释，由罪犯服刑地的高级人民法院在收到同级监狱管理机关审核同意的减刑、假释建议书后 1 个月内作出裁定，案情复杂或者情况特殊的，可以延长 1 个月；（3）对被判处有期徒刑和被减为有期徒刑的罪犯的减刑、假释，由罪犯服刑地的中级人民法院在收到执行机关提出的减刑、假释建议书后 1 个月内作出裁定，案情复杂或者情况特殊的，可以延长 1 个月；（4）对被判处拘役、管制的罪犯的减刑，由罪犯服刑地中级人民法院在收到同级执行机关审核同意的减刑、假释建议书后 1 个月内作出裁定。对暂予监外执行罪犯的减刑，应当根据情况，分别适用前款的有关规定。可见，根据该条第（3）项规定，D 项正确。

综上所述，本题答案为 D。

3. 孙某系甲省乙市海关科长，与走私集团通谋，利用职权走私国家禁止出口的文物，情节特别严重。关于本案管辖，下列哪些选项是正确的？（2015－2－67，多）

A. 可由公安机关立案侦查

B. 经甲省检察院决定，可由检察院立案侦查

C. 甲省检察院决定立案侦查后可根据案件情况自行侦查

D. 甲省检察院决定立案侦查后可根据案件情况指定甲省丙市检察院侦查

【考点】立案管辖、人民检察院直接受理的案件范围

【解析】A、B 项，本案中，孙某为国家机关工作人员，虽有利用职权的走私行为，但是直接参与走私文物的行为，构成走私文物罪，原则归大公安机关即海关缉私部门管辖。而孙某的行为又符合《刑事诉讼法》第 19 条的规定，"对于公安机关管辖的国家机关工作人员利用职权实施的重大犯罪案件，需要由人民检察

大咖点拨区

扫码听课

院直接受理的时候，经省级以上人民检察院决定，可以由人民检察院立案侦查。"因此经甲省检察院决定，可由检察院立案侦查。综上所述，A、B项表述正确。

C项，根据《高检规则》第15条第3款的规定："省级人民检察院应当在收到提请批准直接受理书后十日以内作出是否立案侦查的决定。省级人民检察院可以决定由设区的市级人民检察院立案侦查，也可以自行立案侦查。"可知，该案件可由甲省检察院直接侦查。故C项表述正确。

D项，根据《高检规则》第19条的规定，本规则第13条规定的案件，由犯罪嫌疑人工作单位所在地的人民检察院管辖。如果由其他人民检察院管辖更为适宜的，可以由其他人民检察院管辖。同时根据该规则第20条规定，对管辖不明确的案件，可以由有关人民检察院协商确定管辖。可知，本案中，甲省检察院决定立案侦查后可根据案件情况指定丙市检察院侦查。故D项表述正确。

综上所述，本题答案为A、B、C、D。

4. 罗辉与郭鹏系大学好友，两人毕业后共同出资在甲省M市设立佳绩公司经营日化用品。公司设立后不久，二人分别以公司的名义骗取银行的贷款，贷款到期后佳绩公司以现有资金无法支付本金及利息，案发后罗辉和郭鹏被M市公安机关立案侦查，罗辉得知消息后潜逃至相邻的乙省，公安机关只抓捕到郭鹏一人，关于本案的处理，下列哪些说法是正确的？（2019仿真题，多）

A. 如果公安机关对于郭鹏的骗取贷款行为和其他相关事实已调查清楚，可以将郭鹏单独移送检察院审查起诉

B. 公安机关移送审查起诉后，检察院在审查时如果认为本案系单位犯罪，事实清楚，证据确实充分，可以直接增加佳绩公司为犯罪嫌疑人

C. 对于罗辉，M市公安机关不能直接发布通缉令，而应当逐级报请公安部发布

D. 案件诉至法院后，法院应当在作出判决前调查郭鹏的财产状况

【考点】立案管辖、审查起诉、通缉令的发布、人民法院评议案件的规定

【解析】A项，《高检规则》第158条第3款："对于移送起诉的案件，犯罪嫌疑人在逃的，应当要求公安机关采取措施保证犯罪嫌疑人到案后再移送起诉。共同犯罪案件中部分犯罪嫌疑人在逃的，对在案犯罪嫌疑人的移送起诉应当受理。"本案中郭鹏犯罪事实已经查清，可以移送审查起诉。A项正确。

B项，《刑事诉讼法》第19条："刑事案件的侦查由公安机关进行，法律另有规定的除外。人民检察院在对诉讼活动实行法律监督中发现的司法工作人员利用职权实施的非法拘禁、刑讯逼供、非法搜查等侵犯公民权利、损害司法公正的犯罪，可以由人民检察院立案侦查。对于公安机关管辖的国家机关工作人员利用职权实施的重大犯罪案件，需要由人民检察院直接受理的时候，经省级以上人民检察院决定，可以由人民检察院立案侦查。自诉案件，由人民法院直接受理。"本案属于公安机关负责侦查的管辖案件，检察院没有管辖权，没有经过侦查程序不能直接追加公司为犯罪嫌疑人，B项错误。

C项，《公安部规定》第274条第2款："县级以上公安机关在自己管辖的地区内，可以直接发布通缉令；超出自己管辖的地区，应当报请有权决定的上级公安机关发布。"本案中罗辉已经不在M市管辖范围，因此M市公安机关应当报请有权决定的上级公安机关发布，即公安部发布，C项正确。

D项,《刑诉解释》第294条:"合议庭评议案件,应当根据已经查明的事实、证据和有关法律规定,在充分考虑控辩双方意见的基础上,确定被告人是否有罪、构成何罪,有无从重、从轻、减轻或者免除处罚情节,应否处以刑罚、判处何种刑罚,附带民事诉讼如何解决,查封、扣押、冻结的财物及其孳息如何处理等,并依法作出判决、裁定。"因此本案中法院在作出判决前无需调查郭鹏的财产状况。D项错误。

综上所述,本题答案为A、C。

5. 司法工作人员甲涉嫌刑讯逼供被检察院立案侦查,检察院在侦查过程中发现甲在另一起案件的办理中涉嫌受贿和暴力取证,关于本案的处理,下列哪些选项是正确的?(2019仿真题,多)

A. 对于甲涉嫌的刑讯逼供案,检察院可以根据需要采取技术侦查措施

B. 对于甲涉嫌的暴力取证案,检察院可以立案侦查

C. 对于甲涉嫌的受贿案,检察院与监察委员会沟通后,认为由检察院管辖更为适宜的,可以由检察院立案侦查

D. 在甲涉嫌的暴力取证案中,法院对于被害人提起的附带民事诉讼应当不予受理

【考点】技术侦查措施、人民检察院直接受理的案件范围、管辖权竞合的处理、附带民事诉讼

【解析】A项,《高检规则》第227条:"人民检察院在立案后,对于利用职权实施的严重侵犯公民人身权利的重大犯罪案件,经过严格的批准手续,可以采取技术侦查措施,交有关机关执行。"据此,本案中检察院根据需要可以对甲涉嫌的刑讯逼供案进行技术侦查措施。A项正确。

B项、C项,《高检规则》第13条第1款:"人民检察院在对诉讼活动实行法律监督中发现的司法工作人员利用职权实施的非法拘禁、刑讯逼供、非法搜查等侵犯公民权利、损害司法公正的犯罪,可以由人民检察院立案侦查。"本案中甲涉嫌暴力取证,已经侵犯公民权利、损害司法公正,因此检察院可以立案侦查。对于甲涉嫌受贿案,《监察法》第11条:"监察委员会依照本法和有关法律规定履行监督、调查、处置职责:(一)对公职人员开展廉政教育,对其依法履职、秉公用权、廉洁从政从业以及道德操守情况进行监督检查;(二)对涉嫌贪污贿赂、滥用职权、玩忽职守、权力寻租、利益输送、徇私舞弊以及浪费国家资财等职务违法和职务犯罪进行调查;(三)对违法的公职人员依法作出政务处分决定;对履行职责不力、失职失责的领导人员进行问责;对涉嫌职务犯罪的,将调查结果移送人民检察院依法审查、提起公诉;向监察对象所在单位提出监察建议。"据此甲受贿案不属于检察院管辖案件范围。B项正确,C项错误。

D项,《刑诉解释》第177条:"国家机关工作人员在行使职权时,侵犯他人人身、财产权利构成犯罪,被害人或者其法定代理人、近亲属提起附带民事诉讼的,人民法院不予受理,但应当告知其可以依法申请国家赔偿。"本案中,甲作为司法工作人员,属于国家机关工作人员。对其行使职权时侵犯的受害人提起的附带民事诉讼,法院应当不予受理,但应当告知其可以依法申请国家赔偿。D项错误。

综上所述,本题答案为A、B。

大咖点拨区

扫码听课

6. 检察院在查办侦查人员刘某刑讯逼供案件中，发现刘某还涉嫌贪污贿赂犯罪。关于本案犯罪的处理，下列选项正确的是？（2020 仿真题）

A. 检察院应当及时与同级监察委员会沟通，应当由监察委员会为主调查，人民检察院予以协助

B. 检察院应当与同级监察委员会沟通，经沟通，可以将刘某涉嫌的两个罪由检察院一并侦查

C. 检察院应当及时与同级监察委员会沟通。经沟通，认为全案由监察委员会管辖更为适宜的，人民检察院应当将刘某涉嫌的两个罪一并移送监察委员会

D. 检察院应当与同级监察委员会沟通，经沟通，认为分别管辖更为适宜的，检察院应当将刘某的贪污贿赂犯罪线索移送监察委员会，对刘某刑讯逼供案继续侦查

【考点】管辖权竞合的处理

【解析】《高检规则》第 17 条规定，人民检察院办理直接受理侦查的案件，发现犯罪嫌疑人同时涉嫌监察机关管辖的职务犯罪线索的，应当及时与同级监察机关沟通。经沟通，认为全案由监察机关管辖更为适宜的，人民检察院应当将案件和相应职务犯罪线索一并移送监察机关；认为由监察机关和人民检察院分别管辖更为适宜的，人民检察院应当将监察机关管辖的相应职务犯罪线索移送监察机关，对依法由人民检察院管辖的犯罪案件继续侦查。《监察法》第 11 条规定，监察委员会依照本法和有关法律规定履行监督、调查、处置职责：（一）对公职人员开展廉政教育，对其依法履职、秉公用权、廉洁从政从业以及道德操守情况进行监督检查；（二）对涉嫌贪污贿赂、滥用职权、玩忽职守、权力寻租、利益输送、徇私舞弊以及浪费国家资财等职务违法和职务犯罪进行调查；（三）对违法的公职人员依法作出政务处分决定；对履行职责不力、失职失责的领导人员进行问责；对涉嫌职务犯罪的，将调查结果移送人民检察院依法审查、提起公诉；向监察对象所在单位提出监察建议。因此侦查人员刘某的贪污贿赂犯罪应属于监察委员会管辖范围。《刑事诉讼法》第 19 条第 2 款规定，人民检察院在对诉讼活动实行法律监督中发现的司法工作人员利用职权实施的非法拘禁、刑讯逼供、非法搜查等侵犯公民权利、损害司法公正的犯罪，可以由人民检察院立案侦查。对于公安机关管辖的国家机关工作人员利用职权实施的重大犯罪案件，需要由人民检察院直接受理的时候，经省级以上人民检察院决定，可以由人民检察院立案侦查。因此侦查人员刘某的刑讯逼供案应属检察院管辖范围。本题中，侦查人员刘某的贪污贿赂犯罪案件属于监察委员会管辖的案件范围，应将其移送，并继续侦查属于人民检察院管辖范围的刑讯逼供案件。因此，C、D 项正确。

综上所述，本题答案为 C、D。

7. 下列关于监察机关办案程序的说法，正确的是（2021 仿真题，不定项）

A. 检察院在侦查甲徇私枉法案时，发现甲还涉嫌受贿罪，检察院应当将徇私枉法案和受贿案的线索一并移送监察机关

B. 上级监察委可以管辖下级监察委管辖范围内的案件

C. 监察机关对被调查人采取留置措施，应经上一级监察机关批准

D. 监察机关在调查职务犯罪中可告知被调查人在审查起诉后认罪认罚可从宽处理

【考点】监察机关办理案件的程序、检察院和监察机关管辖案件竞合的处理

【解析】依据《高检规则》第17条第1、2款规定："人民检察院办理直接受理侦查的案件，发现犯罪嫌疑人同时涉嫌监察机关管辖的职务犯罪线索的，应当及时与同级监察机关沟通。经沟通，认为全案由监察机关管辖更为适宜的，人民检察院应当将案件和相应职务犯罪线索一并移送监察机关；认为由监察机关和人民检察院分别管辖更为适宜的，人民检察院应当将监察机关管辖的相应职务犯罪线索移送监察机关，对依法由人民检察院管辖的犯罪案件继续侦查。"故 A 项的错误在于，该情形下，检察院与监察机关沟通后，可以将徇私枉法案和受贿案的线索一并移送监察机关，也可以将受贿案线索移送监察机关，检察院继续侦查徇私枉法案。

依据《监察法》第16条第2款规定："上级监察机关可以办理下一级监察机关管辖范围内的监察事项，必要时也可以办理所辖各级监察机关管辖范围内的监察事项。"故 B 项正确。

依据《监察法》第43条第1款规定："监察机关采取留置措施，应当由监察机关领导人员集体研究决定。设区的市级以下监察机关采取留置措施，应当报上一级监察机关批准。省级监察机关采取留置措施。应当报国家监察委员会备案。"本项的表述过于绝对，存在例外。该 C 项错误。

依据《监察法》第31条的规定，涉嫌职务犯罪的被调查人主动认罪认罚，具有法定情形之一的，监察机关经领导人员集体研究，并报上一级监察机关批准，可以在移送人民检察院时提出从宽处罚的建议。这就意味着，监察机关调查期间认罪认罚，也可以从宽处理。故 D 项错误。

8. 陈龙受贿被甲市监察委留置，在调查结束后，甲市监察委移送甲市检察院，下列关于该案的说法，正确的是？（2021仿真题，不定项）

A. 甲市监察委应当决定拘留，并通知陈龙的家属

B. 经监察机关商请，甲市检察院可以派员介入甲市监察委办理案件

C. 监察机关办案由检察院刑事检察部门进行监督

D. 甲市检察院若退回甲市监察委补充调查，可以将陈龙重新送回甲市监察委留置

【考点】监察机关与检察院办案的衔接

【解析】依据《高检规则》第142条规定："对于监察机关移送起诉的已采取留置措施的案件，人民检察院应当在受理案件后，及时对犯罪嫌疑人作出拘留决定，交公安机关执行。执行拘留后，留置措施自动解除。"依据《高检规则》第144条规定："除无法通知的以外，人民检察院应当在公安机关执行拘留、逮捕后24 小时以内，通知犯罪嫌疑人的家属。"故 A 项正确。

依据《高检规则》第256条第2款规定："经监察机关商请，人民检察院可以派员介入监察机关办理的职务犯罪案件。"故 B 项正确。

依据《监察法》第4条第2款规定："监察机关办理职务违法和职务犯罪案件，应当与审判机关、检察机关、执法部门互相配合，互相制约。"故检察院刑事检察部门不能对监察机关办案进行监督。C 项不正确。

现行刑事诉讼法未规定检察院退回监察机关补充调查时，犯罪嫌疑人重新送回监察机关留置，退回"案件"补充调查，但是，"人"不退回监察机关留置。

大咖点拨区

扫码听课

大咖点拨区

扫码听课

故 D 项不正确。

综上，本题的正确答案为 A、B 两项。

二、审判管辖

（一）级别管辖

1. 某县破获一抢劫团伙，涉嫌多次入户抢劫，该县法院审理后认为，该团伙中只有主犯赵某可能被判处无期徒刑。关于该案的移送管辖，下列哪些选项是正确的？（2014－2－66，多）

A. 应当将赵某移送中级法院审理，其余被告人继续在县法院审理

B. 团伙中的未成年被告人应当一并移送中级法院审理

C. 中级法院审查后认为赵某不可能被判处无期徒刑，可不同意移送

D. 中级法院同意移送的，应当书面通知其同级检察院

【考点】级别管辖的变通

【解析】A 项，《刑事诉讼法》第 21 条规定："中级人民法院管辖下列第一审刑事案件：（1）危害国家安全、恐怖活动案件；（2）可能判处无期徒刑、死刑的案件。"《刑诉解释》第 15 条规定："一人犯数罪、共同犯罪和其他需要并案审理的案件，其中一人或者一罪属于上级人民法院管辖的，全案由上级人民法院管辖。"本案属于团伙作案，应对秉承"就高不就低"的处理方式，将全案移送中级法院审理，A 项错误。

B 项，《人民检察院办理未成年人刑事案件的规定》第 51 条规定："人民检察院审查未成年人与成年人共同犯罪案件，一般应当将未成年人与成年人分案起诉。"如此规定，是为了照顾未成年人的人格尊严，保护未成年犯罪嫌疑人、被告人的合法权益。本案中，未成年人与成年人共同抢劫，如果检察机关对未成年人分案起诉，就会对未成年人案件单独处理，与其他成年人的抢劫案拆分成两个独立的案件。因此，其他成年人有人可能被判处无期徒刑而需要移送中级法院审理时，未成年人没有关系，其所涉抢劫案仍由基层法院审理即可。B 项错误。

C 项，《刑诉解释》第 17 条第 3 款规定："需要将案件移送中级人民法院审判的，应当在报请院长决定后，至迟于案件审理期限届满十五日前书面请求移送。中级人民法院应当在接到申请后十日内作出决定。不同意移送的，应当下达不同意移送决定书，由请求移送的人民法院依法审判；同意移送的，应当下达同意移送决定书，并书面通知同级人民检察院。"可见，中级法院可以不同意移送，C 项正确。

D 项，《刑诉解释》第 16 条规定："上级人民法院决定审判下级人民法院管辖的第一审刑事案件的，应当向下级人民法院下达改变管辖决定书，并书面通知同级人民检察院。"可见，D 项正确。

综上所述，本题答案为 C、D。

2. 美国人杰克与香港居民赵某在内地私藏枪支、弹药，公安人员查缉枪支、弹药时，赵某以暴力方法阻碍公安人员依法执行职务。下列哪一说法是正确的？（2011－2－23，单）

A. 全案由犯罪地的基层法院审判，因为私藏枪支、弹药罪和妨碍公务罪都不属于可能判处无期徒刑以上刑罚的案件

扫码听课

B. 杰克由犯罪地中级法院审判，赵某由犯罪地的基层法院审判

C. 杰克由犯罪地中级法院审判，赵某由中级法院根据具体案件情况而决定是否交由基层法院审判

D. 全案由犯罪地的中级法院审判

【考点】级别管辖

【解析】《刑事诉讼法》第21条规定，中级人民法院管辖下列第一审刑事案件：（1）危害国家安全、恐怖活动案件；（2）可能判处无期徒刑、死刑的案件。《刑事诉讼法》第25条规定，刑事案件由犯罪地法院管辖。本题中，私藏枪支、弹药罪和妨碍公务罪都不属于可能判处无期徒刑以上刑罚的案件。外国人犯罪只要不属于危害国家安全、恐怖活动案件或者可能判处无期徒刑、死刑的案件，也应当由基层人民法院管辖。因此，本题不属于中级人民法院管辖。本题的难点在于综合考查了刑法与刑事诉讼法的知识，需要考生了解私藏枪支、弹药罪和妨碍公务罪的量刑，难度较高，但这种考查方式在刑事诉讼法真题中不太常见。

综上所述，本题答案为A。

3. 方某在 A 市盗窃乙电动自行车，乙发现后从 B 市 C 区一直追，方某在逃跑中撞到了行人丙继续逃跑，丙死亡后，方某在 D 市被抓获，下列就管辖说法正确的是？（2021 仿真题，不定项）

A. 应由 A 市基层法院管辖　　　　B. 应由 C 市法院管辖

C. 可由 B 市中院管辖　　　　　　D. 可由 D 市中院管辖

【考点】级别管辖、地域管辖

【解析】依据《刑事诉讼法》第25条规定："刑事案件由犯罪地的人民法院管辖。如果由被告人居住地的人民法院审判更为适宜的，可以由被告人居住地的人民法院管辖。"本题中，方某涉嫌盗窃和交通肇事，犯罪地包括 A 市和 B 市 C 区。故 D 市是抓获地不是犯罪地，D 市中级法院对此案无管辖权，D 项不正确。

依据《刑事诉讼法》第21条规定："中级人民法院管辖下列第一审刑事案件：（一）危害国家安全、恐怖活动案件；（二）可能判处无期徒刑、死刑的案件。"按照《刑法》第264条关于盗窃罪的规定和《刑法》第133条关于交通肇事罪的规定，二罪数罪并罚，也不可能判处无期徒刑、死刑，该案属于基层法院管辖的案件。

依据《关于实施刑事诉讼法若干问题的规定》第3条的规定，具有下列情形之一的，人民法院、人民检察院、公安机关可以在其职责范围内并案处理：（一）一人犯数罪的；（二）共同犯罪的；（三）共同犯罪的犯罪嫌疑人、被告人还实施其他犯罪的；（四）多个犯罪嫌疑人、被告人实施的犯罪存在关联，并案处理有利于查明案件事实的。该案属于一人犯数罪的情形，可以并案审理。故本案"可以"由 A 市基层法院或者 C 区法院管辖，而不是"应当"由 A 市基层法院或者 C 区法院管辖。故 A、B 两项不正确。

依据《刑事诉讼法》第24条规定："上级人民法院在必要的时候，可以审判下级人民法院管辖的第一审刑事案件；下级人民法院认为案情重大、复杂需要由上级人民法院审判的第一审刑事案件，可以请求移送上一级人民法院审判。"C 区法院的上一级法院是 B 市中级法院，所以，此案可以由 B 市中级法院管辖，故 C 项正确。

大咖点拨区

扫码听课

综上，本题符合题意的选项是 C 项。

（二）地域管辖

1. 周某采用向计算机植入木马程序的方法窃取齐某的网络游戏账号、密码等信息，将窃取到的相关数据存放在其租用的服务器中，并利用这些数据将齐某游戏账户内的金币、点券等虚拟商品放在第三方网络交易平台上进行售卖，获利5000 元。下列哪些地区的法院对本案具有管辖权？（2013 - 2 - 65，多）

A. 周某计算机所在地　　　　　　B. 齐某计算机所在地

C. 周某租用的服务器所在地　　　D. 经营该网络游戏的公司所在地

【考点】地区管辖

【解析】《刑诉解释》第 2 条规定："犯罪地包括犯罪行为地和犯罪结果地。针对或者主要利用计算机网络实施的犯罪，犯罪地包括用于实施犯罪行为的网络服务使用的服务器所在地，网络服务提供者所在地，被侵害的信息网络系统及其管理者所在地，犯罪过程中被告人、被害人使用的信息网络系统所在地，以及被害人被侵害时所在地和被害人财产遭受损失地等。"

可见，A 项，周某计算机所在地属于被告人使用的计算机信息系统所在地，A 项正确。

B 项，齐某计算机所在地属于被害人使用的计算机信息系统所在地，B 项正确。

C 项，周某租用的服务器所在地属于犯罪行为发生地的网站服务器所在地，C 项正确。

D 项，经营该网络游戏的公司所在地属于网站建立者、管理者所在地，D 项正确。

综上所述，本题答案为 A、B、C、D。

2. 甲、乙为中国人，居住在 A 市，两人一同前往日本留学。在留学期间，甲伙同外国人丙绑架了乙，并以此要挟乙的家属交付赎金。案发后，甲和丙在中国 B 市进入中国国境，并居住 C 市。乙从 D 市入境。本案中，对甲和该外国人的犯罪行为，哪一法院没有管辖权？（2018 仿真题，单）

A. A 市法院　　　　　　　　　　B. B 市法院

C. C 市法院　　　　　　　　　　D. D 市法院

【考点】特殊案件的管辖权

【解析】《刑诉解释》第 10 条规定："中国公民在中华人民共和国领域外的犯罪，由其登陆地、入境地、离境前居住地或者现居住地的人民法院管辖；被害人是中国公民的，也可以由被害人离境前居住地或者现居住地的人民法院管辖。"第 11 条规定："外国人在中华人民共和国领域外对中华人民共和国国家或者公民犯罪，根据《中华人民共和国刑法》应当受处罚的，由该外国人登陆地、入境地或者入境后居住地的人民法院管辖，也可以由被害人离境前居住地或者现居住地的人民法院管辖。"在本案中，是中国人甲与另一外国人对中国人乙实施的犯罪，因此，对甲而言，有权管辖的法院有 B 市法院、A 市法院。对该外国人犯罪而言，有权管辖的法院有 B 市法院、C 市法院以及 A 市法院。

综上所述，本题答案为 D。

（三）指定管辖

1. 甲省 A 市副市长涉嫌受贿 2000 万元，为保证诉讼顺利进行，拟指定甲省 B 市管辖。关于本案指定管辖，下列哪一选项是正确的？（2016 - 2 - 24，单）

A. 如指定 B 市中级法院审理，应由 B 市检察院侦查并提起公诉

B. 甲省检察院可指定 B 市检察院审查起诉并指定 B 市中级法院审理

C. 可由最高检察院直接指定 B 市检察院立案侦查

D. 如甲省高级法院指定 B 市中级法院审理，A 市中级法院应将案卷材料移送 B 市中级法院

大咖点拨区

扫码听课

【考点】指定管辖

【解析】A 项，甲省高级法院有权将案件由 A 市中级法院指定给 B 市中级法院管辖，但这里指定的是"审判管辖"，而非"立案、侦查管辖"，对于立案、侦查来说，该副市长的受贿案仍应当由甲省 A 市监察委立案、调查，A 选项说由 B 市检察院侦查。A 项错误。

B 项，在我国，检察院上下级之间是领导与被领导的关系，因此，甲省检察院可指定 B 市检察院审查起诉。但是，检察院却不能领导法院，检察院和法院是并列的分管起诉和审判的司法机关，因此，甲省检察院无权指定 B 市中级法院审理。B 项错误。

C 项，由于我国检察系统是上命下从的领导与被领导的行政管理体制，最高检察院作为最高司法机关有权直接指定 B 市检察院立案侦查。但根据《监察法》规定，受贿案件调查权归监察委，所以 C 项不正确。

D 项，《刑诉解释》第 22 条规定："原受理案件的人民法院在收到上级人民法院改变管辖决定书、同意移送决定书或者指定其他人民法院管辖决定书后，对公诉案件，应当书面通知同级人民检察院，并将案卷材料退回，同时书面通知当事人；对自诉案件，应当将案卷材料移送被指定管辖的人民法院，并书面通知当事人。"可见，如甲省高级法院指定 B 市中级法院审理，A 市中级法院应将案卷材料退回 A 市检察院，由 A 市检察院移送 B 市检察院，再由 B 市检察院向 B 市中级法院提起公诉。A 市中级法院不可以将案卷材料直接移送 B 市中级法院。D 项错误。

综上所述，本题按照新法是没有答案（原答案是 C）。

2. 甲是 A 市中院副院长、因涉嫌职务犯罪被起诉至 B 区法院、甲也曾经担任过 A 市 B 区法院院长，以下说法正确的是？（2019 仿真题，单）

A. 甲可以申请 A 市 B 区法院全体人员回避

B. B 区法院可以直接请求省高院指定其他法院管辖

C. B 区法院可以报请上一法院指定管辖

D. B 区法院可以直接移送至 A 市以外的法院管辖

扫码听课

【考点】指定管辖、回避

【解析】选项 A，根据《刑事诉讼法》第 29 条的规定，审判人员、检察人员、查人员有下列情形之一的，应当自行回避，当事人及其法定代理人也有权要求他们回避：①是本案的当事人或者是当事人的近亲属的；②本人或者他的近亲属和本案有利害关系的③担任过本案的证人、鉴定人、辩护人、诉讼代理人的；④与本案当事人有其他关系，可能影响公正处理案件的。本案中，由于甲曾任 A

扫码听课

市 B 区法院院长，该院审理本案的审判人员可能与本案当事人有利害关系，因此，甲可以申请具体审理该案的审判人员回避，但是，申请 B 区法院全体人员回避于法无据，我国刑诉法并未规定法院整体回避的问题。选项 A 错误。

根据《刑诉解释》第 18 条的规定，有管辖权的人民法院因案件涉及本院院长需要回避或者其他原因，不宜行使管辖权的，可以请求移送上一级人民法院管辖。上一级人民法院可以管辖，也可以指定与提出请求的人民法院同级的其他人民法院管辖。由于犯罪嫌疑人甲曾任 A 市 B 区法院院长、现任 A 市中院副院长，因此 A 市中院不宜成为本案的二审法院，A 市境内所有基层法院都不宜成为本案的一审法院。本案 B 区法院的正确做法是可以请求移送上一级人民法院指定管辖。另外，由于 A 市境内所有法院都不宜成为本案的一审法院，因此，A 市中院接到 B 区法院报请后，应当再报请省高院指定 A 市以外的其他法院行使管辖权。所以，选项 B、D 错误，选项 C 正确。

综上所述，本题答案为 C。

3. 老马是甲省 M 市中级法院审判委员会委员兼刑事审判庭庭长，此前曾在 M 市 A 区法院任副院长，在中院任职期间，老马利用职务便利使无罪的张三受到刑事处罚，后检察机关以马某涉嫌徇私枉法罪向 M 市 A 区法院提起公诉。关于本案的处理，下列哪一选项是正确的？（2019 仿真题，单）

A. 因老马曾担任 M 市 A 区法院副院长，被害人张三可以此为由申请 A 区法院的所有法官回避

B. M 市中级法院收到 A 区法院的管辖请求，应当指定 M 市其他基层法院审理本案

C. 对于本案的案卷材料，A 区法院应当移送至被指定管辖的法院

D. A 区基层法院和 M 市中级法院应将本案的管辖问题层报甲省高级法院，由甲省高级法院指定其他法院管辖

【考点】指定管辖、回避

【解析】A 项，《刑事诉讼法》第 29 条："审判人员、检察人员、侦查人员有下列情形之一的，应当自行回避，当事人及其法定代理人也有权要求他们回避：（一）是本案的当事人或者是当事人的近亲属的；（二）本人或者他的近亲属和本案有利害关系的；（三）担任过本案的证人、鉴定人、辩护人、诉讼代理人的；（四）与本案当事人有其他关系，可能影响公正处理案件的。"A 区法院的法官与老马之间为前同事关系，虽属于前述规定中"影响公正处理案件的其他关系"，张三可以此为由申请法官个人进行回避，但我国法律目前尚未规定法院整体回避的情形。A 项错误。

B 项，《刑诉解释》第 18 条："有管辖权的人民法院因案件涉及本院院长需要回避或者其他原因，不宜行使管辖权的，可以请求移送上一级人民法院管辖。上一级人民法院可以管辖，也可以指定与提出请求的人民法院同级的其他人民法院管辖。"因此，M 市法院既可以直接由自己审理案件，也可以指定其他基层法院管辖。但由于老马现任省 M 市中级法院审判委员会委员兼刑事审判庭庭长，由M 市中级人民法院管辖案件，无法实现中立性和公正性，因此应当指定 M 市其他基层法院审理本案。B 项正确。

C 项，《刑诉解释》第 22 条："原受理案件的人民法院在收到上级人民法院

改变管辖决定书、同意移送决定书或者指定其他人民法院管辖的决定书后，对公诉案件，应当书面通知同级人民检察院，并将案卷材料退回，同时书面通知当事人；对自诉案件，应当将案卷材料移送被指定管辖的人民法院，并书面通知当事人。"因此，A 区法院应当将案卷材料退回检察院，而非直接移送至指定管辖的法院。C 项错误。

D 项，《刑诉解释》第 19 条第 2 款："管辖权发生争议的，应当在审理期限内协商解决；协商不成的，由争议的人民法院分别层报共同的上级人民法院指定管辖。"因此，层报共同上级法院指定管辖的前提是出现管辖争议，但本案中，并未出现管辖争议，因此也无需层报甲省高院指定管辖。D 项错误。

综上所述，本题答案为 B。

（四）特殊管辖

1. 甲、乙为中国人，居住在 A 市，两人一同前往日本留学。在留学期间，甲伙同外国人丙绑架了乙，并以此要挟乙的家属赎金。案发后，甲和丙在中国 B 市进入中国国境，并居住 C 市。乙从 D 市入境。本案中，对甲和该外国人的犯罪行为，哪一法院没有管辖权？（2018 仿真题，单）

A. A 市法院　　　　　　　　　B. B 市法院
C. C 市法院　　　　　　　　　D. D 市法院

【考点】中国公民在中国领海以外的海域犯罪

【解析】《刑诉解释》第 10 条规定："中国公民在中华人民共和国领域外的犯罪，由其登陆地、入境地、离境前居住地或者现居住地的人民法院管辖；被害人是中国公民的，也可以由被害人离境前居住地或者现居住地的人民法院管辖。"第 11 条规定："外国人在中华人民共和国领域外对中华人民共和国国家或者公民犯罪，根据《中华人民共和国刑法》应当受处罚的，由该外国人登陆地、入境地或者入境后居住地的人民法院管辖，也可以由被害人离境前居住地或者现居住地的人民法院管辖。"在本案中，是中国人甲与另一外国人对中国人乙实施的犯罪，因此，对甲而言，有权管辖的法院有 B 市法院、A 市法院。对该外国人犯罪而言，有权管辖的法院有 B 市法院、C 市法院以及 A 市法院。

综上所述，本题答案为 D。

2. 甲和乙是盗窃案的共犯，被人民法院判处有期徒刑后在同一监狱服刑。二人在服刑期间脱逃至 A 市。甲在 A 市某宾馆吃饭时被抓获，押解回监狱后发现甲在 A 市还犯有盗窃罪；乙在 A 市抢劫时被当场抓获。对甲和乙所犯的新罪应当如何进行管辖？（2020 仿真题，单）

A. 二人均由监狱所在地法院一并进行审理
B. 二人均由 A 市法院一并进行审理
C. 甲由服刑地法院进行审理，乙由 A 地法院进行审理
D. 乙由服刑地法院进行审理，甲由 A 地法院进行审理

【考点】罪犯服刑期间发现漏罪、新罪案件的管辖

【解析】《刑诉解释》第 13 条第 3 款规定："罪犯在脱逃期间又犯罪的，由服刑地的人民法院管辖。但是，在犯罪地抓获罪犯并发现其在脱逃期间犯罪的，由犯罪地的人民法院管辖。"本题中，甲属于前者，由服刑地法院管辖；乙属于后者，由 A 地法院管辖。因此，C 项正确。

综上所述，本题答案为 C。

专题六　回　避

一、回避的理由与种类

（一）回避的理由

1. 齐某在 A 市 B 区利用网络捏造和散布虚假事实，宣称刘某系当地黑社会组织"大哥"，A 市中级法院院长王某为其"保护伞"。刘某以齐某诽谤为由，向 B 区法院提起自诉。关于本案处理，下列哪一选项是正确的？（2017－2－24，单）

A. B 区法院可以该案涉及王某为由裁定不予受理

B. B 区法院受理该案后应请求上级法院指定管辖

C. B 区法院受理该案后，王某应自行回避

D. 齐某可申请 A 市中级法院及其下辖的所有基层法院法官整体回避

【考点】地区管辖、指定管辖、回避的理由

【解析】依据《刑事诉讼法》规定，刑事案件由犯罪地的人民法院管辖。如果由被告人居住地的人民法院审判更为适宜的，可以由被告人居住地的人民法院管辖。本案的犯罪地就是在 B 区，B 区法院裁定不予受理错误，A 不能选。

我国实行的是两审终审的制度，即对 B 区法院一审的案件，当事人不服可以上诉至二审法院。而本题中涉及 A 市中院院长王某，暗示中院不宜审理此案，所以引起的连锁反应必然是 B 区法院也不宜直接审理此案，否则二审的裁判结果可能是不公正的。所以本案中 B 区法院需要逐级上报 A 市中院的上级法院指定管辖。B 项正确。

根据《刑诉解释》第 27 条规定："审判人员具有下列情形之一的，应当自行回避，当事人及其法定代理人有权申请其回避：（一）是本案的当事人或者是当事人的近亲属的；（二）本人或者其近亲属与本案有利害关系的；（三）担任过本案的证人、鉴定人、辩护人、诉讼代理人、翻译人员的；（四）与本案的辩护人、诉讼代理人有近亲属关系的；（五）与本案当事人有其他利害关系，可能影响公正审判的。"本案 B 区法院受理该案后，王某并不具备《刑诉解释》第 27 条规定应当自行回避的情形，故 C 错误。

D 项，申请整体法官回避，法官必须参与了具体案件的办理。此案中 A 市中级法院及其下辖所有基层法院法官并不参与审理该案，也谈不上申请其回避的问题，另我国并没有整体回避的规定，故此 D 选项错误。

综上所述，本题答案为 B。

2. 未成年人小付涉嫌故意伤害袁某，袁某向法院提起自诉。小付的父亲委托律师黄某担任辩护人，袁某委托其在法学院上学的儿子担任诉讼代理人。本案中，下列哪些人有权要求审判人员回避？（2015－2－68，多）

A. 黄某　　　　　　　　　　B. 袁某

C. 袁某的儿子　　　　　　　D. 小付的父亲

【考点】申请回避的主体

【解析】能够申请回避的主体包括：当事人、法定代理人、辩护人和诉讼代理人。当事人包括：被害人、自诉人、犯罪嫌疑人、被告人、附带民事诉讼原告人、附带民事诉讼被告人。本题中，黄某属于辩护人。袁某是自诉人，属于当事人。袁某的儿子属于诉讼代理人。小付是未成年人，小付的父亲属于法定代理人。他们都有权申请回避。

综上所述，本题答案为 A、B、C、D。

3. 林某盗版销售著名作家黄某的小说涉嫌侵犯著作权罪，经一审和二审后，二审法院裁定撤销原判，发回原审法院重新审判。关于该案的回避，下列哪些选项是正确的？（2014－2－67，多）

A. 一审法院审判委员会委员甲系林某辩护人妻子的弟弟，黄某的代理律师可申请其回避

B. 一审书记员乙系林某的表弟而未回避，二审法院可以此为由裁定发回原审法院重审

C. 一审合议庭审判长丙系黄某的忠实读者，应当回避

D. 丁系二审合议庭成员，如果林某对一审法院重新审判作出的裁判不服再次上诉至二审法院，丁应当自行回避

【考点】申请回避的主体、二审的审理结果、回避的理由

【解析】A 项，根据《刑诉解释》第 27 条规定："审判人员具有下列情形之一的，应当自行回避，当事人及其法定代理人有权申请其回避：（一）是本案的当事人或者是当事人的近亲属的；（二）本人或者其近亲属与本案有利害关系的；（三）担任过本案的证人、鉴定人、辩护人、诉讼代理人、翻译人员的；（四）与本案的辩护人、诉讼代理人有近亲属关系的；（五）与本案当事人有其他利害关系，可能影响公正审判的。"根据《最高人民法院关于审判人员在诉讼活动中执行回避制度若干问题的规定》第 1 条可知，此处的近亲属属于广义，包括夫妻、直系血亲、三代以内旁系血亲及近姻亲关系的亲属。而根据《刑事诉讼法》第 32 条第 2 款的规定："辩护人、诉讼代理人可以依照本章的规定要求回避、申请复议。"可知，黄某的代理律师可以申请甲回避。故 A 项表述正确。

B 项，根据《刑事诉讼法》第 238 条的规定："第二审法院发现第一审法院的审理有下列违反法律规定的诉讼程序的情形之一的，应当裁定撤销原判，发回原审法院重新审判：……（二）违反回避制度的；……"可知，B 项一审书记员乙系林某的表弟，也属于应当回避的情形，乙应当回避而未回避，一审程序违反回避制度规定，故第二审法院可以此为由裁定发回重审。故 B 项表述正确。

C 项，根据《刑事诉讼法》第 29 条规定："审判人员、检察人员、侦查人员有下列情形之一的，应当自行回避，当事人及其法定代理人也有权要求他们回避：（一）是本案的当事人或者是当事人的近亲属的；（二）本人或者他的近亲属和本案有利害关系的；（三）担任过本案的证人、鉴定人、辩护人、诉讼代理人的；（四）与本案当事人有其他关系，可能影响公正处理案件的。"一审合议庭审判长丙是黄某的忠实读者，并不属于应当回避的法定情形，对于利害关系不可作无限的延展，通常的利害关系除了近亲属以外还包括老邻居、师生关系、同学关系等，读者并不属于会影响公正审理的情形。可知，C 项一审合议庭审判长丙未

大咖点拨区

扫码听课

回避，不违反规定。故 C 项表述错误。

D 项，根据《刑诉解释》第 29 条的规定："参与过本案调查、侦查、审查起诉工作的监察、侦查、检察人员，调至人民法院工作的，不得担任本案的审判人员。在一个审判程序中参与过本案审判工作的合议庭组成人员或者独任审判员，不得再参与本案其他程序的审判。但是，发回重新审判的案件，在第一审法院作出裁判后又进入第二审程序、在法定刑以下判处刑罚的复核程序或者死刑复核程序的，原第二审程序、在法定刑以下判处刑罚的复核程序或者死刑复核程序中的合议庭组成人员不受本款规定的限制。"可知，丁某系发回重审又进入二审程序的原二审合议庭成员，不受此款的限制，无需自行回避。故 D 项表述错误。

综上所述，本题答案为 A、B。

4. 法院审理过程中，被告人赵某在最后陈述时，以审判长数次打断其发言为理由申请更换审判长。对于这一申请，下列哪一说法是正确的？（2013 - 2 - 28，单）

A. 赵某的申请理由不符合法律规定，法院院长应当驳回申请

B. 赵某在法庭调查前没有申请回避，法院院长应当驳回申请

C. 如法院作出驳回申请的决定，赵某可以在决定作出后 5 日内向上级法院提出上诉

D. 如法院作出驳回申请的决定，赵某可以向上级法院申请复议一次

【考点】回避的理由、回避的审查与决定

【解析】A 项，《刑事诉讼法》第 29 条规定：审判人员、检察人员、侦查人员有下列情形之一的，应当自行回避，当事人及其法定代理人也有权要求他们回避：（1）是本案的当事人或者是当事人的近亲属的；（2）本人或他的近亲属和本案有利害关系的；（3）担任过本案的证人、鉴定人、辩护人、诉讼代理人的；（4）与本案当事人有其他关系，可能影响公正处理案件的。《刑事诉讼法》第 30 条规定："审判人员、检察人员、侦查人员不得接受当事人及其委托的人的请客送礼，不得违反规定会见当事人及其委托的人。审判人员、检察人员、侦查人员违反前款规定的，应当依法追究法律责任。当事人及其法定代理人有权要求他们回避。"

本题中，赵某申请回避的理由是审判长打断其发言，不属于以上法定的回避理由。在我国的庭审中，法官负责指挥、推进庭审进程，各方诉讼参与主体都应当听从法官的指挥，法官打断当事人发言属于法官职权范围内的事，并无不妥。A 项正确。

B 项，申请回避可以在各个诉讼阶段进行，并不必然限制于法庭调查前，B 项错误。

C 项，对于驳回回避申请决定的救济方式应当是申请复议，而不能是上诉或者抗诉。C 项错误。

D 项，《刑诉解释》第 35 条第 2 款规定："当事人及其法定代理人申请回避被驳回的，可以在接到决定时申请复议一次。不属于刑事诉讼法第二十九条、第三十条规定情形的回避申请，由法庭当庭驳回，并不得申请复议。"本案中，赵某申请回避的理由不是法定回避理由，应对由法庭当庭驳回其申请，并且赵某不能提起复议。此外，就算赵某可以复议，也应当向作出驳回回避申请决定的法院

申请复议，而非向上级法院复议。故 D 项错误。

综上所述，本题答案为 A。

5. 老马是甲省 M 市中级法院审判委员会委员兼刑事审判庭庭长，此前曾在 M 市 A 区法院任副院长，在中院任职期间，老马利用职务便利使无罪的张三受到刑事处罚，后检察机关以马某涉嫌徇私枉法罪向 M 市 A 区法院提起公诉。关于本案的处理，下列哪一选项是正确的？（2019 仿真题，单）

A. 因老马曾担任 M 市 A 区法院副院长，被害人张三可以此为由申请 A 区法院的所有法官回避

B. M 市中级法院收到 A 区法院的管辖请求，应当指定 M 市其他基层法院审理本案

C. 对于本案的案卷材料，A 区法院应当移送至被指定管辖的法院

D. A 区基层法院和 M 市中级法院应将本案的管辖问题层报甲省高级法院，由甲省高级法院指定其他法院管辖

大咖点拨区

扫码听课

【考点】回避的理由、指定管辖

【解析】A 项，《刑事诉讼法》第 29 条："审判人员、检察人员、侦查人员有下列情形之一的，应当自行回避，当事人及其法定代理人也有权要求他们回避：（一）是本案的当事人或者是当事人的近亲属的；（二）本人或者他的近亲属和本案有利害关系的；（三）担任过本案的证人、鉴定人、辩护人、诉讼代理人的；（四）与本案当事人有其他关系，可能影响公正处理案件的。"A 区法院的法官与老马之间为前同事关系，虽属于前述规定中"影响公正处理案件的其他关系"，张三可以此为由申请法官个人进行回避，但我国法律目前尚未规定法院整体回避的情形。A 项错误。

B 项，《刑诉解释》第 18 条："有管辖权的人民法院因案件涉及本院院长需要回避或者其他原因，不宜行使管辖权的，可以请求移送上一级人民法院管辖。上一级人民法院可以管辖，也可以指定与提出请求的人民法院同级的其他人民法院管辖。"因此，M 市法院既可以直接由自己审理案件，也可以指定其他基层法院管辖。但由于老马现任甲省 M 市中级法院审判委员会委员兼刑事审判庭庭长，由 M 市中级人民法院管辖案件，无法实现中立性和公正性，因此应当指定 M 市其他基层法院审理本案。B 项正确。

C 项，《刑诉解释》第 22 条："原受理案件的人民法院在收到上级人民法院改变管辖决定书、同意移送决定书或者指定其他人民法院管辖的决定书后，对公诉案件，应当书面通知同级人民检察院，并将案卷材料退回，同时书面通知当事人；对自诉案件，应当将案卷材料移送被指定管辖的人民法院，并书面通知当事人。"因此，A 区法院应当将案卷材料退回检察院，而非直接移送至指定管辖的法院。C 项错误。

D 项，《刑诉解释》第 19 条第 2 款："管辖权发生争议的，应当在审理期限内协商解决；协商不成的，由争议的人民法院分别层报共同的上级人民法院指定管辖。"因此，层报共同上级法院指定管辖的前提是出现管辖争议，但本案中，并未出现管辖争议，因此也无需层报甲省高院指定管辖。D 项错误。

综上所述，本题答案为 B。

二、回避的程序

（一）回避的决定

甲涉嫌刑讯逼供罪被立案侦查。甲以该案侦查人员王某与被害人存在近亲属关系为由，提出回避申请。对此，下列哪一选项是错误的？（2010 - 2 - 21，单）

A. 王某可以口头提出自行回避的申请

B. 作出回避决定以前，王某不能停止案件的侦查工作

C. 王某的回避由公安机关负责人决定

D. 如甲的回避申请被驳回，甲有权申请复议一次

【考点】回避的提出方式、回避前诉讼活动的法律效力、回避的决定主体、回避决定的复议

【解析】A 项，《高检规则》第 25 条规定："检察人员自行回避的，应当书面或者口头提出，并说明理由。口头提出的，应当记录在案。"可见，王某可以口头提出自行回避的申请，A 项正确。不选。

B 项，《刑事诉讼法》第 31 条第 2 款规定："对侦查人员的回避作出决定前，侦查人员不能停止对案件的侦查。"所以，在作出回避决定以前，王某不能停止案件的侦查工作，正确，不选。

C 项，根据《刑事诉讼法》第 19 条第 2 款的规定，"人民检察院在对诉讼活动实行法律监督中发现的司法工作人员利用职权实施的非法拘禁、刑讯逼供、非法搜查等侵犯公民权利、损害司法公正的犯罪，可以由人民检察院立案侦查。"同时根据《刑事诉讼法》第 31 条第 1 款规定，审判人员、检察人员、侦查人员的回避，应当分别由院长、检察长、公安机关负责人决定。本案中，刑讯逼供罪的侦查机关是检察院，王某的回避应由检察长决定，公安机关负责人无权决定，C 项错误。当选。

D 项，《刑事诉讼法》第 31 条第 3 款规定，对驳回申请回避的决定，当事人及其法定代理人可以申请复议一次。可见，甲作为当事人有权申请复议一次，D 项正确。

综上所述，本题答案为 C。

（二）回避的复议

郭某（16 岁）与罗某发生争执，被打成轻伤，遂向法院提起自诉。法庭审理中，罗某提出，审判员李某曾在开庭前违反规定与自诉人父亲及姐姐会见，要求李某回避，但郭某父亲及姐姐均否认此事。法院院长经过审查作出李某回避的决定。下列何人有权要求对回避决定进行复议？（2011 - 2 - 24，单）

A. 郭某　　　　　　　　　　　　B. 郭某父亲

C. 郭某姐姐　　　　　　　　　　D. 李某

【考点】有权对驳回回避决定申请复议的主体

【解析】根据 2018 年《刑事诉讼法》第 31 条第 3 款、第 32 条第 2 款规定，当事人及其法定代理人，辩护人、诉讼代理人申请回避被驳回的，可以申请复议一次。可见，被决定回避的人（相关公、检、法人员）对回避决定不服，无权再申请复议，故 D 不选，郭某姐姐属于近亲属，也同样不享有申请回避或对回避不服申请复议的权利。本案中，李法官被决定回避，退出庭审程序即可，无需再申

请复议，郭某及其法定代理人郭某父亲有权针对自己申请回避时，如被驳回回避申请的决定时有申请复议权利，但无权对罗某的申请回避决定申请复议。故 AB 错误。

综上所述，本题没有正确答案。

大咖点拨区

扫码听课

专题七　辩护与代理

一、辩护人

（一）有效辩护原则

关于有效辩护原则，下列哪些理解是正确的？（2015－2－69，多）

A. 有效辩护原则的确立有助于实现控辩平等对抗

B. 有效辩护是一项主要适用于审判阶段的原则，但侦查、审查起诉阶段对辩护人权利的保障是审判阶段实现有效辩护的前提

C. 根据有效辩护原则的要求，法庭审理过程中一般不应限制被告人及其辩护人发言的时间

D. 指派没有刑事辩护经验的律师为可能被判处无期徒刑、死刑的被告人提供法律援助，有违有效辩护原则

【考点】有效辩护原则

【解析】根据"四大本"中的表述：有效辩护原则是辩护权的体现，也是对辩护权的保障。在刑事诉讼中，辩护应当对保护犯罪嫌疑人、被告人的权利具有实质意义，而不仅仅是形式上的，这就是有效辩护原则的基本要求。具体来说，有效辩护原则应当包括以下几个方面的内容：（1）犯罪嫌疑人、被告人作为刑事诉讼的当事人在整个诉讼过程中应当享有充分的辩护权；（2）允许犯罪嫌疑人、被告人聘请合格的能够有效履行辩护职责的辩护人为其辩护，这种辩护同样应当覆盖从侦查到审判甚至执行阶段的整个刑事诉讼过程；（3）国家应当保障犯罪嫌疑人、被告人自行辩护权的充分行使，并通过设立法律援助制度确保犯罪嫌疑人、被告人能够获得符合最低标准并具有实质意义的律师帮助。有效辩护原则的确立，是人类社会文明、进步在刑事诉讼中的体现，体现了犯罪嫌疑人、被告人刑事诉讼主体地位的确立和人权保障的理念，还有助于强化辩方成为影响诉讼进程的重要力量，维系控辩平等对抗和审判方居中'兼听则明'的刑事诉讼构造"。

可见，"有助于强化辩方成为影响诉讼进程的重要力量，维系控辩平等对抗"，A项正确。

"这种辩护同样应当覆盖从侦查到审判甚至执行阶段的整个刑事诉讼过程"，B项说"有效辩护是一项主要适用于审判阶段的原则"错误。

"犯罪嫌疑人、被告人作为刑事诉讼的当事人在整个诉讼过程中应当享有充分的辩护权"，"不应限制被告人及其辩护人发言的时间"属于保障辩护权的应有之义，C项正确。

"通过设立法律援助制度确保犯罪嫌疑人、被告人能够获得符合最低标准并具有实质意义的律师帮助"，而如果"指派没有刑事辩护经验的律师为可能被判处无期徒刑、死刑的被告人提供法律援助"，显然无法保障被告人获得实质意义的律师帮助，D项正确。

综上所述，本题答案为 A、C、D。

（二）辩护人的范围

1. 法官齐某从 A 县法院辞职后，在其妻洪某开办的律师事务所从业。关于齐某与洪某的辩护人资格，下列哪一选项是正确的？（2016 - 2 - 25，单）

A. 齐某不得担任 A 县法院审理案件的辩护人

B. 齐某和洪某不得分别担任同案犯罪嫌疑人的辩护人

C. 齐某和洪某不得同时担任同一犯罪嫌疑人的辩护人

D. 洪某可以律师身份担任 A 县法院审理案件的辩护人

【考点】辩护人的范围

【解析】A 项，《刑诉解释》第 41 条第 2 款规定："审判人员和人民法院其他工作人员从人民法院离任后，不得担任原任职法院所审理案件的辩护人，但系被告人的监护人、近亲属的除外。"可见，齐某如果系被告人的监护人、近亲属的，则可以担任 A 县法院审理案件的辩护人。A 项错误。

B、C 项，《刑诉解释》第 43 条第 2 款规定："一名辩护人不得为两名以上的同案被告人，或者未同案处理但犯罪事实存在关联的被告人辩护。"但并未规定两名辩护人不得分别担任同案犯罪嫌疑人的辩护人或者不得同时担任同一犯罪嫌疑人的辩护人。B、C 项错误。

D 项，《刑诉解释》第 41 条第 3 款规定："审判人员和人民法院其他工作人员的配偶、子女或者父母不得担任其任职法院所审理案件的辩护人，但系被告人的监护人、近亲属的除外。"可见，本案中，洪某虽然是齐某的配偶，但齐某已经辞职，其身份已经不是法院工作人员，因此，洪某可以律师身份担任 A 县法院审理案件的辩护人。D 项正确。

综上所述，本题答案为 D。

2. 鲁某与洪某共同犯罪，洪某在逃。沈律师为鲁某担任辩护人。案件判决生效 3 年后，洪某被抓获并被起诉。关于沈律师可否担任洪某辩护人，下列哪一说法是正确的？（2013 - 2 - 29，单）

A. 沈律师不得担任洪某辩护人

B. 如果洪某系法律援助对象，沈律师可以担任洪某辩护人

C. 如果被告人洪某同意，沈律师可以担任洪某辩护人

D. 如果公诉人未提出异议，沈律师可以担任洪某辩护人

【考点】辩护人的范围

【解析】《六机关规定》第 4 条第 2 款规定："……一名辩护人不得为两名以上的同案犯罪嫌疑人、被告人辩护，不得为 2 名以上的未同案处理但实施的犯罪存在关联的犯罪嫌疑人、被告人辩护。"

本题中，鲁某、洪某属于共同犯罪，属于同案犯。虽然洪某在逃并在鲁某案件判决 3 年后才归案，但这并不改变鲁某、洪某之间的同案犯关系。因此沈律师担任鲁某辩护人后不得再为洪某辩护。A 项正确，B、C、D 项错误。

此外，请考生扩展理解一下，为什么一名辩护人不得为 2 名以上的同案犯罪嫌疑人、被告人辩护，不得为两名以上的未同案处理但实施的犯罪存在关联的犯罪嫌疑人、被告人辩护？这是为了避免使律师陷入辩护立场上的"人格分裂"。譬如，甲、乙共同盗窃，王律师同时为甲乙辩护，在法庭上就会出现以下匪夷所

思的场景，当王律师为甲辩护时，会辩称甲是从犯，乙是主犯；为乙辩护时，又会转而辩称甲是主犯，乙是从犯。这种自相矛盾的辩护不仅不利于保护被告人合法权益，也容易让法官产生混乱和反感的情绪。

综上所述，本题答案为 A。

（三）辩护权利与义务

1. 张三和李四共同盗窃王五的笔记本电脑，张三委托陈律师作为自己的辩护人，李四委托自己儿子小李四（现任检察官），下列说法正确的是？（2021 仿真题，不定项）

A. 陈律师和小李四都可以找王五核实证据

B. 小李四在审查起诉阶段会见李四无需检察院批准，审判阶段会见李四需法院批准

C. 陈律师和小李四都有权申请变更强制措施

D. 小李四经侦查机关批准，在侦查阶段有权会见李四

【考点】律师和非律师的权利

【解析】本题中张三委托的是陈律师作为辩护人，李四委托的检察官儿子以近亲属的名义作为辩护人，依据《刑事诉讼法》第43条的规定："辩护律师经证人或者其他有关单位和个人同意，可以向他们收集与本案有关的材料，也可以申请人民检察院、人民法院收集、调取证据，或者申请人民法院通知证人出庭作证。辩护律师经人民检察院或者人民法院许可，并且经被害人或者其近亲属、被害人提供的证人同意，可以向他们收集与本案有关的材料。"故此得知，律师辩护人有向被害人调查取证的权利，而非律师辩护人小李四无此权利，所以 A 错误。

依据《刑事诉讼法》第39条的规定，辩护律师可以同在押的犯罪嫌疑人、被告人会见和通信。其他辩护人经人民法院、人民检察院许可，也可以同在押的犯罪嫌疑人、被告人会见和通信。辩护律师持律师执业证书、律师事务所证明和委托书或者法律援助公函要求会见在押的犯罪嫌疑人、被告人的，看守所应当及时安排会见，至迟不得超过48小时。危害国家安全犯罪、恐怖活动犯罪案件，在侦查期间辩护律师会见在押的犯罪嫌疑人，应当经侦查机关许可。上述案件，侦查机关应当事先通知看守所。辩护律师会见在押的犯罪嫌疑人、被告人，可以了解案件有关情况，提供法律咨询等；自案件移送审查起诉之日起，可以向犯罪嫌疑人、被告人核实有关证据。辩护律师会见犯罪嫌疑人、被告人时不被监听。辩护律师同被监视居住的犯罪嫌疑人、被告人会见、通信，适用第1款、第3款、第4款的规定。故此得知，陈律师辩护人有同在押的犯罪嫌疑人、被告人会见和通信的权利，而非律师辩护人小李四在审判阶段会见被告人需要经过法院批准，所以 B 正确。

依据《刑事诉讼法》第97条的规定，犯罪嫌疑人、被告人及其法定代理人、近亲属或者辩护人有权申请变更强制措施。人民法院、人民检察院和公安机关收到申请后，应当在3日以内作出决定；不同意变更强制措施的，应当告知申请人，并说明不同意的理由。故此得知，律师辩护人和非律师辩护人小李四都有申请变更强制措施的权利，所以 C 正确。

依据《刑事诉讼法》第34条的规定，犯罪嫌疑人自被侦查机关第一次讯问

或者采取强制措施之日起，有权委托辩护人；在侦查期间，只能委托律师作为辩护人。故此得知非律师辩护人小李四在侦查阶段即使经过批准也无权会见李四。所以 D 不正确。

2. 成年人钱甲教唆未成年人小沈实施诈骗犯罪，钱甲委托其在邻市检察院担任检察官助理的哥哥钱乙担任辩护人，小沈由法律援助律师武某担任辩护人。关于本案处理，下列哪一选项是正确的？（2017－2－25，单）

A. 钱甲被拘留后，钱乙可为其申请取保候审

B. 本案移送审查起诉时，公安机关应将案件移送情况告知钱乙

C. 检察院讯问小沈时，武某可在场

D. 如检察院对钱甲和小沈分案起诉，法院可并案审理

【考点】辩护人的诉讼权利、并案审理

【解析】A 项，根据《刑事诉讼法》第97条的规定："犯罪嫌疑人、被告人及其法定代理人、近亲属或者辩护人有权申请变更强制措施……"可知，钱乙是钱甲的辩护人，有权申请变更强制措施。故 A 项表述正确。

B 项，根据《刑事诉讼法》第162条第1款的规定："公安机关侦查终结的案件，应当做到犯罪事实清楚，证据确实、充分，并且写出起诉意见书，连同案卷材料、证据一并移送同级人民检察院审查决定；同时将案件移送情况告知犯罪嫌疑人及其辩护律师。"而钱乙是非律师辩护人，所以不在应当通知的范围之内。故 B 项表述错误。

C 项，根据《刑事诉讼法》第281条第1款的规定："对于未成年人刑事案件，在讯问和审判的时候，应当通知未成年犯罪嫌疑人、被告人的法定代理人到场。无法通知、法定代理人不能到场或者法定代理人是共犯的，也可以通知未成年犯罪嫌疑人、被告人的其他成年亲属，所在学校、单位、居住地基层组织或者未成年人保护组织的代表到场，并将有关情况记录在案。……"可知，只有法定代理人或合适成年人可在场。而不管是哪一主体进行讯问时，辩护律师都不可以陪同在场。故 C 项表述错误。

D 项，根据《人民检察院办理未成年人刑事案件的规定》第54条的规定："人民检察院对未成年人与成年人共同犯罪案件分别提起公诉后，在诉讼过程中出现不宜分案起诉情形的，可以建议法院并案审理。"而根据《刑诉解释》第551条第1款规定："对分案起诉至同一人民法院的未成年人与成年人共同犯罪案件，可以由同一个审判组织审理；不宜由同一个审判组织审理的，可以分别审理。"可知法院不可以自行并案，只能在分案的时候决定是否适用同一个审判组织。综上，只有检察院享有建议权，法院不可自行并案。故 D 项表述错误。

综上所述，本题答案为 A。

3. 郭某涉嫌参加恐怖组织罪被逮捕，随后委托律师姜某担任辩护人。关于姜某履行辩护职责，下列哪一选项是正确的？（2016－2－26，单）

A. 姜某到看守所会见郭某时，可带 1～2 名律师助理协助会见

B. 看守所可对姜某与郭某的往来信件进行必要的检查，但不得截留、复制

C. 姜某申请法院收集、调取证据而法院不同意的，法院应书面说明不同意的理由

D. 法庭审理中姜某作无罪辩护的，也可当庭对郭某从轻量刑的问题发表辩护

意见

【考点】 辩护人的会见权、通信权、申请调查取证权、提出意见权

【解析】 A项，最高人民法院、最高人民检察院、公安部、国家安全部、司法部《关于依法保障律师执业权利的规定》第7条第4款规定："……辩护律师可以带一名律师助理协助会见。……"而A项中说姜某到看守所会见郭某时，可带1~2名律师助理协助会见，错误。

B项，最高人民法院、最高人民检察院、公安部、国家安全部、司法部《关于依法保障律师执业权利的规定》第13条规定："看守所应当及时传递辩护律师同犯罪嫌疑人、被告人的往来信件。看守所可以对信件进行必要的检查，但不得截留、复制、删改信件，不得向办案机关提供信件内容，但信件内容涉及危害国家安全、公共安全、严重危害他人人身安全以及涉嫌串供、毁灭证据等情形的除外。"本案中，郭某涉嫌参加恐怖组织罪，该犯罪显然属于涉及危害公共安全或者严重危害他人人身安全，因此看守所可以对信件截留、复制。B项错误。

C项，最高人民法院、最高人民检察院、公安部、国家安全部、司法部《关于依法保障律师执业权利的规定》第18条规定，辩护律师申请人民检察院、人民法院收集、调取证据的，人民检察院、人民法院应当在3日以内作出是否同意的决定，并通知辩护律师。辩护律师书面提出有关申请时，办案机关不同意的，应当书面说明理由；辩护律师口头提出申请的，办案机关可以口头答复。可见，如果辩护律师口头提出申请的，办案机关也可以口头答复。C项错误。

D项，最高人民法院、最高人民检察院、公安部、国家安全部、司法部《关于依法保障律师执业权利的规定》第35条规定："辩护律师作无罪辩护的，可以当庭就量刑问题发表辩护意见，也可以庭后提交量刑辩护意见。"法庭审理中姜某作无罪辩护的，也可当庭对郭某从轻量刑的问题发表辩护意见。D项正确。

综上所述，本题答案为D。

4. 根据《刑事诉讼法》的规定，辩护律师收集到的下列哪一证据应及时告知公安机关、检察院？（2016-2-27，单）

　　A. 强奸案中被害人系精神病人的证据

　　B. 故意伤害案中犯罪嫌疑人系正当防卫的证据

　　C. 投放危险物质案中犯罪嫌疑人案发时在外地出差的证据

　　D. 制造毒品案中犯罪嫌疑人犯罪时刚满16周岁的证据

【考点】 辩护人的特定证据展示义务

【解析】《刑事诉讼法》第42条规定："辩护人收集的有关犯罪嫌疑人不在犯罪现场、未达到刑事责任年龄、属于依法不负刑事责任的精神病人的证据，应当及时告知公安机关、人民检察院。"可见，只有C项符合该条文要求。A项中被害人是精神病，但是犯罪嫌疑人是不负刑事责任精神病人才适用。B项中正当防卫不符合该条文规定。D项中制造毒品案中犯罪嫌疑人已满16岁，不属于未达刑事责任年龄的情形。A、B、D项均错误。

综上所述，本题答案为C。

5. 关于辩护律师在刑事诉讼中享有的权利和承担的义务，下列哪一说法是正确的？（2012-2-25，单）

　　A. 在侦查期间可以向犯罪嫌疑人核实证据

扫码听课

扫码听课

B. 会见在押的犯罪嫌疑人、被告人，可以了解案件有关情况

C. 收集到的有利于犯罪嫌疑人的证据，均应及时告知公安机关、检察院

D. 在执业活动中知悉犯罪嫌疑人、被告人曾经实施犯罪的，应及时告知司法机关

【考点】 辩护人的会见权，辩护人的特定证据展示义务、保密义务

【解析】 A、B项，《刑事诉讼法》第39条第4款规定："辩护律师会见在押的犯罪嫌疑人、被告人，可以了解案件有关情况，提供法律咨询等；自案件移送审查起诉之日起，可以向犯罪嫌疑人、被告人核实有关证据。辩护律师会见犯罪嫌疑人、被告人时不被监听。"可见，律师自移送审查起诉之日起才能向犯罪嫌疑人核实证据，A项错误，B项正确。

C项，《刑事诉讼法》第42条规定："辩护人收集的有关犯罪嫌疑人不在犯罪现场、未达到刑事责任年龄、属于依法不负刑事责任的精神病人的证据，应当及时告知公安机关、人民检察院。"可见，律师有义务及时告知公安机关、检察院的事由仅限于犯罪嫌疑人"不在场""不够大"和"不正常"三种情况，并不是所有有利于犯罪嫌疑人的证据都应当及时告知公安机关、检察院，C项错误。

D项，《刑事诉讼法》第48条规定："辩护律师对在执业活动中知悉的委托人的有关情况和信息，有权予以保密。但是，辩护律师在执业活动中知悉委托人或者其他人，准备或者正在实施危害国家安全、公共安全以及严重危害他人人身安全的犯罪的，应当及时告知司法机关。"可见，针对危害国家安全、公共安全以及严重危害他人人身安全的犯罪，只有当行为处于"准备或者正在"的状态，律师才有义务揭发检举。因此，对于在执业活动中知悉犯罪嫌疑人、被告人"曾经"实施的犯罪行为，辩护律师没有揭发检举的义务。D项错误。

综上所述，本题答案为B。

6. 张某涉嫌诈骗罪被甲县公安局立案侦查。侦查人员在3日内讯问了张某两次，但只在第二次讯问时才告知其有权委托律师、亲友等人担任辩护人。张某遂委托了王律师担任其辩护人。王律师向甲县公安局提出了会见张某以及了解案件有关情况的请求。关于本案，下列哪一说法是正确的？（2018仿真题，单）

A. 甲县公安局在第二次讯问张某时告知其有权委托辩护人，符合《刑事诉讼法》的规定

B. 对于王律师的会见请求，甲县公安局批准其会见张某并派员在场，是依法保障律师执业权利的表现

C. 甲县公安局告知张某有权委托亲友担任辩护人，充分保障了张某的辩护权

D. 若甲县公安局以妨碍侦查为由拒绝告知王律师本案的有关情况，则侵犯了王律师的诉讼权利

【考点】 委托辩护中公安司法机关的告知义务、辩护人的诉讼权利

【解析】 A、C选项，《刑事诉讼法》第34条第1、2款规定，犯罪嫌疑人自被侦查机关第一次讯问或者采取强制措施之日起，有权委托辩护人；在侦查期间，只能委托律师作为辩护人。被告人有权随时委托辩护人。侦查机关在第一次讯问犯罪嫌疑人或者对犯罪嫌疑人采取强制措施的时候，应当告知犯罪嫌疑人有权委托辩护人。人民检察院自收到移送审查起诉的案件材料之日起3日以内，应

当告知犯罪嫌疑人有权委托辩护人。人民法院自受理案件之日起3日以内，应当告知被告人有权委托辩护人。犯罪嫌疑人、被告人在押期间要求委托辩护人的，人民法院、人民检察院和公安机关应当及时转达其要求。据此，侦查机关在第一次讯问时就应当告知犯罪嫌疑人有权委托辩护人，而且在侦查阶段，只能委托律师而不得委托非律师的人员担任辩护人，故 A、C 选项错误。

B 选项，《刑事诉讼法》第 39 条第 2、3 款规定：辩护律师持律师执业证书、律师事务所证明和委托书或者法律援助公函要求会见在押的犯罪嫌疑人、被告人的，看守所应当及时安排会见，至迟不得超过 48 小时。危害国家安全犯罪、恐怖活动犯罪案件，在侦查期间辩护律师会见在押的犯罪嫌疑人，应当经侦查机关许可。上述案件，侦查机关应当事先通知看守所。本案只是普通的诈骗案，辩护律师仅凭三证即可要求会见，无须批准。此外，《刑事诉讼法》第 39 条第 4 款规定："辩护律师会见在押的犯罪嫌疑人、被告人，可以了解案件有关情况，提供法律咨询等；自案件移送审查起诉之日起，可以向犯罪嫌疑人、被告人核实有关证据。辩护律师会见犯罪嫌疑人、被告人时不被监听。""不被监听"当然包括办案机关不得派员在场。据此，B 选项错误。

D 选项，《刑事诉讼法》第 38 条规定："辩护律师在侦查期间可以为犯罪嫌疑人提供法律帮助；代理申诉、控告；申请变更强制措施；向侦查机关了解犯罪嫌疑人涉嫌的罪名和案件有关情况，提出意见。"因此，了解案件有关情况是辩护律师在侦查阶段的诉讼权利，侦查机关不得以任何理由拒绝提供案件有关情况，故 D 选项正确。

综上所述，本题答案为 D。

7. 关于辩护律师在刑事诉讼中享有的诉讼权利，下列哪些说法是正确的？（2018 仿真题，单）

A. 在侦查阶段，辩护律师可以向犯罪嫌疑人核实证据

B. 辩认律师认为在侦查期间公安机关收集的证明犯罪嫌疑人无罪或者罪轻的证据材料未随案移送的，可以向检察院申请调取

C. 自行向现场目击证人（被害人提供）收集与本案有关的材料。

D. 在案件侦查终结前，辩护律师可以查阅侦查机关的起诉意见书

E. 法院在开庭前 7 日给辩护律师送达起诉书副本，辩护律师可以以此为理由拒绝出庭辩护

【考点】辩护人的会见权、调查取证权、阅卷权、拒绝辩护权

【解析】A 项属于高频考点数次重复，考生需注意在侦查阶段辩护律师不可以核实证据，只有当案件移送审查起诉后才可以向犯罪嫌疑人、被告人核实证据，所以 A 项错误。

根据《高检规则》第 50 条规定："案件提请批准逮捕或者移送起诉后，辩护人认为公安机关在侦查期间收集的证明犯罪嫌疑人无罪或者罪轻的证据材料未提交，申请人民检察院向公安机关调取的，人民检察院负责捕诉的部门应当及时审查。……"所以 B 项正确。

根据《刑事诉讼法》第 43 条："辩护律师经证人或者其他有关单位和个人同意，可以向他们收集与本案有关的材料，也可以申请人民检察院、人民法院收集、调取证据，或者申请人民法院通知证人出庭作证。辩护律师经人民检察院或

扫码听课

者人民法院许可，并且经被害人或者其近亲属、被害人提供的证人同意，可以向他们收集与本案有关的材料。"可知，本案中辩护律师向被害人方调查取证需经检察院或法院同意。所以 C 项错误。

D 项考查阅卷权，阅卷权应当在审查起诉之后才享有，审查起诉之日起辩护人可向检察院申请阅卷，所以侦查终结的情况下辩护人不可以到公安机关查阅起诉意见书，因为查阅是阅卷权的重要组成部分。必须等到移送后才能到检察院阅卷。所以 D 项错误。

E 选项，《律师法》第 32 条第 2 款规定："律师接受委托后，无正当理由的，不得拒绝辩护或者代理。但是，委托事项违法、委托人利用律师提供的服务从事违法活动或者委托人故意隐瞒与案件有关的重要事实的，律师有权拒绝辩护或者代理。"据此，辩护律师有权拒绝辩护只有三种情形：一是委托事项违法；二是委托人利用辩护律师提供的服务从事违法活动的；三是委托人故意隐瞒与案件有关的重要事实的。本案不属于上述三种情形之一，故辩护律师无权拒绝辩护。E 选项错误。

综上所述，本题答案为 B。

8. 甲公司与耿某签订买卖合同订购一批电子产品，双方约定甲公司预先支付货款 80 万元，甲公司按照约定支付款项后，耿某因生产机器出现故障无法在约定的期限内完成相应电子产品的交付。后耿某因涉嫌合同诈骗罪被公安机关立案侦查，同时其资产也被采取冻结措施，关于本案的处理，下列哪一选项是正确的？（2019 仿真题，单）

A. 涉案买卖合同原件已丢失，合同复印件不能作为证据出示

B. 公安机关告知辩护律师杨某，其主张耿某不具有非法占有目的的辩护意见应当以书面形式提出

C. 辩护律师杨某申请检察院调取耿某积极履行合同义务的相关证据，检察院在进行调取时，杨某可以在场

D. 案件移送审查起诉后，耿某在被检察院作出不起诉决定的同时，其资产的冻结自动解除

【考点】书证的审查判断、辩护人的提出意见权、申请调查取证权、被不起诉后对涉案财物的处理

【解析】A 项，《刑诉解释》第 84 条："据以定案的书证应当是原件。取得原件确有困难的，可以使用副本、复制件。对书证的更改或者更改迹象不能作出合理解释，或者书证的副本、复制件不能反映原件及其内容的，不得作为定案的根据。书证的副本、复制件，经与原件核对无误、经鉴定或者以其他方式确认为真实的，可以作为定案的根据。"本案中，合同原件丢失属于"取证确有困难"，因此可以适用复印件。A 项正确。

B 项，《公安部规定》第 58 条："案件侦查终结前，辩护律师提出要求的，公安机关应当听取辩护律师的意见，根据情况进行核实，并记录在案。辩护律师提出书面意见的，应当附卷。"因此，杨某若提出辩护意见，并非一定要以书面形式提出。B 项错误。

C 项，《高检规则》第 52 条第 2 款："人民检察院根据辩护律师的申请收集、调取证据时，辩护律师可以在场。"检察院在根据杨某的申请调查取证时，杨某

扫码听课

可以在场。C项正确。

D项，《高检规则》第374条："人民检察院决定不起诉的案件，应当同时书面通知作出查封、扣押、冻结决定的机关或者执行查封、扣押、冻结决定的机关解除查封、扣押、冻结。"因此，本案中冻结的财产，需要检察院书面通知公安机关解除冻结时方可，而非自动解除。D项错误。

综上所述，本题答案为C。

9. 下列关于辩护的说法，正确的是：（2021仿真题，不定项）

A. 法律援助机构指派的辩护律师的权利大于委托的辩护律师的权利

B. 李四涉嫌强奸罪，其辩护律师陈龙收买线索后在会见张某时私下用纸条告诉该线索，李四依据该线索进行揭发，陈龙在法庭上称张某构成立功。陈龙的行为是正确行使辩护权的表现

C. 刑事诉讼中，只有犯罪嫌疑人和被告人有权申请法律援助

D. 在犯罪嫌疑人、被告人选择近亲属为其辩护后，法律援助机构应终止提供法律援助

【考点】辩护人的权利、法律援助辩护

【解析】法律援助辩护律师和委托的辩护律师都是律师辩护人其权利一样，故此A项的错误。

B项中辩护律师陈龙的行为不是正当行使辩护权的表现，而是扰乱司法秩序的体现，应当追究法律责任。

《法律援助法》第24条规定："刑事案件的犯罪嫌疑人、被告人因经济困难或者其他原因没有委托辩护人的，本人及其近亲属可以向法律援助机构申请法律援助。"

《法律援助法》第29条规定："刑事公诉案件的被害人及其法定代理人或者近亲属，刑事自诉案件的自诉人及其法定代理人，刑事附带民事诉讼案件的原告人及其法定代理人，因经济困难没有委托诉讼代理人的，可以向法律援助机构申请法律援助。"由此可见，在刑事诉讼中，不只是犯罪嫌疑人和被告人有权申请法律援助。对于D项，因为法律援助辩护的前提是，犯罪嫌疑人、被告人没有委托辩护人辩护。若犯罪嫌疑人、被告人选择近亲属为其辩护，法律援助辩护也就随即终止。故D项正确。

综上，本题的正确答案为D项。

（四）拒绝辩护

在法庭审判中，被告人翻供，否认犯罪，并当庭拒绝律师为其进行有罪辩护。合议庭对此问题的处理，下列哪一选项是正确的？（2013-2-38，单）

A. 被告人有权拒绝辩护人辩护，合议庭应当准许

B. 辩护律师独立辩护，不受当事人意思表示的约束，合议庭不应当准许拒绝辩护

C. 属于应当提供法律援助的情形的，合议庭不应当准许拒绝辩护

D. 有多名被告人的案件，部分被告人拒绝辩护人辩护的，合议庭不应当准许

【考点】拒绝辩护

【解析】《刑诉解释》第50条规定："被告人拒绝法律援助机构指派的律师为其辩护，坚持自己行使辩护权的，人民法院应当准许。属于应当提供法律援助的

情形，被告人拒绝指派的律师为其辩护的，人民法院应当查明原因。理由正当的，应当准许，但被告人应当在 5 日以内另行委托辩护人；被告人未另行委托辩护人的，人民法院应当在 3 日以内通知法律援助机构另行指派律师为其提供辩护。"

《刑诉解释》第 311 条规定："被告人在一个审判程序中更换辩护人一般不得超过两次。被告人当庭拒绝辩护人辩护，要求另行委托辩护人或者指派律师的，合议庭应当准许。被告人拒绝辩护人辩护后，没有辩护人的，应当宣布休庭；仍有辩护人的，庭审可以继续进行。有多名被告人的案件，部分被告人拒绝辩护人辩护后，没有辩护人的，根据案件情况，可以对该部分被告人另案处理，对其他被告人的庭审继续进行。重新开庭后，被告人再次当庭拒绝辩护人辩护的，可以准许，但被告人不得再次另行委托辩护人或者要求另行指派律师，由其自行辩护。被告人属于应当提供法律援助的情形，重新开庭后再次当庭拒绝辩护人辩护的，不予准许。"

《刑诉解释》第 50 条第 2 款规定："属于应当提供法律援助的情形，被告人拒绝指派的律师为其辩护的，人民法院应当查明原因。理由正当的，应当准许……"而第 311 条第 2 款规定："被告人当庭拒绝辩护人辩护，要求另行委托辩护人或者指派律师的，合议庭应当准许。……"因此，对于应当法律援助的被告人拒绝辩护，是否需要经过法院查明原因呢？笔者认为，需要看真题怎么出。如果真题问："应当法律援助的被告人拒绝指派的律师为其辩护"，则法院应当审查拒绝的原因。如果真题问："应当法律援助的被告人当庭拒绝指派的律师为其辩护"，则合议庭应当准许。

A、C 项，本题属于"当庭拒绝律师为其进行有罪辩护"，不论被告人是应当提供法律援助的被告人还是其他情况的被告人，合议庭应当准许，A 项正确、C 项错误。

B 项，合议庭不能以辩护律师具有独立地位为由不予准许拒绝辩护的请求。B 项错误。

D 项，根据《刑诉解释》第 311 条第 3 款的规定，有多名被告人的案件，部分被告人拒绝辩护人辩护后，没有辩护人的，根据案件情况，可以对该部分被告人另案处理，对其他被告人的庭审继续进行。可知，部分被告人拒绝辩护的，合议庭并非不能准许。故 D 项错误。

综上所述，本题答案为 A。

（五）值班律师

1. 关于值班律师，下列说法正确的为？（2019 仿真题，不定项）

A. 办案机关讯问犯罪嫌疑人时值班律师可以在场

B. 当犯罪嫌疑人委托辩护律师后，值班律师在场签署的认罪认罚的具结书自动失效

C. 值班律师可以为犯罪嫌疑人代为申请取保候审

D. 值班律师与辩护律师的权利和义务是相同的

E. 认罪认罚案件，审查起诉阶段值班律师申请查阅案卷，检察院应当准许

【考点】值班律师的诉讼权利

【解析】A 项错误，办案机关讯问犯罪嫌疑人的时候无论是辩护律师还是值

班律师都不可以派员在场；B项错误，根据新《刑事诉讼法》的规定，审查起诉阶段犯罪嫌疑人及检察院就认罪认罚协商完毕后原则上都需要签署认罪认罚具结书，而签署人认罪认罚具结书时需要辩护人或者值班律师在场，他们在场起到的是见证、监督的作用，以便保证具结书的自愿性合法性。所以如果之前未委托辩护人由值班律师在场，之后委托辩护人并不影响认罪认罚具结书的效力。C项正确，值班律师可以为犯罪嫌疑人、被告人代为申请变更强制措施。D项错误，值班律师只提供有限的帮助，例如其不提供出庭服务，值班律师与辩护律师的权利和义务不是相同的。E项正确，根据《关于适用认罪认罚从宽制度的指导意见》第12条第2款规定可知：自人民检察院对案件审查起诉之日起，值班律师可以查阅案卷材料、了解案情。

综上所述，本题答案为C、E。

2. 下列关于值班律师的说法，正确的是？（2019仿真题，多）

A. 值班律师对刑讯逼供、非法取证情形可以为犯罪嫌疑人代理申诉和控告

B. 值班律师可以为犯罪嫌疑人申请变更强制措施

C. 被害人如果没有委托代理人的，由值班律师为其提供法律帮助

D. 值班律师是法律援助制度的新发展

【**考点**】值班律师的诉讼权利、帮助对象、值班律师制度的内涵

【**解析**】选项A、B，根据《关于开展法律援助值班律师工作的意见》（已失效）第2条的规定，法律援助值班律师应当依法履行下列工作职责：（1）解答法律咨询。（2）引导和帮助犯罪嫌疑人、刑事被告人及其近亲属申请法律援助，转交申请材料。（3）在认罪认罚从宽制度改革试点中，为自愿认罪认罚的犯罪嫌疑人、刑事被告人提供法律咨询、程序选择、申请变更强制措施等法律帮助，对检察机关定罪量刑建议提出意见，犯罪嫌疑人签署认罪认罚具结书应当有值班律师在场。（4）对刑讯逼供、非法取证情形代理申诉、控告。（5）承办法律援助机构交办的其他任务。法律援助值班律师不提供出庭辩护服务。符合法律援助条件的犯罪嫌疑人、刑事被告人，可以依申请或通知由法律援助机构为其指派律师提供辩护。根据该条文的第3、4项可知，选项A、B正确。

选项C，根据《刑事诉讼法》第36条第1款的规定："法律援助机构可以在人民法院、看守所等场所派驻值班律师。犯罪嫌疑人、被告人没有委托辩护人，法律援助机构没有指派律师为其提供辩护的，由值班律师为犯罪嫌疑人、被告人提供法律咨询、程序选择建议、申请变更强制措施、对案件处理提出意见等法律帮助。"可知，值班律师是为没有委托辩护且法律援助机构也没有指派律师为其辩护的犯罪嫌疑人、被告人提供法律帮助的，被害人不能得到值班律师的帮助。C选项错误。

选项D，值班律师制度是我国法律援助制度的重要组成部分。值班律师的派驻由法律援助机构负责，并由法律援助机构确定人选、进行指导和管理。值班律师制度使我国法律援助制度在刑事案件领域得以覆盖更大范围，为更多的犯罪嫌疑人、被告人提供法律援助，落实刑事犯罪律师服务全覆盖。选项D正确。

综上所述，本题答案为A、B、D。

3. 值班律师制度是《刑事诉讼法》确立的一项诉讼制度。值班律师需要以其专业的法律知识为犯罪嫌疑人、被告人提供一系列法律帮助。下列关于值班律师在刑事诉讼中的权利与职责，说法正确的是？（2020 仿真题，多）

A. 为被告人提供出庭辩护服务

B. 可以会见犯罪嫌疑人、被告人

C. 自人民检察院对案件审查起诉之日起，值班律师可以查阅、摘抄、复制案卷材料、了解案情

D. 认罪认罚案件中，引导、帮助犯罪嫌疑人、被告人及其近亲属申请法律援助

【考点】 值班律师的权利和职责

【解析】《刑事诉讼法》第 36 条第 1 款规定："……犯罪嫌疑人、被告人没有委托辩护人，法律援助机构没有指派律师为其提供辩护的，由值班律师为犯罪嫌疑人、被告人提供法律咨询、程序选择建议、申请变更强制措施、对案件处理提出意见等法律帮助。"可见，值班律师为犯罪嫌疑人、被告人提供的是法律帮助，而不包括出庭辩护服务，A 选项错误。

《法律援助值班律师工作办法》第 6 条第 3 款规定："值班律师办理案件时，可以应犯罪嫌疑人、被告人的约见进行会见，也可以经办案机关允许主动会见；……"可见，值班律师有权会见犯罪嫌疑人、被告人，B 选项正确。

《高检规则》第 269 条第 2 款规定："……自人民检察院对案件审查起诉之日起，值班律师可以查阅案卷材料，了解案情。……"可见，在审查起诉阶段值班律师对案卷材料仅能查阅，无权摘抄、复制，C 选项错误。

《法律援助值班律师工作办法》第 6 条第 1 款规定："值班律师依法提供以下法律帮助：……（5）帮助犯罪嫌疑人、被告人及其近亲属申请法律援助；……"据此，D 选项正确。

综上所述，本题答案为 B、D。

二、刑事代理

在张某故意毁坏李某汽车案中，张某聘请赵律师为辩护人，李某聘请孙律师为诉讼代理人。关于该案辩护人和诉讼代理人，下列哪一选项是正确的？（2010 - 2 - 22，单）

A. 赵律师、孙律师均自案件移送审查起诉之日起方可接受委托担任辩护人、诉讼代理人

B. 赵律师、孙律师均有权申请该案的审判人员和公诉人员回避

C. 赵律师可在审判中向张某发问，孙律师无权向张某发问

D. 赵律师应以张某的意见作为辩护意见，孙律师应以李某的意见为代理意见

【考点】 委托辩护的时间、申请回避的主体、辩护人和诉讼代理人的权利和职责

【解析】 A 项，根据《刑事诉讼法》第 34 条第 1 款的规定："犯罪嫌疑人自被侦查机关第一次讯问或者采取强制措施之日起，有权委托辩护人……"同时根据该法第 46 条第 1 款的规定："公诉案件的被害人及其法定代理人或者近亲属，附带民事诉讼的当事人及其法定代理人，自案件移送审查起诉之日起，有权委托

诉讼代理人……"可知，张某在被侦查机关第一次讯问或者采取强制措施之日起就有权委托辩护人。故 A 项表述错误。

B 项，根据《刑事诉讼法》第 32 条第 2 款的规定："辩护人、诉讼代理人可以依照本章的规定要求回避、申请复议。"可知，赵律师、孙律师均有权申请回避。故 B 项表述正确。

C 项，根据《刑事诉讼法》第 191 条第 2 款的规定，"被害人、附带民事诉讼的原告人和辩护人、诉讼代理人，经审判长许可，可以向被告人发问。"可知，题中赵律师、孙律师均有权向被告人张某发问。故 C 项表述错误。

D 项，根据《刑事诉讼法》第 37 条的规定："辩护人的责任是根据事实和法律，提出犯罪嫌疑人、被告人无罪、罪轻或者减轻、免除其刑事责任的材料和意见，维护犯罪嫌疑人、被告人的诉讼权利和其他合法权益。"同时根据《刑诉解释》第 64 条的规定："诉讼代理人有权根据事实和法律，维护被害人、自诉人或者附带民事诉讼当事人的诉讼权利和其他合法权益。"可知，辩护人或诉讼代理人提出辩护意见或代理意见的依据均是事实和法律而不是当事人的意见，当然在具体的案件处理中，诉讼代理人受被代理人的意志影响，必须在被代理人的授权范围内行使代理权，而辩护人具有独立的诉讼地位，不受委托人的意志左右，可以独立的发表意见。D 项表述错误。

综上所述，本题答案为 B。

专题八　刑事证据

一、证据概述

关于证据的关联性，下列哪一选项是正确的？（2014－2－27，单）

A. 关联性仅指证据事实与案件事实之间具有因果关系

B. 具有关联性的证据即具有可采性

C. 证据与待证事实的关联度决定证据证明力的大小

D. 类似行为一般具有关联性

【考点】证据的关联性

【解析】刑事证据具有以下三个紧密联系的基本属性：（1）客观性。证据的客观性，是指证据是客观存在的，不以人的主观意志为转移。（2）关联性。关联性也称为相关性，是指证据必须与案件事实有客观联系，对证明刑事案件事实具有某种实际意义。（3）合法性。合法性是指对证据必须依法加以收集和运用。证据的合法性是证据客观性和相关性的重要保证，也是证据具有法律效力的重要条件。在这三性中，关联性最容易被考查。

A项，关联性是指证据必须与案件事实有客观联系，但这种客观联系不一定是因果关系，譬如，犯罪嫌疑人实施杀人行为时穿一双白色袜子，"白色袜子"可能与锁定犯罪嫌疑人身份具有关联性，但不能说因为犯罪嫌疑人穿了白色袜子，所以其实施了故意杀人行为。A项错误。

B项，证据的可采性也被称为证据资格、证据能力，是指在诉讼中有关人员所提出的证据材料能否被采用作为定案根据的标准，是某一材料能够证明案件事实的能力或者资格。证据材料必须同时具备上述三性才具有可采性，仅与案件事实具有相关性不一定意味着证据具有可采性。譬如，通过刑讯逼供方式获取的犯罪嫌疑人供述即使与案件事实相关，该供述也会被依法排除而不具备可采性。B项错误。

C项，在证据规则理论体系中，关联性规则与证据能力和证明力都相关。有关联性，才能有证据能力，证据与待证事实的关联度越大，证据的证明力就越大。反之，证据与待证事实的关联度越小，证据的证明力就越小。C项正确。

D项，关于关联性：（1）品格材料不具有定罪的关联性。品格材料指的是证明犯罪嫌疑人、被告人品性道德状况的材料。此类材料被认为同其是否及如何实施犯罪行为没有关系。譬如，公诉人指控说："被告人一定是盗窃犯！"法官问："为什么？"公诉人道："因为有证据证明被告人一贯表现恶劣，小学就被开除，没有正常工作，游手好闲。所以这次盗窃犯罪极可能就是他干的。"显然，被告人品质如何与这次盗窃是否系他所为没有关系。（2）类似行为材料不具有定罪的关联性。指的是证明犯罪嫌疑人、被告人曾经实施过与被指控罪行类似的犯罪行为。此类材料也被认为与其正在被指控的犯罪无关。例如，公诉人指控说："被告人一定是盗窃犯!"法官问:"为什么?"公诉人道:"因为有证据证明被告人一年前也因盗窃被处理过。所以这次盗窃犯罪极可能就是他干的。"显然,被告人是否曾经干过类似行为与这次盗窃是否系他所为没有关系。因此,D项错误。

综上所述,本题答案为C。

二、证据种类

1. 甲、乙二人系药材公司仓库保管员,涉嫌5次共同盗窃其保管的名贵药材,涉案金额40余万元。一审开庭审理时,药材公司法定代表人丙参加庭审。经审理,法院认定了其中4起盗窃事实,另1起因证据不足未予认定,甲和乙以职务侵占罪分别被判处有期徒刑3年和1年。关于本案证据,下列选项正确的是:(2017-2-92,不定项)

A. 侦查机关制作的失窃药材清单是书证

B. 为查实销赃情况而从通信公司调取的通话记录清单是书证

C. 甲将部分销赃所得10万元存入某银行的存折是物证

D. 因部分失窃药材不宜保存而在法庭上出示的药材照片是物证

【考点】物证、书证、勘验笔录

【解析】勘验笔录是以其文字、图表等记载的内容来说明一定案件事实,从这个意义上来说,它与书证有相似之处,但不能认为它是书证。两者主要区别是:(1)产生的时间不同。书证一般是在案件发生前或在发案过程中制作的;而勘验笔录则是在案件发生后,在诉讼过程中,为了查明案件事实,对物证或者现场进行检验后制作的。(2)制作主体不同。书证一般是由当事人或有关单位及公民制作的;而勘验笔录则是办案人员或人民法院指定进行勘验的人,执行公务依法制作的一种文书。(3)反映的内容不同。书证一般是用文字、符号来表达其内容,本身能直接证明案件的事实情况,是制作人主观意志的外部表现;而勘验笔录的文字、图片记载的内容,是对物证或者现场的重新再现,其内容不能有制作人的主观意思表示,完全是一种对客观情况的如实记载。(4)能否重新制作不同。书证不能涂改,也不能重新制作,要保持其原意;而勘验笔录则不同,若记载有误或不明确,可以重新勘验,并作出新的勘验笔录。所以本题A选项中侦查机关案发后制作的失窃药材清单是勘验笔录,B选项中通话记录清单是书证正确,C选项中的存折是用文字、符号来表达其销赃所得具体数额属于书证。本题中盗窃案件中药材照片形成于案发以后,起到固定物证的作用(比如车祸现场肇事车辆、作案工具或收缴的赃物等物证无法当庭出示或没有必要搬运到庭上出示的证据,可以通过拍摄照片的形式来固定物证)是勘验检查笔录类证据,D不正确。

综上所述,本题答案为B。

2. 甲涉嫌利用木马程序盗取Q币并转卖他人,公安机关搜查其住处时,发现一个U盘内存储了用于盗取账号密码的木马程序。关于该U盘的处理,下列哪些选项是正确的?(2017-2-69,多)

A. 应扣押U盘并制作笔录

B. 检查U盘内的电子数据时,应将U盘拆分过程进行录像

C. 公安机关移送审查起诉时,对U盘内提取的木马程序,应附有该木马程序如何盗取账号密码的说明

D. 如 U 盘未予封存，且不能补正或作出合理解释的，U 盘内提取的木马程序不得作为定案的根据

【考点】电子数据的收集提取和审查判断

【解析】依据《关于办理刑事案件收集提取和审查判断电子数据若干问题的规定》第 8 条第 1 款："收集、提取电子数据，能够扣押电子数据原始存储介质的，应当扣押、封存原始存储介质，并制作笔录，记录原始存储介质的封存状态。"故 A 正确。

依据《关于办理刑事案件收集提取和审查判断电子数据若干问题的规定》第 16 条："对扣押的原始存储介质或者提取的电子数据，可以通过恢复、破解、统计、关联、比对等方式进行检查。必要时，可以进行侦查实验。电子数据检查，应当对电子数据存储介质拆封过程进行录像，并将电子数据存储介质通过写保护设备接入到检查设备进行检查；有条件的，应当制作电子数据备份，对备份进行检查；无法使用写保护设备且无法制作备份的，应当注明原因，并对相关活动进行录像。……"此题 B 选项检查 U 盘内的电子数据时，应将 U 盘拆分过程进行录像正确。

依据《关于办理刑事案件收集提取和审查判断电子数据若干问题的规定》第 19 条第 1 款："对侵入、非法控制计算机信息系统的程序、工具以及计算机病毒等无法直接展示的电子数据，应当附电子数据属性、功能等情况的说明。"故 C 正确。

依据《刑诉解释》第 113 条："电子数据的收集、提取程序有下列瑕疵，经补正或者作出合理解释的，可以采用；不能补正或者作出合理解释的，不得作为定案的根据：（一）未以封存状态移送的；（二）笔录或者清单上没有调查人员或者侦查人员、电子数据持有人、提供人、见证人签名或者盖章的；（三）对电子数据的名称、类别、格式等注明不清的；（四）有其他瑕疵的。"本题 D 选项 U 盘未予封存，且不能补正或作出合理解释的 U 盘内提取的木马程序不得作为定案的根据，故正确。

综上所述，本题答案为 A、B、C、D。

3. 法院审理一起受贿案时，被告人石某称因侦查人员刑讯不得已承认犯罪事实，并讲述受到刑讯的具体时间。检察机关为证明侦查讯问程序合法，当庭播放了有关讯问的录音录像，并提交了书面说明。关于该录音录像的证据种类，下列哪一选项是正确的？（2010－2－23，单）

A. 犯罪嫌疑人供述和辩解　　　　B. 视听资料

C. 书证　　　　D. 物证

【考点】证据的法定种类

【解析】考生需要注意，视听资料一般体现为录音、录像，但不能说，凡是录音、录像都是视听资料，视听资料要求内容与犯罪事实相关。判断一个录音、录像是什么？需要具体分析录音、录像的内容。如果录音、录像反映的内容与案件无关，它就不是证据。如果录音、录像反映的内容与案件有关，可以考虑作为证据。那么，是什么证据呢？这就需要进一步判断录音、录像的内容是用来证明什么的，录音录像形成于案发当时还是案发以后？譬如，录音、录像内容反映了侦查人员讯问犯罪嫌疑人的过程，形成于案发以后，只是记录犯罪嫌疑人说了什

么，则该录音、录像应当属于犯罪嫌疑人供述和辩解。如果是为了证明侦查人员是否存在刑讯逼供等犯罪行为，形成于刑讯逼供当时，则该录音、录像应当属于视听资料。本案中，被告人石某称遭受了刑讯，检察机关为证明侦查讯问程序合法，当庭播放了有关讯问的录音录像，从录像中要看讯问当时，是否存在刑讯逼供的犯罪事实，这一录音录像属于视听资料。

综上所述，本题答案为 B。

4. 某建设工程公司总经理王某涉嫌工程重大安全事故罪被立案侦查。侦查机关聘请某省工程质量监督检测中心进行检验，检验人张某出具的检验报告认为，该建设工程公司违反国家规定，降低工程质量标准是造成重大安全事故的主要原因。关于本案，下列说法正确的是？（2018 仿真题，单）

A. 张某在本案中是鉴定人身份，属于应当回避的对象

B. 经法院通知，张某需出庭作证

C. 张某出具的检验报告可以作为证据来使用

D. 张某所进行的检验属于勘验、检查的一种形式

【考点】检验以及检验报告的性质

【解析】A 选项，《刑诉解释》第 100 条第 1 款规定："因无鉴定机构，或者根据法律、司法解释的规定，指派、聘请有专门知识的人就案件的专门性问题出具的报告，可以作为证据使用。"据此，尽管检验人是具有专门知识的人，且接受聘请，但案件中检验人并非鉴定人的身份。故 A 选项错误。

需要指出的是，《刑诉解释》第 100 条第 2 款规定："对前款规定的报告审查与认定，参照适用本节的有关规定。"而该解释第 98 条规定："鉴定意见具有下列情形之一的，不得作为定案的根据：……（二）鉴定人不具备法定资质，不具有相关专业技术或者职称，或者违反回避规定的……"由此可以推知，检验人属于回避的对象。

B 选项，《刑诉解释》第 100 条第 3 款规定："经人民法院通知，出具报告的人拒不出庭作证的，有关报告不得作为定案的根据。"故 B 选项正确。

C 选项，根据《刑诉解释》第 100 条第 1 款的规定，检验报告可以作为证据使用，依据新修改的《刑诉解释》，C 选项也正确。

D 选项，勘验、检查是指侦查人员对与犯罪有关的场所、物品、尸体、人身进行勘查和检验的一种侦查行为。二者的适用主体都只能是侦查人员，且勘验的对象是现场、物品和尸体；而检查则是针对活人的身体。而本案中的检验主体并非侦查人员，不属于勘验、检查的一种，故 D 选项错误。

综上所述，本题答案为 BC。

三、刑事证据的理论分类

1. 甲驾车将昏迷的乙送往医院，并垫付了医疗费用。随后赶来的乙的家属报警称甲驾车撞倒乙。急救中，乙曾短暂清醒并告诉医生自己系被车辆撞倒。医生将此话告知警察，并称从甲送乙入院时的神态看，甲应该就是肇事者。关于本案证据，下列哪些选项是正确的？（2016 - 2 - 67，多）

A. 甲垫付医疗费的行为与交通肇事不具有关联性

B. 乙告知医生"自己系被车辆撞倒"属于直接证据

C. 医生基于之前乙的陈述，告知警察乙系被车辆撞倒，属于传来证据

D. 医生认为甲是肇事者的证词属于符合一般生活经验的推断性证言，可作为定案依据

【考点】证据的关联性、证据的理论分类、证人证言的审查判断

【解析】A项，关联性是刑事证据的基本属性之一，指的是证据必须与案件事实有客观联系，对证明刑事案件事实具有某种实际意义。A项中，甲垫付医疗费与甲是否交通肇事没有任何联系，不具有关联性。A项正确。

B项，根据证据与案件主要事实的证明关系的不同，可以将证据划分为直接证据与间接证据。"主要事实"是指犯罪行为是否系犯罪嫌疑人、被告人所实施。"证明关系"是指某一证据是否可以单独、直接地证明案件的主要事实。能够单独、直接证明案件主要事实的证据是直接证据。不能单独直接证明刑事案件主要事实，需要与其他证据相结合才能证明的证据是间接证据。B项中，乙只说了自己被车撞了，但没有交代清楚是什么人如何撞的自己，属于间接证据。B项错误。

C项，根据证据材料的来源的不同，可以分为原始证据和传来证据。原始证据是指，来自原始出处，直接来源于案件事实的证据材料，即第一手材科，如被害人陈述，物证原物等。反之，凡不是直接来源于案件事实，而是从间接的来源获得的证据材料，称为传来证据，如转述的证人证言，物证的照片等。C项中，医生并非直接目击肇事现场，医生的陈述是对乙的陈述的转述，属于传来证据。C项正确。

D项，《刑诉解释》第88条第2款规定："证人的猜测性、评论性、推断性的证言，不得作为证据使用，但根据一般生活经验判断符合事实的除外。"D项中，医生的陈述明显属于一种猜测性、推断性证言，不属于符合生活经验的判断，不得作为定案根据。D项错误。

综上所述，本题答案为A、C。

2. 甲涉嫌盗窃室友乙存放在储物柜中的笔记本电脑一台并转卖他人，但甲辩称该电脑系其本人所有，只是暂存于乙处。下列哪一选项既属于原始证据，又属于直接证据？（2015 - 2 - 25，单）

A. 侦查人员在乙储物柜的把手上提取的甲的一枚指纹

B. 侦查人员在室友丙手机中直接提取的视频，内容为丙偶然拍下的甲打开储物柜取走电脑的过程

C. 室友丁的证言，内容是曾看到甲将一台相同的笔记本电脑交给乙保管

D. 甲转卖电脑时出具的现金收条

【考点】原始证据、直接证据

【解析】原始证据是指，来自原始出处，直接来源于案件事实的证据材料，即第一手材科，如被害人陈述，物证原物等。反之，凡不是直接来源于案件事实，而是从间接的来源获得的证据材料，称为传来证据，如转述的证人证言，物证的照片等。

根据证据与案件主要事实的证明关系的不同，可以将证据划分为直接证据与间接证据。"主要事实"是指犯罪行为是否系犯罪嫌疑人、被告人所实施。"证明关系"是指某一证据是否可以单独、直接地证明案件的主要事实。能够单独、直接证明案件主要事实的证据是直接证据。不能单独直接证明刑事案件主要事实，

扫码听课

需要与其他证据相结合才能证明的证据是间接证据。

本案中，A项，甲的指纹属于原始证据和间接证据。因为，提取的指纹是第一手材料，但指纹本身却不能反映案发过程，不能单独直接证明案件的主要事实。

B项，手机中的视频由侦查人员直接提取，属于原始证据，视频内容反映了甲打开储物柜取走电脑的过程，但是，无法证明甲打开的是否是乙的储物柜，也无法证明取走的电脑是否是案件中所涉电脑，此外也没有反映出转卖的行为，因此，应当属于间接证据。

C项，丁直接作出的证言属于原始证据，证明的内容是甲将一台相同的笔记本电脑交给乙保管，这属于否定性直接证据，可以直接证明甲没有盗窃行为，属于直接证据。

D项，现金收条属于原始证据，但不能证明盗窃过程，不能单独直接证明案件的主要事实，属于间接证据。

综上所述，本题答案为 C。

3. 张某伪造、变造国家机关公文、证件、印章案的下列哪一证据既属于言词证据，又属于间接证据？（2011-2-25，单）

A. 用于伪造、变造国家机关公文、证件、印章的设备、工具

B. 伪造、变造的国家机关公文、证件、印章

C. 张某关于实施伪造、变造行为的供述

D. 判别国家机关公文、证件、印章真伪的鉴定结论

【考点】言词证据、间接证据

【解析】刑事证据的分类主要有四种：

（1）原始证据与传来证据。

根据证据材料的来源的不同，可以分为原始证据和传来证据。

原始证据是指，来自原始出处，直接来源于案件事实的证据材料，即第一手材料。反之，凡不是直接来源于案件事实，而是从间接的来源获得的证据材料，称为传来证据。

通常情况下原始证据的证明价值大于传来证据，办案人员应当尽一切可能和力量收集原始证据。但传来证据在司法实践中也起到不可忽视的作用，在无法获得原始证据时，传来证据也可以用来证明案件的次要事实和情节。

（2）有罪证据与无罪证据。

根据证据是否能够证明犯罪事实的存在或者犯罪行为系犯罪嫌疑人、被告人所为，可以将证据分为有罪证据和无罪证据。

凡是能够证明犯罪事实存在和犯罪行为系犯罪嫌疑人、被告人所为的证据、是有罪证据；凡是能够否定犯罪事实存在，或者能够证明犯罪嫌疑人、被告人未实施犯罪行为的证据，是无罪证据。

（3）言词证据与实物证据。

根据证据的表现形式不同，可以将证据分为言词证据和实物证据。

凡是表现为人的陈述，即以言词作为表现形式的证据，是言词证据；凡是以实物作为表现形式的证据，是实物证据。在法律规定的几种证据中，证人证言、被害人陈述、犯罪嫌疑人、被告人供述和辩解、鉴定意见、辨认笔录和侦查实验笔录属于言词证据。物证，书证，勘验、检查笔录属于实物证据。视听资料，电

子数据一般属于实物证据，但也可能属于言词证据。

（4）直接证据与间接证据。

根据证据与案件主要事实的证明关系的不同，可以将证据划分为直接证据与间接证据。所谓刑事案件的主要事实，是指犯罪行为是否系犯罪嫌疑人、被告人所实施。

直接证据是指，能够单独、直接证明案件主要事实的证据。间接证据是指，不能单独直接证明刑事案件主要事实，需要与其他证据相结合才能证明的证据。需要特别注意，直接证据与间接证据的区分是重点。

直接证据必须能够记录或说明案件事实发生的全过程，一个证据就能够体现案件全貌，真假在所不论。如，证人甲说："我看见张三用刀捅了李四的肚子，李四就倒下了。"这就是直接证据；而如果证人甲说："我看见张三拿着刀，全身是血，神色慌张地从李四家跑出来。"这是间接证据，因为即便张三全身是血、神色紧张，也不能证明张三杀了李四。此外，至于证人甲所做的证言是否属实，还有待于在法庭上进行质证，不影响对直接证据或间接证据的判断。

本题中，A项，用于伪造、变造国家机关公文、证件、印章的设备、工具属于实物证据，同时这些证据只能证明案发的片段，属于间接证据。A项错误。

B项，伪造、变造的国家机关公文、证件、印章也是实物证据和间接证据，B项错误。

C项，张某关于实施伪造、变造行为的供述属于言词证据，同时，供述可以反映案发过程，属于直接证据，C项错误。

D项，判别国家机关公文、证件、印章真伪的鉴定意见属于言词证据和间接证据，D项正确。综上所述，本题答案为D。

4. 下列哪一选项既属于原始证据，又属于间接证据？（2010－2－24，单）

A. 被告人丁某承认伤害被害人的供述

B. 证人王某陈述看到被告人丁某在案发现场擦拭手上血迹的证言

C. 证人李某陈述被害人向他讲过被告人丁某伤害她的经过

D. 被告人丁某精神病鉴定结论的抄本

【考点】原始证据、间接证据

【解析】刑事证据的分类主要有四种：

（1）原始证据与传来证据。

根据证据材料的来源的不同，可以分为原始证据和传来证据。

原始证据是指，来自原始出处，直接来源于案件事实的证据材料，即第一手材料。反之，凡不是直接来源于案件事实，而是从间接的来源获得的证据材料，称为传来证据。

通常情况下原始证据的证明价值大于传来证据，办案人员应当尽一切可能和力量收集原始证据。但传来证据在司法实践中也起到不可忽视的作用，在无法获得原始证据时，传来证据也可以用来证明案件的次要事实和情节。

（2）有罪证据与无罪证据。

根据证据是否能够证明犯罪事实的存在或者犯罪行为系犯罪嫌疑人、被告人所为，可以将证据分为有罪证据和无罪证据。

凡是能够证明犯罪事实存在和犯罪行为系犯罪嫌疑人、被告人所为的证据，

✐ 大咖点拨区

扫码听课

是有罪证据；凡是能够否定犯罪事实存在，或者能够证明犯罪嫌疑人、被告人未实施犯罪行为的证据，是无罪证据。

（3）言词证据与实物证据。

根据证据的表现形式不同，可以将证据分为言词证据和实物证据。

凡是表现为人的陈述，即以言词作为表现形式的证据，是言词证据；凡是以实物作为表现形式的证据，是实物证据。在法律规定的几种证据中，证人证言、被害人陈述、犯罪嫌疑人、被告人供述和辩解、鉴定意见、辨认笔录属于言词证据。物证，书证，勘验、检查和侦查实验笔录属于实物证据。视听资料，电子数据一般属于实物证据，但也可能属于言词证据。

（4）直接证据与间接证据。

根据证据与案件主要事实的证明关系的不同，可以将证据划分为直接证据与间接证据。所谓刑事案件的主要事实，是指犯罪行为是否系犯罪嫌疑人、被告人所实施。

直接证据是指，能够单独、直接证明案件主要事实的证据。间接证据是指，不能单独直接证明刑事案件主要事实，需要与其他证据相结合才能证明的证据。需要特别注意，直接证据与间接证据的区分是重点。

直接证据必须能够记录或说明案件事实发生的全过程，一个证据就能够体现案件全貌，真假在所不论。如，证人甲说："我看见张三用刀捅了李四的肚子，李四就倒下了。"这就是直接证据；而如果证人甲说："我看见张三拿着刀，全身是血，神色慌张地从李四家跑出来。"这是间接证据，因为即便张三全身是血、神色紧张，也不能证明张三杀了李四。此外，至于证人甲所做的证言是否属实，还有待于在法庭上进行质证，不影响对直接证据或间接证据的判断。

本题中，A项，被告人的供述属于原始证据，同时又能直接证明案件主要事实，属于直接证据，故A项错误。

B项，证人王某的证言直接来源于案件事实，属于原始证据。但该证言只能证明被告人丁某在案发现场，无法证明案发过程，属于间接证据。所以B项正确。

C项，证人李某陈述被害人向他讲过被告人丁某伤害她的经过，属于直接证据，但是，该证人证言来自被害人向他的讲述，属于传来证据，所以C项错误。

D项，精神病鉴定不能单独证明案件的主要事实，所以属于间接证据。同时，抄本属于传来证据，所以D项错误。

综上所述，本题答案为B。

四、证据规则

扫码听课

1. 甲盗窃乙收藏的一批限量版黑胶唱片，侦查机关从甲的住处缴获被盗的黑胶唱片。下列说法正确的是：（2021仿真题，多）

A. 乙家防盗门上的划痕是原始证据

B. 丢失的黑胶唱片清单是实物证据

C. 丢失的黑胶唱片是间接证据

D. 侦查阶段询问证人的录音录像是传闻证据

【考点】证据的理论分类、传闻证据规则

【解析】

刑事证据的理论分类

言词证据 实物证据	根据证据的表现形式，可将证据划分为言词证据和实物证据。
	（1）只要表现为人的陈述，则是言词证据，如证人证言、被害人陈述、犯罪嫌疑人、被告人供述和辩解、鉴定意见、辨认笔录。
	（2）凡是以物品的性质或外部特征、存在状况以及其内容表现证据价值的证据，是实物证据，如物证、书证、勘验笔录、检查笔录、视听资料、电子数据等。
有罪证据 无罪证据	根据证据的证明作用不同，可将证据划分为有罪证据和无罪证据。
	（1）凡是能够证明犯罪嫌疑人、被告人实施犯罪行为的证据，是有罪证据。
	（2）凡是能够证明犯罪事实不存在的证据，证明犯罪嫌疑人、被告人没有实施犯罪行为的证据，证明犯罪嫌疑人、被告人不承担刑事责任的证据，是无罪证据。
原始证据 传来证据	根据证据的来源不同，可将证据划分为原始证据和传来证据。
	（1）凡是直接来源于案件事实的证据材料，即是原始证据。凡是直接来源于案件事实本身而不是大家常讲的案发现场的证据材料，即是原始证据。
	（2）凡是不是直接来源于案件事实，而是从间接的非第一来源获得的证据材料，称为传来证据或第二手材料。
直接证据 间接证据	根据证据与案件主要事实的证明关系的不同所作的划分。
	（1）能够单独证明案件主要事实的是直接证据。 ——①肯定型直接证据：一个证据能单独、直接地指出案件主要事实→是谁实施了什么犯罪？ ——②否定型直接证据：一个证据能单独、直接排除发生了什么犯罪或者排除犯罪人是谁？
	（2）不能单独证明案件主要事实，必须与其他证据结合起来才能证明案件主要事实，是间接证据。

　　依据上面的理论解释，得知 A 项的划痕直接来源于案件事实本身，属于原始证据。B 项的清单是书证，属于实物证据。C 项的唱片是物证，属于间接证据。

传闻证据规则

传闻证据 规则	（1）如无法定理由，任何人在庭审期间以外及庭审准备期间以外的陈述，都不得作为被告人有罪的证据。 （2）传闻证据，主要包括两种形式： ——①书面传闻证据，亲身感受了案件事实的证人在庭审期日之外所作的书面证人证言（庭外陈述）； ——②言词传闻证据，证人并非就自己亲身感知的事实作证，而是向法庭转述他从别人那里听到的情况（庭上转述）。

　　依据上面的理论解释，得知 D 项的录音录像属于证人在庭外的陈述，属于传

闻证据。

2. 下列哪一证据规则属于调整证据证明力的规则？（2017－2－26，单）

A. 传闻证据规则　　　　　　　　B. 非法证据排除规则

C. 关联性规则　　　　　　　　　D. 意见证据规则

【考点】调整证明力的证据规则

【解析】证明能力是指是否具有证明案件事实的资格。即能不能成为法律上的证据的合法性。举个例子：在一起杀人案中，证人甲作证说王某杀人了。那么甲的证言能否作为证据，这就是证据能力。如果甲的证言是属于检察院的诱供，则甲的证言就不能作为证据了，就没有证明能力了。本题中 A 传闻证据规则 B 非法证据排除规则 D 意见证据规则均说明的是证据合法性，都体现了证据能力。

证明力是指，其已经是法律上的证据了，其对案件事实在多大程度上起到证明作用，起多少作用。举个例子：在一起杀人案中，证人甲作证说王某杀人了。如果甲的证言能作为证据，那他的证言可信度多少，是否亲眼所见，是否与王某有仇怨等，这些就决定了其证言证明力是强还是弱。本题中的 C 关联性规则是证据证明力（不是证明能力）的原因。

综上所述，本题答案为 C。

3. 某小学发生一起猥亵儿童案件，三年级女生甲向校长许某报称被老师杨某猥亵。许某报案后，侦查人员通过询问许某了解了甲向其陈述的被杨某猥亵的经过。侦查人员还通过询问甲了解到，另外两名女生乙和丙也可能被杨某猥亵，乙曾和甲谈到被杨某猥亵的经过，甲曾目睹杨某在课间猥亵丙。讯问杨某时，杨某否认实施猥亵行为，并表示他曾举报许某贪污，许某报案是对他的打击报复。关于本案证据，下列选项正确的是：（2017－2－96，不定项）

A. 甲向公安机关反映的情况，既是被害人陈述，也是证人证言

B. 关于甲被猥亵的经过，许某的证言可作为甲陈述的补强证据

C. 关于乙被猥亵的经过，甲的证言属于传闻证据，不得作为定案的依据

D. 甲、乙、丙因年幼，其陈述或证言必须有其他证据印证才能采信

【考点】证据的法定种类、补强证据规则、传闻证据规则

【解析】犯罪行为的直接受害者就案件事实所作的陈述，叫被害人陈述，由公安司法人员询问被害人取得，其他任何个人和单位不得非法收集。本案中甲向公安机关反映的乙曾和甲谈到被杨某猥亵的经过，属于被害人陈述，甲曾目睹杨某在课间猥亵丙，属于证人证言。所以 A 正确。

补强证据必须具有独立的来源。补强证据与补强对象之间不能重叠，而必须独立于补强对象，具有独立的来源，否则就无法担保补强对象的真实性。本案中 B 选项关于甲被猥亵的经过，许某的证言是转述甲的陈述，因为没有独立来源不可作为甲陈述的补强证据，故此 B 说法错误。

我国现行立法并没有规定传闻证据排除规则，只是有条件地采纳传闻证据的精神，本题中甲的证言属于传闻证据，如果能和其他证据一起形成证据链完全可以作为定案的依据，所以 C 说法错误。

依据《刑事诉讼法》第 62 条规定："凡是知道案件情况的人，都有作证的义务。生理上、精神上有缺陷或者年幼，不能辨别是非、不能正确表达的人，不能作证人。"〔注意〕生理上、精神上有缺陷或者年幼，只有达到不能辨别是非或者

不能正确表达的程度，才不能作证人。根据《刑诉解释》第 143 条规定："下列证据应当慎重使用，有其他证据印证的，可以采信：（一）生理上、精神上有缺陷，对案件事实的认知和表达存在一定困难，但尚未丧失正确认知、表达能力的被害人、证人和被告人所作的陈述、证言和供述；（二）与被告人有亲属关系或者其他密切关系的证人所作的有利于被告人的证言，或者与被告人有利害冲突的证人所作的不利于被告人的证言。"此条针对的是不具有相应的辨别及认知能力，但是没有完全丧失的证人所作证言才需要其他证据加以印证。而年幼的人只要具有相应的辨别能力，能够正确表达，所作证人证言并不需要其他证据加以印证。本题中甲、乙、丙虽年幼，但对其被猥亵事实具备判断能力，其陈述或证言理应被采信。故 D 说法错误。

　　综上所述，本题答案为 A。

　　4. 公安机关发现一具被焚烧过的尸体，因地处偏僻且天气恶劣，无法找到见证人，于是对勘验过程进行了全程录像，并在笔录中注明原因。法庭审理时，辩护人以勘验时没有见证人在场为由，申请排除勘验现场收集的物证。关于本案证据，下列哪一选项是正确的？（2016－2－29，单）

　　A. 因违反取证程序的一般规定，应当排除

　　B. 应予以补正或者作出合理解释，否则予以排除

　　C. 不仅物证应当排除，对物证的鉴定意见等衍生证据也应排除

　　D. 有勘验过程全程录像并在笔录中已注明理由，不予排除

【考点】非法证据排除规则、物证的审查判断

【解析】《刑事诉讼法》第 56 条第 1 款规定："……收集物证、书证不符合法定程序，可能严重影响司法公正的，应当予以补正或者作出合理解释；不能补正或者作出合理解释的，对该证据应当予以排除。"即物证、书证排除应当具备三个条件：（1）不符合法定程序；（2）严重影响司法公正；（3）不能补正不能解释。本案中，辩护人申请排除勘验现场收集的尸体属于物证。

　　A 项，仅"因违反取证程序的一般规定"，没有达到排除的条件，还不需要排除物证。A 项错误。

　　B 项，如果仅仅不能补正或者作出合理解释，还不会排除，还需要违反程序，严重影响司法公正。B 项错误。

　　C 项，不仅物证没有达到排除的条件，更谈不上根据物证进而获取的其他证据。C 项错误。

　　D 项，依据《刑诉解释》第 80 条规定："下列人员不得担任见证人：（一）生理上、精神上有缺陷或者年幼，不具有相应辨别能力或者不能正确表达的人；（二）与案件有利害关系，可能影响案件公正处理的人；（三）行使勘验、检查、搜查、扣押、组织辨认等监察调查、刑事诉讼职权的监察、公安、司法机关的工作人员或者其聘用的人员。对见证人是否属于前款规定的人员，人民法院可以通过相关笔录载明的见证人的姓名、身份证件种类及号码、联系方式以及常住人口信息登记表等材料进行审查。由于客观原因无法由符合条件的人员担任见证人的，应当在笔录材料中注明情况，并对相关活动进行全程录音录像。"本案因地处偏僻且天气恶劣，无法找到见证人，但侦查机关对勘验过程进行了全程录像，并在笔录中注明原因。足以证明勘验的合法性。因此，这属于合法的勘验过程，

大咖点拨区

扫码听课

D 项正确。

综上所述，本题答案为 D。

5. 下列哪一选项属于传闻证据？（2015 - 2 - 26，单）

A. 甲作为专家辅助人在法庭上就一起伤害案的鉴定意见提出的意见

B. 乙了解案件情况但因重病无法出庭，法官自行前往调查核实的证人证言

C. 丙作为技术人员"就证明讯问过程合法性的同步录音录像是否经过剪辑"在法庭上所作的说明

D. 丁曾路过发生杀人案的院子，其开庭审理时所作的"当时看到一个人从那里走出来，好像喝了许多酒"的证言

【考点】 传闻证据规则

【解析】 传闻证据规则（Hearsay Rule），又称传闻法则、传闻规则、传闻证据排除规则。它是指证人所陈述的非亲身经历的事实，以及证人未出庭作证时向法庭提出的文件中的主张，原则上不能作为认定犯罪事实的根据。简言之，即传闻证据不具有可采性。传闻证据规则是排除一种证明手段的规则，不是排除事实的规则。

可见，传闻证据规则强调三个方面：一是针对证人的陈述，此处的证人指广义上的证人，即包括证人、鉴定人等；二是应当由证人亲自陈述；三是证人一般应当在庭审期间出庭作证。

A 项，甲不是证人，不属于传闻证据，错误。

B 项，乙无法出庭，属于庭外所作证言，该证言属于传闻证据。B 项正确。

C 项，丙直接出庭说明录音录像是否经过剪辑，证言没有发生转述，不属于传闻证据，C 项错误。

D 项，丁所作证言属于丁的亲身经历，不属于传闻证据。D 项错误。

综上所述，本题答案为 B。

6. 下列哪一选项所列举的证据属于补强证据？（2014 - 2 - 28，单）

A. 证明讯问过程合法的同步录像材料

B. 证明获取被告人口供过程合法，经侦查人员签名并加盖公章的书面说明材料

C. 根据被告人供述提取到的隐蔽性极强、并能与被告人供述和其他证据相印证的物证

D. 对与被告人有利害冲突的证人所作的不利被告人的证言的真实性进行佐证的书证

【考点】 补强证据规则

【解析】 补强证据规则是指在运用某些证明力显然薄弱的证据认定案情时，必须有其他证据补充、强化其证明力，才能被法官采信为定案根据。一般来说，需要补强的证据包括犯罪嫌疑人、被告人供述、证人证言、被害人陈述等特定证据。补强证据需要具备的条件包括：（1）补强证据具有证据能力。（2）补强证据具有担保补强对象真实的能力，即具有一定的证明力。当然，补强证据仅担保特定补强对象的真实性，而对整个待证事实或案件事实不具有补强功能。（3）补强证据具有独立的来源。

上述三个条件也可以换一种方式表达：

第一，需要有 A 和 B 两种证据，这是进行补强的前提。譬如，一个人的身体虚弱，他需要喝一碗鸡汤补一补。那么，就得存在一个虚弱的身体和一碗鸡汤，不可以身体补身体，鸡汤补鸡汤。

第二，由 A 来补 B。如由鸡汤来补身体。

第三，A 和 B 不可以是同一来源或者派生关系。譬如，侦查人员第一次讯问我，问："是不是你干的？"我答："我发誓，不是我。"过了几天，侦查人员第二次讯问我，问："你好好想想，到底是不是你干的？"我答："我再发誓，真的不是我干的。"同学们想一想，我的第二次发誓可否补强我的第一次发誓？当然不可以，因为两次发誓都是我作出的，这就叫同一来源。再如，侦查人员讯问我："杀完人，刀扔哪里了？"我说："藏在家里的床下面了。"侦查人员随后进行搜查，果然在我家床下找到了刀。同学们再想一想，这把刀能否补强我的供述？也不可以，因为这把刀和我的供述属于派生关系。

A 项错误。在 A 项中，只能找到一项证据，即同步录像可能属于视听资料，而无法找到第二项证据。"证明讯问过程合法"只是这段录像的内容，而不是一个单独的证据种类。刚才讲过，补强条件首先需要有 A 和 B 两个证据。

B 项错误。B 项的错误与 A 项相同，B 项中只能看到"经侦查人员签名并加盖公章的书面说明材料"可能属于书证，而"证明获取被告人口供过程合法"是该书面说明材料的内容，而非单独的证据种类，根据补强证据需要有两个证据存在的前提要求，B 项错误。

C 项错误。根据被告人供述提取到的隐蔽性极强、并能与被告人供述和其他证据相印证的物证，该物证属于被告人供述的派生证据，根据补强证据规则要求补强与被补强的证据相互独立，不存在派生关系的原理，该物证不能补强供述。

D 项正确。D 项中，是用书证补强证人证言，两种证据相互独立，没有派生关系，不属于同一来源，可以进行补强。

综上所述，本题答案为 D。

7. 在法庭审理过程中，被告人屠某、沈某和证人朱某提出在侦查期间遭到非法取证，要求确认其审前供述或证言不具备证据能力。下列哪些情形下应当根据法律规定排除上述证据？（2013 - 2 - 68，多）

A. 将屠某"大"字形吊铐在窗户的铁栏杆上，双脚离地

B. 对沈某进行引诱，说"讲了就可以回去"

C. 对沈某进行威胁，说"不讲就把你老婆一起抓进来"

D. 对朱某进行威胁，说"不配合我们的工作就把你关进来"

【考点】非法言词证据的排除

【解析】《刑事诉讼法》第 56 条规定："采用刑讯逼供等非法方法收集的犯罪嫌疑人、被告人供述和采用暴力、威胁等非法方法收集的证人证言、被害人陈述，应当予以排除。收集物证、书证不符合法定程序，可能严重影响司法公正的，应当予以补正或者作出合理解释；不能补正或者作出合理解释的，对该证据应当予以排除。在侦查、审查起诉、审判时发现有应当排除的证据的，应当依法予以排除，不得作为起诉意见、起诉决定和判决的依据。"

《刑诉解释》第 123 条规定："采用下列非法方法收集的被告人供述，应当予以排除：（一）采用殴打、违法使用戒具等暴力方法或者变相肉刑的恶劣手段，

大咖点拨区

扫码听课

大咖点拨区

使被告人遭受难以忍受的痛苦而违背意愿作出的供述；（二）采用以暴力或者严重损害本人及其近亲属合法权益等相威胁的方法，使被告人遭受难以忍受的痛苦而违背意愿作出的供述；（三）采用非法拘禁等非法限制人身自由的方法收集的被告人供述。"

本题中，A项，将屠某"大"字吊铐在窗户的铁栏杆上，属于采用刑讯逼供方法取得的被告人供述，属于非法言词证据，应当排除。故A项正确。

B项，侦查人员对沈某说"讲了就可以回去"，这属于引诱、欺骗。根据《刑诉解释》第123条规定关于刑讯逼供的定义，"刑讯逼供等"一般不包含引诱、欺骗。因为引诱、欺骗不属于肉刑或者变相肉刑，也不一定造成剧烈疼痛或者痛苦，因此，通过引诱、欺骗等方式获取犯罪嫌疑人、被告人供述的，不适用非法证据排除规则予以排除，B项错误。此外，这并不是说引诱、欺骗属于合法的取证手段，从定性上来说，引诱、欺骗仍然属于非法取证方法，只不过，考虑到侦查活动的实践需要，没有将通过该手段获取的口供纳入到非法证据排除规则的适用范围。

C项，本条答案因为2017年《关于办理刑事案件严格排除非法证据若干问题的规定》的出台而有所更改。具体说来指的是根据《刑事诉讼法》第56条、《刑诉解释》第123条及《关于办理刑事案件严格排除非法证据若干问题的规定》第2~7条的规定，应当排除的证据有以下几种：（1）采取殴打、违法使用戒具等暴力方法或者变相肉刑的恶劣手段，使犯罪嫌疑人、被告人遭受难以忍受的痛苦而违背意愿作出的供述，应当予以排除。（2）采用以暴力或者严重损害本人及其近亲属合法权益等进行威胁的方法，使犯罪嫌疑人、被告人遭受难以忍受的痛苦而违背意愿作出的供述，应当予以排除。（3）采用非法拘禁等非法限制人身自由的方法收集的犯罪嫌疑人、被告人供述，应当予以排除。C选项说对沈某进行威胁，说"不讲就把你老婆一起抓进来"属于采用以暴力或者严重损害本人及其近亲属合法权益等进行威胁的方法，使犯罪嫌疑人、被告人遭受难以忍受的痛苦而违背意愿作出的供述，应当予以排除，故C项正确。

D项，朱某属于证人，对朱某进行威胁取得的证言，属于非法言词证据，依照《刑事诉讼法》第56条规定应当排除。故D项正确。需要注意的是，对犯罪嫌疑人、被告人进行威胁获取的口供可能不会被排除，但对证人、被害人进行威胁获取的证人证言及被害人陈述一定会被排除。

综上所述，本题答案为A、C、D。（原答案是AD）

8. 顾某涉嫌诈骗罪被立案侦查，在第一次讯问时拒不认罪，侦查人员第二次讯问顾某时，采用殴打、威胁等方式获得顾某的有罪供述。此后的两次讯问中顾某均作出了与第二次相同的有罪供述。下列关于顾某供述的说法，正确的是：（2021仿真题，不定项）

A. 检察人员在审查起诉阶段讯问顾某时，告知顾某诉讼权利及认罪的法律后果，由此获得的与侦查阶段相同的有罪供述可作为定案根据

B. 庭前会议中，检察院可主动撤回侦查人员第二次讯问顾某所得的有罪供述

C. 庭前会议中，法院可排除第三、四次讯问所得供述

D. 法院在审判阶段排除侦查阶段的重复性有罪供述，应在判决书中写明理由

【考点】重复性供述、非法证据排除规则的程序

扫码听课

【解析】依据《关于办理刑事案件严格排除非法证据若干问题的规定》第5条规定："采用刑讯逼供方法使犯罪嫌疑人、被告人作出供述，之后犯罪嫌疑人、被告人受该刑讯逼供行为影响而作出的与该供述相同的重复性供述，应当一并排除，但下列情形除外：

（一）侦查期间，根据控告、举报或者自己发现等，侦查机关确认或者不能排除以非法方法收集证据而更换侦查人员，其他侦查人员再次讯问时告知诉讼权利和认罪的法律后果，犯罪嫌疑人自愿供述的；

（二）审查逮捕、审查起诉和审判期间，检察人员、审判人员讯问时告知诉讼权利和认罪的法律后果，犯罪嫌疑人、被告人自愿供述的。"由此可见，A项中的重复性供述符合该条第（二）项的规定，不需要排除，该项正确。

依据《关于办理刑事案件严格排除非法证据若干问题的规定》第25条第2款规定："人民检察院可以决定撤回有关证据。撤回的证据，没有新的理由，不得在庭审中出示。"故B项正确。

依据《关于办理刑事案件严格排除非法证据若干问题的规定》第25条第1款规定："被告人及其辩护人在开庭审理前申请排除非法证据，按照法律规定提供相关线索或者材料的，人民法院应当召开庭前会议。人民检察院应当通过出示有关证据材料等方式，有针对性地对证据收集的合法性作出说明。人民法院可以核实情况，听取意见。"由此可见，法院不得在庭前会议中排除非法证据，故C项错误。

依据《关于办理刑事案件严格排除非法证据若干问题的规定》第36条规定："人民法院对证据收集合法性的审查、调查结论，应当在裁判文书中写明，并说明理由。"故D项表述正确。

综上，本题的正确答案为A、B、D三项。

9. 下列哪一选项表明我国基本确立了自白任意性规则？（2012－2－28，单）

A. 侦查人员在讯问犯罪嫌疑人的时候，可以对讯问过程进行录音或者录像

B. 不得强迫任何人证实自己有罪

C. 逮捕后应当立即将被逮捕人送交看守所羁押

D. 不得以连续拘传的方式变相拘禁犯罪嫌疑人、被告人

【考点】自白任意性规则

【解析】自白任意规则，又称非任意自白排除规则，是指犯罪嫌疑人、被告人所作的任何供述都应当是出于自愿而非被强迫作出的，对于被强迫作出的自白不能作为定案根据的规则。实际上就是我国《刑事诉讼法》第52条中确立的"不被强迫自证其罪"。《刑诉解释》第123～125条和《高检规则》第66条均规定了非法言词证据的排除规则，指出严禁刑讯逼供和以暴力、威胁、非法限制人身自由等非法方法收集证据，不得强迫任何人证实自己有罪。可见，我国已经基本确立了自白任意规则。此外，A项说的是侦查程序中讯问时录音录像，C项说的是逮捕后立即送押，D项说的是禁止连续拘传。这些都可以视为保障自白任意性的手段，但不能直接表明我国确立了自白任意性规则。

综上所述，本题答案为B。

10. 关于补强证据，下列哪一说法是正确的？（2012－2－40，单）

A. 应当具有证据能力 　　B. 可以和被补强证据来源相同

C. 对整个待证事实有证明作用　　　D. 应当是物证或者书证

【考点】补强证据规则

【解析】A项，补强证据自身如果都没有证据能力，何谈对其他证据进行补强？A项正确。

B项，补强证据如果没有独立来源将不能起到补强作用。譬如，甲第一次供述称盗窃一万元，第二次供述称盗窃二万元，第三次供述称盗窃一万五千元。这三次供述根本无法相互补强。除非出现了被害人声称自己丢了一万元，被害人陈述即可对甲第一次供述进行补强。B项错误。

C项，补强证据的作用在于对孤证（主要是供述）进行补充或者强化证明力，不一定需要对整个待证事实有证明作用，C项错误。

D项，补强证据只要不和被补强的证据是同一来源或者派生关系即可，至于是什么证据种类没有限制。D项错误。

另外请同学们注意一下，被补强的证据必须是犯罪嫌疑人、被告人供述、证人证言、被害人陈述等言词证据，补强的证据则种类不限。意思是，如果用一项物证去补强一项书证是不适用补强证据规则的。

综上所述，本题答案为A。

11. 关于非法证据的排除，下列哪些说法是正确的？（2012-2-67，多）

A. 非法证据排除的程序，可以根据当事人等申请而启动，也可以由法庭依职权启动

B. 申请排除以非法方法收集的证据的，应当提供相关线索或者材料

C. 检察院应当对证据收集的合法性加以证明

D. 只有确认存在《刑事诉讼法》第54条（现第56条）规定的以非法方法收集证据情形时，才可以对有关证据应当予以排除

【考点】非法证据排除程序的启动及条件、证明责任、证明标准

【解析】A、B项，《刑事诉讼法》第58条第1款规定："法庭审理过程中，审判人员认为可能存在本法第56条规定的以非法方法收集证据情形的，应当对证据收集的合法性进行法庭调查。"这属于法院依职权启动非法证据的调查程序。《刑事诉讼法》第58条第2款还规定："当事人及其辩护人、诉讼代理人有权申请人民法院对以非法方法收集的证据依法予以排除。申请排除以非法方法收集的证据的，应当提供相关线索或者材料。"这属于法院根据申请启动非法证据的调查程序。可见，A项正确。此外，如果是依申请启动排除非法证据程序的，需要申请人提供相关线索或者材料，B项正确。

C项，《刑事诉讼法》第59条第1款规定："在对证据收集的合法性进行法庭调查的过程中，人民检察院应当对证据收集的合法性加以证明。"可见，检察院应当对证据收集的合法性加以证明，C项正确。

D项，《刑事诉讼法》第60条规定："对于经过法庭审理，确认或者不能排除存在本法第56条规定的以非法方法收集证据情形的，对有关证据应当予以排除。"可见，排除非法证据的证明标准有两个：（1）确认存在本法第56条规定的以非法方法收集证据情形；（2）不能排除存在本法第56条规定的以非法方法收集证据情形。"不能排除"的标准比"确认"的标准略低一些，目的是为了尽可能地排除非法证据，保障被告人合法权益。故，D项说"只有确认"，这一标准

太片面了，错误。

综上所述，本题答案为 A、B、C。

12. "证人猜测性、评论性、推断性的证言，不能作为证据使用"，系下列哪一证据规则的要求？（2011 - 2 - 26，单）

A. 传闻证据规则　　　　　　　　B. 意见证据规则

C. 补强证据规则　　　　　　　　D. 最佳证据规则

【考点】 证据规则

【解析】 刑事证据规则是规范证据的收集、审查、评价等诉讼证明活动的准则。大多数刑事证据规则都源于英美法系。刑事证据规则主要有：非法证据排除规则，自白任意性规则，传闻证据规则，最佳证据规则，意见证据规则，关联性规则，补强证据规则。

（1）关联性规则。顾名思义，关联性证据规则是指证据所要证明的内容必须要与案件事实有关联。

（2）传闻证据规则。传闻证据规则（Hearsay Rule），又称传闻法则、传闻规则、传闻证据排除规则。它是指证人所陈述的非亲身经历的事实，以及证人未出庭作证时向法庭提出的文件中的主张，原则上不能作为认定犯罪事实的根据。简言之，即传闻证据不具有可采性。传闻证据规则是排除一种证明手段的规则，不是排除事实的规则。

（3）最佳证据规则。该规则含义简单，仅针对书证，指的是在能向法庭出示书证原件的情况下就不能出示复印件、照片。因为复印件、照片的真实性无法和原件相比。

（4）意见证据规则。该规则指的是，证人在作证过程中，只能客观陈述自己的感知，而不能对自己感知的事实提出定性意见。譬如，证人说："我那天上午确实看见被告人进入被害人家里了，他们俩本来关系就不好，被害人肯定是被告人杀害的。"在证言中，"被告人进入被害人家里"和"被告人与被害人关系不好"属于证人的客观陈述，而"被害人肯定是被告人杀害的"则涉及定性，且证人又没有亲眼看到杀害过程，只是一种意见性推测。这种推测受到意见证据规则限制，不能作为证据使用。

（5）补强证据规则。补强证据规则指的是现有证据不足以对犯罪嫌疑人、被告人定罪，需要其他证据予以补充、佐证。在司法实践中，主要指不能仅凭口供定罪。

（6）自白任意性规则。自白任意性规则指的是犯罪嫌疑人、被告人所作的任何供述都应当是出于自愿而非被强迫作出的，对于被强迫作出的自白不能作为证据使用的规则。实际上就是我国《刑事诉讼法》第 52 条中确立的"不被强迫自证其罪"。

（7）非法证据排除规则。非法证据排除规则指的是对于通过非法手段获取的证据应当排除的规则。

本题中"证人猜测性、评论性、推断性的证言，不能作为证据使用"属于意见证据规则。

综上所述，本题答案为 B。

13. 张某涉嫌抢劫罪被甲公安机关立案侦查。在侦查阶段收集到以下证据，其中应当予以排除，不得作为定案依据的证据有哪些？（2018仿真题，多）

A. 侦查人员陈某与李某对张某采用强光持续照射眼睛的方式进行讯问获取了张某的供述，之后，二人再次对张某进行合法讯问，张某作出了与第一次供述相同的供述

B. 侦查人员在讯问时威胁张某，称若不如实供述，就将张某逃税漏税的事实向有关机关告发，张某遂作出了承认抢劫的供述

C. 侦查人员在凌晨抓获张某后对其连夜审讯至天亮而获得的张某的供述

D. 侦查人员对张某非法拘禁，张某因害怕而作出的有罪供述

【考点】非法言词证据的排除

【解析】2017年6月27日最高人民法院、最高人民检察院、公安部、国家安全部、司法部颁布了《关于办理刑事案件严格排除非法证据若干问题的规定》，该《规定》属于2018年新增法律法规，本题的考查体现了新增法律法规必有考题的规律。

A选项，《关于办理刑事案件严格排除非法证据若干问题的规定》第5条规定："采用刑讯逼供方法使犯罪嫌疑人、被告人作出供述，之后犯罪嫌疑人、被告人受该刑讯逼供行为影响而作出的与该供述相同的重复性供述，应当一并排除，但下列情形除外：（1）侦查期间，根据控告、举报或者自己发现等，侦查机关确认或者不能排除以非法方法收集证据而更换侦查人员，其他侦查人员再次讯问时告知诉讼权利和认罪的法律后果，犯罪嫌疑人自愿供述的；（2）审查逮捕、审查起诉和审判期间，检察人员、审判人员讯问时告知诉讼权利和认罪的法律后果，犯罪嫌疑人、被告人自愿供述的。"据此，A选项中张某的第二次供述属于重复性供述，因为其无法排除第一次的行为对犯罪嫌疑人造成的心理影响，应当予以排除，A选项正确。

B选项，《关于办理刑事案件严格排除非法证据若干问题的规定》第3条规定："采用以暴力或者严重损害本人及其近亲属合法权益等进行威胁的方法，使犯罪嫌疑人、被告人遭受难以忍受的痛苦而违背意愿作出的供述，应当予以排除。"B选项中虽然采取了威胁的方法，但该威胁是张某逃税漏税的非法事实，没有严重损害本人及其近亲属合法权益，故张某的供述不排除，B选项不正确。

C选项，《关于建立健全防范刑事冤假错案工作机制的意见》第8条规定："采用刑讯逼供或者冻、饿、晒、烤、疲劳审讯等非法方法收集的被告人供述，应当排除。除情况紧急必须现场讯问以外，在规定的办案场所外讯问取得的供述，未依法对讯问进行全程录音录像取得的供述，以及不能排除以非法方法取得的供述，应当排除。"据此，疲劳审讯收集的被告人供述应当排除，需要指出的是，从凌晨问到天亮就存在模糊界限，那只能按照最常规的方法去判断，一般凌晨是过了夜里十二点，天亮一般为六点左右，所以综合判断按照没有达到疲劳审讯的标准，所以C选项不正确。

D选项，《关于办理刑事案件严格排除非法证据若干问题的规定》第4条规定："采用非法拘禁等非法限制人身自由的方法收集的犯罪嫌疑人、被告人供述，应当予以排除。"据此，D选项正确。

综上所述，本题答案为A、D。

五、证据的审查判断

1. 某地发生一起以爆炸手段故意杀人致多人伤亡的案件。公安机关立案侦查后，王某被确定为犯罪嫌疑人。关于本案辨认，下列哪一选项是正确的？（2016－2－34，单）

A. 证人甲辨认制造爆炸物的工具时，混杂了另外 4 套同类工具

B. 证人乙辨认犯罪嫌疑人时未同步录音或录像，辨认笔录不得作为定案的依据

C. 证人丙辨认犯罪现场时没有见证人在场，辨认笔录不得作为定案的依据

D. 王某作为辨认人时，陪衬物不受数量的限制

【考点】辨认笔录的审查判断

【解析】A、D 项，《公安部规定》第 260 条规定，辨认时，应当将辨认对象混杂在特征相类似的其他对象中，不得在辨认前向辨认人展示辨认对象及其影像资料，不得给辨认人任何暗示。辨认犯罪嫌疑人时，被辨认的人数不得少于 7 人；对犯罪嫌疑人照片进行辨认的，不得少于 10 人的照片。辨认物品时，混杂的同类物品不得少于 5 件；对物品的照片进行辨认的，不得少于 10 个物品的照片。对场所、尸体等特定辨认对象进行辨认，或者辨认人能够准确描述物品独有特征的，陪衬物不受数量的限制。可见，辨认物品不少于 5 件。A 项中除了制造爆炸物的工具外，还有其他 4 套工具，一共 5 套，故数量合法。A 项正确。此外，辨认人的时候，应当不少于 7 人，D 项说王某作为辩护人时，陪衬物不受数量限制，错误。

B、C 项，《刑诉解释》第 105 条规定："辨认笔录具有下列情形之一的，不得作为定案的根据：（1）辨认不是在调查人员、侦查人员主持下进行的；（2）辨认前使辨认人见到辨认对象的；（3）辨认活动没有个别进行的；（4）辨认对象没有混杂在具有类似特征的其他对象中，或者供辨认的对象数量不符合规定的；（5）辨认中给辨认人明显暗示或者明显有指认嫌疑的；（6）违反有关规定，不能确定辨认笔录真实性的其他情形。"可见，B 项中有必要时要录音录像，C 项中有必要时要有见证人，均不属于不得作为定案根据的情形。B、C 项错误。

综上所述，本题答案为 A。

2. 关于网络犯罪案件证据的收集与审查，下列哪一选项是正确的？（2015－2－24，单）

A. 询问异地证人、被害人的，应由办案地公安机关通过远程网络视频等方式进行

B. 收集、提取电子数据，能够获取原始存储介质的应封存原始存储介质，并对相关活动录像

C. 远程提取电子数据的，应说明原因，并对相关活动录像

D. 对电子数据涉及的专门性问题难以确定的，可由公安部指定的机构出具检验报告

【考点】证人证言和被害人陈述的收集、电子数据的收集提取和审查判断

【解析】最高人民法院、最高人民检察院、公安部《关于办理网络犯罪案件适用刑事诉讼程序若干问题的意见》第 12 条第 1 款规定："询（讯）问异地证

人、被害人以及与案件有关联的犯罪嫌疑人的，可以由办案地公安机关通过远程网络视频等方式进行询（讯）问并制作笔录。"A项中的"应由"错误。

最高人民法院、最高人民检察院、公安部《关于办理网络犯罪案件适用刑事诉讼程序若干问题的意见》第14条规定："收集、提取电子数据，能够获取原始存储介质的，应当封存原始存储介质，并制作笔录，记录原始存储介质的封存状态，由侦查人员、原始存储介质持有人签名或者盖章；持有人无法签名或者拒绝签名的，应当在笔录中注明，由见证人签名或者盖章。有条件的，侦查人员应当对相关活动进行录像。"可见，不是全都要录像，是"有条件的"才录。B项错误。

最高人民法院、最高人民检察院、公安部《关于办理网络犯罪案件适用刑事诉讼程序若干问题的意见》第16条规定："……远程提取电子数据的，应当说明原因，有条件的，应当对相关活动进行录像。……"可见，不是全都要录像，是"有条件的"才录。C项错误。

最高人民法院、最高人民检察院、公安部《关于办理网络犯罪案件适用刑事诉讼程序若干问题的意见》第18条规定："对电子数据涉及的专门性问题难以确定的，由司法鉴定机构出具鉴定意见，或者由公安部指定的机构出具检验报告。"可见，D项正确。

综上所述，本题答案为D。

3. 关于辨认程序不符合有关规定，经补正或者作出合理解释后，辨认笔录可以作为证据使用的情形，下列哪一选项是正确的？（2012－2－27，单）

A. 辨认前使辨认人见到辨认对象的

B. 供辨认的对象数量不符合规定的

C. 案卷中只有辨认笔录，没有被辨认对象的照片、录像等资料，无法获悉辨认的真实情况的

D. 辨认活动没有个别进行的

【考点】辨认笔录的审查判断

【解析】《刑诉解释》第105条规定："辨认笔录具有下列情形之一的，不得作为定案的根据：（1）辨认不是在调查人员、侦查人员主持下进行的；（2）辨认前使辨认人见到辨认对象的；（3）辨认活动没有个别进行的；（4）辨认对象没有混杂在具有类似特征的其他对象中，或者供辨认的对象数量不符合规定的；（5）辨认中给辨认人明显暗示或者明显有指认嫌疑的；（6）违反有关规定，不能确定辨认笔录真实性的其他情形。"可见，A项属于上述第（2）项情形，错误。B项属于上述第（4）项情形，错误。D项属于上述第（3）项情形，错误。

C项的表述有些不够精确。一方面，C项的情形不属于《刑诉解释》第105条规定，"案卷中只有辨认笔录，没有被辨认对象的照片、录像等资料"属于瑕疵，应当允许补正或者作出合理解释。C项正确。但另一方面，根据上述第（6）项规定，"只有辨认笔录，没有被辨认对象的照片、录像等资料"即为"违反有关规定"，无法"确定辨认笔录真实性"即无法确认"辨认的真实情况"，从这个角度看，C项错误。可是，如果C项错误，本题将无正确答案。是故，本题C项表达上有点问题，但严格根据法条表述的话，还是选择C较为妥当。

综上所述，本题答案为C。

扫码听课

4. 关于证人证言的收集程序和方式存在瑕疵，经补正或者作出合理解释后，可以作为证据使用的情形，下列哪一选项是正确的？（2012－2－42，单）

A. 询问证人时没有个别进行的

B. 询问笔录反映出在同一时间内，同一询问人员询问不同证人的

C. 询问聋哑人时应当提供翻译而未提供的

D. 没有经证人核对确认并签名（盖章）、捺指印的

大咖点拨区

扫码听课

【考点】证人证言的审查判断

【解析】《刑诉解释》第 89 条规定："证人证言具有下列情形之一的，不得作为定案的根据：（1）询问证人没有个别进行的；（2）书面证言没有经证人核对确认的；（3）询问聋、哑人，应当提供通晓聋、哑手势的人员而未提供的；（4）询问不通晓当地通用语言、文字的证人，应当提供翻译人员而未提供的。"

《刑诉解释》第 90 条规定："证人证言的收集程序、方式有下列瑕疵，经补正或者作出合理解释的，可以采用；不能补正或者作出合理解释的，不得作为定案的根据：（1）询问笔录没有填写询问人、记录人、法定代理人姓名以及询问的起止时间、地点的；（2）询问地点不符合规定的；（3）询问笔录没有记录告知证人有关权利义务和法律责任的；（4）询问笔录反映出在同一时段，同一询问人员询问不同证人的；（5）询问未成年人，其法定代理人或者合适成年人不在场的。"

这其中，《刑诉解释》第 89 条规定证人证言不得作为定案根据的情形，只要证人证言存在该条中的程序违法情形，证人证言绝对地不能作为定案根据，也不存在补救措施。《刑诉解释》第 90 条规定证人证言瑕疵的情形。瑕疵，顾名思义，小毛病。如果一项证据仅仅出现瑕疵，一般允许侦查人员通过补正或者作出合理解释的方式使该证据具备可采性。当然，如果不能补正或者作出合理解释，该证据将不得作为定案根据。

本题中，A、C、D 属于不得作为定案根据的情形。B 项属于瑕疵证据，补正或者作出合理解释后，仍然可采。故 B 项正确，A、C、D 项错误。

综上所述，本题答案为 B。

5. 某幼儿园老师甲因 4 岁的小朋友小杨午休期间吵闹而用针扎了他。同是 4 岁的小刘目睹了小杨被针扎的过程。小刘放学后把小杨被老师针扎的事情告诉了自己妈妈。小刘妈妈随即报警。甲因涉嫌犯罪被公安机关立案侦查。关于本案，下列说法正确的是？（2018 仿真题，多）

扫码听课

A. 因小刘对所证事实具有辨别能力，符合其智力水平，其证言可以作为定案的依据

B. 4 岁的小杨作为被害人可以对犯罪嫌疑人甲进行辨认

C. 由于小杨的辨认笔录没有见证人的签名，该辨认笔录不能作为定案的依据

D. 小杨的母亲与案件有利害关系，其证言不可以作为定案的依据

【考点】证人证言、辨认笔录的审查判断

【解析】A 选项，《刑事诉讼法》第 62 条规定："凡是知道案件情况的人，都有作证的义务。生理上、精神上有缺陷或者年幼，不能辨别是非、不能正确表达的人，不能作证人。"据此，要排除一个年幼的人作证的资格，必须还得符合"不能辨别是非、不能正确表达"才行。在本案中，虽然 4 岁的小刘年幼，但其对所证事实具有辨别能力，符合其智力水平，因此可以作为证人，其证言可以作

为定案的依据。A选项正确。

B选项，《公安部规定》第258条规定："为了查明案情，在必要的时候，侦查人员可以让被害人、证人或者犯罪嫌疑人对与犯罪有关的物品、文件、尸体、场所或者犯罪嫌疑人进行辨认。"据此，不管年龄大小，只要是被害人，都是辨认的主体。B选项正确。

C选项，《关于办理死刑案件审查判断证据若干问题的规定》第30条第2款规定："有下列情形之一的，通过有关办案人员的补正或者作出合理解释的，辨认结果可以作为证据使用：（1）主持辨认的侦查人员少于2人的；（2）没有向辨认人详细询问辨认对象的具体特征的；（3）对辨认经过和结果没有制作专门的规范的辨认笔录，或者辨认笔录没有侦查人员、辨认人、见证人的签名或者盖章的；（4）辨认记录过于简单，只有结果没有过程的；（5）案卷中只有辨认笔录，没有被辨认对象的照片、录像等资料，无法获悉辨认的真实情况的。"根据该条第2款第（3）项，C选项错误。

D选项，《刑事诉讼法》第62条第1款规定："凡是知道案件情况的人，都有作证的义务。"据此，尽管小杨的母亲与案件有利害关系，但其也有作证的义务，其证言可以作为定案的根据，故D选项错误。

综上所述，本题答案为A、B。

6. 张甲涉嫌在火车上扒窃被立案侦查并提起公诉，王乙和陈丙在案发时与张甲处于同一车厢，两人在侦查阶段作为目击证人提供了证人证言。关于本案的处理，下列哪一选项是正确的？（2019仿真题，单）

A. 公安机关向法院提交的讯问笔录虽然没有经过被讯问人张甲核对签名确认，但是如果可以补正或作出合理解释，法院可以采纳作为定案依据

B. 辩护人柳丁向法院申请王乙出庭作证，法院告知柳丁应当说明其拟证明的案件事实

C. 在庭前会议中，控辩双方对于王乙的证言没有争议，在法庭调查阶段可以不再出示该证言

D. 在法庭审理中，陈丙无正当理由拒不出庭，法院以其在侦查阶段提供的证言作为定案依据，法院的做法不符合法律规定

【考点】讯问笔录、证人证言的审查判断、证人出庭的规定

【解析】A项，《刑事诉讼法》第122条："讯问笔录应当交犯罪嫌疑人核对，对于没有阅读能力的，应当向他宣读。如果记载有遗漏或者差错，犯罪嫌疑人可以提出补充或者改正。犯罪嫌疑人承认笔录没有错误后，应当签名或者盖章。……"因此，对于未经张甲核对并签名的笔录，不应当被采纳为定案依据。A项错误。

B项，《刑诉解释》第247条："控辩双方申请证人出庭作证，出示证据，应当说明证据的名称、来源和拟证明的事实。……"故此，法官要求柳某说明证人拟证明的事实是正确的。B项正确。

C项，《刑诉解释》第229条："庭前会议中，审判人员可以询问控辩双方对证据材料有无异议，对有异议的证据，应当在庭审时重点调查；无异议的，庭审时举证、质证可以简化。"因此，尽管控辩双方对王乙的证言没有争议，但仍应当出示并进行质证，只不过可以简化举证质证过程。C项错误。

D 项，《刑事诉讼法》第 192 条第 1 款："公诉人、当事人或者辩护人、诉讼代理人对证人证言有异议，且该证人证言对案件定罪量刑有重大影响，人民法院认为证人有必要出庭作证的，证人应当出庭作证。"我国刑诉法虽然规定了对有异议且法院认为有必要出庭作证的，证人应当出庭，但对证人未出庭，并未规定证人证言不可用作定案依据的法律后果。此外，《刑事诉讼法》第 61 条规定，"证人证言必须在法庭上经过公诉人、被害人和被告人、辩护人双方质证并且查实以后，才能作为定案的根据。"因此，陈某的证言若经过质证和查实，仍然可用作定案依据，法院的做法符合法律规定。D 项错误。

综上所述，本题答案为 B。

7. 赵某涉嫌抢劫案被立案侦查。侦查人员对此案组织了辨认。下列关于辨认程序不符合有关规定，经补正或者作出合理解释后，辨认笔录可以作为证据使用的情形，下列选项正确的是？（2020 仿真题，单）

A. 被害人张某在辨认前见到了辨认对象赵某

B. 侦查人员将赵某混杂在 5 名具有类似特征的人员中，由被害人张某进行辨认

C. 案卷中只有辨认笔录，没有被辨认对象的照片、录像等资料，无法获悉辨认的真实情况的

D. 侦查人员组织证人贾某与罗某同时对犯罪嫌疑人进行辨认

【考点】辨认笔录的审查判断

【解析】《刑诉解释》第 105 条规定："辨认笔录具有下列情形之一的，不得作为定案的根据：（1）辨认不是在调查人员、侦查人员主持下进行的；（2）辨认前使辨认人见到辨认对象的；（3）辨认活动没有个别进行的；（4）辨认对象没有混杂在具有类似特征的其他对象中，或者供辨认的对象数量不符合规定的；（5）辨认中给辨认人明显暗示或者明显有指认嫌疑的；（6）违反有关规定，不能确定辨认笔录真实性的其他情形。"A、D 选项分别属于该条文第（2）（3）项规定的情形，对该笔录应当直接排除，A、D 选项错误。

B 选项，根据《公安部规定》第 260 条第 2 款规定，辨认犯罪嫌疑人时，被辨认的人数不得少于 7 人，而 B 选项中被辨认的人数少于 7 人，属于《刑诉解释》第 105 条第（4）项规定的情形，对该笔录应当直接排除，B 选项错误。

C 选项，《关于办理死刑案件审查判断证据若干问题的规定》第 30 条第 2 款规定："有下列情形之一的，通过有关办案人员的补正或者作出合理解释的，辨认结果可以作为证据使用：（1）主持辨认的侦查人员少于 2 人的；（2）没有向辨认人详细询问辨认对象的具体特征的；（3）对辨认经过和结果没有制作专门的规范的辨认笔录，或者辨认笔录没有侦查人员、辨认人、见证人的签名或者盖章的；（4）辨认记录过于简单，只有结果没有过程的；（5）案卷中只有辨认笔录，没有被辨认对象的照片、录像等资料，无法获悉辨认的真实情况的。"C 选项属于该条文第（5）项规定的情形，经补正或合理解释后可以作为证据使用，C 选项正确。

综上所述，本题选择 C。

大咖点拨区

扫码听课

六、刑事诉讼证明

（一）证明对象

下列哪些选项属于刑事诉讼中的证明对象？（2016－2－69，多）

A. 行贿案中，被告人知晓其谋取的系不正当利益的事实

B. 盗窃案中，被告人的亲友代为退赃的事实

C. 强奸案中，用于鉴定的体液检材是否被污染的事实

D. 侵占案中，自诉人申请期间恢复而提出的其突遭车祸的事实，且被告人和法官均无异议

【考点】证明对象

【解析】刑事诉讼的证明对象指的是证明主体运用一定的证明方法所要证明的一切法律要件事实。《刑诉解释》第72条第1款规定："应当运用证据证明的案件事实包括：（1）被告人、被害人的身份；（2）被指控的犯罪是否存在；（3）被指控的犯罪是否为被告人所实施；（4）被告人有无刑事责任能力，有无罪过，实施犯罪的动机、目的；（5）实施犯罪的时间、地点、手段、后果以及案件起因等；（6）是否系共同犯罪或者犯罪事实存在关联，以及被告人在犯罪中的地位、作用；（7）被告人有无从重、从轻、减轻、免除处罚情节；（8）有关涉案财物处理的事实；（9）有关附带民事诉讼的事实；（10）有关管辖、回避、延期审理等的程序事实；（11）与定罪量刑有关的其他事实。"A项属于上述第（4）项规定的情形，属于证明对象。B项属于上述第（7）项规定的情形，属于证明对象。

C项，对证据材料的审查与判断被称为验证"证据事实"的过程，证据事实不是证明对象，而是证明手段。证明对象是指需要用证据证明的案件事实，而证据事实则是指证据本身的来源、构成等要素，在C项中，强奸案中用于鉴定的体液检材是否被污染的事实属于"证据事实"，而非证明对象。C项错误。

D项，证明对象需要与案件的定罪、量刑有关，突遭车祸的事实与侵占事实本身没有任何联系，不属于证明对象。另依据《高检规则》第401条第4项规定，在法庭审理中没有争议的程序法事实也无需证明，故D项错误。

综上所述，本题答案为A、B。

（二）刑事诉讼证明责任

1. 关于我国刑事诉讼的证明主体，下列哪些选项是正确的？（2017－2－70，多）

A. 故意毁坏财物案中的附带民事诉讼原告人是证明主体

B. 侵占案中提起反诉的被告人是证明主体

C. 妨害公务案中就执行职务时目击的犯罪情况出庭作证的警察是证明主体

D. 证明主体都是刑事诉讼主体

【考点】刑事证明的主体

【解析】附带民事诉讼本质上是一种特殊的民事诉讼，其诉讼程序和审判原则均适用民事诉讼法，因此在证明责任的分配上，附带民事诉讼也受"谁主张，谁举证"的规制。附带民事诉讼原告人对其民事赔偿请求所依据的事实应承担提出证据加以证实的责任，故A正确。

B选项中侵占案中提起反诉的被告人，此时由自诉的被告变成反诉中的反诉

人，对自己的积极主张是证明主体，故 B 正确。

　　C 选项妨害公务案中就执行职务时目击的犯罪情况出庭作证的警察此时的身份是普通证人，证人、鉴定人、翻译人等，由于他们与诉讼结果没有直接的利害关系，其参与刑事诉讼是为了协助国家专门机关和当事人充分有效地履行诉讼职能，或者是为了给诉讼各方提供证据资料或为诉讼顺利进行提供服务和帮助，他们在诉讼中既无自己的诉讼主张，也不承担证明不力时的不利诉讼后果，因而也都不属于证明主体。故 C 错误。

　　在我国刑事诉讼中，公诉机关和自诉人实际上处于原告一方，负有向法庭提出证据证明被告人有罪的责任，都是刑事诉讼主体，故 D 正确。

　　综上所述，本题答案为 A、B、D。

　　2. 关于《刑事诉讼法》规定的证明责任分担，下列哪一选项是正确的？(2016 - 2 - 30，单)

　　A. 公诉案件中检察院负有证明被告人有罪的责任，证明被告人无罪的责任由被告方承担

　　B. 自诉案件的证明责任分配依据"谁主张、谁举证"的法则确定

　　C. 巨额财产来源不明案中，被告人承担说服责任

　　D. 非法持有枪支案中，被告人负有提出证据的责任

　　【考点】 证明责任的分配

　　【解析】 根据司法部"四大本"教材中的观点："在我国，证明责任的承担主体首先是控诉机关和负有证明责任的当事人，即公诉案件中的公诉人和自诉案件中的自诉人，只有他们才应依照法定程序承担证明犯罪事实是否发生、犯罪嫌疑人或被告人有罪、无罪以及犯罪情节轻重的责任，这是证明责任理论中'谁主张、谁举证'的古老法则在刑事诉讼中的直接体现。此外，根据'否认者不负证明责任'的古老法则和现代无罪推定原则的要求，犯罪嫌疑人、被告人不负证明自己无罪的责任。这表明，从整体上看，刑事诉讼中的证明责任是一个专属于控方的概念。但是，在少数持有类的特定案件，如巨额财产来源不明案及非法持有属于国家绝密、机密文件、资料、物品罪中，犯罪嫌疑人、被告人也负有提出证据的责任。"

　　可见，A 项错在"证明被告人无罪的责任由被告方承担"，依据《刑事诉讼法》第 51 条：公诉案件中被告人有罪的举证责任由人民检察院承担，自诉案件被告人有罪的责任由自诉人承担，故 A 项错误。

　　B 项，依据《刑事诉讼法》第 51 条，自诉案件被告人有罪的责任由自诉人承担，被告人辩称自己无罪消极主张，无需承担证明责任，由此得知，B 项错误。

　　C 项，一般而言证明责任和说服责任统一，但在少数持有类的特定案件，犯罪嫌疑人、被告人只负有提出证据的责任，而不承担说服责任。C 项错误。

　　D 项，在少数持有类的特定案件，犯罪嫌疑人、被告人也负有提出证据的责任。正确。

　　综上所述，本题答案为 D。

3. 下列哪一主体承担了证明责任？（2019仿真题，单）

A. 侵占罪，被告人提交了被侵占的财产是属于自己占用的证据

B. 被告人出示了自己的牙被打掉的X光片证明自己被刑讯逼供

C. 公诉案件检察院出示证据证明被告人讯问的合法性（将被告人提押出所进行讯问）

D. 辩护人在辩护时出示证据证明案发时被告人在外地出差

【考点】证明责任的分配

【解析】依据《刑事诉讼法》第51条，公诉案件中被告人有罪的举证责任由人民检察院承担，自诉案件中被告人有罪的举证责任由自诉人承担。A项，自诉案件中的举证责任由自诉人承担，被告人不承担举证责任，无须证明自己是无罪的，所以虽然其可以提交证据但是并不意味着其承担了举证责任，责任说到底是一种风险，即当事实查不清的时候谁承担不利的风险，在自诉案件中应该是自诉人。

B项，依据《刑事诉讼法》第51条，公诉案件中被告人有罪的举证责任由人民检察院承担，自诉案件中被告人有罪的举证责任由自诉人承担。在公诉案件中被告人也不需要承担证明责任，所以其提供证据是其权利，但是并不改变承担证明责任的主体即检察院。而在D项中辩护人也代表的是辩方，切入点完全相同，其并非证明主体，不承担举证责任。

C项，依据《刑事诉讼法》第59条第1款，对证据收集的合法性进行法庭调查的过程中，人民检察院应当证据收集的合法性加以证明。所以C项正确。

综上所述，本题答案为C。

4. 证明责任也称举证责任，是诉讼法和证据法中的一项基本制度，是指人民检察院或某些当事人应当收集或提供证据证明应予认定的案件事实或有利于自己的主张的责任，否则将承担其主张不能成立的危险。下列法庭审理中的行为哪一项体现了刑事诉讼证明责任的承担？（2019仿真题，单）

A. 郑某因涉嫌侵占罪被起诉至法院，后其向法庭提供证据证明电脑原本就为自己所有

B. 任某抢劫一案中，辩护人提供了案发时被告人正在出差途中的证据

C. 申某故意杀人一案中，被告人指出自己被羁押后曾被带至看守所之外进行讯问，法院由此对被告人口供的合法性有所怀疑，检察院提供证据解释说明

D. 李某被指控犯绑架罪，被告人当庭要求排除之前的有罪供述，理由是曾被侦查人员打伤肋骨，同时提供了被羁押前就医时所拍的X光片

【考点】自行辩护、辩护人的职责、证明责任的分配、申请排除非法证据的初步责任

【解析】A项，郑某提供证据证明电脑为自己所有，属于被告人的自行辩护行为，而非证明责任的承担。A项错误。

B项，《刑事诉讼法》第37条："辩护人的责任是根据事实和法律，提出犯罪嫌疑人、被告人无罪、罪轻或者减轻、免除其刑事责任的材料和意见，维护犯罪嫌疑人、被告人的诉讼权利和其他合法权益。"辩护人举证以证明任某在案发时正在出差，是履行辩护职责的体现，而非证明责任的承担。B项错误。

C项，《刑事诉讼法》第59条第1款："在对证据收集的合法性进行法庭调查

的过程中，人民检察院应当对证据收集的合法性加以证明。"据此，检察院负有对证据收集合法性的证明责任，因此检察院对被告人口供合法性进行解释说明是承担证明责任的表现。C项正确。

D项，《刑事诉讼法》第58条第2款："当事人及其辩护人、诉讼代理人有权申请人民法院对以非法方法收集的证据依法予以排除。申请排除以非法方法收集的证据的，应当提供相关线索或者材料。"因此，李某作为申请人并不承担证明责任，提供X光片仅是对线索和资料的提供。D项错误。

综上所述，本题答案为C。

5. 下列关于监察机关调查案件的做法，正确的是？（2021仿真题，不定项）

A. 环保局在行政执法中询问笔录不能作为刑事诉讼中的证据使用

B. 检察院应对渎职行为造成环境损害承担举证责任

C. 检察院刑事检察部门可对监察机关的留置进行监督

D. 监察机关应告知被调查人在移送检察院后认罪认罚可从宽处理

【考点】行政证据向刑事证据的转化、证明责任、证明对象、检察院与监察机关的关系、认罪认罚从宽制度

【解析】依据《刑事诉讼法》第54条第2款规定："行政机关在行政执法和查办案件过程中收集的物证、书证、视听资料、电子数据等证据材料，在刑事诉讼中可以作为证据使用。"本题A项中的环保局制作的询问笔录不属于该条中的四种证据。不能作为刑事诉讼中的证据使用。该项正确。

因为渎职行为造成环境损害，属于渎职犯罪的构成要件，属于对其定罪的事实，检察院应当证明该要件事实。故B项正确。

依据《监察法》第4条第2款规定："监察机关办理职务违法和职务犯罪案件，应当与审判机关、检察机关、执法部门互相配合，互相制约。"可见，检察院不得对监察机关的留置进行监督。故C项不正确。

依据《监察法》第31条的规定，涉嫌职务犯罪的被调查人主动认罪认罚，具有法定情形之一的，监察机关经领导人员集体研究，并报上一级监察机关批准，可以在移送人民检察院时提出从宽处罚的建议。由此可见，监察机关调查期间，被调查人认罪认罚，即可适用认罪认罚从宽，而不是在移送检察院后才可适用认罪认罚从宽。故D项不正确。综上，本题的正确答案为A、B两项。

大咖点拨区

专题九　强制措施

一、强制措施的特点

关于强制措施的特点下列说法正确的是？（2019仿真题，多）

A. 犯罪嫌疑人的人身危险性变强，办案机关决定将取保候审变更为逮捕，体现了强制措施的可变更性

B. 刑诉法对各种强制措施的适用机关、适用条件、程序和时间都进行了严格的规定体现了强制措施适用的法定性

C. 具体适用五种强制措施里的哪一种体现了适用强制措施须遵循比例性

D. 强制措施会限制或剥夺他人的人身自由，体现了强制措施的惩罚性

扫码听课

【考点】 强制措施的特点

【解析】 刑事诉讼中的强制措施，是指公安机关、人民检察院和人民法院为了保证刑事诉讼的顺利进行，依法对刑事案件的犯罪嫌疑人、被告人的人身自由进行限制或者剥夺的各种强制性方法。我国刑诉法规定了五种强制措施，按照强制程度高低的顺序排列依次为拘传、取保候审、监视居住、拘留、逮捕。其中前三项是限制人身自由的强制措施，而后两项则是剥夺人身自由的强制措施。

而强制措施是一种预防性措施而非惩罚性措施，其目的是为了保障刑事诉讼的顺利进行，所以D项错误；ABC项正确，因为五种强制措施具体要适用哪一种需要综合考量案件情节的严重程度、人身危险性大小等；同时强制措施是随着案件的进展而随时会出现变更的，有可能从轻到重也有可能从重到轻，主要是围绕查明的案情及犯罪嫌疑人被告人的人身危险性适用的；刑诉法对各种强制措施的适用机关、适用条件、程序和时间都进行了严格的规定，其目的是严格控制强制措施的适用，防止滥用而侵犯人权，公安司法人员在适用时不得突破法律的规定，体现了其法定性。

综上所述，答案为A、B、C。

二、拘传、取保候审、监视居住

（一）拘传

关于拘传，下列哪些说法是正确的？（2012－2－66，多）

A. 对在现场发现的犯罪嫌疑人，经出示工作证件可以口头拘传，并在笔录中注明

B. 拘传持续的时间不得超过12小时

C. 案情特别重大、复杂，需要采取拘留、逮捕措施的，拘传持续的时间不得超过24小时

D. 对于被拘传的犯罪嫌疑人，可以连续讯问24小时

扫码听课

【考点】 拘传的内容

【解析】《刑事诉讼法》第 119 条规定：对不需要逮捕、拘留的犯罪嫌疑人，可以传唤到犯罪嫌疑人所在市、县内的指定地点或者到他的住处进行讯问，但是应当出示人民检察院或者公安机关的证明文件。对在现场发现的犯罪嫌疑人，经出示工作证件，可以口头传唤，但应当在讯问笔录中注明。传唤、拘传持续的时间不得超过 12 小时；案情特别重大、复杂，需要采取拘留、逮捕措施的，传唤、拘传持续的时间不得超过 24 小时。不得以连续传唤、拘传的形式变相拘禁犯罪嫌疑人。传唤、拘传犯罪嫌疑人，应当保证犯罪嫌疑人的饮食和必要的休息时间。本题中，A 项，对在现场发现的犯罪嫌疑人，经出示工作证件，可以口头"传唤"而非"拘传"，拘传不可以口头，必须持有拘传证或者拘传票。A 项错误。

B、C 项，传唤、拘传持续的时间不得超过 12 小时，需要采取拘留、逮捕措施的，传唤、拘传持续的时间不得超过 24 小时，B、C 项正确。

D 项，依据《刑诉解释》第 149 条，应当保证被拘传人的饮食和必要的休息时间，不得连续讯问 24 小时，连续审讯 24 小时属于变相的刑讯逼供，D 项错误。

综上所述，本题答案为 B、C。

（二）取保候审、监视居住

1. 甲与邻居乙发生冲突致乙轻伤，甲被刑事拘留期间，甲的父亲代为与乙达成和解，公安机关决定对甲取保候审。关于甲在取保候审期间应遵守的义务，下列哪一选项是正确的？（2016 - 2 - 31，单）

A. 将驾驶证件交执行机关保存

B. 不得与乙接触

C. 工作单位调动的，在 24 小时内报告执行机关

D. 未经公安机关批准，不得进入特定的娱乐场所

【考点】取保候审的义务

【解析】《刑事诉讼法》第 71 条规定：被取保候审的犯罪嫌疑人、被告人应当遵守以下规定：（1）未经执行机关批准不得离开所居住的市、县；（2）住址、工作单位和联系方式发生变动的，在 24 小时以内向执行机关报告；（3）在传讯的时候及时到案；（4）不得以任何形式干扰证人作证；（5）不得毁灭、伪造证据或者串供。人民法院、人民检察院和公安机关可以根据案件情况，责令被取保候审的犯罪嫌疑人、被告人遵守以下一项或者多项规定：（1）不得进入特定的场所；（2）不得与特定的人员会见或者通信；（3）不得从事特定的活动；（4）将护照等出入境证件、驾驶证件交执行机关保存。

被取保候审的犯罪嫌疑人、被告人违反前两款规定，已交纳保证金的，没收部分或者全部保证金，并且区别情形，责令犯罪嫌疑人、被告人具结悔过，重新交纳保证金、提出保证人，或者监视居住、予以逮捕。对违反取保候审规定，需要予以逮捕的，可以对犯罪嫌疑人、被告人先行拘留。可见，前 5 项属于被取保候审人应当遵守的义务，后 4 项属于被取保候审人酌定遵守的义务。本题中，A、B、D 都属于酌定遵守的义务，而 C 项属于应当遵守的义务，故 C 项正确。

综上所述，本题答案为 C。

大咖点拨区

扫码听课

2. 郭某涉嫌报复陷害申诉人蒋某，侦查机关因郭某可能毁灭证据将其拘留。在拘留期限即将届满时，因逮捕郭某的证据尚不充分，侦查机关责令其交纳 2 万元保证金取保候审。关于本案处理，下列哪一选项是正确的？（2015 - 2 - 27，单）

A. 取保候审由本案侦查机关执行

B. 如郭某表示无力全额交纳保证金，可降低保证金数额，同时责令其提出保证人

C. 可要求郭某在取保候审期间不得进入蒋某居住的小区

D 应要求郭某在取保候审期间不得变更住址

【考点】取保候审的适用、方式、义务

【解析】A 项，依据《刑事诉讼法》第 67 条，取保候审是公检法都可以决定，但是只能由公安机关执行。本案中，报复陷害罪侦查机关并非公安机关，A 项错误。

B 项，依据《刑事诉讼法》第 68 条，保证人与保证金只能择一，不可以同时适用，错误。

C 项，依据《刑事诉讼法》第 71 条第 2 款，人民法院、人民检察院和公安机关可以根据案件情况，责令被取保候审的犯罪嫌疑人、被告人遵守以下一项或者多项规定：（1）不得进入特定的场所；（2）不得与特定的人员会见或者通信；（3）不得从事特定的活动；（4）将护照等出入境证件、驾驶证件交执行机关保存。可见，可要求郭某在取保候审期间不得进入蒋某居住的小区，这属于"不得进入特定的场所"。C 项正确。

D 项，依据《刑事诉讼法》第 71 条第 1 款，被取保候审的犯罪嫌疑人、被告人应当遵守以下规定：（1）未经执行机关批准，不得离开所居住的市、县；（2）住址、工作单位和联系方式发生变动的，在 24 小时以内向执行机关报告；（3）在传讯的时候及时到案；（4）不得以任何形式干扰证人作证；（5）不得毁灭、伪造证据或者串供。可见，法律只是规定"住址、工作单位和联系方式发生变动的，在 24 小时以内向执行机关报告"，但没有规定应要求郭某在取保候审期间不得变更住址。D 项错误。

综上所述，本题答案为 C。

3. 未成年人郭某涉嫌犯罪被检察院批准逮捕。在审查起诉中，经羁押必要性审查，拟变更为取保候审并适用保证人保证。关于保证人，下列哪一选项是正确的？（2014 - 2 - 30，单）

A. 可由郭某的父亲担任保证人，并由其交纳 1000 元保证金

B. 可要求郭某的父亲和母亲同时担任保证人

C. 如果保证人协助郭某逃匿，应当依法追究保证人的刑事责任，并要求其承担相应的民事连带赔偿责任

D. 保证人未履行保证义务应处罚款的，由检察院决定

【考点】取保候审的方式

【解析】A、B 项，根据《高检规则》第 89 条的规定：人民检察院决定对犯罪嫌疑人取保候审，应当责令犯罪嫌疑人提出保证人或者交纳保证金。对同一犯罪嫌疑人决定取保候审，不得同时使用保证人保证和保证金保证方式。对符合取

保候审条件，具有下列情形之一的犯罪嫌疑人，人民检察院决定取保候审时，可以责令其提供1至2名保证人：（一）无力交纳保证金的；（二）系未成年人或者已满75周岁的人；（三）其他不宜收取保证金的。可知，A项表述错误，B项表述正确。

C、D项，根据《高检规则》第99条的规定："人民检察院发现保证人没有履行刑事诉讼法第70条规定的义务，应当通知公安机关，要求公安机关对保证人作出罚款决定。构成犯罪的，依法追究保证人的刑事责任。"由此得知，保证人不需要对民事赔偿承担责任，同时对保证人的罚款决定由执行机关即公安机关决定，因为只有执行机关才知道保证人是否履行了义务，以及违反义务的程度。故C、D项表述错误。

综上所述，本题正确答案为B。

4. 关于取保候审的程序限制，下列哪一选项是正确的？（2013－2－31，单）

A. 保证金应当由决定机关统一收取，存入指定银行的专门账户

B. 对于可能判处徒刑以上刑罚的，不得采取取保候审措施

C. 对同一犯罪嫌疑人不得同时使用保证金担保和保证人担保两种方式

D. 对违反取保候审规定，需要予以逮捕的，不得对犯罪嫌疑人、被告人先行拘留

大咖点拨区

扫码听课

【考点】取保候审的方式、义务

【解析】A项，《刑事诉讼法》第72条规定：取保候审的决定机关应当综合考虑保证诉讼活动正常进行的需要，被取保候审人的社会危险性，案件的性质、情节，可能判处刑罚的轻重，被取保候审人的经济状况等情况，确定保证金的数额。提供保证金的人应当将保证金存入执行机关指定银行的专门账户。

《刑诉解释》第153条规定：对决定取保候审的被告人使用保证金保证的，应当依照《刑事诉讼法》第72条第1款的规定确定保证金的具体数额，并责令被告人或者为其提供保证金的单位、个人将保证金一次性存入公安机关指定银行的专门账户。

由此可见，A项，保证金是由提供保证金的单位、个人将保证金存入公安机关指定的银行专门账户，而不是由决定机关统一收取后再存入指定账户的。A项错误。

B项，《刑事诉讼法》第67条规定：人民法院、人民检察院和公安机关对有下列情形之一的犯罪嫌疑人、被告人，可以取保候审：（1）可能判处管制、拘役或者独立适用附加刑的；（2）可能判处有期徒刑以上刑罚，采取取保候审不致发生社会危险性的；（3）患有严重疾病、生活不能自理，怀孕或者正在哺乳自己婴儿的妇女，采取取保候审不致发生社会危险性的；（4）羁押期限届满，案件尚未办结，需要采取取保候审的。取保候审由公安机关执行。根据上述第（2）项，对于判处有期徒刑的，采取取保候审不致发生社会危险性的，是可以取保候审的，故B项错误。

C项，《刑诉解释》第150条规定：被告人具有《刑事诉讼法》第67条第1款规定情形之一的，人民法院可以决定取保候审。对被告人决定取保候审的，应当责令其提出保证人或者交纳保证金，不得同时使用保证人保证与保证金保证。可见，C项正确。

D项，《刑事诉讼法》第71条第4款规定，对违反取保候审规定，需要予以逮捕的，可以对犯罪嫌疑人、被告人先行拘留。故，D项错误。

综上所述，本题答案为C。

5. 在符合逮捕条件时，对下列哪些人员可以适用监视居住措施？（2012－2－68，多）

A. 甲患有严重疾病、生活不能自理

B. 乙正在哺乳自己婴儿

C. 丙系生活不能自理的人的唯一扶养人

D. 丁系聋哑人

【考点】 监视居住的适用对象

【解析】《刑事诉讼法》第74条第1款规定：人民法院、人民检察院和公安机关对符合逮捕条件，有下列情形之一的犯罪嫌疑人、被告人，可以监视居住：（1）患有严重疾病、生活不能自理的；（2）怀孕或者正在哺乳自己婴儿的妇女；（3）系生活不能自理的人的唯一扶养人；（4）因为案件的特殊情况或者办理案件的需要，采取监视居住措施更为适宜的；（5）羁押期限届满，案件尚未办结，需要采取监视居住措施的。本题中，A项，属于上述第（1）项规定的情形，正确。B项，属于上述第（2）项规定的情形，正确。C项，属于上述第（3）项规定的情形，正确。D项，聋哑人不属于上述情形，D项错误。

综上所述，本题答案为A、B、C。

6. 谢某涉嫌暴力取证案被立案侦查。侦查期间被取保候审并适用保证金方式保证。关于本案取保候审的说法，正确的是？（2020仿真题，多）

A. 保证金的数额，应当由检察院综合考虑保证诉讼活动正常进行的需要等因素而确定

B. 保证金应当由检察院统一收取，存入指定银行的专门账户

C. 对谢某不能同时使用保证金担保和保证人担保两种方式

D. 对违反取保候审规定，需要予以逮捕的，应当对谢某先行拘留

【考点】 取保候审的方式、程序

【解析】《刑事诉讼法》第72条第1款规定："取保候审的决定机关应当综合考虑保证诉讼活动正常进行的需要，被取保候审人的社会危险性，案件的性质、情节，可能判处刑罚的轻重，被取保候审人的经济状况等情况，确定保证金的数额。"据此，A选项正确。

《刑事诉讼法》第72条第2款规定："提供保证金的人应当将保证金存入执行机关指定银行的专门账户。"可知，保证金应当由提供保证金的人直接存入指定银行的专门账户，而不能由检察院统一收取，B选项错误。

《刑事诉讼法》第68条规定："人民法院、人民检察院和公安机关决定对犯罪嫌疑人、被告人取保候审，应当责令犯罪嫌疑人、被告人提出保证人或者交纳保证金。"可见，提出保证人与交纳保证金之间是择一适用的关系，而不是同时适用的关系，C选项正确。

《刑事诉讼法》第71条第4款规定："对违反取保候审规定，需要予以逮捕的，可以对犯罪嫌疑人、被告人先行拘留。"可见，谢某违反取保候审规定，需要予以逮捕的，可以对其先行拘留，而不是应当先行拘留。D选项错误。

综上所述，本题答案为 A、C。

7. 陈某涉嫌贪污贿赂被监察委员会立案调查，在调查中对陈某采取了留置措施。监察委员会调查终结后将案件移送人民检察院审查起诉。关于人民检察院采取的强制措施，下列说法正确的是？（2020 仿真题，单）

A. 检察院应当对陈某先行拘留，并解除留置措施

B. 检察院应当在拘留陈某后的 10 日以内作出是否逮捕、取保候审或者监视居住的决定。在特殊情况下，决定的时间可以延长 1 日至 4 日。

C. 检察院决定采取强制措施的期间计入审查起诉期限

D. 取保候审期间，陈某如违反规定，需要对其予以逮捕的，应当对其先行拘留

【考点】强制措施

【解析】根据《刑事诉讼法》第 170 条第 2 款规定，对于监察机关移送起诉的已采取留置措施的案件，人民检察院应当对犯罪嫌疑人先行拘留，留置措施自动解除。A 选项，检察院对陈某先行拘留后留置措施自动解除，无需检察院进行解除，A 选项错误。

根据《刑事诉讼法》第 170 条第 2 款规定，人民检察院应当在拘留后的 10 日以内作出是否逮捕、取保候审或者监视居住的决定。在特殊情况下，决定的时间可以延长 1 日至 4 日。据此，B 选项正确。

根据《刑事诉讼法》第 170 条第 2 款规定，人民检察院决定采取强制措施的期间不计入审查起诉期限。据此，C 选项错误。

根据《刑事诉讼法》第 71 条第 4 款规定，对违反取保候审规定，需要予以逮捕的，可以对犯罪嫌疑人、被告人先行拘留。可知，如果陈某违反规定，需要对其予以逮捕的，可以对其先行拘留，而不是应当对其先行拘留，D 选项错误。

综上，本题选择 B。

（三）拘留

1. 章某涉嫌故意伤害致人死亡，因犯罪后企图逃跑被公安机关先行拘留。关于本案程序，下列哪一选项是正确的？（2015－2－28，单）

A. 拘留章某时，必须出示拘留证

B. 拘留章某后，应在 12 小时内将其送看守所羁押

C. 拘留后对章某的所有讯问都必须在看守所内进行

D. 因怀疑章某携带管制刀具，拘留时公安机关无需搜查证即可搜查其身体

【考点】拘留的程序

【解析】A 项，根据《公安部规定》第 125 条的规定："拘留犯罪嫌疑人，应当填写呈请拘留报告书，经县级以上公安机关负责人批准，制作拘留证。执行拘留时，必须出示拘留证，并责令被拘留人在拘留证上签名、捺指印，拒绝签名、捺指印的，侦查人员应当注明。紧急情况下，对于符合本规定第 124 条所列情形之一的，经出示人民警察证，可以将犯罪嫌疑人口头传唤至公安机关后立即审查，办理法律手续。"同时根据该规定第 124 条规定："公安机关对于现行犯或者重大嫌疑分子，有下列情形之一的，可以先行拘留：……（四）犯罪后企图自杀、逃跑或者在逃的；……"也就是说，原则上拘留应当出示拘留证，但是在先行拘留时，可以出示警察证，先拘留后补证件。本案中，章某属于犯罪后企图逃跑的，

可以在出示警察证后将其带至公安机关后立即审查，办理法律手续。故 A 项表述错误。

B 项，依据《刑事诉讼法》第 85 条第 2 款规定，拘留章某后，应立即送看守所，至迟不超过 24 小时。故 B 项表述错误。

C 项，根据《刑事诉讼法》第 118、119 条的规定可知，犯罪嫌疑人被送交看守所羁押以后，侦查人员对其进行讯问，应当在看守所内进行。对不需要逮捕、拘留的犯罪嫌疑人，可以传唤到犯罪嫌疑人所在市、县内的指定地点或者到他的住处进行讯问，但是应当出示人民检察院或者公安机关的证明文件。如果侦查机关选择先送往看守所，讯问的地点才只能在看守所进行。故 C 项表述错误。

D 项，根据《刑事诉讼法》第 138 条和《高检规则》第 205 条第 2 款的规定："在执行逮捕、拘留的时候，遇有下列紧急情况之一，不另用搜查证也可以进行搜查：（一）可能随身携带凶器的；……"可知，章某随身携带管制刀具属于可能随身携带凶器的情况，可不另用搜查证即可搜查其身体。故 D 项表述正确。

综上所述，本题答案为 D。

2. 甲涉嫌黑社会性质组织犯罪，10 月 5 日上午 10 时被刑事拘留。下列哪一处置是违法的？（2012 - 2 - 29，单）

A. 甲于当月 6 日上午 10 时前被送至看守所羁押

B. 甲涉嫌黑社会性质组织犯罪，因考虑通知家属有碍进一步侦查，决定暂不通知

C. 甲在当月 6 日被送至看守所之前，公安机关对其进行了讯问

D. 讯问后，发现甲依法需要逮捕，当月 8 日提请检察院审批

【考点】拘留的程序

【解析】A、B 项，《刑事诉讼法》第 85 条第 2 款规定：拘留后，应当立即将被拘留人送看守所羁押，至迟不得超过 24 小时。除无法通知或者涉嫌危害国家安全犯罪、恐怖活动犯罪通知可能有碍侦查的情形以外，应当在拘留后 24 小时以内，通知被拘留人的家属。有碍侦查的情形消失以后，应当立即通知被拘留人的家属。

可见，对于甲的拘留至迟不得超过 24 小时，同时，"黑社会性质组织犯罪"不属于排除通知的事由，所以 A 项正确，B 项错误。

C 项，《刑事诉讼法》第 86 条规定：公安机关对被拘留的人，应当在拘留后的 24 小时以内进行讯问。在发现不应当拘留的时候，必须立即释放，发给释放证明。

可见，公安机关在送看前对其进行讯问是合法的，C 项正确。

D 项，《刑事诉讼法》第 91 条第 1 款规定：公安机关对被拘留的人，认为需要逮捕的，应当在拘留后的 3 日以内，提请人民检察院审查批准。在特殊情况下，提请审查批准的时间可以延长 1 日至 4 日。可见，甲 10 月 5 日被拘留，10 月 8 日被提请批捕，不违反上述规定，D 项正确。

综上所述，本题答案为 B。

3. 严某从 A 区邮寄毒品给 B 区的李某，李某在 B 区与宋某交易时当场被抓获，下列关于本案的诉讼程序，说法正确的是？（2019 仿真题，多）

A. 拘留李某 4 天后通知了李某的家属

扫码听课

扫码听课

B．B 区公安机关应经过 A 区公安机关同意才能抓捕 A 区的严某

C．公安机关在拘留陈某时，没有搜查证也可对其住处进行搜查

D．公安机关查封陈某的唯一住所后，可以对其指定居所监视居住

【考点】拘留的程序、拘留后的变更

【解析】选项 A，根据《刑事诉讼法》第 85 条的规定，公安机关拘留人的时候，必须出示拘留证。拘留后，应当立即将被拘留人送看守所羁押，至迟不得超过 24 小时。除无法通知或涉嫌危害国家安全犯罪、恐怖活动犯罪通知可能有碍侦查的情形以外，应当在拘留后 24 小时以内，通知被拘留人的家属。有碍侦查情形消失以后，应当立即通知被拘留人的家属。可知，选项 A 错误。

选项 B，根据《刑事诉讼法》第 83 条的规定，公安机关在异地执行拘留、逮捕的时候，应当通知被拘留、逮捕人所在地的公安机关，被拘留、逮捕所在地的公安机关应当予以配合。无需取得同意，可知，选项 B 不正确。

选项 C，根据《刑事诉讼法》第 138 条的规定，进行搜查，必须向被搜查人出示搜查证。在执行拘留、逮捕的时候，遇有紧急情况，不另用搜查证也可以进行搜查。可知，对陈某执行拘留时，没有搜查证也可对其住处进行搜查，选项 C 正确。

选项 D，根据《刑事诉讼法》第 75 条第 1 款的规定，监视居住应当在犯罪嫌疑人、被告人的住处执行；无固定住处的，可以在指定的居所执行。对于涉嫌危害国家安全犯罪、恐怖活动犯罪，在住处执行可能有碍侦查的，经上一公安机关批准，也可以在指定的居所执行。但是，不得在羁押场所、专门的办案场所执行。本案由于陈某的唯一住所被侦查机关查封，因此，陈某无固定住处，可以在指定的居所执行监视居住。选项 D 正确。

综上所述，本题答案为 CD。

（四）逮捕

1．甲涉嫌盗窃罪被逮捕。在侦查阶段，甲父向检察院申请进行羁押必要性审查。关于羁押必要性审查的程序，下列哪一选项是正确的？（2017 - 2 - 27，单）

A．由检察院侦查监督部门负责

B．审查应不公开进行

C．检察院可向公安机关了解本案侦查取证的进展情况

D．如对甲父的申请决定不予立案的，应由检察长批准

【考点】羁押必要性审查

【解析】A 项，根据新修订的《高检规则》第 575 条第 1 款规定：负责捕诉的部门依法对侦查和审判阶段的羁押必要性进行审查。经审查认为不需要继续羁押的，应当建议公安机关或者人民法院释放犯罪嫌疑人、被告人或者变更强制措施。可知，由捕诉部门负责。故 A 项表述错误。

B 项，根据《人民检察院办理羁押必要性审查案件规定（试行）》第 5 条的规定："办理羁押必要性审查案件过程中，涉及国家秘密、商业秘密、个人隐私时，应当保密。"可知，检察院可以对羁押必要性案件进行公开审查，只有在涉及国家秘密、商业秘密、个人隐私时不公开审查，即检察院对羁押必要性案件以公开审查为原则，不公开审查为例外。本题是盗窃罪，不属于不公开审查的情况，故 B 项表述错误。

扫码听课

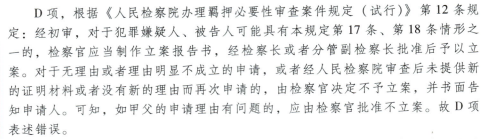

D项，根据《人民检察院办理羁押必要性审查案件规定（试行）》第12条规定：经初审，对于犯罪嫌疑人、被告人可能具有本规定第17条、第18条情形之一的，检察官应当制作立案报告书，经检察长或者分管副检察长批准后予以立案。对于无理由或者理由明显不成立的申请，或者经人民检察院审查后未提供新的证明材料或者没有新的理由而再次申请的，由检察官决定不予立案，并书面告知申请人。可知，如甲父的申请理由有问题的，应由检察官批准不立案。故D项表述错误。

依据《人民检察院办理羁押必要性审查案件规定（试行）》的第13条：人民检察院进行羁押必要性审查，可以采取以下方式：（一）审查犯罪嫌疑人、被告人不需要继续羁押的理由和证明材料；（二）听取犯罪嫌疑人、被告人及其法定代理人、辩护人的意见；（三）听取被害人及其法定代理人、诉讼代理人的意见，了解是否达成和解协议；（四）听取现阶段办案机关的意见；（五）听取侦查监督部门或者公诉部门的意见；（六）调查核实犯罪嫌疑人、被告人的身体状况；（七）其他方式。故知检察院有权通过上述方式向公安机关了解本案侦查取证的进展情况，所以C正确。

综上所述，本题答案为C。

2. 甲、乙二人涉嫌猥亵儿童，甲被批准逮捕，乙被取保候审。案件起诉到法院后，乙被法院决定逮捕。关于本案羁押必要性审查，下列哪一选项是正确的？（2016－2－32，单）

A. 在审查起诉阶段对甲进行审查，由检察院公诉部门办理

B. 对甲可进行公开审查并听取被害儿童法定代理人的意见

C. 检察院可依职权对乙进行审查

D. 经审查发现乙系从犯、具有悔罪表现且可能宣告缓刑，不予羁押不致发生社会危险性的，检察院应要求法院变更强制措施

【考点】羁押必要性审查

【解析】A项，根据新修订的《高检规则》第575条第1款规定：负责捕诉的部门依法对侦查和审判阶段的羁押必要性进行审查。经审查认为不需要继续羁押的，应当建议公安机关或者人民法院释放犯罪嫌疑人、被告人或者变更强制措施。可知，由捕诉部门负责。A项错误。

B项，《人民检察院办理羁押必要性审查案件规定（试行）》第14条第1款规定：人民检察院可以对羁押必要性审查案件进行公开审查。但是，涉及国家秘密、商业秘密、个人隐私的案件除外。本案属于强制猥亵案，涉及被害人个人隐私，因此不应当公开审查。B项错误。

C项，根据《刑事诉讼法》第95条的规定，犯罪嫌疑人、被告人被逮捕后，人民检察院仍应当对羁押的必要性进行审查。可知，乙在审判阶段被法院决定逮捕，检察院依据上述规定可以依职权对乙进行羁押的必要性审查。故C项表述正确。

D项，《人民检察院办理羁押必要性审查案件规定（试行）》第17条规定：经羁押必要性审查，发现犯罪嫌疑人、被告人具有下列情形之一的，应当向办案机关提出释放或者变更强制措施的建议：（1）案件证据发生重大变化，没有证据证明有犯罪事实或者犯罪行为系犯罪嫌疑人、被告人所为的；（2）案件事实或者

情节发生变化，犯罪嫌疑人、被告人可能被判处拘役、管制、独立适用附加刑、免予刑事处罚或者判决无罪的；（3）继续羁押犯罪嫌疑人、被告人，羁押期限将超过依法可能判处的刑期的；（4）案件事实基本查清，证据已经收集固定，符合取保候审或者监视居住条件的。

可见，检察院进行羁押必要性审查，如果认为犯罪嫌疑人、被告人不需要被继续羁押的，应当"建议"而非"要求"办案机关变更强制措施。D项错误。

综上所述，本题答案为C。

大咖点拨区

扫码听课

3. 王某涉嫌在多个市县连续组织淫秽表演，2014年9月15日被刑事拘留，随即聘请律师担任辩护人，10月17日被检察院批准逮捕，12月5日被移送检察院审查起诉。关于律师提请检察院进行羁押必要性审查，下列哪一选项是正确的？（2015-2-29，单）

A. 10月14日提出申请，检察院应受理

B. 11月18日提出申请，检察院应告知其先向侦查机关申请变更强制措施

C. 12月3日提出申请，由检察院承担监所检察工作的部门负责审查

D. 12月10日提出申请，由检察院公诉部门负责审查

【考点】羁押必要性审查

【解析】A项，《刑事诉讼法》第95条规定：犯罪嫌疑人、被告人被逮捕后，人民检察院仍应当对羁押的必要性进行审查。对不需要继续羁押的，应当建议予以释放或者变更强制措施。有关机关应当在10日以内将处理情况通知人民检察院。可见，羁押必要性审查的前提是"被逮捕后"，10月14日，王某还没有被逮捕，检察院不会受理羁押必要性审查的申请的。A项错误。

B项，中"检察院应告知其先向侦查机关申请变更强制措施"，并没有先向侦查机关申请变更强制措施为前提的规定。B项错误。

C、D项，根据新修订的《高检规则》第575条第1款规定：负责捕诉的部门依法对侦查和审判阶段的羁押必要性进行审查。经审查认为不需要继续羁押的，应当建议公安机关或者人民法院释放犯罪嫌疑人、被告人或者变更强制措施。可知，由捕诉部门负责审查。C、D项都错误。

综上所述，本题答案无解。

4. 关于犯罪嫌疑人的审前羁押，下列哪一选项是错误的？（2014-2-31，单）

A. 基于强制措施适用的必要性原则，应当尽量减少审前羁押

B. 审前羁押是临时性的状态，可根据案件进展和犯罪嫌疑人的个人情况予以变更

C. 经羁押必要性审查认为不需要继续羁押的，检察院应及时释放或变更为其他非羁押强制措施

D. 案件不能在法定办案期限内办结的，应当解除羁押

【考点】羁押必要性审查

扫码听课

【解析】A项，审前羁押是通过拘留或者逮捕的方式将犯罪嫌疑人关押于看守所，从而保证人身危险性较高的犯罪嫌疑人不致再危害社会并保证后续诉讼程序的顺利进行。审前羁押虽然是一种诉讼保障手段，不具有惩罚目的，但将犯罪嫌疑人羁押于看守所仍然会临时剥夺其人身自由，故对于人身危险性高的犯罪嫌

疑人应当进行审前羁押，而对于人身危险性较小的犯罪嫌疑人，可以采取取保候审等非羁押措施，减少审前羁押的适用。这充分体现了"具体问题具体分析"的必要性原则的要求。A项正确。

B项，审前羁押的另一重要原则为变更性原则，即任何强制措施，随着诉讼的进展和案情的变化要及时进行变更或者解除。如果犯罪嫌疑人的人身危险性增大，可以从非羁押措施变更为羁押措施，反之，如果犯罪嫌疑人的人身危险性降低，可以从羁押措施变更为非羁押措施。B项正确。

C项，《刑事诉讼法》第95条规定：犯罪嫌疑人、被告人被逮捕后，人民检察院仍应当对羁押的必要性进行审查。对不需要继续羁押的，应当建议予以释放或者变更强制措施。有关机关应当在10日以内将处理情况通知人民检察院。该条文是我国的捕后羁押必要性审查制度，要求检察院对于被逮捕的犯罪嫌疑人、被告人继续进行羁押必要性审查。需要注意的是，捕后羁押必要性审查制度体现了检察机关的法律监督职权，而法律监督职权应当属于建议权而非决定权，原因是，检察机关可以对公安机关、审判机关进行监督，同时，监督贯穿于立案、侦查、起诉、审判、执行各个阶段，如果监督权是决定权，检察机关就可以凭借监督权成为刑事诉讼活动中的独裁机关，这显然是不合理的。因此，C的错误在于"应当"及时释放，正确的表达应当是"建议"及时释放。C项错误。本题为选非题，C项当选。

D项，根据《刑诉解释》第170条的规定："被逮捕的被告人具有下列情形之一的，人民法院应当立即释放；必要时，可以依法变更强制措施：（一）第一审人民法院判决被告人无罪、不负刑事责任或者免予刑事处罚的；（二）第一审人民法院判处管制、宣告缓刑、单独适用附加刑，判决尚未发生法律效力的；（三）被告人被羁押的时间已到第一审人民法院对其判处的刑期期限的；（四）案件不能在法律规定的期限内审结的。"可知，对于案件不能在法定办案期限内办结的，应当解除羁押。故D项表述正确。

综上所述，本题为选非题，C项为正确答案。

5. 检察机关审查批准逮捕，下列哪些情形存在时应当讯问犯罪嫌疑人？（2013-2-67，多）

A. 犯罪嫌疑人的供述前后反复且与其他证据矛盾

B. 犯罪嫌疑人要求向检察机关当面陈述

C. 侦查机关拘留犯罪嫌疑人36小时以后将其送交看守所羁押

D. 犯罪嫌疑人是聋哑人

【考点】逮捕的批准与决定程序

【解析】《高检规则》第280条第1款规定：人民检察院办理审查逮捕案件，可以讯问犯罪嫌疑人；具有下列情形之一的，应当讯问犯罪嫌疑人：（1）对是否符合逮捕条件有疑问的；（2）犯罪嫌疑人要求向检察人员当面陈述的；（3）侦查活动可能有重大违法行为的；（4）案情重大、疑难、复杂的；（5）犯罪嫌疑人认罪认罚的；（6）犯罪嫌疑人系未成年人的；（7）犯罪嫌疑人是盲、聋、哑人或者是尚未完全丧失辨认或者控制自己行为能力的精神病人的。

本题中，A项，"犯罪嫌疑人的供述前后反复且与其他证据矛盾"，这可能导致无法证明存在犯罪事实，进而不符合逮捕条件。该情形属于上述第（1）项，

扫码听课

正确。

B项，"犯罪嫌疑人要求向检察机关当面陈述"，属于上述第（2）项情形，正确。

C项，《刑事诉讼法》第85条规定：公安机关拘留人的时候，必须出示拘留证。拘留后，应当立即将被拘留人送看守所羁押，至迟不得超过24小时。除无法通知或者涉嫌危害国家安全犯罪、恐怖活动犯罪通知可能有碍侦查的情形以外，应当在拘留后24小时以内，通知被拘留人的家属。有碍侦查的情形消失以后，应当立即通知被拘留人的家属。

可见，"侦查机关拘留犯罪嫌疑人36小时后将其送交看守所羁押"，属于上述第（3）项情形，C项正确。

D项，"犯罪嫌疑人是聋哑人"，属于上述第（7）项情形，正确。

综上所述，本题答案为A、B、C、D。

6. 检察院审查批准逮捕时，遇有下列哪一情形依法应当讯问犯罪嫌疑人？（2012－2－26，单）

A. 辩护律师提出要求的

B. 犯罪嫌疑人要求向检察人员当面陈述的

C. 犯罪嫌疑人要求会见律师的

D. 共同犯罪的

【考点】逮捕的批准与决定程序

【解析】《高检规则》第280条第1款规定："人民检察院办理审查逮捕案件，可以讯问犯罪嫌疑人；具有下列情形之一的，应当讯问犯罪嫌疑人：（1）对是否符合逮捕条件有疑问的；（2）犯罪嫌疑人要求向检察人员当面陈述的；（3）侦查活动可能有重大违法行为的；（4）案情重大、疑难、复杂的；（5）犯罪嫌疑人认罪认罚；（6）犯罪嫌疑人系未成年人的；（7）犯罪嫌疑人是盲、聋、哑人或者是尚未完全丧失辨认或者控制自己行为能力的精神病人的。"可见，根据该条第（2）项，犯罪嫌疑人要求向检察人员当面陈述的，依法应当讯问犯罪嫌疑人，B项正确。A、C、D所列均不是上述法条规定的检察院应当讯问犯罪嫌疑人的情形，A、C、D项错误。

综上所述，本题答案为B。

（五）强制措施的变更

1. 我国强制措施的适用应遵循变更性原则。下列哪些情形符合变更性原则的要求？（2017－2－71，多）

A. 拘传期间因在身边发现犯罪证据而直接予以拘留

B. 犯罪嫌疑人在取保候审期间被发现另有其他罪行，要求其相应地增加保证金的数额

C. 犯罪嫌疑人在取保候审期间违反规定后对其先行拘留

D. 犯罪嫌疑人被羁押的案件，不能在法律规定的侦查羁押期限内办结的，予以释放

【考点】强制措施的变更与解除

【解析】变更性原则是指强制措施的适用，需要随着诉讼的进展、犯罪嫌疑人、被告人及案件情况的变化而及时变更或解除，考生需要理解，强制措施是一

种保障性的手段而非惩罚性的手段，其是为了保障侦查、审查起诉、审判活动的顺利进行，所以随着案件的进展会出现变化，同时考生需要注意变更既包括从轻变重也包括从重变轻。

A项，根据《刑事诉讼法》第82条的规定："公安机关对于现行犯或者重大嫌疑分子，如果有下列情形之一的，可以先行拘留：……（三）在身边或者住处发现有犯罪证据的；……"因为案件出现了新的情况，强制措施从拘传升级到拘留，属于措施的变重符合变更性原则。所以，A项表述正确。

B项，根据《关于取保候审若干问题的规定》第12条：被取保候审人没有违反刑事诉讼法第56条的规定，但在取保候审期间涉嫌重新犯罪被司法机关立案侦查的，执行机关应当暂扣其交纳的保证金，待人民法院判决生效后，决定是否没收保证金。对故意重新犯罪的，应当没收保证金；对过失重新犯罪或者不构成犯罪的，应当退还保证金。可知并不涉及数额的加减，只涉及没收与否。而根据《高检规则》第101条的规定："犯罪嫌疑人有下列违反取保候审规定的行为，人民检察院应当对犯罪嫌疑人予以逮捕：（一）故意实施新的犯罪；……"所以，此项属于本身知识点表述错误。从变更的角度而言应该变更为逮捕，B项表述错误。

C项，犯罪嫌疑人在取保候审期间违反规定后需要予以逮捕的，可以对其先行拘留。所以从取保到拘留属于强制措施的升级符合变更性的要求，C项表述正确。

D项，根据《刑事诉讼法》第98条的规定："犯罪嫌疑人、被告人被羁押的案件，不能在本法规定的侦查羁押、审查起诉、一审、二审期限内办结的，对犯罪嫌疑人、被告人应当予以释放；需要继续查证、审理的，对犯罪嫌疑人、被告人可以取保候审或者监视居住。"依据《刑诉解释》第170条第1项规定："被逮捕的被告人具有下列情形之一的，人民法院应当立即释放；必要时，可以依法变更强制措施：（一）第一审人民法院判决被告人无罪、不负刑事责任或者免予刑事处罚的；（二）第一审人民法院判处管制、宣告缓刑、单独适用附加刑，判决尚未发生法律效力的；（三）被告人被羁押的时间已到第一审人民法院对其判处的刑期期限的；（四）案件不能在法律规定的期限内审结的。"所以从逮捕变更为非逮捕的情形符合变更原则的要求，D项表述正确。

综上所述，此题应选ACD。

2. 甲、乙涉嫌非法拘禁罪被取保候审。本案提起公诉后，法院认为对甲可继续适用取保候审，乙因有伪造证据的行为而应予逮捕。对于法院适用强制措施，下列哪些选项是正确的？（2017－2－72，多）

A. 对甲可变更为保证人保证

B. 决定逮捕之前可先行拘留乙

C. 逮捕乙后应在24小时内讯问

D. 逮捕乙后，同级检察院可主动启动对乙的羁押必要性审查

【考点】强制措施

【解析】根据《刑诉解释》第162条规定，人民检察院、公安机关已经对犯罪嫌疑人取保候审、监视居住，案件起诉至人民法院后，需要继续取保候审、监视居住或者变更强制措施的，人民法院应当在7日以内作出决定，并通知人民检

扫码听课

察院、公安机关。决定继续取保候审、监视居住的，应当重新办理手续，期限重新计算；继续使用保证金保证的，不再收取保证金。本案提起公诉后，法院认为对甲可继续适用取保候审，可以决定对甲适用取保候审，取保候审的担保方式有保证人和保证金担保两种，在法院对甲继续采取取保候审的情况下，决定取保的法院有权变更取保的担保方式，即对甲可变更为保证人保证，故 A 正确。

根据《刑事诉讼法》第 71 条第 4 款的规定，对违反取保候审规定，需要予以逮捕的，可以对犯罪嫌疑人、被告人先行拘留。即根据《刑事诉讼法》的相关规定只有公安机关和检察院才有刑事拘留权，而人民法院没有刑事拘留权，B 选项中法院无权对被告人采取拘留的强制措施，故 B 错误。据《刑事诉讼法》第 94 条的规定，人民法院、人民检察院对于各自决定逮捕的人，公安机关对于经人民检察院批准逮捕的人，都必须在逮捕后的 24 小时以内进行讯问。在发现不应当逮捕的时候，必须立即释放，发给释放证明。故 C 项表述正确。依据《人民检察院办理羁押必要性审查案件规定（试行）》第 11 条：刑事执行检察部门对本院批准逮捕和同级人民法院决定逮捕的犯罪嫌疑人、被告人，应当依职权对羁押必要性进行初审。故 D 正确。

综上所述，本题答案为 ACD。

3. 下列哪些情形，法院应当变更或解除强制措施？（2016 - 2 - 70，多）

A. 甲涉嫌绑架被逮捕，案件起诉至法院时发现怀有身孕

B. 乙涉嫌非法拘禁被逮捕，被法院判处有期徒刑 2 年，缓期 2 年执行，判决尚未发生法律效力

C. 丙涉嫌妨害公务被逮捕，在审理过程中突发严重疾病

D. 丁涉嫌故意伤害被逮捕，因对被害人伤情有异议而多次进行鉴定，致使该案无法在法律规定的一审期限内审结

【考点】强制措施的变更与解除

【解析】《刑诉解释》第 170 条规定："被逮捕的被告人具有下列情形之一的，人民法院应当立即释放；必要时，可以依法变更强制措施：（一）第一审人民法院判决被告人无罪、不负刑事责任或者免予刑事处罚的；（二）第一审人民法院判处管制、宣告缓刑、单独适用附加刑，判决尚未发生法律效力的；（三）被告人被羁押的时间已到第一审人民法院对其判处的刑期期限的；（四）案件不能在法律规定的期限内审结的。"可见，根据上述第（2）项，B 项正确。根据上述第（4）项，D 项正确。C 项不属于上述条文的规定，可以由法院视情况决定变更强制措施，故错误。

综上所述，本题应当选 B、D。

4. 赵某、钱某、孙某与李某四人共同抢劫被立案侦查。侦查期间，赵某和钱某被逮捕，孙某被监视居住，对李某未采取强制措施。案件起诉到法院后，法院判处赵某有期徒刑 5 年，钱某有期徒刑 2 年缓刑 3 年，孙某免予刑事处罚，李某无罪。一审判决下来之后，检察院对本案提起抗诉。法院对他们四人强制措施的变更，正确的是？（2018 仿真题，多）

A. 对赵某应当变更为取保候审　　B. 对钱某变更为取保候审或释放

C. 对孙某变更为取保候审或释放　D. 对李某应当予以释放

【考点】强制措施的变更与解除

【解析】《刑诉解释》第170条规定：被逮捕的被告人具有下列情形之一的，人民法院应当立即释放；必要时，可以依法变更强制措施：（一）第一审人民法院判决被告人无罪、不负刑事责任或者免予刑事处罚的；（二）第一审人民法院判处管制、宣告缓刑、单独适用附加刑，判决尚未发生法律效力的；（三）被告人被羁押的时间已到第一审人民法院对其判处的刑期期限的；（四）案件不能在法律规定的期限内审结的。本案中，赵某一审被判处有期徒刑5年，不属于"应当"变更强制措施的情形，故A选项错误。钱某被判处缓刑，法院应对其变更强制措施或释放，故B选项正确。孙某被判处免予刑事处罚，法院应当在宣判后立即释放，故C选项错误。李某被判无罪，法院应当在宣判后立即释放，故D选项正确。

综上，本题答案为B、D。

5. 公安机关接举报称本市张大明为牟取非法利益而贩卖毒品，后立案展开侦查，侦查过程中公安机关提请逮捕张大明并获检察院批准，最终张大明因涉嫌贩卖毒品罪被检察院提起公诉，但其始终辩称是被冤枉，声称侦查人员在其家中查获的毒品并非自己所有，而是被恶人栽赃陷害，一审法院经审理认为现有证据无法排除合理怀疑，遂判决宣告张大明无罪。检察机关认为一审判决确有错误向上一级法院提起抗诉，在二审开庭前检察院发现了关于毒品来源的关键证据，关于本案的处理，下列哪些选项是正确的？（2019仿真题，多）

A. 法院应当通知辩方查阅、摘抄或复制检察机关发现的新证据

B. 因二审开庭前本案出现新的关键性证据，二审法院审理后认为一审判决事实不清、证据不足的，应撤销原判、发回重审

C. 依据全面贯彻证据裁判规则的要求，本案中一审法院作出无罪判决并无不当

D. 张大明应于一审宣判后立即被释放，检察机关可对其另行适用取保候审的强制措施

【考点】强制措施的变更与解除、第二审程序的审理

【解析】A项，《刑诉解释》第395条："第二审期间，人民检察院或者被告人及其辩护人提交新证据的，人民法院应当及时通知对方查阅、摘抄或者复制。"本案中检察机关二审开庭前发现关于毒品来源的关键证据，应当通知辩方查阅、摘抄或复制，A项正确。

B项，《刑事诉讼法》第236条："第二审人民法院对不服第一审判决的上诉、抗诉案件，经过审理后，应当按照下列情形分别处理：……（三）原判决事实不清楚或者证据不足的，可以在查清事实后改判；也可以裁定撤销原判，发回原审人民法院重新审判。……"因此本案中二审法院可以在查清事实后改判；也可以裁定撤销原判，发回原审人民法院重新审判，而非应当撤销原判、发回重审。B项错误。

C项，证据裁判规则要求对于案件事实的认定，必须有相应的证据予以证明。没有证据或者证据不充分，不能认定案件事实。作为综合裁判所依据的证据，必须达到排除合理怀疑的证明标准，根据《刑事诉讼法》第55条："对一切案件的判处都要重证据，重调查研究，不轻信口供。只有被告人供述，没有其他证据的，不能认定被告人有罪和处以刑罚；没有被告人供述，证据确实、充分的，可

以认定被告人有罪和处以刑罚。证据确实、充分，应当符合以下条件：（一）定罪量刑的事实都有证据证明；（二）据以定案的证据均经法定程序查证属实；（三）综合全案证据，对所认定事实已排除合理怀疑。"据此，本案中一审法院经审理认为现有证据无法排除合理怀疑判决张大明无罪并无不当，C 项正确。

D 项，《刑事诉讼法》第 260 条："第一审人民法院判决被告人无罪、免除刑事处罚的，如果被告人在押，在宣判后应当立即释放。"本案中张大明已被宣判无罪，因此应当被立即释放，检察机关可以对其进行取保候审。D 项正确。

综上，本题答案为 A，C，D。

6. 张某因涉嫌受贿罪被 F 市监察委员会立案调查。在调查过程中，F 市监察委员会对张某采取了留置措施。案件调查终结后，F 市监察委员会将案件移送 F 市人民检察院审查起诉。下列关于本案的处理，说法正确的是？（2018 仿真题，多）

A. 由于 F 市监察委员会在调查过程中对张某采取了留置措施，案件移送人民检察院审查起诉后，人民检察院可以对张某采取刑事强制措施

B. F 市监察委员会在《监察法》生效前对张某留置 6 个月，在《监察法》生效后被调查人被判处有期徒刑 3 年。该留置的 6 个月折抵刑期 6 个月

C. 对于经过两次退回监察委员会补充调查的案件，F 市人民检察院在审查起诉中认为仍然事实不清，证据不足，直接作出不起诉的决定

D. F 市监察委员会认为人民检察院不起诉决定有错误的，有权向 F 市人民检察院提请复议

【考点】监察机关移送案件的强制措施

【解析】A 选项，《监察法》第 47 条第 1 款规定："对监察机关移送的案件，人民检察院依照《中华人民共和国刑事诉讼法》对被调查人采取强制措施。"《刑事诉讼法》第 170 条第 2 款规定："对于监察机关移送起诉的已采取留置措施的案件，人民检察院应当对犯罪嫌疑人先行拘留，留置措施自动解除。"

据此，对于监察委员会移送的案件，检察院根据刑事诉讼法的规定对被调查人采取刑事强制措施。A 选项正确。

B 选项，《监察法》第 44 条第 3 款规定："被留置人员涉嫌犯罪移送司法机关后，被依法判处管制、拘役和有期徒刑的，留置 1 日折抵管制 2 日，折抵拘役、有期徒刑 1 日。"据此，B 选项中被调查人被判处有期徒刑 3 年，留置 1 日折抵有期徒刑 1 日，B 选项正确。

C、D 选项，《监察法》第 47 条第 2、3、4 款规定：人民检察院经审查，认为犯罪事实已经查清，证据确实、充分，依法应当追究刑事责任的，应当作出起诉决定。人民检察院经审查，认为需要补充核实的，应当退回监察机关补充调查，必要时可以自行补充侦查。对于补充调查的案件，应当在 1 个月内补充调查完毕。补充调查以 2 次为限。人民检察院对于有《中华人民共和国刑事诉讼法》规定的不起诉的情形的，经上一级人民检察院批准，依法作出不起诉的决定。监察机关认为不起诉的决定有错误的，可以向上一级人民检察院提请复议。据此，F 市人民检察院作出不起诉决定，应当经上一级人民检察院批准，而不能直接作出不起诉决定，故 C 选项错误。同时，F 市监察委员会认为 F 市人民检察院不起诉决定有错误的，应当向 F 市人民检察院的上一级人民检察院提请复议，故 D 选项

错误。

综上，本题答案为 A、B。

7. 陈某涉嫌渎职犯罪，在监察机关对其留置期间认罪认罚，积极退赃。陈某没有委托辩护人，检察院通知法律援助机构为其指派值班律师提供法律帮助。下列关于该案的说法，正确的是？（2021 仿真题，不定项）

A. 检察院审查起诉时发现该案需要指定审判管辖的，应当协商同级法院办理指定管辖事宜

B. 监察机关移送检察院后，检察院可直接决定取保候审，留置自动解除

C. 陈某拒绝值班律师提供帮助的，法院应通知法律援助机构指派律师辩护

D. 监察机关在移送检察院时提出从宽处罚的建议，需经上一级监察机关批准

【考点】 指定管辖、留置与强制措施的衔接、值班律师和法律援助辩护、认罪认罚从宽制度

【解析】 依据《高检规则》第 329 条规定：监察机关移送起诉的案件，需要依照刑事诉讼法的规定指定审判管辖的，人民检察院应当在监察机关移送起诉 20 日前协商同级人民法院办理指定管辖有关事宜。故 A 项正确。

依据《刑事诉讼法》第 170 条第 2 款规定："对于监察机关移送起诉的已采取留置措施的案件，人民检察院应当对犯罪嫌疑人先行拘留，留置措施自动解除。……"因此，B 项的错误在于，对监察机关留置的案件，检察院应当先行拘留，而不是取保候审。

依据《法律援助法》第 25 条规定："刑事案件的犯罪嫌疑人、被告人属于下列人员之一，没有委托辩护人的，人民法院、人民检察院、公安机关应当通知法律援助机构指派律师担任辩护人：（一）未成年人；（二）视力、听力、言语残疾人；（三）不能完全辨认自己行为的成年人；（四）可能被判处无期徒刑、死刑的人；（五）申请法律援助的死刑复核案件被告人；（六）缺席审判案件的被告人；（七）法律法规规定的其他人员。其他适用普通程序审理的刑事案件，被告人没有委托辩护人的，人民法院可以通知法律援助机构指派律师担任辩护人。"本题中，陈某不属于应当法律援助的对象，其拒绝值班律师提供帮助的，法院不是应通知法律援助机构指派律师辩护，故 C 项错误。

依据《监察法》第 31 条规定："涉嫌职务犯罪的被调查人主动认罪认罚，有下列情形之一的，监察机关经领导人员集体研究，并报上一级监察机关批准，可以在移送人民检察院时提出从宽处罚的建议：（一）自动投案，真诚悔罪悔过的；（二）积极配合调查工作，如实供述监察机关还未掌握的违法犯罪行为的；（三）积极退赃，减少损失的；（四）具有重大立功表现或者案件涉及国家重大利益等情形的。"故 D 项表述正确。综上，本题的正确答案为 A、D 两项。

专题十　附带民事诉讼

一、刑事附带民事诉讼审理程序

1. 甲系某地交通运输管理所工作人员，在巡查执法时致一辆出租车发生重大交通事故，司机乙重伤，乘客丙当场死亡，出租车严重受损。甲以滥用职权罪被提起公诉。关于本案处理，下列哪一选项是正确的？（2017－2－28，单）

A. 乙可成为附带民事诉讼原告人

B. 交通运输管理所可成为附带民事诉讼被告人

C. 丙的妻子提起附带民事诉讼的，法院应裁定不予受理

D. 乙和丙的近亲属可与甲达成刑事和解

扫码听课

【考点】附带民事诉讼的成立条件、审理程序

【解析】此案中甲系某地交通运输管理所工作人员，且甲以滥用职权罪被提起公诉。依据《刑诉解释》第177条：国家机关工作人员在行使职权时，侵犯他人人身、财产权利构成犯罪，被害人或者其法定代理人、近亲属提起附带民事诉讼的，人民法院不予受理，但应当告知其可以依法申请国家赔偿。得知AB选项提起附带民事诉讼错误，C正确。D项，根据《刑事诉讼法》第288条第1款规定：下列公诉案件，犯罪嫌疑人、被告人真诚悔罪，通过向被害人赔偿损失、赔礼道歉等方式获得被害人谅解，被害人自愿和解的，双方当事人可以和解：（一）因民间纠纷引起，涉嫌刑法分则第四章、第五章规定的犯罪案件，可能判处3年有期徒刑以下刑罚的；（二）除渎职犯罪以外的可能判处7年有期徒刑以下刑罚的过失犯罪案件。本题中，甲以滥用职权罪被提起公诉。可知，本案不适用当事人和解的公诉案件诉讼程序。故D项表述错误。

综上所述，此题答案为C。

2. 法院可以受理被害人提起的下列哪一附带民事诉讼案件？（2015－2－30，单）

A. 抢夺案，要求被告人赔偿被夺走并变卖的手机

B. 寻衅滋事案，要求被告人赔偿所造成的物质损失

C. 虐待被监管人案，要求被告人赔偿因体罚虐待致身体损害所产生的医疗费

D. 非法搜查案，要求被告人赔偿因非法搜查所导致的物质损失

扫码听课

【考点】附带民事诉讼的成立条件

【解析】A项，提起附带民事诉讼，要求财物被犯罪分子"毁坏"而遭受物质损失。如果被告人非法占有、处置被害人财产的，应当依法予以追缴或者责令退赔。被害人提起附带民事诉讼的，人民法院不予受理。A项中的手机只是被抢夺和变卖，并没有毁坏，故提起附带民事诉讼，法院不会受理。A项错误。

B项，寻衅滋事罪是指肆意挑衅，随意殴打、骚扰他人或任意损毁、占用公私财物，或者在公共场所起哄闹事。严重破坏社会秩序的行为。可见，寻衅滋事

过程中，很可能造成他人人身权利的损害，对该物质损失（如医疗费），被害人提起附带民事诉讼的，法院可以受理。根据《刑事诉讼法》第101条第1款的规定，被害人由于被告人的犯罪行为而遭受物质损失的，在刑事诉讼过程中，有权提起附带民事诉讼。寻衅滋事造成的人身损害可以提起附带民事诉讼。B项正确。

C项，虐待被监管人案只能由负有监管职责的特殊主体实施，如果是由国家机关工作人员在行使职权时，侵犯他人人身、财产权利构成犯罪，被害人或者其法定代理人、近亲属提起附带民事诉讼的，人民法院不予受理，但应当告知其可以依法申请国家赔偿。C项错误。

D项，非法搜查的罪名干扰性极大，因为其主体既有可能是一般主体也有可能是特殊主体，如果是司法工作人员在行使职权时造成的损失应当走国赔，而一般主体实施则可以提附带民事诉讼。

综上所述，本题答案为B。

3. 韩某和苏某共同殴打他人，致被害人李某死亡、吴某轻伤，韩某还抢走吴某的手机。后韩某被抓获，苏某在逃。关于本案的附带民事诉讼，下列哪一选项是正确的？（2014－2－32，单）

A. 李某的父母和祖父母都有权提起附带民事诉讼

B. 韩某和苏某应一并列为附带民事诉讼的被告人

C. 吴某可通过附带民事诉讼要求韩某赔偿手机

D. 吴某在侦查阶段与韩某就民事赔偿达成调解协议并全部履行后又提起附带民事诉讼，法院不予受理

【考点】 附带民事诉讼的成立条件、审理程序

【解析】 A项，《刑事诉讼法》第101条第1款规定：被害人由于被告人的犯罪行为而遭受物质损失的，在刑事诉讼过程中，有权提起附带民事诉讼。被害人死亡或者丧失行为能力的，被害人的法定代理人、近亲属有权提起附带民事诉讼。本案中，被害人李某死亡，李某的父母有权提起附带民事诉讼，但李某的祖父母不属于法定代理人或者近亲属（刑事诉讼中的近亲属仅包括：夫妻、父母、子女、同胞兄弟姐妹），无权提起民事诉讼。A项错误。

B项，《刑诉解释》第183条规定：共同犯罪案件，同案犯在逃的，不应列为附带民事诉讼被告人。逃跑的同案犯到案后，被害人或者其法定代理人、近亲属可以对其提起附带民事诉讼，但已经从其他共同犯罪人处获得足额赔偿的除外。本案中，苏某在逃，不应列为附带民事诉讼被告人。B项错误。

C项，《刑诉解释》第176条规定：被告人非法占有、处置被害人财产的，应当依法予以追缴或者责令退赔。被害人提起附带民事诉讼的，人民法院不予受理。追缴、退赔的情况，可以作为量刑情节考虑。本案中，被抢走的手机并没有损坏，被害人只能通过追缴或者退赔的方式得到弥补，不能提起附带民事诉讼。C项错误。

D项，《刑诉解释》第185条规定：侦查、审查起诉期间，有权提起附带民事诉讼的人提出赔偿要求，经公安机关、人民检察院调解，当事人双方已经达成协议并全部履行，被害人或者其法定代理人、近亲属又提起附带民事诉讼的，人民法院不予受理，但有证据证明调解违反自愿、合法原则的除外。可见，D项正确。

综上所述，本题答案为D。

4. 王某被姜某打伤致残，在开庭审判前向法院提起附带民事诉讼，并提出财产保全的申请。法院对于该申请的处理，下列哪一选项是正确的？（2013 – 2 – 32，单）

A. 不予受理

B. 可以采取查封、扣押或者冻结被告人财产的措施

C. 只有在王某提供担保后，法院才予以财产保全

D. 移送财产所在地的法院采取保全措施

【考点】附带民事诉讼的财产保全

【解析】A 项，《刑事诉讼法》第 101 条规定：被害人由于被告人的犯罪行为而遭受物质损失的，在刑事诉讼过程中，有权提起附带民事诉讼。被害人死亡或者丧失行为能力的，被害人的法定代理人、近亲属有权提起附带民事诉讼。如果是国家财产、集体财产遭受损失的，人民检察院在提起公诉的时候，可以提起附带民事诉讼。

《刑诉解释》第 186 条规定：被害人或者其法定代理人、近亲属提起附带民事诉讼的，人民法院应当在 7 日以内决定是否受理。符合《刑事诉讼法》第 101 条以及本解释有关规定的，应当受理；不符合的，裁定不予受理。

本题中，王某被姜某打伤，在开庭审判前向法院提起诉讼，属于在刑事诉讼过程中，符合《刑事诉讼法》第 101 条的规定，法院应当受理。故 A 项错误。

B 项，《刑事诉讼法》第 102 条规定：人民法院在必要的时候，可以采取保全措施，查封、扣押或者冻结被告人的财产。附带民事诉讼原告人或者人民检察院可以申请人民法院采取保全措施。人民法院采取保全措施，适用民事诉讼法的有关规定。

可见，法院对于申请，"可以采取查封、扣押或者冻结被告人财产的措施"，B 项正确。

C 项，《刑诉解释》第 189 条规定：人民法院对可能因被告人的行为或者其他原因，使附带民事判决难以执行的案件，根据附带民事诉讼原告人的申请，可以裁定采取保全措施，查封、扣押或者冻结被告人的财产；附带民事诉讼原告人未提出申请的，必要时，人民法院也可以采取保全措施。有权提起附带民事诉讼的人因情况紧急，不立即申请保全将会使其合法权益受到难以弥补的损害的，可以在提起附带民事诉讼前，向被保全财产所在地、被申请人居住地或者对案件有管辖权的人民法院申请采取保全措施。申请人在人民法院受理刑事案件后 15 日以内未提起附带民事诉讼的，人民法院应当解除保全措施。人民法院采取保全措施，适用《民事诉讼法》第 101 条至第 105 条的有关规定，但《民事诉讼法》第 101 条第 3 款的规定除外。

可见，财产保全可以被区分为诉前财产保全和诉中财产保全，其中，诉中财产保全，法院是"可以"责令王某提供担保，并非只有王某提供担保后才予以财产保全。故 C 项错误。

D 项，根据上述《刑诉解释》第 189 条的规定，可知被保全财产所在地，被申请人居住地和案件有管辖权的法院均有权采取保全措施，并非需要移交财产所在地法院采取。故 D 项错误。

综上所述，本题答案为 B。

大咖点拨区

扫码听课

5. 张一、李二、王三因口角与赵四发生斗殴，赵四因伤势过重死亡。其中张一系未成年人，王三情节轻微未被起诉，李二在一审开庭前意外死亡。

（1）本案依法负有民事赔偿责任的人是：（2013-2-95，不定项）

A. 张一、李二　　　　　　　B. 张一父母、李二父母

C. 张一父母、王三　　　　　D. 张一父母、李二父母、王三

【考点】附带民事诉讼的成立条件

【解析】《刑诉解释》第180条规定：附带民事诉讼中依法负有赔偿责任的人包括：（1）刑事被告人以及未被追究刑事责任的其他共同侵害人；（2）刑事被告人的监护人；（3）死刑罪犯的遗产继承人；（4）共同犯罪案件中，案件审结前死亡的被告人的遗产继承人；（5）对被害人的物质损失依法应当承担赔偿责任的其他单位和个人。附带民事诉讼被告人的亲友自愿代为赔偿的，可以准许。

本题中，A项，张一是刑事被告人，属于负有民事赔偿的责任人。但李二在案件审结前已经死亡，不能成为负有民事赔偿的责任人，A项错误。

B项，张一的父母是"未成年被告人的监护人"，属于负有民事赔偿的责任人。李二的父母是"共同犯罪案件中，案件审结前死亡的被告人的遗产继承人"，属于负有民事赔偿的责任人。B项正确。

C项，王三未被起诉，是"未被追究刑事责任的其他共同侵害人"，属于负有民事赔偿的责任人。张一的父母是"未成年被告人的监护人"，属于负有民事赔偿的责任人。C项正确。

D项，融合了B、C项中的主体，正确。

理论上，该题应当选B、C、D。但官方答案给的是D，可以是因为D项表述的最全面。考生不用过于纠结，掌握好题目背后的知识点即可。

综上所述，本题答案为D。

（2）在一审过程中，如果发生附带民事诉讼原、被告当事人不到庭情形，法院的下列做法正确的是：（2013-2-96，不定项）

A. 赵四父母经传唤，无正当理由不到庭，法庭应当择期审理

B. 赵四父母到庭后未经法庭许可中途退庭，法庭应当按撤诉处理

C. 王三经传唤，无正当理由不到庭，法庭应当采取强制手段强制其到庭

D. 李二父母未经法庭许可中途退庭，就附带民事诉讼部分，法庭应当缺席判决

扫码听课

【考点】附带民事诉讼的审理程序

【解析】《刑诉解释》第195条第1、2款规定：附带民事诉讼原告人经传唤，无正当理由拒不到庭，或者未经法庭许可中途退庭的，应当按撤诉处理。刑事被告人以外的附带民事诉讼被告人经传唤，无正当理由拒不到庭，或者未经法庭许可中途退庭的，附带民事部分可以缺席判决。

A、B项，赵四父母经传唤，无正当理由不到庭，法庭"应当按撤诉处理"而不是择期审理。A项错误，B项正确。

C、D项，王三经传唤，无正当理由不到庭，法庭"可以缺席判决"，而不是采取强制手段强制其到庭，C项错误。李二父母未经法庭许可中途退庭，就附带民事诉讼部分，法庭"可以"而非"应当"缺席判决，D项错误。

综上所述，本题答案为B。

6. 关于附带民事诉讼案件诉讼程序中的保全措施，下列哪一说法是正确的？（2012-2-30，单）

A. 法院应当采取保全措施

B. 附带民事诉讼原告人和检察院都可以申请法院采取保全措施

C. 采取保全措施，不受《民事诉讼法》规定的限制

D. 财产保全的范围不限于犯罪嫌疑人、被告人的财产或与本案有关的财产

【考点】附带民事诉讼的财产保全

【解析】《刑事诉讼法》第102条规定：人民法院在必要的时候，可以采取保全措施，查封、扣押或者冻结被告人的财产。附带民事诉讼原告人或者人民检察院可以申请人民法院采取保全措施。人民法院采取保全措施，适用民事诉讼法的有关规定。

本题中，A项，附带民事诉讼中，法院是"可以"而非"应当"采取保全措施，A项错误。

B项，附带民事诉讼原告人和检察院都有权申请法院采取保全措施，B项正确。

C项，《刑事诉讼法》第102条规定，保全措施适用《民事诉讼法》的有关规定，C项错误。

D项，《刑事诉讼法》第102条还规定，人民法院在必要的时候，可以采取保全措施，查封、扣押或者冻结被告人的财产。附带民事诉讼原告人或者人民检察院可以申请人民法院采取保全措施。《民事诉讼法》第105条规定，保全限于请求的范围，或者与本案有关的财物。

可见，根据《刑事诉讼法》的规定，财产保全限于被告人的财产。法院可以采取查封、扣押、冻结手段，这些手段的实施需要遵守《民事诉讼法》的相关规定。《民事诉讼法》规定保全的财产应与本案有关。故D项错误。

综上所述，本题选B。

7. 在罗某放火案中，钱某、孙某和吴某3家房屋均被烧毁。一审时，钱某和孙某提起要求罗某赔偿损失的附带民事诉讼，吴某未主张。一审判决宣告后，吴某欲让罗某赔偿财产损失。下列哪一说法是正确的？（2011-2-28，单）

A. 吴某可另行提起附带民事诉讼

B. 吴某不得再提起附带民事诉讼，可在刑事判决生效后另行提起民事诉讼

C. 吴某可提出上诉，请求法院在二审程序中判令罗某予以赔偿

D. 吴某既可另行提起附带民事诉讼，也可单独提起民事诉讼

【考点】附带民事诉讼的提起

【解析】《刑诉解释》第198条规定：第一审期间未提起附带民事诉讼，在第二审期间提起的，第二审人民法院可以依法进行调解；调解不成的，告知当事人可以在刑事判决、裁定生效后另行提起民事诉讼。

《刑诉解释》第200条规定：被害人或者其法定代理人、近亲属在刑事诉讼过程中未提起附带民事诉讼，另行提起民事诉讼的，人民法院可以进行调解，或者根据本解释第192条第2款、第3款的规定作出判决。

可见，吴某不能再提起刑事附带民事诉讼，只能另行提起民事诉讼。故B项正确，A、C、D项错误。

综上所述，故本题答案为 B。

8. 张某因超速驾驶发生交通事故，不慎将行人 A 撞成重伤，且把 B 停放在路边的摩托车撞毁了。张某因害怕承担责任在肇事后逃逸。S 区公安局在张某哥哥的协助下将张某抓获归案。S 区检察院以交通肇事罪对张某提起公诉。关于本案，下列说法正确的是？（2018 仿真题，单）

A. 张某就民事赔偿问题与 A 没有达成和解，而与 B 达成了和解，法院应当对张某从轻处罚

B. B 只有向法院提起附带民事诉讼后，才能委托诉讼代理人

C. B 向法院提起附带民事诉讼后，张某与 B 达成和解，但张某不能即时履行全部赔偿义务，S 区法院应当制作附带民事和解书

D. 对张某哥哥协助公安机关抓获张某的行为，因为不是法定量刑情节，法院可不予以审理

【考点】附带民事诉讼的审理程序

【解析】A 选项，《刑诉解释》第 596 条规定："对达成和解协议的案件，人民法院应当对被告人从轻处罚；符合非监禁刑适用条件的，应当适用非监禁刑；判处法定最低刑仍然过重的，可以减轻处罚；综合全案认为犯罪情节轻微不需要判处刑罚的，可以免予刑事处罚。共同犯罪案件，部分被告人与被害人达成和解协议的，可以依法对该部分被告人从宽处罚，但应当注意全案的量刑平衡。"据此，只要被告人与被害人达成和解协议，不管是与部分被害人还是全部被害人达成和解协议，法院均应当对被告人从轻处罚，A 选项正确。

B 选项，《刑事诉讼法》第 46 条第 1 款规定："公诉案件的被害人及其法定代理人或者近亲属，附带民事诉讼的当事人及其法定代理人，自案件移送审查起诉之日起，有权委托诉讼代理人。自诉案件的自诉人及其法定代理人，附带民事诉讼的当事人及其法定代理人，有权随时委托诉讼代理人。"本案为公诉案件，作为被害人的 B，自案件移送审查起诉之日起，即有权委托诉讼代理人。故 B 选项错误。

C 选项，《刑诉解释》第 595 条规定，被害人或者其法定代理人、近亲属提起附带民事诉讼后，双方愿意和解，但被告人不能即时履行全部赔偿义务的，人民法院应当制作附带民事调解书。故 C 选项错误。

D 选项，《关于办理死刑案件审查判断证据若干问题的规定》第 36 条规定："在对被告人作出有罪认定后，人民法院认定被告人的量刑事实，除审查法定情节外，还应审查以下影响量刑的情节：（1）案件起因；（2）被害人有无过错及过错程度，是否对矛盾激化负有责任及责任大小；（3）被告人的近亲属是否协助抓获被告人；（4）被告人平时表现及有无悔罪态度；（5）被害人附带民事诉讼赔偿情况，被告人是否取得被害人或者被害人近亲属谅解；（6）其他影响量刑的情节。既有从轻、减轻处罚等情节，又有从重处罚等情节的，应当依法综合相关情节予以考虑。不能排除被告人具有从轻、减轻处罚等量刑情节的，判处死刑应当特别慎重。"据此，尽管张某哥哥协助抓获张某并非法定量刑情节，但属于酌定量刑情节，法院应当予以审理，故 D 选项错误。

综上，本题答案为 A。

9. 赵某（16 周岁，高中学生）在游乐园游玩时因琐事与李某（15 周岁，高中学生）发生争执，赵某殴打李某致其轻伤。李某向法院提起自诉，要求追究赵某的刑事责任。关于本案，说法错误的是？（2018 仿真题，单）

A. 法院受理李某的自诉案件后，李某自愿撤诉，2 个月后，李某又以同一事实对赵某提起自诉，法院应当受理

B. 赵某的父亲是一名律师，其可以同时担任赵某的辩护人

C. 李某的母亲可以为李某委托诉讼代理人

D. 法院在审理本案时，可以进行调解

【考点】 附带民事诉讼的提起和审理程序、辩护人的范围、诉讼代理人的范围

【解析】 A 选项，《刑诉解释》第 320 条第 2 款规定：具有下列情形之一的，应当说服自诉人撤回起诉；自诉人不撤回起诉的，裁定不予受理：（1）不属于本解释第 1 条规定的案件的；（2）缺乏罪证的；（3）犯罪已过追诉时效期限的；（4）被告人死亡的；（5）被告人下落不明的；（6）除因证据不足而撤诉的以外，自诉人撤诉后，就同一事实又告诉的；（7）经人民法院调解结案后，自诉人反悔，就同一事实再行告诉的。（8）属于本解释第 1 条第 2 项规定的案件，公安机关正在立案侦查或者人民检察院正在审查起诉的；（9）不服人民检察院对未成年犯罪嫌疑人作出的附条件不起诉决定或者附条件不起诉考验期满后作出的不起诉决定，向人民法院起诉的。根据上述规定中的（6），A 选项错误。

B 选项，《刑事诉讼法》第 33 条第 1 款规定：犯罪嫌疑人、被告人除自己行使辩护权以外，还可以委托 1 至 2 人作为辩护人。下列的人可以被委托为辩护人：（1）律师；（2）人民团体或者犯罪嫌疑人、被告人所在单位推荐的人；（3）犯罪嫌疑人、被告人的监护人、亲友。据此，赵某的父亲作为被告人的监护人，且具备律师身份，是可以担任赵某的辩护人的，B 选项正确。

C 选项，《刑事诉讼法》第 46 条第 1 款规定："公诉案件的被害人及其法定代理人或者近亲属，附带民事诉讼的当事人及其法定代理人，自案件移送审查起诉之日起，有权委托诉讼代理人。自诉案件的自诉人及其法定代理人，附带民事诉讼的当事人及其法定代理人，有权随时委托诉讼代理人。"本案中，李某是自诉人，其母亲作为法定代理人有权随时委托诉讼代理人，故 C 选项正确。

D 选项，《刑事诉讼法》第 212 条第 1 款规定：人民法院对自诉案件，可以进行调解；自诉人在宣告判决前，可以同被告人自行和解或者撤回自诉。本法第 210 条第 3 项规定的案件不适用调解。《刑事诉讼法》第 210 条规定：自诉案件包括下列案件：（1）告诉才处理的案件；（2）被害人有证据证明的轻微刑事案件；（3）被害人有证据证明对被告人侵犯自己人身、财产权利的行为应当依法追究刑事责任，而公安机关或者人民检察院不予追究被告人刑事责任的案件。据此，法院对于告诉才处理的案件和被害人有证据证明的轻微刑事案件可以进行调解。本案是故意伤害案（轻伤），属于被害人有证据证明的轻微刑事案件，故本案可以进行调解，D 选项正确。

综上，本题答案为 A。

大咖点拨区

扫码听课

10. 王某被姜某打伤致残，在开庭审判前向法院提起附带民事诉讼，关于本案的处理，说法正确的是？

A. 对于王某提出财产保全的申请，法院可以采取查封、扣押或者冻结被告人财产的措施

B. 经法院调解，调解达成协议的，应当制作调解书

C. 调解达成协议并即时履行完毕的，可以不制作调解书，但应当制作笔录

D. 应当结合被告人赔偿被害人物质损失的情况认定其悔罪表现，并在量刑时予以考虑。追缴、退赔的情况，应当作为量刑情节考虑

【考点】 附带民事诉讼的审理程序

【解析】 A选项，《刑诉解释》第189条规定，人民法院对可能因被告人的行为或者其他原因，使附带民事判决难以执行的案件，根据附带民事诉讼原告人的申请，可以裁定采取保全措施，查封、扣押或者冻结被告人的财产，A项正确。

B、C选项，《刑诉解释》第190条规定，人民法院审理附带民事诉讼案件，可以根据自愿、合法的原则进行调解。经调解达成协议的，应当制作调解书。调解书经双方当事人签收后即具有法律效力。调解达成协议并即时履行完毕的，可以不制作调解书，但应当制作笔录，经双方当事人、审判人员、书记员签名后即发生法律效力。B、C项正确。

D选项，《刑诉解释》第194条，审理刑事附带民事诉讼案件，人民法院应当结合被告人赔偿被害人物质损失的情况认定其悔罪表现，并在量刑时予以考虑。第176条规定，被告人非法占有、处置被害人财产的，应当依法予以追缴或者责令退赔。被害人提起附带民事诉讼的，人民法院不予受理。追缴、退赔的情况，可以作为量刑情节考虑。因此，对于追缴、退赔的情况，是"可以"而非"应当"作为量刑情节考虑，D选项错误。

综上所述，本题答案为A、B、C。

二、综合

1. 甲、乙殴打丙，致丙长期昏迷，乙在案发后潜逃，检察院以故意伤害罪对甲提起公诉。关于本案，下列哪些选项是正确的？（2016－2－71，多）

A. 丙的妻子、儿子和弟弟都可成为附带民事诉讼原告人

B. 甲、乙可作为附带民事诉讼共同被告人，对故意伤害丙造成的物质损失承担连带赔偿责任

C. 丙因昏迷无法继续履行与某公司签订的合同造成的财产损失不属于附带民事诉讼的赔偿范围

D. 如甲的朋友愿意代为赔偿，法院应准许并可作为酌定量刑情节考虑

【考点】 附带民事诉讼的成立条件、审理程序

【解析】 A项，《刑事诉讼法》第101条规定：被害人由于被告人的犯罪行为而遭受物质损失的，在刑事诉讼过程中，有权提起附带民事诉讼。被害人死亡或者丧失行为能力的，被害人的法定代理人、近亲属有权提起附带民事诉讼。

如果是国家财产、集体财产遭受损失的，人民检察院在提起公诉的时候，可以提起附带民事诉讼。可见，丙的妻子、儿子、弟弟属于被害人的近亲属，可以提起附带民事诉讼。A项正确。

B项，《刑诉解释》第183条规定：共同犯罪案件，同案犯在逃的，不应列为附带民事诉讼被告人。逃跑的同案犯到案后，被害人或者其法定代理人、近亲属可以对其提起附带民事诉讼，但已经从其他共同犯罪人处获得足额赔偿的除外。可见，乙在逃，不能被列为附带民事诉讼共同被告人，B项错误。

C项，《刑诉解释》第175条第1款规定：被害人因人身权利受到犯罪侵犯或者财物被犯罪分子毁坏而遭受物质损失的，有权在刑事诉讼过程中提起附带民事诉讼；被害人死亡或者丧失行为能力的，其法定代理人、近亲属有权提起附带民事诉讼。可见，物质损失必须是因犯罪侵犯直接造成。《刑诉解释》第192条第2款规定：犯罪行为造成被害人人身损害的，应当赔偿医疗费、护理费、交通费等为治疗和康复支付的合理费用，以及因误工减少的收入。造成被害人残疾的，还应当赔偿残疾生活辅助具费等费用；造成被害人死亡的，还应当赔偿丧葬费等费用。

本案中，丙被殴打产生的医疗费等费用属于因犯罪行为直接侵害造成的物质损失，而因被伤害继而导致的合同无法履行，不属于犯罪行为造成被害人人身损害的赔偿范围。C项正确。

D项，《刑诉解释》第180条第2款规定：附带民事诉讼被告人的亲友自愿代为赔偿的，可以准许。可见，D项错误，但2012年《刑诉解释》为"应当准许"，司法部给出答案为ACD，现答案应为AC。

综上所述，本题应当选A、C。

2. 一企业因破坏生态环境，损害社会公共利益的犯罪行为，某区人民检察院向某区人民法院提起公诉时对案件附带提起了公益诉讼，关于本案说法不符合法律规定的是？（2019仿真题，多）

A. 公益诉讼应当归中级人民法院管辖，所以区人民法院应当不予受理本案

B. 人民检察院对附带民事部分不服可以上诉

C. 不特定的消费者遭受损失的时候，法院应当判决被告人将损失赔偿给检察院

D. 被告人可以对附带公益诉讼提起反诉

【考点】　附带民事诉讼的提起条件、审理程序

【解析】　根据《关于检察公益诉讼案件适用法律若干问题的解释》第10条，人民检察院不服人民法院第一审判决、裁定的，可以向上一级法院提起上诉。本题的解题关键在于刑事附带民事的案件，检察院是以原告人的身份提起来的，所以即便对有关法律不是很熟悉也应该判定出B选项正确，因为只要是附带民事诉讼，附带民事案件的当事人双方就可以对一审的裁判结果提起上诉。根据《关于检察公益诉讼案件适用法律若干问题的解释》第4条，人民检察院以公益诉讼起诉人身份提起公益诉讼，依照民事诉讼法、行政诉讼法享有相应的诉讼权利，履行相应的诉讼义务，但法律、司法解释另有规定的除外。第20条第2款，人民检察院提起的刑事附带民事公益诉讼案件由审理刑事案件的人民法院管辖。可知，刑事案件的管辖权归区法院，因而区人民法院可以一并受理附带民事的公益诉讼。所以A项错误。根据此法第16条规定，人民检察院提起的民事公益诉讼案件中，被告以反诉方式提出诉讼请求的，人民法院不予受理。可知D项错误。C项错误，应当直接赔给遭受损失的消费者。

大咖点拨区

扫码听课

综上所述，本题答案是 ACD。

3. 司法工作人员甲涉嫌刑讯逼供被检察院立案侦查，检察院在侦查过程中发现甲在另一起案件的办理中涉嫌受贿和暴力取证，关于本案的处理，下列哪些选项是正确的？（2019 仿真题，多）

A. 对于甲涉嫌的刑讯逼供案，检察院可以根据需要采取技术侦查措施

B. 对于甲涉嫌的暴力取证案，检察院可以立案侦查

C. 对于甲涉嫌的受贿案，检察院与监察委员会沟通后，认为由检察院管辖更为适宜的，可以由检察院立案侦查

D. 在甲涉嫌的暴力取证案中，法院对于被害人提起的附带民事诉讼应当不予受理

【考点】附带民事诉讼的提起条件、技术侦查措施的适用范围、立案管辖

【解析】A 项，《高检规则》第 227 条："人民检察院在立案后，对于利用职权实施的严重侵犯公民人身权利的重大犯罪案件，经过严格的批准手续，可以采取技术侦查措施，交有关机关执行。"据此，本案中检察院根据需要可以对甲涉嫌的刑讯逼供案进行技术侦查措施。A 项正确。

B 项、C 项，《高检规则》第 13 条第 1 款："人民检察院在对诉讼活动实行法律监督中发现的司法工作人员利用职权实施的非法拘禁、刑讯逼供、非法搜查等侵犯公民权利、损害司法公正的犯罪，可以由人民检察院立案侦查。"本案中甲涉嫌暴力取证，已经侵犯公民权利、损害司法公正，因此检察院可以立案侦查。对于甲涉嫌受贿案，《监察法》第 11 条："监察委员会依照本法和有关法律规定履行监督、调查、处置职责：（一）对公职人员开展廉政教育，对其依法履职、秉公用权、廉洁从政从业以及道德操守情况进行监督检查；（二）对涉嫌贪污贿赂、滥用职权、玩忽职守、权力寻租、利益输送、徇私舞弊以及浪费国家资财等职务违法和职务犯罪进行调查；（三）对违法的公职人员依法作出政务处分决定；对履行职责不力、失职失责的领导人员进行问责；对涉嫌职务犯罪的，将调查结果移送人民检察院依法审查、提起公诉；向监察对象所在单位提出监察建议。"据此甲受贿案不属于检察院管辖案件范围。B 项正确，C 项错误。

D 项，《刑诉解释》第 177 条："国家机关工作人员在行使职权时，侵犯他人人身、财产权利构成犯罪，被害人或者其法定代理人、近亲属提起附带民事诉讼的，人民法院不予受理，但应当告知其可以依法申请国家赔偿。"本案中，甲作为司法工作人员，属于国家机关工作人员。对其行使职权时侵犯的受害人提起的附带民事诉讼，法院应当不予受理，但应当告知其可以依法申请国家赔偿。D 项错误。

综上本题答案为 A，B。

4. 甲于 2018 年 3 月份生产、销售了一批不符合食品安全标准的膨化零食，在市场流通后多人因食用而出现不适症状，于是检察院以甲涉嫌生产、销售不符合安全标准的食品罪向法院提起公诉，另外检察院认为甲的行为致多人出现健康问题，损害了不特定消费者的生命健康权，在提起公诉的同时提起附带民事公益诉讼，关于本案的处理，下列选项正确的是？（2019 仿真题，多）

A. 本案应由中级法院管辖，因其涉及公益诉讼

B. 检察院可以就附带民事公益诉讼判决提起上诉

C. 检察院可以在提起附带民事公益诉讼的同时，要求甲通过公开媒体向社会公众赔礼道歉

D. 法院对甲判处罚金的同时要求甲向检察院交付赔偿款，法院的做法符合法律规定

【考点】附带民事诉讼的提起条件、审理程序

【解析】A 项，《刑事诉讼法》第 21 条："中级人民法院管辖下列第一审刑事案件：（一）危害国家安全、恐怖活动案件；（二）可能判处无期徒刑、死刑的案件。"据此本案刑事部分由基层人民法院管辖，又根据《关于检察公益诉讼案件适用法律若干问题的解释》第 20 条规定："人民检察院对破坏生态环境和资源保护，食品药品安全领域侵害众多消费者合法权益，侵害英雄烈士等的姓名、肖像、名誉、荣誉等损害社会公共利益的犯罪行为提起刑事公诉时，可以向人民法院一并提起附带民事公益诉讼，由人民法院同一审判组织审理。人民检察院提起的刑事附带民事公益诉讼案件由审理刑事案件的人民法院管辖。"因此，本案应当由基层人民法院管辖，而非中级法院。A 项错误。

B 项，《关于检察公益诉讼案件适用法律若干问题的解释》第 10 条："人民检察院不服人民法院第一审判决、裁定的，可以向上一级人民法院提起上诉。"据此，检察院可以就附带民事公益诉讼判决提出上诉。B 项正确。

C 项，《民法典》第 179 条："承担民事责任的方式主要有：（一）停止侵害；（二）排除妨碍；（三）消除危险；（四）返还财产；（五）恢复原状；（六）修理、重作、更换；（七）继续履行；（八）赔偿损失；（九）支付违约金；（十）消除影响、恢复名誉；（十一）赔礼道歉。法律规定惩罚性赔偿的，依照其规定。本条规定的承担民事责任的方式，可以单独适用，也可以合并适用。"据此，检察院可以在提起附带民事公益诉讼的同时，要求甲通过公开媒体向社会公众赔礼道歉。C 项正确。

D 项，《刑诉解释》第 193 条："人民检察院提起附带民事诉讼的，人民法院经审理，认为附带民事诉讼被告人依法应当承担赔偿责任的，应当判令附带民事诉讼被告人直接向遭受损失的单位作出赔偿；遭受损失的单位已经终止，有权利义务继受人的，应当判令其向继受人作出赔偿；没有权利义务继受人的，应当判令其向人民检察院交付赔偿款，由人民检察院上缴国库。"据此，法院的做法符合法律规定。D 项正确。

综上本题选择 B，C，D。

大咖点拨区

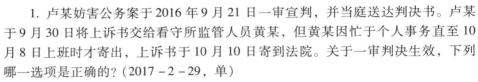

专题十一 期间、送达

一、期间

1. 卢某妨害公务案于 2016 年 9 月 21 日一审宣判，并当庭送达判决书。卢某于 9 月 30 日将上诉书交给看守所监管人员黄某，但黄某因忙于个人事务直至 10 月 8 日上班时才寄出，上诉书于 10 月 10 日寄到法院。关于一审判决生效，下列哪一选项是正确的？（2017 - 2 - 29，单）

A. 一审判决于 9 月 30 日生效

B. 因黄某耽误上诉期间，卢某将上诉书交予黄某时，上诉期间中止

C. 因黄某过失耽误上诉期间，卢某可申请期间恢复

D. 上诉书寄到法院时一审判决尚未生效

【考点】 期间的计算、恢复、重新计算和不计入办案期限

【解析】 依据《刑事诉讼法》第 105 条：期间以时、日、月计算。期间开始的时和日不算在期间以内。法定期间不包括路途上的时间。上诉状或者其他文件在期满前已经交邮的，不算过期。

期间的最后一日为节假日的，以节假日后的第一日为期满日期，但犯罪嫌疑人、被告人或者罪犯在押期间，应当至期满之日为止，不得因节假日而延长。卢某妨害公务案于 2016 年 9 月 21 日一审宣判，从宣判第二天起算 10 日生效，即 10 月 1 日生效，所以 A 错。众所周知，10 月 1 日国庆长假，即判决生效日为节假日的，以节假日后的第一日为期满日期，黄某因忙于个人事务直至 10 月 8 日上班时才寄出，是在期满前已经交邮的，不算过期，上诉书于 10 月 10 日寄到法院，10 月 8～10 日算路途上的时间。一审判决尚未生效，基于此，D 正确，B 错误。

依据《刑事诉讼法》第 106 条：当事人由于不能抗拒的原因或者有其他正当理由而耽误期限的，在障碍消除后 5 日以内，可以申请继续进行应当在期满以前完成的诉讼活动。前款申请是否准许，由人民法院裁定。从此法条看，对于当事人卢某归咎于不能抗拒的原因或者有其他正当理由而耽误期限的可以申请期间恢复，但此题是黄某过失耽误上诉期间，黄某又不是当事人，所以 C 错。

综上所述，本题正确答案为 D。

2. 关于办案期限重新计算的说法，下列哪一选项是正确的？（2015 - 2 - 31，单）

A. 甲盗窃汽车案，在侦查过程中发现其还涉嫌盗窃 1 辆普通自行车，重新计算侦查羁押期限

B. 乙受贿案，检察院审查起诉时发现一笔受贿款项证据不足，退回补充侦查后再次移送审查起诉时，重新计算审查起诉期限

C. 丙聚众斗殴案，在处理完丙提出的有关检察院书记员应当回避的申请后，重新计算一审审理期限

D. 丁贩卖毒品案，二审法院决定开庭审理并通知同级检察院阅卷，检察院阅卷结束后，重新计算二审审理期限

【考点】期间的恢复、重新计算和不计入办案期限

【解析】A项，在侦查期间，发现犯罪嫌疑人另有重要罪行的，自发现之日起重新计算侦查羁押期限。"另有重要罪行"是指：（1）与逮捕时的罪行不同种的重大犯罪。（2）同种的影响罪名认定、量刑档次的重大犯罪。A中，在侦查过程中发现其还涉嫌盗窃1辆普通自行车，这不属于另有重要罪行，故无需重新计算侦查羁押期限。A项错误。

B项，人民检察院审查案件，对于需要补充侦查的，可以退回公安机关补充侦查，也可以自行侦查。补充侦查完毕移送人民检察院后，人民检察院重新计算审查起诉期限。B项正确。

C项，如果当事人及其法定代理人申请出庭的检察人员回避的，人民法院应当决定休庭，并通知人民检察院。休庭的时间需要计入审限，不会导致一审审限重新计算，C项错误。

D项，《刑事诉讼法》第235条规定，人民检察院提出抗诉的案件或者第二审人民法院开庭审理的公诉案件，同级人民检察院都应当派员出席法庭。第二审人民法院应当在决定开庭审理后及时通知人民检察院查阅案卷。人民检察院应当在1个月以内查阅完毕。人民检察院查阅案卷的时间不计入审理期限。可见，没有"检察院阅卷结束后，重新计算二审审理期限"的规定。D项错误。

综上所述，本题答案为B。

3. 关于期间的计算，下列哪一选项是正确的？（2014-2-33，单）

A. 重新计算期限包括公检法的办案期限和当事人行使诉讼权利的期限两种情况

B. 上诉状或其他法律文书在期满前已交邮的不算过期，已交邮是指在期间届满前将上诉状或其他法律文书递交邮局或投入邮筒内

C. 法定期间不包括路途上的时间，比如有关诉讼文书材料在公检法之间传递的时间应当从法定期间内扣除

D. 犯罪嫌疑人、被告人在押的案件，在羁押场所以外对患有严重疾病的犯罪嫌疑人、被告人进行医治的时间，应当从法定羁押期间内扣除

【考点】期间的计算、恢复、重新计算和不计入办案期限

【解析】A项，重新计算期限仅包括公检法的办案期限，譬如，在侦查期间，发现犯罪嫌疑人另有重要罪行的，重新计算侦查羁押期限。又如，人民检察院和人民法院改变管辖的公诉案件，从改变后的办案机关收到案件之日起计算办案期限。对于当事人行使诉讼权利的期限没有重新计算的规定，如果当事人耽误了期限，只能申请恢复期限。A项错误。

B、C项，《刑事诉讼法》第105条第3款规定：法定期间不包括路途上的时间。上诉状或者其他文件在期满前已经交邮的，不算过期。B、C项即考查对该条文的理解。

首先，"路途上的时间"是指"司法机关邮寄送达诉讼文书在路途上所占用的时间"。在我国，公检法是相互独立、互相制约的机关，各机关在相互传递诉讼文书时肯定需要路途上的时间，因此，"有关诉讼文书材料在公检法之间传递

大咖点拨区

扫码听课

大咖点拨区

的时间"属于"路途上的时间"，应当从法定期间内扣除。C 项正确。

其次，交邮"应当以邮件上的邮戳为证"。故 B 项错误。

D 项，依据《刑事诉讼法》第 149 条，对犯罪嫌疑人作精神病鉴定的期间不计入办案期限，其他鉴定期间都应当计入办案期限。另从保障犯罪嫌疑人诉讼权利的角度推论，只要犯罪嫌疑人、被告人在押，期间即应计入羁押期限，即使对患有严重疾病的犯罪嫌疑人、被告人在羁押场所外进行医治，医治的时间也不应当从法定羁押期间内扣除。D 项错误。

综上所述，本题答案为 C。

二、送达

扫码听课

被告人徐某为未成年人，法院书记员到其住处送达起诉书副本，徐某及其父母拒绝签收。关于该书记员处理这一问题的做法，下列哪些选项是正确的？(2013 - 2 - 70，多)

A. 邀请见证人到场

B. 在起诉书副本上注明拒收的事由和日期，该书记员和见证人签名或盖章

C. 采取拍照、录像等方式记录送达过程

D. 将起诉书副本留在徐某住处

【考点】送达的方式

【解析】A、C、D 项，《刑诉解释》第 204 条规定：送达诉讼文书，应当由收件人签收。收件人不在的，可以由其成年家属或者所在单位负责收件的人员代收。收件人或者代收人在送达回证上签收的日期为送达日期。收件人或者代收人拒绝签收的，送达人可以邀请见证人到场，说明情况，在送达回证上注明拒收的事由和日期，由送达人、见证人签名或者盖章，将诉讼文书留在收件人、代收人的住处或者单位；也可以把诉讼文书留在受送达人的住处，并采用拍照、录像等方式记录送达过程，即视为送达。

可见，A、C、D 项符合该条文规定，正确。

B 项，应当在"送达回证"上注明拒收的事由和日期，而非在"起诉书副本"上注明拒收的事由和日期。B 项错误。

综上所述，本题答案为 A、C、D。

专题十二　立　案

一、立案的材料来源

1. 某小区发生多起入室盗窃，被害人向公安局报案，下列哪些情形下，符合立案条件？（2021 仿真题，多）

A. 几家住户的门窗有被撬痕迹

B. 从某住户门口提取到陌生人脚印

C. 某住户被盗 1000 美元

D. 物业监控录像显示形迹可疑的陌生人进入该小区，但看不清该人的面部特征

【考点】对立案材料的审查和处理、立案的条件

【解析】依据《刑事诉讼法》第 112 条规定，人民法院、人民检察院或者公安机关对于报案、控告、举报和自首的材料，应当按照管辖范围，迅速进行审查，认为有犯罪事实需要追究刑事责任的时候，应当立案；认为没有犯罪事实，或者犯罪事实显著轻微，不需要追究刑事责任的时候，不予立案，并且将不立案的原因通知控告人。控告人如果不服，可以申请复议。故此得知，立案条件：（1）有犯罪事实；（2）需要追究刑事责任，本题中 ACD 符合立案条件，B 选项应认为没有犯罪事实。

扫码听课

2. 1996 年 11 月，某市发生一起故意杀人案。2017 年 3 月，当地公安机关根据案发时现场物证中提取的 DNA 抓获犯罪嫌疑人陆某。2017 年 7 月，最高检察院对陆某涉嫌故意杀人案核准追诉。在最高检察院核准前，关于本案处理，下列哪一选项是正确的？（2017－2－23，单）

A. 不得侦查本案　　　　　　B. 可对陆某先行拘留

C. 不得对陆某批准逮捕　　　D. 可对陆某提起公诉

【考点】核准追诉前可以采取的措施

【解析】根据《高检规则》第 321 条的规定："须报请最高人民检察院核准追诉的案件，公安机关在核准之前可以依法对犯罪嫌疑人采取强制措施。公安机关报请核准追诉并提请逮捕犯罪嫌疑人，人民检察院经审查认为必须追诉而且符合法定逮捕条件的，可以依法批准逮捕，同时要求公安机关在报请核准追诉期间不得停止对案件的侦查。未经最高人民检察院核准，不得对案件提起公诉。"故 ACD 项表述错误，B 项表述正确。

综上所述，本题答案为 B。

扫码听课

3. 公安机关获知有多年吸毒史的王某近期可能从事毒品制售活动，遂对其展开初步调查工作。关于这一阶段公安机关可以采取的措施，下列哪些选项是正确的？（2016－2－72，多）

A. 监听　　　　　　　　　　B. 查询王某的银行存款

扫码听课

大咖点拨区

扫码听课

C. 询问王某　　　　　　　　　　　D. 通缉

【考点】初查（调查核实）程序可以采取的措施

【解析】《公安部规定》第174条规定：对接受的案件，或者发现的犯罪线索，公安机关应当迅速进行审查。发现案件事实或者线索不明的，必要时，经办案部门负责人批准，可以进行调查核实。调查核实过程中，公安机关可以依照有关法律和规定采取询问、查询、勘验、鉴定和调取证据材料等不限制被调查对象人身、财产权利的措施。但是，不得对被调查对象采取强制措施，不得查封、扣押、冻结被调查对象的财产，不得采取技术侦查措施。

可见，B、C项正确。A项，监听会侵犯被调查对象的隐私权，即人身权利，且带有强制性。D项，通缉会侵犯被调查对象的名誉权、人身自由权等权利，即人身权利。故A、D项错误。综上所述，本题答案为B、C。

4. 关于初查下列说法符合法律规定的有？（2019仿真题，单）

A. 公安机关在初查中对初查对象的通话进行监听

B. 初查中侦查机关扣押了初查对象的手机以便保存手机里的数据

C. 在一起贩毒案中侦查人员怀疑犯罪嫌疑人还有部分毒品，隐匿警察身份的人引诱其做交易

D. 暴力取证罪可以采取技术侦查手段

【考点】初查（调查核实）程序

【解析】A项，监听属于技术侦查措施，只有在立案后才可以对犯罪嫌疑人、被告人采取。所以A项错误；B项，初查中不可以限制初查对象的财产，即不能查封、扣押、冻结其财产，本案扣押手机违反法律规定；C项，根据《公安部规定》第271条规定：为了查明案情，在必要的时候，经县级以上公安机关负责人决定，可以由侦查人员或者公安机关指定的其他人员隐匿身份实施侦查。隐匿身份实施侦查时，不得使用促使他人产生犯罪意图的方法诱使他人犯罪，不得采用可能危害公共安全或者发生重大人身危险的方法。可知侦查人员引诱他人犯罪的做法错误；D项，根据《刑事诉讼法》第150条第2款规定："人民检察院在立案后，对于利用职权实施的严重侵犯公民人身权利的重大犯罪案件，根据侦查犯罪的需要，经过严格的批准手续，可以采取技术侦查措施，按照规定交有关机关执行。"暴力取证属于检察院的自侦案件，可以采取技术侦查。所以D项正确。

综上所述，本题答案为D。

二、立案的监督

1. 环卫工人马某在垃圾桶内发现一名刚出生的婴儿后向公安机关报案，公安机关紧急将婴儿送医院成功抢救后未予立案。关于本案的立案程序，下列哪一选项是正确的？（2017-2-30，单）

A. 确定遗弃婴儿的原因后才能立案

B. 马某对公安机关不予立案的决定可申请复议

C. 了解婴儿被谁遗弃的知情人可向检察院控告

D. 检察院可向公安机关发出要求说明不立案理由通知书

【考点】立案的标准、不立案的救济

【解析】依据《公安部规定》第178条第1款：公安机关接受案件后，经审

扫码听课

查，认为有犯罪事实需要追究刑事责任，且属于自己管辖的，经县级以上公安机关负责人批准，予以立案；认为没有犯罪事实，或者犯罪事实显著轻微不需要追究刑事责任，或者具有其他依法不追究刑事责任情形的，经县级以上公安机关负责人批准，不予立案。知公安机关立案的标准为"有犯罪事实＋需要追究刑事责任＋符合管辖的规定"，无需确定遗弃婴儿的原因后才能立案，故 A 错。本题还考察了报案、控告、举报人的区别，报案是指单位或个人发现有犯罪事实发生，向公安机关、人民检察院、人民法院揭露和报告的行为。举报是指单位或者个人向公安机关、人民检察院、人民法院检举、揭发犯罪嫌疑人及其犯罪事实的行为。控告是指被害人就其人身权利、财产权利遭受不法侵害的事实及犯罪嫌疑人的有关情况，向公安司法机关进行揭露与告发，要求依法追究其刑事责任的诉讼行为。报案与控告的区别在于报案不能明确提供犯罪嫌疑人的详细情况，控告和举报的区别在于控告是由受所控罪行直接侵害的人提出，举报则绝大多数是与案件无直接利害关系的单位和个人。依据《公安部规定》第 179 条：控告人对不予立案决定不服的，可以在收到不予立案通知书后 7 日以内向作出决定的公安机关申请复议；公安机关应当在收到复议申请后 30 日以内作出决定，并将决定书送达控告人。本案中马某是报案人，而申请对不予立案决定不服的为控告人，所以 B 错误。另 C 选项中了解婴儿被谁遗弃的知情人属于与案件无直接利害关系的个人，可向检察院举报，不是控告，所以 C 说法错误。D 项，检察院是我国的法律监督机关，有权对公安机关的立案活动进行监督。根据《刑事诉讼法》第 113 条及《六机关规定》第 18 条的规定可知，检察院可向公安机关发出要求说明不立案理由通知书。D 项表述正确。

综上所述，本题答案为 D。

2. 甲乙二人在餐厅吃饭时言语不合进而互相推搡，乙突然倒地死亡，县公安局以甲涉嫌过失致人死亡立案侦查。经鉴定乙系特殊体质，其死亡属意外事件，县公安局随即撤销案件。关于乙的近亲属的诉讼权利，下列哪一选项是正确的？（2016－2－33，单）

A. 就撤销案件向县公安局申请复议

B. 就撤销案件向县公安局的上一级公安局申请复核

C. 向检察院侦查监督部门申请立案监督

D. 直接向法院对甲提起刑事附带民事诉讼

【考点】被害人方对撤销案件的救济程序

【解析】A、B 项，《公安部规定》第 179 条：控告人对不予立案决定不服的，可以在收到不予立案通知书后 7 日以内向作出决定的公安机关申请复议；公安机关应当在收到复议申请后 30 日以内作出决定，并将决定书送达控告人。控告人对不予立案的复议决定不服的，可以在收到复议决定书后 7 日以内向上一级公安机关申请复核；上一级公安机关应当在收到复核申请后 30 日以内作出决定。对上级公安机关撤销不予立案决定的，下级公安机关应当执行。案情重大、复杂的，公安机关可以延长复议、复核时限，但是延长时限不得超过 30 日，并书面告知申请人。可见，控告人对不立案决定不服，可以先复议、再复核。但本案已经立案，侦查机关随后撤销案件，被害人一方不能通过复议或复核的方式得到救济。A、B、C 项错误；D 项，《刑诉解释》第 1 条规定：人民法院直接受理的自诉案件包

扫码听课

括：……（3）被害人有证据证明对被告人侵犯自己人身、财产权利的行为应当依法追究刑事责任，且有证据证明曾经提出控告，而公安机关或者人民检察院不予追究被告人刑事责任的案件。本案中，侦查机关撤销案件，属于不予追究被告人刑事责任的情形，被害人有权直接到法院提起自诉附带民事诉讼。D 项正确。

综上所述，本题答案为 D。

3. 甲公司以虚构工程及伪造文件的方式，骗取乙工程保证金 400 余万元。公安机关接到乙控告后，以尚无明确证据证明甲涉嫌犯罪为由不予立案。关于本案，下列哪一选项是正确的？（2015 - 2 - 32，单）

A. 乙应先申请公安机关复议，只有不服复议决定的才能请求检察院立案监督

B. 乙请求立案监督，检察院审查后认为公安机关应立案的，可通知公安机关立案

C. 公安机关接到检察院立案通知后仍不立案的，经省级检察院决定，检察院可自行立案侦查

D. 乙可直接向法院提起自诉

【考点】不立案的救济

【解析】A 项，根据《公安部规定》第 179 条：控告人对不予立案决定不服的，可以在收到不予立案通知书后 7 日以内向作出决定的公安机关申请复议；公安机关应当在收到复议申请后 30 日以内作出决定，并将决定书送达控告人。控告人对不予立案的复议决定不服的，可以在收到复议决定书后 7 日以内向上一级公安机关申请复核；上一级公安机关应当在收到复核申请后 30 日以内作出决定。对上级公安机关撤销不予立案决定的，下级公安机关应当执行。案情重大、复杂的，公安机关可以延长复议、复核时限，但是延长时限不得超过三十日，并书面告知申请人。《高检规则》第 557 条第 1 款的规定，被害人及其法定代理人、近亲属或者行政执法机关，认为公安机关对其控告或者移送的案件应当立案侦查而不立案侦查，或者当事人认为公安机关不应当立案而立案，向检察院提出的，检察院应当受理并进行审查。可知，控告人对于公安机关不立案决定不服可以向公安机关申请复议，但是复议并不是必经程序，被害人也可以直接向检察院申请立案监督。故 A 项表述错误；B 项，根据《刑事诉讼法》第 113 条的规定："人民检察院认为公安机关对应当立案侦查的案件而不立案侦查的，或者被害人认为公安机关对应当立案侦查的案件而不立案侦查，向人民检察院提出的，人民检察院应当要求公安机关说明不立案的理由。人民检察院认为公安机关不立案理由不能成立的，<u>应当通知公安机关立案，公安机关接到通知后应当立案</u>。"可知，检察院的立案监督有程序要求，即应先让公安机关说明理由，理由不成立后再可通知公安机关立案。故 B 项表述错误；C 项，根据《高检规则》第 13 条第 2 款的规定：对于公安机关管辖的国家机关工作人员利用职权实施的重大犯罪案件，需要由人民检察院直接受理的，经省级以上人民检察院决定，可以由人民检察院立案侦查。而根据《高检规则》第 564 条的规定，人民检察院通知公安机关立案或者撤销案件的，应当依法对执行情况进行监督。公安机关在收到通知立案书或者通知撤销案件书后超过 15 日不予立案或者未要求复议、提请复核，也不撤销案件的，人民检察院应当发出纠正违法通知书。公安机关仍不纠正的，报上一级人民检察院协商同级公安机关处理。故 C 项表述错误；D 项，根据《刑事诉讼法》第 210

条的规定："自诉案件包括下列案件：（一）告诉才处理的案件；（二）被害人有证据证明的轻微刑事案件；（三）被害人有证据证明对被告人侵犯自己人身、财产权利的行为应当依法追究刑事责任，而公安机关或者检察院不予追究被告人刑事责任的案件。"可知，本案属于第（三）项，属于侵犯他人财产权利而公安机关不予追究其刑事责任。故 D 项表述正确。

综上所述，本题答案为 D。

4. 卢某坠楼身亡，公安机关排除他杀，不予立案。但卢某的父母坚称他杀可能性大，应当立案，请求检察院监督。检察院的下列哪一做法是正确的？（2013 - 2 - 34，单）

　　A. 要求公安机关说明不立案理由

　　B. 拒绝受理并向卢某的父母解释不立案原因

　　C. 认为符合立案条件的，可以立案并交由公安机关侦查

　　D. 认为公安机关不立案理由不能成立的，应当建议公安机关立案

【考点】检察院对公安机关不立案的监督

【解析】《刑事诉讼法》第 113 条规定：人民检察院认为公安机关对应当立案侦查的案件而不立案侦查的，或者被害人认为公安机关对应当立案侦查的案件而不立案侦查，向人民检察院提出的，人民检察院应当要求公安机关说明不立案的理由。人民检察院认为公安机关不立案理由不能成立的，应当通知公安机关立案，公安机关接到通知后应当立案。A、B 项，根据上述规定，被害人认为公安机关对应当立案侦查的案件而不立案侦查，向人民检察院提出的，人民检察院应当要求公安机关说明不立案的理由。A 项正确、B 项错误。C、D 项，人民检察院认为公安机关不立案理由不能成立的，应当通知公安机关立案。对于 C 项，检察院不会直接立案，错误。对于 D 项，通知和建议含义不同，通知较建议更加正式，通知的强制性大于建议。故 D 项错误。

综上所述，本题答案为 A。

5. 张某发现甲企业在生产有毒有害食品，于是向 A 县质量监督局举报。A 县质量监督局受理后经过调查发现甲企业已经构成生产有毒有害食品罪，遂将案件移送给 A 县公安局立案侦查。A 县公安局审查后作出不予立案的决定。关于张某与 A 县质量监督局的诉讼权利，下列哪一选项是正确的？（2018 仿真题，单）

　　A. 张某可以向作出不予立案决定的公安机关申请复议

　　B. 张某可以向作出不予立案决定的公安机关的上一级公安机关申请复核

　　C. A 县质量监督局可以向作出不予立案决定的公安机关申请复议

　　D. A 县质量监督局可以向作出不予立案决定的公安机关的上一级公安机关申请复核

【考点】不予立案的监督的主体和程序

【解析】《公安部规定》第 179 条：控告人对不予立案决定不服的，可以在收到不予立案通知书后 7 日以内向作出决定的公安机关申请复议；公安机关应当在收到复议申请后 30 日以内作出决定，并将决定书送达控告人。控告人对不予立案的复议决定不服的，可以在收到复议决定书后 7 日以内向上一级公安机关申请复核；上一级公安机关应当在收到复核申请后 30 日以内作出决定。对上级公安机关撤销不予立案决定的，下级公安机关应当执行。案情重大、复杂的，公安机关可

大咖点拨区

扫码听课

以延长复议、复核时限，但是延长时限不得超过 30 日，并书面告知申请人。据此，控告人对公安机关不立案决定不服的，可以先复议后复核。本案中，张某并不是控告人身份，而是举报人身份，因此不享有控告人的复议复核权。据此，A、B 选项错误。《公安部规定》第 181 条规定：移送案件的行政执法机关对不予立案决定不服的，可以在收到不予立案通知书后 3 日以内向作出决定的公安机关申请复议；公安机关应当在收到行政执法机关的复议申请后 3 日以内作出决定，并书面通知移送案件的行政执法机关。由此可见，移送案件的行政执法机关对公安机关不立案决定不服的，可以申请复议，但不能申请复核。据此，C 项正确，D 项错误。

综上，本题答案为 C。

6. 罗辉与郭鹏系大学好友，两人毕业后共同出资在甲省 M 市设立佳绩公司经营日化用品。公司设立后不久，二人分别以公司的名义骗取银行的贷款，贷款到期后佳绩公司以现有资金无法支付本金及利息，案发后罗辉和郭鹏被 M 市公安机关立案侦查，罗辉得知消息后潜逃至相邻的乙省，公安机关只抓捕到郭鹏一人，关于本案的处理，下列哪些说法是正确的？（2019 仿真题，多）

A. 如果公安机关对于郭鹏的骗取贷款行为和其他相关事实已调查清楚，可以将郭鹏单独移送检察院审查起诉

B. 公安机关移送审查起诉后，检察院在审查时如果认为本案系单位犯罪，事实清楚，证据确实充分，可以直接增加佳绩公司为犯罪嫌疑人

C. 对于罗辉，M 市公安机关不能直接发布通缉令，而应当逐级报请公安部发布

D. 案件诉至法院后，法院应当在作出判决前调查郭鹏的财产状况

【考点】移送审查起诉的标准及过程、通缉

【解析】A 项，《高检规则》第 158 条第 3 款："对于移送起诉的案件，犯罪嫌疑人在逃的，应当要求公安机关采取措施保证犯罪嫌疑人到案后再移送起诉。共同犯罪案件中部分犯罪嫌疑人在逃的，对在案犯罪嫌疑人的移送起诉应当受理。"本案中郭鹏犯罪事实已经查清，可以移送审查起诉。A 项正确。

B 项，《刑事诉讼法》第 19 条："刑事案件的侦查由公安机关进行，法律另有规定的除外。人民检察院在对诉讼活动实行法律监督中发现的司法工作人员利用职权实施的非法拘禁、刑讯逼供、非法搜查等侵犯公民权利、损害司法公正的犯罪，可以由人民检察院立案侦查。对于公安机关管辖的国家机关工作人员利用职权实施的重大犯罪案件，需要由人民检察院直接受理的时候，经省级以上人民检察院决定，可以由人民检察院立案侦查。自诉案件，由人民法院直接受理。"本案属于公安机关负责侦查的案件，检察院没有管辖权，没有经过侦查程序不能直接追加公司为犯罪嫌疑人，B 项错误。

C 项，《公安部规定》第 274 条第 2 款："县级以上公安机关在自己管辖的地区内，可以直接发布通缉令；超出自己管辖的地区，应当报请有权决定的上级公安机关发布。"本案中罗辉已经不在 M 市管辖范围，因此 M 市公安机关应当报请有权决定的上级公安机关发布，即公安部发布，C 项正确。

D 项，《刑诉解释》第 294 条："合议庭评议案件，应当根据已经查明的事实、证据和有关法律规定，在充分考虑控辩双方意见的基础上，确定被告人是否

有罪、构成何罪，有无从重、从轻、减轻或者免除处罚情节，应否处以刑罚、判处何种刑罚，附带民事诉讼如何解决，查封、扣押、冻结的财物及其孳息如何处理等，并依法作出判决、裁定。"因此本案中法院在作出判决前无需调查郭鹏的财产状况。D 项错误。

综上，本题选择 A、C。

7. 李某到县公安机关称其被陈某强奸，公安机关传讯了陈某，陈某称他与李某是恋爱关系。公安机关遂作出不立案决定，关于公安机关不立案决定，下列说法正确的是？

A. 李某有权在收到《不予立案通知书》后 7 日内向原决定的公安机关申请复议

B. 人民检察院认为公安机关对应当立案的案件而不立案的，应当通知公安机关立案

C. 对于公安机关不立案的决定，李某有权向法院直接提起自诉

D. 对于公安机关不立案的决定，检察院有权撤销该决定

【考点】控告人及检察院对不予立案的监督

【解析】A 选项，根据《公安部规定》第 179 条第 1 款，控告人对不予立案决定不服的，可以在收到不予立案通知书后 7 日以内向作出决定的公安机关申请复议，A 选项正确。

B、D 选项选项，根据《刑事诉讼法》第 113 条，人民检察院认为公安机关对应当立案侦查的案件而不立案侦查的，或者被害人认为公安机关对应当立案侦查的案件而不立案侦查，向人民检察院提出的，人民检察院应当要求公安机关说明不立案的理由。人民检察院认为公安机关不立案理由不能成立的，应当通知公安机关立案，公安机关接到通知后应当立案。因此，人民检察院应当先要求公安机关说明不立案的理由，若认为公安机关不立案理由不能成立，应当通知公安机关立案，而非直接通知公安机关立案，也无权撤销该决定。B、D 选项错误。

C 选项，《刑事诉讼法》第 210 条规定，自诉案件包括下列案件：（一）告诉才处理的案件；（二）被害人有证据证明的轻微刑事案件；（三）被害人有证据证明对被告人侵犯自己人身、财产权利的行为应当依法追究刑事责任，而公安机关或者人民检察院不予追究被告人刑事责任的案件。在本案中，强奸罪属于依法应当提起公诉的案件，若公安机关不予立案，李某可以依据上述条款第 3 项的规定向人民法院提起自诉。C 选项正确。

综上所述，本题答案为 A、B、C。

大咖点拨区

扫码听课

专题十三　侦　查

一、侦查概述

（一）侦查的司法控制

1. 在朱某危险驾驶案的辩护过程中，辩护律师查看了侦查机关录制的讯问同步录像。同步录像中的下列哪些行为违反法律规定？（2017 - 2 - 73，多）

A. 后续讯问的侦查人员与首次讯问的侦查人员完全不同

B. 朱某请求自行书写供述，侦查人员予以拒绝

C. 首次讯问时未告知朱某可聘请律师

D. 其中一次讯问持续了 14 个小时

【考点】讯问犯罪嫌疑人程序要求

【解析】A项，根据《公安部规定》第 202 条，讯问犯罪嫌疑人必须侦查人员负责且侦查人员不得少于 2 人。此处并未规定前后侦查人员不可更换，为了办理案件的需要特定情形应该允许侦查人员的更换，故 A 项未违反规定。B 项，根据《刑事诉讼法》第 122 条的规定，讯问笔录应当交犯罪嫌疑人核对，对于没有阅读能力的，应当向他宣读。如果记载有遗漏或者差错，犯罪嫌疑人可以提出补充或者改正。犯罪嫌疑人承认笔录没有错误后，应当签名或者盖章。侦查人员也应当在笔录上签名。犯罪嫌疑人请求自行书写供述的，应当准许。必要的时候，侦查人员也可以要犯罪嫌疑人亲笔书写供词。故 B 项表述违法。

C 项，《刑事诉讼法》第 34 条第 2 款规定："侦查机关在第一次讯问犯罪嫌疑人或者对犯罪嫌疑人采取强制措施的时候，应当告知犯罪嫌疑人有权委托辩护人。"。故 C 项表述违法。

D 项，根据《公安部规定》第 201 条规定，传唤、拘传、讯问犯罪嫌疑人，应当保证犯罪嫌疑人的饮食和必要的休息时间，并记录在案。而 D 项中并未保证必要的休息时间，属于疲劳审讯。故 D 项表述违法。

综上所述，本题正确答案 B、C、D。

2. 对侦查所实施的司法控制，包括对某些侦查行为进行事后审查。下列哪一选项是正确的？（2013 - 2 - 35，单）

A. 事后审查的对象主要包括逮捕、羁押、搜查等

B. 事后审查主要针对的是强行性侦查措施

C. 采取这类侦查行为不可以由侦查机关独立作出决定

D. 对于这类行为，公民认为侦查机关侵犯其合法权益的，可以寻求司法途径进行救济

【考点】侦查措施的分类、事后审查措施

【解析】（1）强制性侦查措施与任意性侦查措施。

根据侦查行为是否带有强制性、是否会侵犯犯罪嫌疑人的人身、财产权利，

可以将侦查行为区分为强制性侦查措施和任意性侦查措施。强制性侦查措施主要包括：强制措施、搜查、扣押、查封、冻结、技术侦查措施，等等。而任意性侦查措施包括：勘验、检查、鉴定、询问，等等。如果不对强制性侦查措施进行控制和监督，司法实践中可能会出现两种问题：一是侦查手段的滥用；二是违法行为的存在和缺乏制裁。这些问题会导致对人权造成严重侵犯。

（2）事前监督与事后监督。

此外，检察机关作为法律监督机关，依法行使法律监督职权。根据监督的时间不同，检察机关对侦查行为的监督可以被区分为事前监督和事后监督。

事前监督指的是，侦查机关无权自行决定适用侦查措施，需要事先报请检察院批准、决定后方可实施的制度。

事后监督指的是，侦查机关有权自行决定适用侦查措施，无需事先报请检察院批准、决定，检察院只在侦查措施实施后根据侦查机关的报备或者当事人的申诉对侦查措施进行审查的制度。

一般认为，对于强制性侦查措施，譬如逮捕，需要接受事前审查。而对于任意性侦查措施，只接受事后审查即可。

（3）对非法侦查行为的救济。

《刑事诉讼法》第 117 条规定：当事人和辩护人、诉讼代理人、利害关系人对于司法机关及其工作人员有下列行为之一的，有权向该机关申诉或者控告：①采取强制措施法定期限届满，不予以释放、解除或者变更的；②应当退还取保候审保证金不退还的；③对与案件无关的财物采取查封、扣押、冻结措施的；④应当解除查封、扣押、冻结不解除的；⑤贪污、挪用、私分、调换、违反规定使用查封、扣押、冻结的财物的。

受理申诉或者控告的机关应当及时处理。对处理不服的，可以向同级人民检察院申诉；人民检察院直接受理的案件，可以向上一级人民检察院申诉。人民检察院对申诉应当及时进行审查，情况属实的，通知有关机关予以纠正。

A、B 项，描述的都属于强制性的侦查措施，应当进行事前审查，而非事后审查。故 A、B 项错误。C 项，"这类侦查行为"指的是可以进行事后审查的任意性侦查措施，可以由侦查机关自行决定。C 项错误。D 项，根据《刑事诉讼法》第 117 条的规定，公民认为侦查机关侵犯其合法权益的，可以通过申诉进行救济，D 项正确。

综上所述，本题答案为 D。

二、侦查行为

1. 某小学发生一起猥亵儿童案件，三年级女生甲向校长许某报称被老师杨某猥亵。许某报案后，侦查人员通过询问许某了解了甲向其陈述的被杨某猥亵的经过。侦查人员还通过询问甲了解到，另外两名女生乙和丙也可能被杨某猥亵，乙曾和甲谈到被杨某猥亵的经过，甲曾目睹杨某在课间猥亵丙。讯问杨某时，杨某否认实施猥亵行为，并表示他曾举报许某贪污，许某报案是对他的打击报复。关于本案侦查措施，下列选项正确的是：（2017－2－95，不定项）

A. 经出示工作证件，侦查人员可在学校询问甲

B. 询问乙时，可由学校的其他老师在场并代行乙的诉讼权利

扫码听课

C. 可通过侦查实验确定甲能否在其所描述的时间、地点看到杨某猥亵丙

D. 搜查杨某在学校内的宿舍时，可由许某在场担任见证人

【考点】 询问证人、侦查实验、搜查的过程

【解析】 A项，甲自己被猥亵说明甲是被害人，同时甲还陈述了别的案件事实有证人身份。根据《刑事诉讼法》第124条第1款的规定，侦查人员询问证人，可以在现场进行，也可以到证人所在单位、住处或者证人提出的地点进行，在必要的时候，可以通知证人到检察院或者公安机关提供证言。在现场询问证人，应当出示工作证件，到证人所在单位、住处或者证人提出的地点询问证人，应当出示检察院或者公安机关的证明文件。另外，根据该法第127条的规定："询问被害人，适用本节各条规定。"可知，本案中学校为现场，经出示工作证件，侦查人员可在学校询问甲。故A项表述正确。

B项，根据《刑事诉讼法》第281条第1款的规定："对于未成年人刑事案件，在讯问和审判的时候，<u>应当通知未成年犯罪嫌疑人、被告人的法定代理人到场</u>。无法通知、法定代理人不能到场或者法定代理人是共犯的，也可以通知未成年犯罪嫌疑人、被告人的其他成年亲属，所在学校、单位、居住地基层组织或者未成年人保护组织的代表到场，并将有关情况记录在案。<u>到场的法定代理人可以代为行使未成年犯罪嫌疑人、被告人的诉讼权利</u>。"所以原则上必须通知乙的法定代理人，不可以当然的由学校老师在场行使权利。故B项表述错误。

C项，根据《刑事诉讼法》第135条第1款的规定："为了查明案情，在必要的时候，经公安机关负责人批准，可以进行侦查实验。"而根据《公安机关办理刑事案件程序规定》第221条第3款规定可知，进行侦查实验，禁止一切足以造成危险、侮辱人格或有伤风化的行为。本项的关键在于侦查机关侦查实验的内容不是猥亵案件本身，而是在特定的条件下甲能否看到案件的发生，所以并未涉及有伤风化的情形。故C项表述正确。

D项，根据《刑诉解释》第80条，下列人员不得担任见证人：（一）生理上、精神上有缺陷或者年幼，不具有相应辨别能力或者不能正确表达的人；（二）与案件有利害关系，可能影响案件公正处理的人；（三）行使勘验、检查、搜查、扣押、组织辨认等监察调查、刑事诉讼职权的监察、公安、司法机关的工作人员或者其聘用的人员。对见证人是否属于前款规定的人员，人民法院可以通过相关笔录载明的见证人的姓名、身份证件种类及号码、联系方式以及常住人口信息登记表等材料进行审查。由于客观原因无法由符合条件的人员担任见证人的，应当在笔录材料中注明情况，并对相关活动进行全程录音录像。故D选项错误。

综上所述，此题选AC。

2. 关于侦查辨认，下列哪一选项是正确的？（2017－2－31，单）

A. 强制猥亵案，让犯罪嫌疑人对被害人进行辨认

B. 盗窃案，让犯罪嫌疑人到现场辨认藏匿赃物的房屋

C. 故意伤害案，让犯罪嫌疑人和被害人一起对凶器进行辨认

D. 刑讯逼供案，让被害人在4张照片中辨认犯罪嫌疑人

【考点】 辨认的程序要求

【解析】 辨认，是指侦查人员为了查明案情，在必要时让被害人、证人以及犯罪嫌疑人对与犯罪有关的物品、文件、场所或者犯罪嫌疑人进行辨认的一种侦

查行为。而 A 选项中竟让犯罪嫌疑人对被害人进行辨认错误，把被害人当成辨认对象，错误，故 A 不选。B 是犯罪嫌疑人对现场进行辨认，正确。依据《刑诉解释》第 104、105 条规定：对辨认笔录应当着重审查辨认的过程、方法，以及辨认笔录的制作是否符合有关规定。辨认笔录具有下列情形之一的，不得作为定案的根据：（一）辨认不是在调查人员、侦查人员主持下进行的；（二）辨认前使辨认人见到辨认对象的；（三）辨认活动没有个别进行的；（四）辨认对象没有混杂在具有类似特征的其他对象中，或者供辨认的对象数量不符合规定的；（五）辨认中给辨认人明显暗示或者明显有指认嫌疑的；（六）违反有关规定，不能确定辨认笔录真实性的其他情形。此题 C 让犯罪嫌疑人和被害人一起对凶器进行辨认，违犯了辨认要个别进行原则，不正确。依据《高检规则》第 226 条第 2、3 款规定："辨认犯罪嫌疑人时，被辨认的人数不得少于七人，照片不得少于十张。辨认物品时，同类物品不得少于五件，照片不得少于五张。"此题 D 选项是刑讯逼供案，让被害人在 4 张照片中辨认犯罪嫌疑人错误。

综上所述，本题答案为 B。

3. 关于勘验、检查，下列哪一选项是正确的？（2014－2－34，单）

A. 为保证侦查活动的规范性与合法性，只有侦查人员可进行勘验、检查

B. 侦查人员进行勘验、检查，必须持有侦查机关的证明文件

C. 检查妇女的身体，应当由女工作人员或者女医师进行

D. 勘验、检查应当有见证人在场，勘验、检查笔录上没有见证人签名的，不得作为定案的根据

【考点】勘验、检查的程序要求

【解析】A 项，《刑事诉讼法》第 128 条规定：侦查人员对于与犯罪有关的场所、物品、人身、尸体应当进行勘验或者检查。在必要的时候，可以指派或者聘请具有专门知识的人，在侦查人员的主持下进行勘验、检查。可见，除了侦查人员，有专门知识的人也可以进行勘验、检查。A 项错误。

B 项，《刑事诉讼法》第 130 条规定：侦查人员执行勘验、检查，必须持有人民检察院或者公安机关的证明文件。B 项正确。

C 项，《刑事诉讼法》第 132 条第 3 款规定：检查妇女的身体，应当由女工作人员或者医师进行。可见，医师没有性别要求。C 项错误。

D 项，《刑诉解释》第 103 条规定：勘验、检查笔录存在明显不符合法律、有关规定的情形，不能作出合理解释的，不得作为定案的根据。可见，勘验、检查笔录上没有见证人签名确实属于不符合法律的情形，但允许作出合理解释或者说明，并非直接排除。D 项错误。

综上所述，本题答案为 B。

4. 某地法院审理齐某组织、领导、参加黑社会性质组织罪，关于对作证人员的保护，下列哪些选项是正确的？（2014－2－69，多）

A. 可指派专人对被害人甲的人身和住宅进行保护

B. 证人乙可申请不公开真实姓名、住址等个人信息

C. 法院通知侦查人员丙出庭说明讯问的合法性，为防止黑社会组织报复，对其采取不向被告人暴露外貌、真实声音的措施

D. 为保护警方卧底丁的人身安全，丁可不出庭作证，由审判人员在庭外核实

丁的证言

【考点】证人保护措施

【解析】A、B、C项，《刑事诉讼法》第64条规定：对于危害国家安全犯罪、恐怖活动犯罪、黑社会性质的组织犯罪、毒品犯罪等案件，证人、鉴定人、被害人因在诉讼中作证，本人或者其近亲属的人身安全面临危险的，人民法院、人民检察院和公安机关应当采取以下一项或者多项保护措施：（1）不公开真实姓名、住址和工作单位等个人信息；（2）采取不暴露外貌、真实声音等出庭作证措施；（3）禁止特定的人员接触证人、鉴定人、被害人及其近亲属；（4）对人身和住宅采取专门性保护措施；（5）其他必要的保护措施。证人、鉴定人、被害人认为因在诉讼中作证，本人或者其近亲属的人身安全面临危险的，可以向人民法院、人民检察院、公安机关请求予以保护。人民法院、人民检察院、公安机关依法采取保护措施，有关单位和个人应当配合。可见，根据该条文第1款第（4）项，A正确。根据该条文第1款第（1）项，B项正确。另外，该条文保护的是证人、被害人和鉴定人，不包含侦查人员。法院有权通知侦查人员出庭说明讯问的合法性，但是，侦查人员正是可能实施刑讯逼供的人，其对取证合法性的说明不属于证人证言，也就不适用证人保护的相关规定，即不可以对侦查人员采取不向被告人暴露外貌、真实声音的措施。C项错误。

D项，《刑事诉讼法》第154条规定：依照本节规定采取侦查措施收集的材料在刑事诉讼中可以作为证据使用。如果使用该证据可能危及有关人员的人身安全，或者可能产生其他严重后果的，应当采取不暴露有关人员身份、技术方法等保护措施，必要的时候，可以由审判人员在庭外对证据进行核实。D项中，卧底属于技术侦查措施，"为保护警方卧底丁的人身安全，丁可不出庭作证，由审判人员在庭外核实丁的证言"是正确的。

综上所述，本题答案为A、B、D。

5. 关于讯问犯罪嫌疑人，下列哪些选项是正确的？（2014－2－70，多）

A. 在拘留犯罪嫌疑人之前，一律不得对其进行讯问

B. 在拘留犯罪嫌疑人之后，可在送看守所羁押前进行讯问

C. 犯罪嫌疑人被拘留送看守所之后，讯问应当在看守所内进行

D. 对于被指定居所监视居住的犯罪嫌疑人，应当在指定的居所进行讯问

【考点】讯问犯罪嫌疑人的程序要求

【解析】A项，根据《刑事诉讼法》第119条第1款的规定，对不需要逮捕、拘留的犯罪嫌疑人，可以传唤到犯罪嫌疑人所在市、县内的指定地点或者到他的住处进行讯问，但是应当出示检察院或者公安机关的证明文件。对在现场发现的犯罪嫌疑人，经出示工作证件，可以口头传唤，但应当在讯问笔录中注明。可知，拘留之前可以在现场讯问犯罪嫌疑人。故A项表述错误。B项，依据《刑事诉讼法》第85条第2款：拘留后，应当立即将被拘留人送看守所羁押，至迟不得超过24小时。除无法通知或者涉嫌危害国家安全犯罪、恐怖活动犯罪通知可能有碍侦查的情形以外，应当在拘留后24小时以内，通知被拘留人的家属。有碍侦查的情形消失以后，应当立即通知被拘留人的家属。依据《刑事诉讼法》第86条：公安机关对被拘留的人，应当在拘留后的24小时以内进行讯问。在发现不应当拘留的时候，必须立即释放，发给释放证明。可见，拘留犯罪嫌疑人后，应当在24

扫码听课

小时内进行讯问并送交看守所羁押。送交看守所发生于拘留后 24 小时内，24 小时以后，只能在看守所讯问犯罪嫌疑人。但是在 24 小时之内的讯问不一定在看守所，因为犯罪嫌疑人可能还没有被送交看守所，讯问可以发生于公安机关的讯问室等地点。B 项正确。

C 项，《刑事诉讼法》第 118 条第 2 款规定：犯罪嫌疑人被送交看守所羁押以后，侦查人员对其进行讯问，应当在看守所内进行。C 项正确。

D 项，需要注意，指定的居所不是羁押的场所，尽管它限制犯罪嫌疑人、被告人的自由，但它是其生活、休息的地方，不能成为讯问犯罪嫌疑人的场所。这是因为，指定居所一旦可以成为侦查讯问的处所，指定居所就成了专门的办案场所。而《刑事诉讼法》第 75 条第 1 款明确规定：……不得在羁押场所、专门的办案场所执行。故，D 项错误。从另一个角度来看，根据《刑事诉讼法》第 119 条的规定，对不需要逮捕、拘留的犯罪嫌疑人，可以传唤到犯罪嫌疑人所在市、县内的指定地点或者到他的住处进行讯问。可见，侦查机关可以在住处讯问犯罪嫌疑人，指定居所也可以理解为其临时的住处，但法条的规定是"可以"而非"应当"在住处讯问，故，D 项错误。

综上所述，本题答案为 B、C。

6. 赵某、石某抢劫杀害李某，被路过的王某、张某看见并报案。赵某、石某被抓获后，2 名侦查人员负责组织辨认。请回答第 92 ~ 93 题。

（1）关于辨认的程序，下列选项正确的是：（2014 - 2 - 92，不定项）

A. 在辨认尸体时，只将李某尸体与另一尸体作为辨认对象

B. 在 2 名侦查人员的主持下，将赵某混杂在 9 名具有类似特征的人员中，由王某、张某个别进行辨认

C. 在对石某进行辨认时，9 名被辨认人员中的 4 名民警因紧急任务离开，在 2 名侦查人员的主持下，将石某混杂在 5 名人员中，由王某、张某个别进行辨认

D. 根据王某、张某的要求，辨认在不暴露他们身份的情况下进行

【考点】辨认的数量要求

【解析】《公安部规定》第 259 条规定：辨认应当在侦查人员的主持下进行。主持辨认的侦查人员不得少于 2 人。几名辨认人对同一辨认对象进行辨认时，应当由辨认人个别进行。

《公安部规定》第 260 条规定：辨认时，应当将辨认对象混杂在特征相类似的其他对象中，不得在辨认前向辨认人展示辨认对象及其影像资料，不得给辨认人任何暗示。

辨认犯罪嫌疑人时，被辨认的人数不得少于七人；对犯罪嫌疑人照片进行辨认的，不得少于十人的照片。辨认物品时，混杂的同类物品不得少于五件；对物品的照片进行辨认的，不得少于十个物品的照片。对场所、尸体等特定辨认对象进行辨认，或者辨认人能够准确描述物品独有特征的，陪衬物不受数量的限制。本题中，A 项，辨认尸体，陪衬物不受数量的限制。A 项中"将李某尸体与另一尸体作为辨认对象"正确。

B 项中"在 2 名侦查人员的主持下，将赵某混杂在 9 名具有类似特征的人员中，由王某、张某个别进行辨认"没有问题，因为只要不少于 7 人即可。

C 项中，"在对石某进行辨认时，9 名被辨认人员中的 4 名民警因紧急任务离

开"被辨认人仅剩5人，少于7人的要求，错误。

D项，《公安部规定》第261条规定：对犯罪嫌疑人的辨认，辨认人不愿意公开进行时，可以在不暴露辨认人的情况下进行，并应当为其保守秘密。可见，"根据王某、张某的要求，辨认在不暴露他们身份的情况下进行"正确。

综上所述，本题应当选A、B、D。

（2）关于辨认笔录的审查与认定，下列选项正确的是：（2014－2－93，不定项）

A. 如对尸体的辨认过程没有录像，则辨认结果不得作为定案证据

B. 如侦查人员组织辨认时没有见证人在场，则辨认结果不得作为定案的根据

C. 如在辨认前没有详细向辨认人询问被辨认对象的具体特征，则辨认结果不得作为定案证据

D. 如对赵某的辨认只有笔录，没有赵某的照片，无法获悉辨认真实情况的，也可补正或进行合理解释

【考点】辨认笔录的审查与认定

【解析】《刑诉解释》第104、105条规定：对辨认笔录应当着重审查辨认的过程、方法，以及辨认笔录的制作是否符合有关规定。辨认笔录具有下列情形之一的，不得作为定案的根据：（一）辨认不是在调查人员、侦查人员主持下进行的；（二）辨认前使辨认人见到辨认对象的；（三）辨认活动没有个别进行的；（四）辨认对象没有混杂在具有类似特征的其他对象中，或者供辨认的对象数量不符合规定的；（五）辨认中给辨认人明显暗示或者明显有指认嫌疑的；（六）违反有关规定，不能确定辨认笔录真实性的其他情形。本题中，A、B、C项，"对尸体的辨认过程没有录像""组织辨认时没有见证人在场""辨认前没有详细向辨认人询问被辨认对象的具体特征"并非导致辨认笔录不得作为定案根据的原因。这些情况都属于瑕疵，如果能够补正或者作出合理解释，辨认笔录仍然可以作为定案根据，A、B、C项错误。

D项，《关于办理死刑案件审查判断证据若干问题的规定》第30条第2款规定：有下列情形之一的，通过有关办案人员的补正或者作出合理解释的，辨认结果可以作为证据使用：①主持辨认的侦查人员少于2人的；②没有向辨认人详细询问辨认对象的具体特征的；③对辨认经过和结果没有制作专门的规范的辨认笔录，或者辨认笔录没有侦查人员、辨认人、见证人的签名或者盖章的；④辨认记录过于简单，只有结果没有过程的；⑤案卷中只有辨认笔录，没有被辨认对象的照片、录像等资料，无法获悉辨认的真实情况的。根据该条第⑤项，D项正确。

综上所述，本题答案为D。

7. 在一起聚众斗殴案件发生时，证人甲、乙、丙、丁四人在现场目睹事实经过，侦查人员对上述四名证人进行询问。关于询问证人的程序和方式，下列哪一选项是错误的？（2013－2－30，单）

A. 在现场立即询问证人甲

B. 传唤证人乙到公安机关提供证言

C. 到证人丙租住的房屋询问证人丙

D. 到证人丁提出的其工作单位附近的快餐厅询问证人丁

【考点】询问证人的程序要求

【解析】《刑事诉讼法》第 124 条规定：侦查人员询问证人，可以在现场进行，也可以到证人所在单位、住处或者证人提出的地点进行，在必要的时候，可以通知证人到人民检察院或者公安机关提供证言。在现场询问证人，应当出示工作证件，到证人所在单位、住处或者证人提出的地点询问证人，应当出示人民检察院或者公安机关的证明文件。询问证人应当个别进行。可见，A 项，在现场询问证人甲符合上述法条的规定，A 项正确。

B 项，请考生把握刑事诉讼中的传唤。传唤是指人民法院、人民检察院和公安机关使用传票通知犯罪嫌疑人、被告人等人在指定的时间自行到指定的地点接受问询的制度。传唤和拘传的目的一样，都是要求犯罪嫌疑人、被告人在指定的时间到指定的地点接受讯问，但也有区别。首先，方式不同。传唤是让犯罪嫌疑人、被告人自动到案，而拘传则是对犯罪嫌疑人、被告人强制到案。其次，性质不同。传唤不是强制措施，但拘传是强制措施。再次，对象不同。传唤除了适用于犯罪嫌疑人、被告人，还可以适用于自诉人、被害人等当事人，但拘传只适用于犯罪嫌疑人、被告人。最后，是否需要证明不同。拘传必须持有拘传证或者拘传票方可执行，传唤则可以口头进行。可见，对证人只能是"通知"作证，而不能"传唤"作证。B 项错误。

C 项，到丙租住的房屋询问证人属于证人的住处，C 项正确。

D 项，证人丁所提出的工作单位的快餐厅属于证人提出的地点，D 项正确。

综上所述，本题答案为 B。

8. 关于技术侦查，下列哪些说法是正确的？（2012 - 2 - 71，多）

A. 适用于严重危害社会的犯罪案件

B. 必须在立案后实施

C. 公安机关和检察院都有权决定并实施

D. 获得的材料需要经过转化才能在法庭上使用

【考点】技术侦查措施的程序要求

【解析】A 项，《刑事诉讼法》第 150 条规定：公安机关在立案后，对于危害国家安全犯罪、恐怖活动犯罪、黑社会性质的组织犯罪、重大毒品犯罪或者其他严重危害社会的犯罪案件，根据侦查犯罪的需要，经过严格的批准手续，可以采取技术侦查措施。人民检察院在立案后，对于利用职权实施的严重侵犯公民人身权利的重大犯罪案件，根据侦查犯罪的需要，经过严格的批准手续，可以采取技术侦查措施，按照规定交有关机关执行。追捕被通缉或者批准、决定逮捕的在逃的犯罪嫌疑人、被告人，经过批准，可以采取追捕所必需的技术侦查措施。

可以得出以下结论：可见，对于"其他严重危害社会的犯罪案件"，也可以采取技术侦查措施，A 项正确。技术侦查措施属于侦查措施，根据上述法条，技术侦查必须在"公安机关在立案后""人民检察院在立案后"方可实施，B 项正确。

C 项错误，检察院可以采取技术侦查措施，但需要"按照规定交有关机关执行。"是故，检察院有权决定但不能实施技术侦查措施。

D 项，《刑事诉讼法》第 154 条规定：依照本节规定采取侦查措施收集的材料在刑事诉讼中可以作为证据使用。可见，通过技术侦查措施收集的材料在刑事诉讼中可以作为证据使用，无需转化，D 项错误。

大咖点拨区

扫码听课

大咖点拨区

扫码听课

综上所述，本题答案为 A、B。

9. 孙某、张某涉嫌组织、领导黑社会性质组织罪，公安机关对孙某和张某的电话进行监听。关于该案的说法，正确的是：（2021 仿真题，多）

A. 监听获得的个人隐私不得用于该案的审判

B. 监听获得的个人隐私与案件无关的，必须及时销毁

C. 对孙某和张某监听后，还可对关联犯罪的陈龙适用监听，但应重新报批准

D. 监听从立案时起 3 个月内有效

【考点】 对技术侦查的考查

【解析】 依据《刑事诉讼法》第 152 条：采取技术侦查措施，必须严格按照批准的措施种类、适用对象和期限执行。侦查人员对采取技术侦查措施过程中知悉的国家秘密、商业秘密和个人隐私，应当保密；对采取技术侦查措施获取的与案件无关的材料，必须及时销毁。采取技术侦查措施获取的材料，只能用于对犯罪的侦查、起诉和审判，不得用于其他用途。公安机关依法采取技术侦查措施，有关单位和个人应当配合，并对有关情况予以保密。监听获得的个人隐私应当保密，只能用于对犯罪的侦查、起诉和审判，不得用于其他用途。而不是不能用于该案的审判。故 A 项错误，B 正确。

依据《公安部规定》第 267 条：采取技术侦查措施，必须严格按照批准的措施种类、适用对象和期限执行。在有效期限内，需要变更技术侦查措施种类或者适用对象的，应当按照本规定第 265 条规定重新办理批准手续。

故此得知，监听不仅可以适用犯罪嫌疑人、被告人孙某和张某，经过审批还可以适用于与犯罪活动直接关联的人员。故 C 项正确。

依据《刑事诉讼法》第 151 条：批准决定应当根据侦查犯罪的需要，确定采取技术侦查措施的种类和适用对象。批准决定自签发之日起三个月以内有效。对于不需要继续采取技术侦查措施的，应当及时解除；对于复杂、疑难案件，期限届满仍有必要继续采取技术侦查措施的，经过批准，有效期可以延长，每次不得超过三个月。故此得知监听措施"从批准决定签发之日"而不是"立案时"起 3 个月以内有效。故 D 项错误。

10. 侦查措施是查明案件事实的手段，与公民的权利保障密切相关。请回答第 92～94 题。

（1）关于讯问犯罪嫌疑人的地点，下列选项正确的是：（2012－2－92，不定项）

A. 对不需要逮捕、拘留的犯罪嫌疑人，可以传唤到犯罪嫌疑人所在市、县的公安局进行讯问

B. 对不需要逮捕、拘留的犯罪嫌疑人，可以传唤到犯罪嫌疑人所在市、县的公司内进行讯问

C. 对于已经被逮捕羁押的犯罪嫌疑人，应当在看守所内进行讯问

D. 犯罪现场发现的犯罪嫌疑人，可以当场口头传唤，但须出示工作证并在讯问笔录中注明

【考点】 讯问犯罪嫌疑人的地点

【解析】《刑事诉讼法》第 119 条第 1 款规定：对不需要逮捕、拘留的犯罪嫌疑人，可以传唤到犯罪嫌疑人所在市、县内的指定地点或者到他的住处进行讯

扫码听课

问，但是应当出示人民检察院或者公安机关的证明文件。对在现场发现的犯罪嫌疑人，经出示工作证件，可以口头传唤，但应当在讯问笔录中注明。A、B、D项，对不需要逮捕、拘留的犯罪嫌疑人，可以传唤到犯罪嫌疑人所在市、县内的指定地点或者到他的住处进行讯问，因此，传唤犯罪嫌疑人至公安局、公司都是可以的，A、B项正确。对在现场发现的犯罪嫌疑人，经出示工作证件，可以口头传唤，但应当在讯问笔录中注明，D项正确。

C项，《刑事诉讼法》第118条第2款规定：犯罪嫌疑人被送交看守所羁押以后，侦查人员对其进行讯问，应当在看守所内进行。可见，C项正确。

综上所述，本题答案为A、B、C、D。

（2）关于询问被害人，下列选项正确的是：（2012-2-93，不定项）

A. 侦查人员可以在现场进行询问

B. 侦查人员可以在指定的地点进行询问

C. 侦查人员可以通知被害人到侦查机关接受询问

D. 询问笔录应当交被害人核对，如记载有遗漏或者差错，被害人可以提出补充或者改正

【考点】询问被害人的程序要求

【解析】本题考查侦查行为中的询问被害人，需要注意，询问被害人与询问证人的程序一样。《刑事诉讼法》第124条第1款规定：侦查人员询问证人，可以在现场进行，也可以到证人所在单位、住处或者证人提出的地点进行，在必要的时候，可以通知证人到人民检察院或者公安机关提供证言。在现场询问证人，应当出示工作证件，到证人所在单位、住处或者证人提出的地点询问证人，应当出示人民检察院或者公安机关的证明文件。《刑事诉讼法》第127条规定：询问被害人，适用询问证人的规定。本题中，A、B项，在现场和被害人提出的地点进行询问正确，A项正确。但是B项，可以到被害人指定的地点询问而不能笼统地说到"指定的地点"询问，B项错误。

C项，"可以通知证人到人民检察院或者公安机关提供证言"，故，C项正确。

D项，《刑事诉讼法》第122条规定：讯问笔录应当交犯罪嫌疑人核对，对于没有阅读能力的，应当向他宣读。如果记载有遗漏或者差错，犯罪嫌疑人可以提出补充或者改正。犯罪嫌疑人承认笔录没有错误后，应当签名或者盖章。侦查人员也应当在笔录上签名。犯罪嫌疑人请求自行书写供述的，应当准许。必要的时候，侦查人员也可以要犯罪嫌疑人亲笔书写供词。

《刑事诉讼法》第126条规定：本法第122条的规定，也适用于询问证人。

可见关于讯问笔录的规定可以适用于询问证人，而询问被害人，适用询问证人的规定。故，询问被害人可以适用讯问笔录的规定。即，询问笔录应当交被害人核对，如记载有遗漏或者差错，被害人可以提出补充或者改正，D项正确。

综上所述，本题答案为A、C、D。

（3）关于查封、扣押措施，下列选项正确的是：（2012-2-94，不定项）

A. 查封、扣押犯罪嫌疑人与案件有关的各种财物、文件只能在勘验、搜查中实施

B. 根据侦查犯罪的需要，可以依照规定扣押犯罪嫌疑人的存款、汇款、债券、股票、基金份额等财产

大咖点拨区

扫码听课

扫码听课

大咖点拨区

C. 侦查人员认为需要扣押犯罪嫌疑人的邮件、电报的时候，可通知邮电机关将有关的邮件、电报检交扣押

D. 对于查封、扣押的财物、文件、邮件、电报，经查明确实与案件无关的，应当在3日以内解除查封、扣押，予以退还

【考点】 查封、扣押的程序要求

【解析】 A项，《刑事诉讼法》第141条第1款规定：在侦查活动中发现的可用以证明犯罪嫌疑人有罪或者无罪的各种财物、文件，应当查封、扣押；与案件无关的财物、文件，不得查封、扣押。可见，查封、冻结是在"侦查活动中"，并非只限于"勘验、搜查"时，A项错误。

B项，《刑事诉讼法》第144条第1款规定：人民检察院、公安机关根据侦查犯罪的需要，可以依照规定查询、冻结犯罪嫌疑人的存款、汇款、债券、股票、基金份额等财产。有关单位和个人应当配合。可见，针对"存款、汇款、债券、股票、基金份额等财产"应当适用查询、冻结措施，对物证、书证才适用查封、扣押措施，B项错误。

C项，《刑事诉讼法》第143条第1款规定：侦查人员认为需要扣押犯罪嫌疑人的邮件、电报的时候，经公安机关或者人民检察院批准，即可通知邮电机关将有关的邮件、电报检交扣押。可见，侦查人员需要"经公安机关或者人民检察院批准"，才可以实施扣押邮件、电报的行为，C项错误。

D项，《刑事诉讼法》第145条规定：对查封、扣押的财物、文件、邮件、电报或者冻结的存款、汇款、债券、股票、基金份额等财产，经查明确实与案件无关的，应当在3日以内解除查封、扣押、冻结，予以退还。可见，D项"3日"的表述正确。

综上所述，本题答案为D。

11. 某建设工程公司总经理王某涉嫌工程重大安全事故罪被立案侦查。侦查机关聘请本省工程质量监督检测中心进行检验，检验人张某出具的检验报告认为，该建设工程公司违反国家规定，降低工程质量标准是造成重大安全事故的主要原因。关于本案，下列说法正确的是？（2018回忆版真题）

A. 张某在本案中是鉴定人身份，属于应当回避的对象

B. 经法院通知，张某需出庭作证

C. 张某出具的检验报告可以作为证据来使用

D. 张某所进行的检验属于勘验、检查的一种形式

【考点】 回避、鉴定人出庭作证制度、检验报告

【解析】 A选项，《刑诉解释》第100条第1款规定：因无鉴定机构，或者根据法律、司法解释的规定，指派、聘请有专门知识的人就案件的专门性问题出具的报告，可以作为证据使用。据此，尽管检验人是具有专门知识的人，且接受聘请，但案件中检验人并非鉴定人的身份。故A选项错误。

需要指出的是，《刑诉解释》第100条第2款规定：对前款规定的报告的审查与认定，参照适用本节的有关规定。而该解释第98条规定：鉴定意见具有下列情形之一的，不得作为定案的根据：①鉴定机构不具备法定资质，或者鉴定事项超出该鉴定机构业务范围、技术条件的；②鉴定人不具备法定资质，不具有相关专业技术或者职称，或者违反回避规定的；③送检材料、样本来源不明，或者因

扫码听课

污染不具备鉴定条件的；④鉴定对象与送检材料、样本不一致的；⑤鉴定程序违反规定的；⑥鉴定过程和方法不符合相关专业的规范要求的；⑦鉴定文书缺少签名、盖章的；⑧鉴定意见与案件事实没有关联的；⑨违反有关规定的其他情形。由此可以推知，检验人属于回避的对象。

B 选项，《刑诉解释》第 100 条第 3 款规定："经人民法院通知，出具报告的人拒不出庭作证的，有关报告不得作为定案的根据。"故 B 选项正确。

C 选项，根据《刑诉解释》第 100 条第 1 款的规定，因无鉴定机构，或者根据法律、司法解释的规定，指派、聘请有专门知识的人就案件的专门性问题出具的报告，可以作为证据使用，故 C 选项正确。

D 选项，勘验、检查是指侦查人员对与犯罪有关的场所、物品、尸体、人身进行勘查和检验的一种侦查行为。二者的适用主体都只能是侦查人员，且勘验的对象是现场、物品和尸体；而检查则是针对活人的身体。而本案中的检验主体并非侦查人员，不属于勘验、检查的一种，故 D 选项错误。

综上，本题答案为 BC。

12. 某嫌疑人可能构成贩卖毒品罪，公安机关对此案立案侦查。侦查中决定采取监听通话和隐藏身份的手段进行。关于本案下列说法正确的是？（2018 回忆版真题）

A. 对于有可能向其买毒品的人，公安机关不能进行电话监听

B. 采取监听通话和隐藏身份进行侦查均需报省公安机关

C. 监听内容涉及国家秘密的内容审判时不得采用

D. 如申请监听通话和隐藏身份后即将满 3 个月，侦查机关想更换为另一种技术侦查则应重新审批

扫码听课

【考点】技术侦查措施的程序要求

【解析】A 项，根据《公安部规定》第 272 条规定：对涉及给付毒品等违禁品或者财物的犯罪活动，为查明参与该项犯罪的人员和犯罪事实，根据侦查需要，经县级以上公安机关负责人决定，可以实施控制下交付。而根据《公安部规定》第 264 条第 2 款规定：技术侦查措施的适用对象是犯罪嫌疑人、被告人以及与犯罪活动直接关联的人员。可知购买毒品的人员都可以采取技侦手段，进行控制下交付。所以 A 错误。

B 项，根据《公安部规定》第 271 条规定：为了查明案情，在必要的时候，经县级以上公安机关负责人决定，可以由侦查人员或者公安机关指定的其他人员隐匿身份实施侦查。根据其《公安部规定》第 265 条规定：需要采取技术侦查措施的，应当制作呈请采取技术侦查措施报告书，报设区的市一级以上公安机关负责人批准，制作采取技术侦查措施决定书。所以不管是监听通话还是隐藏身份进行侦查都不需要报省公安机关，而是报市一级以上。B 项错误。

C 项，根据《刑事诉讼法》第 152 条第 2 款、第 3 款规定：侦查人员对采取技术侦查措施过程中知悉的国家秘密、商业秘密和个人隐私，应当保密；对采取技术侦查措施获取的与案件无关的材料，必须及时销毁。采取技术侦查措施获取的材料，只能用于对犯罪的侦查、起诉和审判，不得用于其他用途。即使涉及国家秘密依然可以使用，只是需保密。所以 C 项错误。

D 项，根据《公安部规定》第 267 条规定：采取技术侦查措施，必须严格按

照批准的措施种类、适用对象和期限执行。在有效期限内，需要变更技术侦查措施种类或者适用对象的，应当按照本规定第265条规定重新办理批准手续。所以D项正确。

综上所述，本题答案为D。

13. 司法工作人员甲涉嫌刑讯逼供被检察院立案侦查，检察院在侦查过程中发现甲在另一起案件的办理中涉嫌受贿和暴力取证，关于本案的处理，下列哪些选项是正确的？（2019仿真题）

A. 对于甲涉嫌的刑讯逼供案，检察院可以根据需要采取技术侦查措施

B. 对于甲涉嫌的暴力取证案，检察院可以立案侦查

C. 对于甲涉嫌的受贿案，检察院与监察委员会沟通后，认为由检察院管辖更为适宜的，可以由检察院立案侦查

D. 在甲涉嫌的暴力取证案中，法院对于被害人提起的附带民事诉讼应当不予受理

【考点】检察院与监察委员会案件的衔接与管辖

【解析】A项，《高检规则》第227条："人民检察院在立案后，对于利用职权实施的严重侵犯公民人身权利的重大犯罪案件，经过严格的批准手续，可以采取技术侦查措施，交有关机关执行。"据此，本案中检察院根据需要可以对甲涉嫌的刑诉逼供案进行技术侦查措施。A项正确。

B项、C项，《高检规则》第13条第1款："人民检察院在对诉讼活动实行法律监督中发现的司法工作人员利用职权实施的非法拘禁、刑讯逼供、非法搜查等侵犯公民权利、损害司法公正的犯罪，可以由人民检察院立案侦查。"本案中甲涉嫌暴力取证，已经侵犯公民权利、损害司法公正，因此检察院可以立案侦查。对于甲涉嫌受贿案，《监察法》第11条："监察委员会依照本法和有关法律规定履行监督、调查、处置职责：（一）对公职人员开展廉政教育，对其依法履职、秉公用权、廉洁从政从业以及道德操守情况进行监督检查；（二）对涉嫌贪污贿赂、滥用职权、玩忽职守、权力寻租、利益输送、徇私舞弊以及浪费国家资财等职务违法和职务犯罪进行调查；（三）对违法的公职人员依法作出政务处分决定；对履行职责不力、失职失责的领导人员进行问责；对涉嫌职务犯罪的，将调查结果移送人民检察院依法审查、提起公诉；向监察对象所在单位提出监察建议。"据此甲受贿案不属于检察院管辖案件范围。B项正确，C项错误。

D项，《刑诉解释》第177条："国家机关工作人员在行使职权时，侵犯他人人身、财产权利构成犯罪，被害人或者其法定代理人、近亲属提起附带民事诉讼的，人民法院不予受理，但应当告知其可以依法申请国家赔偿。"本案中，甲作为司法工作人员，属于国家机关工作人员。对其行使职权时侵犯的受害人提起的附带民事诉讼，法院应当不予受理，但应当告知其可以依法申请国家赔偿。D项错误。

综上，本题答案为A、B。

14. 出租车司机张三被乘客举报贩卖毒品，A区公安机关接到线索后立即对张三进行初查，发现其确有重大嫌疑，便正式对该案进行立案侦查。关于本案的侦查行为，下列哪些选项是不正确的？（2019仿真题）

A. A区公安机关在初查过程中可对张三实施监听，但要经上一级公安局局长

批准

B. 在公安机关查明张三确有毒品准备出售时，侦查人员可以隐匿身份，向张三表示希望购买毒品，以便更好地获取犯罪证据

C. 在毒品交易现场对张三进行拘留时，侦查人员在无搜查证的情况下对张三当时驾驶的汽车进行搜查符合法律规定

D. 出租车公司的电子数据记录了张三的行驶轨迹，侦查人员为掌握这一证据可凭立案决定书进行调取

【考点】技术侦查措施的程序要求、搜查的程序要求、调取证据的程序要求

【解析】A 项，《公安部规定》第 174 条："对接受的案件，或者发现的犯罪线索，公安机关应当迅速进行审查。发现案件事实或者线索不明的，必要时，经办案部门负责人批准，可以进行调查核实。调查核实过程中，公安机关可以依照有关法律和规定采取询问、查询、勘验、鉴定和调取证据材料等不限制被调查对象人身、财产权利的措施。但是，不得对被调查对象采取强制措施，不得查封、扣押、冻结被调查对象的财产，不得采取技术侦查措施。"据此，A 区公安机关在初查过程中不能对张三实施监听。A 项错误。

B 项，《公安部规定》第 271 条："为了查明案情，在必要的时候，经县级以上公安机关负责人决定，可以由侦查人员或者公安机关指定的其他人员隐匿身份实施侦查。隐匿身份实施侦查时，不得使用促使他人产生犯罪意图的方法诱使他人犯罪，不得采用可能危害公共安全或者发生重大人身危险的方法。"本案中，侦查人员隐匿身份实施侦查，使得张三产生犯意所得的证据不能作为定罪依据。B 项错误。

C 项，《公安部规定》第 224 条："执行拘留、逮捕的时候，遇有下列紧急情况之一的，不用搜查证也可以进行搜查：（一）可能随身携带凶器的；（二）可能隐藏爆炸、剧毒等危险物品的；（三）可能隐匿、毁弃、转移犯罪证据的；（四）可能隐匿其他犯罪嫌疑人的；（五）其他突然发生的紧急情况。"本案中侦查人员在交易现场对张三进行拘留的紧急情况下，可以不用搜查证进行搜查。C 项正确。

D 项，《公安部规定》第 62 条："公安机关向有关单位和个人调取证据，应当经办案部门负责人批准，开具调取证据通知书，明确调取的证据和提供时限。被调取单位及其经办人、持有证据的个人应当在通知书上盖章或者签名，拒绝盖章或者签名的，公安机关应当注明。必要时，应当采用录音录像方式固定证据内容及取证过程。"据此，本案中侦查人员凭立案决定书对张三在出租车公司的电子数据记录进行调取不符合规定。D 项错误。

综上本题选择 ABD。

15. 搜查是指侦查人员对犯罪嫌疑人以及可能隐藏罪犯或者罪证的人的身体、物品、住处和其他有关的地方进行搜索、检查的一种侦查行为，下列关于搜查的说法正确的是？

A. 搜查只能由公、检、法专门机关进行，其他任何机关、单位和个人都无权对公民人身和住宅进行搜查

B. 搜查妇女的身体，应当由女工作人员或者医师进行

C. 搜查的时候，应当有被搜查人及他的家属、邻居还有见证人同时在场

D. 搜查时，必须向被搜查人出示搜查证，但是侦查人员在执行逮捕、拘留的

扫码听课

时候，遇有紧急情况，不另用搜查证也可以进行搜查

【考点】搜查的程序要求

【解析】A选项，根据《刑事诉讼法》第136条规定：为了收集犯罪证据、查获犯罪人，侦查人员可以对犯罪嫌疑人以及可能隐藏罪犯或者犯罪证据的人的身体、物品、住处和其他有关的地方进行搜查。所以搜查必须由侦查人员进行，任何其他机关、单位和个人都无权对公民人身和住宅进行搜查。A选项错误。

B选项，根据《刑事诉讼法》第139条第2款规定：搜查妇女的身体，应当由女工作人员进行。B选项错误。

C选项，根据《刑事诉讼法》第139条第1款规定：在搜查的时候，应当有被搜查人或者他的家属，邻居或者其他见证人在场。即，在搜查过程中，要求被搜查人与家属至少一方在场，邻居或其他见证人至少一方在场，而非四个主体同时在场，C选项错误。

D选项，根据《刑事诉讼法》第138条规定：进行搜查，必须向被搜查人出示搜查证。在执行逮捕、拘留的时候，遇有紧急情况，不另用搜查证也可以进行搜查。

综上，本题答案为D选项。

三、侦查终结

关于侦查程序中的辩护权保障和情况告知，下列哪一选项是正确的？（2012 - 2 - 39，单）

A. 辩护律师提出要求的，侦查机关可以听取辩护律师的意见，并记录在案

B. 辩护律师提出书面意见的，可以附卷

C. 侦查终结移送审查起诉时，将案件移送情况告知犯罪嫌疑人或者其辩护律师

D. 侦查终结移送审查起诉时，将案件移送情况告知犯罪嫌疑人及其辩护律师

【考点】侦查程序中辩护权的保障

【解析】A、B项，《刑事诉讼法》第161条规定：在案件侦查终结前，辩护律师提出要求的，侦查机关应当听取辩护律师的意见，并记录在案。辩护律师提出书面意见的，应当附卷。可见，辩护律师提出要求的，侦查机关"应当"而非"可以"听取辩护律师的意见，A项错误。对于辩护律师提出的书面意见"应当"而非"可以"附卷，B错误。

C、D项，《刑事诉讼法》第162条规定：公安机关侦查终结的案件，应当做到犯罪事实清楚，证据确实、充分，并且写出起诉意见书，连同案卷材料、证据一并移送同级人民检察院审查决定；同时将案件移送情况告知犯罪嫌疑人及其辩护律师。可见，侦查终结移送审查起诉时，应当将案件移送情况告知犯罪嫌疑人"及其"辩护律师。"或者"错误。因此，D项正确，C项错误。

综上所述，故本题答案为D。

四、补充侦查

关于补充侦查，下列哪些选项是正确的？（2015 - 2 - 70，多）

A. 审查批捕阶段，只有不批准逮捕的，才能通知公安机关补充侦查

扫码听课

扫码听课

B. 审查起诉阶段的补充侦查以两次为限

C. 审判阶段检察院应自行侦查，不得退回公安机关补充侦查

D. 审判阶段法院不得建议检察院补充侦查

【考点】补充侦查的程序要求

【解析】A项，根据《刑事诉讼法》第90条的规定，检察院对于公安机关提请批准逮捕的案件进行审查后，应当根据情况分别作出批准逮捕或者不批准逮捕的决定。对于批准逮捕的决定，公安机关应当立即执行，并且将执行情况及时通知检察院。对于不批准逮捕的，检察院应当说明理由，需要补充侦查的，应当同时通知公安机关。故A项表述正确。

B项，根据《高检规则》第346条第1款、第2款、第3款的规定：退回监察机关补充调查、退回公安机关补充侦查的案件，均应当在一个月以内补充调查、补充侦查完毕。补充调查、补充侦查以二次为限。补充调查、补充侦查完毕移送起诉后，人民检察院重新计算审查起诉期限。故B项表述正确。

C项，根据《高检规则》第422条的规定，在审判过程中，对于需要补充提供法庭审判所必需的证据或者补充侦查的，人民检察院应当自行收集证据和进行侦查，必要时可以要求监察机关或者公安机关提供协助；也可以书面要求监察机关或者公安机关补充提供证据。故C项表述正确。

D项，根据《刑诉解释》第277条的规定，审判期间，合议庭发现被告人可能有自首、坦白、立功等法定量刑情节，而检察院移送的案卷中没有相关证据材料的，应当通知人民检察院移送。审判期间，被告人提出新的立功线索的，法院可以建议检察院补充侦查。可知，审判阶段法院可以建议检察院补充侦查。故D项表述错误。

综上所述，本题正确答案为ABC项。

五、监察程序

下列关于监察机关调查程序表述、正确的是？（2019回忆版真题）

A. 监察机关将案件移送人民检察院审查起诉后，检察院有权直接决定通缉犯罪嫌疑人

B. 监察机关有向法院直接提起公诉的权利

C. 监察机关不服人民检察院的不起诉决定，可以向同级人民检察院申请复议

D. 监察机关移送人民检察院审查起诉后，如果有证据证明犯罪嫌疑人有犯罪事实，可能判处10年有期徒刑以上刑罚的、人民检察院应当对其径行逮捕

【考点】调查的程序要求、监察委员会与检察院的程序衔接

【解析】选项A，监察机关将案件移送人民检察院审查起诉后，依据《高检规则》第233条规定，各级人民检察院需要在本辖区内通缉犯罪嫌疑人的，可以直接决定通缉；需要在本辖区外通缉犯罪嫌疑人的，由有决定权的上级人民检察院决定。由公安机关发布。可知，选项A正确。

选项B，根据《监察法》第45条第1款第4项的规定，对涉嫌职务犯罪的，监察机关经调查认为犯罪事实清楚，证据确实、充分的，制作起诉意见书，连同案卷材料、证据一并移送人民检察院依法审查、提起公诉。可知监察机关自己没有提起公诉的权利，选项B不正确。

大咖点拨区

　　选项 C，根据《监察法》第 47 条第 4 款的规定，人民检察院对于有《中华人民共和国刑事诉讼法》规定的不起诉的情形的，经上一级人民检察院批准，依法作出不起诉的决定。监察机关认为不起诉的决定有错误的，可以向上一级人民检察院提请复议。可知，选项 C 错误。

　　选项 D，根据《刑事诉讼法》第 81 条第 3 款的规定，对有证据证明有犯罪事实，可能判处十年有期徒刑以上刑罚的，或者有证据证明有犯罪事实，可能判处徒刑以上刑罚，曾经故意犯罪或者身份不明的，应当予以逮捕。

　　综上所述，本题答案为 AD。

专题十四　起　诉

大咖点拨区

一、公诉理论

1. 只要有足够证据证明犯罪嫌疑人构成犯罪，检察机关就必须提起公诉。关于这一制度的法理基础，下列哪一选项是正确的？（2013－2－36，单）

A. 起诉便宜主义 　　　　B. 起诉法定主义

C. 公诉垄断主义 　　　　D. 私人诉追主义

【考点】公诉制度

【解析】人类社会最早的起诉方式是自诉。随着社会的发展，统治者意识到犯罪行为从根本上危害了国家和社会利益。国家开始设立专门的机构和官员来承担起诉职能，刑事公诉制度逐步形成。现代公诉主要分为两种类型：一是刑事公诉独占主义，即刑事起诉权被国家垄断，排除被害人自诉；二是刑事公诉兼自诉，即较严重犯罪案件的起诉权由检察机关代表国家行使，少数轻微案件允许公民自诉。对于符合起诉条件的刑事公诉案件是否必须向法院起诉，也有两种原则：一是起诉法定主义或称起诉合法主义，即只要被告人的行为符合法定起诉条件，公诉机关不享有自由裁量权，必须起诉，而不论具体情节；二是起诉便宜主义或称起诉合理主义，即被告人的行为在具备起诉条件时，是否起诉，由检察官根据被告人及其具体情况以及刑事政策等因素自由裁量。现代刑事诉讼普遍强调起诉法定主义与起诉便宜主义二元并存、相互补充的起诉原则。我国实行公诉为主，自诉为辅的犯罪追诉机制。在起诉原则上，我国采用以起诉法定主义为主，兼采起诉便宜主义，检察官的裁量权受到严格限制。

本题中，"只要有足够证据证明犯罪嫌疑人构成犯罪，检察机关就必须提起公诉"属于起诉法定主义。B项正确，A、C、D项错误。

综上所述，本题答案为 B。

2. 关于我国刑事起诉制度，下列哪些选项是正确的？（2010－2－70，多）

A. 实行公诉为主、自诉为辅的犯罪追诉机制

B. 公诉为主表明公诉机关可主动干预自诉

C. 实行的起诉原则为起诉法定主义为主，兼采起诉便宜主义

D. 起诉法定为主要求凡构成犯罪的必须起诉

【考点】我国刑事起诉制度

【解析】根据上一题（2013－2－36，单）的"知识介绍"可知，A、C 项正确。

B 项，公诉有公诉的条件，自诉有自诉的条件，公诉为主只说明在我国公诉案件居多，但不说明公诉案件可以干预或者影响自诉案件，B 项错误。

D 项，起诉法定要求凡构成犯罪的必须起诉，但起诉法定"为主"则要求起诉便宜为辅。D 项错误。

扫码听课

综上所述，A、C项正确。

二、审查起诉

1. 甲、乙共同实施抢劫，该案经两次退回补充侦查后，检察院发现甲在两年前曾实施诈骗犯罪。关于本案，下列哪一选项是正确的？（2016－2－35，单）

A. 应将全案退回公安机关依法处理

B. 对新发现的犯罪自行侦查，查清犯罪事实后一并提起公诉

C. 将新发现的犯罪移送公安机关侦查，待公安机关查明事实移送审查起诉后一并提起公诉

D. 将新发现的犯罪移送公安机关立案侦查，对已查清的犯罪事实提起公诉

【考点】两次补充侦查后发现新犯罪事实的处理

【解析】依据新修订的《高检规则》第349条规定：人民检察院对已经退回监察机关二次补充调查或者退回公安机关二次补充侦查的案件，在审查起诉中又发现新的犯罪事实的，应当将线索移送监察机关或公安机关。对已经查清的犯罪事实，应当依法提起公诉。

可见，本案中D应改为"应当将诈骗犯罪线索移送公安机关立案侦查，对已经查清的犯罪事实，应当依法提起公诉"D才是正确答案。

综上所述，本题选答案D。

2. 高某涉嫌抢劫犯罪，公安机关经二次补充侦查后将案件移送检察机关，检察机关审查发现高某可能还实施了另一起盗窃犯罪。检察机关关于此案的处理，下列哪一选项是正确的？（2013－2－25，单）

A. 再次退回公安机关补充侦查，并要求在一个月内补充侦查完毕

B. 要求公安机关收集并提供新发现的盗窃犯罪的证据材料

C. 对新发现的盗窃犯罪自行侦查，并要求公安机关提供协助

D. 将新发现的盗窃犯罪移送公安机关另行立案侦查，对已经查清的抢劫犯罪提起公诉

【考点】两次补充侦查后发现新犯罪事实的处理

【解析】依据新修订的《高检规则》第349条规定：人民检察院对已经退回监察机关二次补充调查或者退回公安机关二次补充侦查的案件，在审查起诉中又发现新的犯罪事实的，应当将线索移送监察机关或公安机关。对已经查清的犯罪事实，应当依法提起公诉。

本题中，检察机关审查发现高某可能还实施了另一起盗窃犯罪，属于"发现新的犯罪事实"，应当移送公安机关立案侦查，如抢劫罪若已查清，应当依法提起公诉。D才是正确答案。

综上所述，本题选答案D。

3. 检察院审查批准逮捕时，遇有下列哪些情形依法应当讯问犯罪嫌疑人？

A. 侦查机关拘留犯罪嫌疑人36小时以后将其送交看守所羁押

B. 犯罪嫌疑人要求向检察人员当面陈述的

C. 犯罪嫌疑人认罪认罚的

D. 共同犯罪的

【考点】审查批捕阶段应当讯问犯罪嫌疑人的情形

【解析】《高检规则》第 280 条第 1 款规定，人民检察院办理审查逮捕案件，可以讯问犯罪嫌疑人；具有下列情形之一的，应当讯问犯罪嫌疑人：（一）对是否符合逮捕条件有疑问的；（二）犯罪嫌疑人要求向检察人员当面陈述的；（三）侦查活动可能有重大违法行为的；（四）案情重大、疑难、复杂的；（五）犯罪嫌疑人认罪认罚的；（六）犯罪嫌疑人系未成年人的；（七）犯罪嫌疑人是盲、聋、哑人或者是尚未完全丧失辨认或者控制自己行为能力的精神病人的。

A 选项，《刑事诉讼法》第 85 条第 2 款规定，拘留后，应当立即将被拘留人送看守所羁押，至迟不得超过 24 小时。拘留 36 小时候将其送交看守所羁押的行为属于第 280 条第 1 款第（三）项规定的重大违法行为，应当对其进行讯问，A 项正确。

B 选项，犯罪嫌疑人要求向检察人员当面陈述，符合第 280 条第 1 款第（二）项规定，B 项正确。

C 选项，犯罪嫌疑人认罪认罚，符合第 280 条第 1 款第（五）项规定，C 项正确。

D 选项不属于依法应当讯问的情形，D 项错误。

综上所述，本题答案为 A、B、C。

三、不起诉

1. 叶某涉嫌飞车抢夺行人财物被立案侦查。移送审查起诉后，检察院认为实施该抢夺行为的另有其人。关于本案处理，下列哪一选项是正确的？（2017 - 2 - 32，单）

A. 检察院可将案卷材料退回公安机关并建议公安机关撤销案件

B. 在两次退回公安机关补充侦查后，检察院应作出证据不足不起诉的决定

C. 检察院作出不起诉决定后，被害人不服向法院提起自诉，法院受理后，不起诉决定视为自动撤销

D. 如最高检察院认为对叶某的不起诉决定确有错误的，可直接撤销不起诉决定

【考点】移送审查起诉后发现犯罪事实并非犯罪嫌疑人所为的处理

【解析】A 项，根据《高检规则》第 365 条第 2 款的规定："对于犯罪事实并非犯罪嫌疑人所为，需要重新调查或者侦查的，应当在作出不起诉决定后书面说明理由，将案卷材料退回监察机关或者公安机关并建议重新调查或者侦查。"可知，检察院是建议公安机关"重新侦查"，而非"撤销案件"。故 A 项表述错误。

B 项，根据《高检规则》第 367 条第 1 款的规定："人民检察院对于二次退回补充调查或者补充侦查的案件，仍然认为证据不足，不符合起诉条件的，经检察长批准，依法作出不起诉决定。"可知，对于两次退回补充侦查的案件，如果证据确实充分，符合起诉条件的，检察院依法提起公诉，如果仍然事实不清证据不足作证据不足不起诉，但本案是两次退回后发现犯罪事实并非犯罪嫌疑人所为，则应当对叶某作出法定不起诉的决定后书面说明理由，并将案卷材料退回公安机关并建议重新侦查。故 B 项表述错误。

C 项，根据《高检规则》第 384 条规定，人民检察院收到人民法院受理被害人对被不起诉人起诉的通知后，应当终止复查，将作出不起诉决定所依据的有关

大咖点拨区

扫码听课

案卷材料移送人民法院。所以，被害人对检察院作出的不起诉决定不服向法院提起自诉，这是被害人法定的救济权之一，并不影响检察院不起诉决定的效力。故C项表述错误。

D项，因为检察院内部的体制为领导体制，根据《高检规则》第389条的规定，最高人民检察院对地方各级人民检察院的起诉、不起诉决定，上级人民检察院对下级人民检察院的起诉、不起诉决定，发现确有错误的，应当予以撤销或者指令下级人民检察院纠正。

综上所述，本题答案为D。

2. 甲、乙、丙、丁四人涉嫌多次结伙盗窃，公安机关侦查终结移送审查起诉后，甲突然死亡。检察院审查后发现，甲和乙共同盗窃1次，数额未达刑事立案标准；乙和丙共同盗窃1次，数额刚达刑事立案标准；甲、丙、丁三人共同盗窃1次，数额巨大，但经两次退回公安机关补充侦查后仍证据不足；乙对其参与的2起盗窃有自首情节。关于本案，下列哪一选项是正确的？（2015－2－33，单）

A. 对甲可作出酌定不起诉决定

B. 对乙可作出法定不起诉决定

C. 对丙应作出证据不足不起诉决定

D. 对丁应作出证据不足不起诉决定

【考点】法定不起诉、酌定不起诉和存疑不起诉的辨析

【解析】依据《刑事诉讼法》第175条第4款、第177条第1款、第182条第1款和第282条第1款规定，不起诉分为：法定不起诉、酌定不起诉、证据不足不起诉（存疑不起诉）、附条件不起诉和特殊不起诉。

对于甲：

（1）甲突然死亡——法定不起诉。

（2）甲和乙共同盗窃1次，数额未达刑事立案标准——法定不起诉。

（3）甲、丙、丁三人共同盗窃1次，数额巨大，但经两次退回公安机关补充侦查后仍证据不足——存疑不起诉（证据不足不起诉）。

对于乙：

（1）甲和乙共同盗窃1次，数额未达刑事立案标准——法定不起诉。

（2）乙和丙共同盗窃1次，数额刚达刑事立案标准——酌定不起诉。

（3）乙对其参与的2起盗窃有自首情节——酌定不起诉。

对于丙：

（1）乙和丙共同盗窃1次，数额刚达刑事立案标准——酌定不起诉。

（2）甲、丙、丁三人共同盗窃1次，数额巨大，但经两次退回公安机关补充侦查后仍证据不足——存疑不起诉（证据不足不起诉）。

对于丁：甲、丙、丁三人共同盗窃1次，数额巨大，但经两次退回公安机关补充侦查后仍证据不足——存疑不起诉（证据不足不起诉）。

可见，对甲不可以酌定不起诉，只能存疑不起诉。乙盗窃过2次，只有其中一次符合法定不起诉情形，第二次盗窃属于存疑不诉，在这种情况下，不可以单独作出法定不起诉的决定。丙的二次盗窃行为分别可以作出酌定不起诉和存疑不起诉的决定，不能说应当作出存疑不诉的决定。丁属于存疑不诉条件，应当作出证据不足不起诉决定。

综上所述，本题答案为 D。

3. 检察院对孙某敲诈勒索案审查起诉后认为，作为此案关键证据的孙某口供系刑讯所获，依法应予排除。在排除该口供后，其他证据显然不足以支持起诉，因而作出不起诉决定。关于该案处理，下列哪一选项是错误的？（2014－2－35，单）

A. 检察院的不起诉属于存疑不起诉
B. 检察院未经退回补充侦查即作出不起诉决定违反《刑事诉讼法》的规定
C. 检察院排除刑讯获得的口供，体现了法律监督机关的属性
D. 检察院不起诉后，又发现新的证据，符合起诉条件时，可提起公诉

【考点】 存疑不起诉

【解析】 A 项，不起诉制度分为五种不起诉：法定不起诉、酌定不起诉、证据不足不起诉（存疑不起诉）附条件不起诉以及特殊不起诉。检察机关由于排除非法证据后导致案件证据不足而不起诉显然属于证据不足不起诉，即存疑不诉。A 项正确。

B 项，《高检规则》第 73 条第 1 款规定：人民检察院经审查认定存在非法取证行为的，对该证据应当予以排除，其他证据不能证明犯罪嫌疑人实施犯罪行为的，应当不批准或者决定逮捕。已经移送起诉的，可以依法将案件退回监察机关补充调查或者退回公安机关补充侦查，或者作出不起诉决定。被排除的非法证据应当随案移送，并写明为依法排除的非法证据。可见，对于存在排除非法证据的情形时，若证据不足，检察机关既可以退回侦查机关补充侦查，也可以直接作出不起诉决定。可见，B 项未经退回补充侦查也可直接作出不起诉决定，不违反《刑事诉讼法》的规定。故 B 错误。

C 项，检察机关在审查逮捕和审查起诉过程中审查并排除非法证据，充分体现了检察机关对侦查行为的法律监督。C 项正确。

D 项，《高检规则》第 369 条规定：人民检察院根据《刑事诉讼法》第 175 条第 4 款（存疑不诉）规定决定不起诉的，在发现新的证据，符合起诉条件时，可以提起公诉。可见，D 项正确。综上所述，本题答案为 B。

4. 被害人对于检察院作出不起诉决定不服而在 7 日内提出申诉时，下列哪一说法是正确的？（2011－2－31，单）

A. 由作出决定的检察院受理被害人的申诉
B. 由与作出决定的检察院相对应的法院受理被害人的申诉
C. 被害人提出申诉同时又向法院起诉的，法院应裁定驳回起诉
D. 被害人提出申诉后又撤回的，仍可向法院起诉

【考点】 被害人对不起诉决定不服的救济

【解析】 A、B 项，《刑事诉讼法》第 180 条规定：对于有被害人的案件，决定不起诉的，人民检察院应当将不起诉决定书送达被害人。被害人如果不服，可以自收到决定书后 7 日以内向上一级人民检察院申诉，请求提起公诉。可见，被害人申诉应该向上一级检察院申诉，A、B 项错误。

C、D 项，《刑事诉讼法》第 180 条规定：对人民检察院维持不起诉决定的，被害人可以向人民法院起诉。被害人也可以不经申诉，直接向人民法院起诉。人民法院受理案件后，人民检察院应当将有关案件材料移送人民法院。可见，被害

人既可以向检察院申诉，也可以不经申诉直接向人民法院起诉。申诉与自诉之间没有前后顺序问题。故，D项正确、C项错误。

综上所述，本题答案为D。

5. 下列关于不起诉的说法，正确的是？（2021仿真题，不定项）

A. 陈龙涉嫌危险驾驶，致被害人轻微伤，检察院应对其作出法定不起诉

B. 张三涉嫌伪证罪，其如实供述且有重大立功，经上一级检察院批准，可以不起诉

C. 李四故意毁坏财物案，被害人未谅解李四，检察院不得对李四作出酌定不起诉

D. 监察机关对王五渎职案移送检察院审查起诉，检察院经过一次退回补充调查，认为证据不足、不符合起诉条件，检察院可以不起诉

【考点】 不起诉

【解析】 依据《刑事诉讼法》第177条第1款规定："犯罪嫌疑人没有犯罪事实，或者有本法第16条规定的情形之一的，人民检察院应当作出不起诉决定。"本题A项中的"被害人轻微伤"属于《刑事诉讼法》第16条第（一）项规定的情形，但是危险驾驶构成犯罪，故不得作出法定不起诉。该A项错误。

依据《刑事诉讼法》第182条第1款规定："犯罪嫌疑人自愿如实供述涉嫌犯罪的事实，有重大立功或者案件涉及国家重大利益的，经最高人民检察院核准，公安机关可以撤销案件，人民检察院可以作出不起诉决定，也可以对涉嫌数罪中的一项或者多项不起诉。"故B项的错误在于，不是经上一级检察院批准，而是经最高人民检察院核准，可以对张三作出特别不起诉。

依据《刑事诉讼法》第177条第2款规定："对于犯罪情节轻微，依照刑法规定不需要判处刑罚或者免除刑罚的，人民检察院可以作出不起诉决定。"由此条文可知，被害人谅解不是酌定不起诉的必要条件，故C项不正确。

依据《高检规则》第367条规定："人民检察院对于二次退回补充调查或者补充侦查的案件，仍然认为证据不足，不符合起诉条件的，经检察长批准，依法作出不起诉决定。人民检察院对于经过一次退回补充调查或者补充侦查的案件，认为证据不足，不符合起诉条件，且没有再次退回补充调查或者补充侦查必要的，经检察长批准，可以作出不起诉决定。"故D项表述正确。综上，本题的正确答案为D项。

6. 甲公司与耿某签订买卖合同订购一批电子产品，双方约定甲公司预先支付货款80万元，甲公司按照约定支付款项后，耿某因生产机器出现故障无法在约定的期限内完成相应电子产品的交付。后耿某因涉嫌合同诈骗罪被公安机关立案侦查，同时其资产也被采取冻结措施，关于本案的处理，下列哪一选项是正确的？（2019仿真题）

A. 涉案买卖合同原件已丢失，合同复印件不能作为证据出示

B. 公安机关告知辩护律师杨某，其主张耿某不具有非法占有目的的辩护意见应当以书面形式提出

C. 辩护律师杨某申请检察院调取耿某积极履行合同义务的相关证据，检察院在进行调取时，杨某可以在场

D. 案件移送审查起诉后，耿某在被检察院作出不起诉决定的同时，其资产的

冻结自动解除

【考点】证据形式、辩护意见的形式、调取证据程序要求、不起诉决定后相关财产的处理

【解析】A项,《刑诉解释》第84条:"据以定案的书证应当是原件。取得原件确有困难的,可以使用副本、复制件。对书证的更改或者更改迹象不能作出合理解释,或者书证的副本、复制件不能反映原件及其内容的,不得作为定案的根据。书证的副本、复制件,经与原件核对无误、经鉴定或者以其他方式确认为真实的,可以作为定案的根据。"本案中,合同原件丢失属于"取证确有困难",因此可以适用复印件。A项正确。

B项,《公安部规定》第58条第1款:"案件侦查终结前,辩护律师提出要求的,公安机关应当听取辩护律师的意见,根据情况进行核实,并记录在案。辩护律师提出书面意见的,应当附卷。"因此,杨某若提出辩护意见,并非一定要以书面形式提出。B项错误。

C项,《高检规则》第52条第2款:"人民检察院根据辩护律师的申请收集、调取证据时,辩护律师可以在场。"检察院在根据杨某的申请调查取证时,杨某可以在场。C项正确。

D项,《高检规则》第374条:"人民检察院决定不起诉的案件,应当同时书面通知作出查封、扣押、冻结决定的机关或者执行查封、扣押、冻结决定的机关解除查封、扣押、冻结。"因此,本案中冻结的财产,需要检察院书面通知公安机关解除冻结时方可,而非自动解除。D项错误。

综上,本题选择AC。

7. 小甲(17周岁)和乙为父子,因生活所迫,小甲在乙的教唆下贩卖淫秽物品牟利,两人后来被公安机关立案侦查并采取强制措施,小甲被取保候审,乙被批准逮捕,关于本案的处理,下列哪一选项是正确的?(2019仿真题)

A. 若公安机关对小甲和乙都提请批准逮捕,检察院在对小甲和乙审查批捕时均应当进行讯问

B. 案件移送审查起诉后,检察院对小甲可以决定适用附条件不起诉,并要求其在考察期间不得进入娱乐场所

C. 因小甲是未成年人,本案分案起诉后应由不同的审判组织进行审理

D. 检察院在对小甲作出附条件不起诉的决定之前应征得其父乙的同意

【考点】审查批捕讯问犯罪嫌疑人的规定、附条件不起诉的程序要求、未成年人审判程序要求

【解析】A项,《刑事诉讼法》第88条第1款:"人民检察院审查批准逮捕,可以讯问犯罪嫌疑人;有下列情形之一的,应当讯问犯罪嫌疑人:(一)对是否符合逮捕条件有疑问的;(二)犯罪嫌疑人要求向检察人员当面陈述的;(三)侦查活动可能有重大违法行为的。"本案小甲与乙均不属于第88条所规定的"应当讯问"的情形。A项错误。

《高检规则》第476条:"人民检察院可以要求被附条件不起诉的未成年犯罪嫌疑人接受下列矫治和教育:(一)完成戒瘾治疗、心理辅导或者其他适当的处遇措施;(二)向社区或者公益团体提供公益劳动;(三)不得进入特定场所,与特定的人员会见或者通信,从事特定的活动;(四)向被害人赔偿损失、赔礼道

扫码听课

歉等；（五）接受相关教育；（六）遵守其他保护被害人安全以及预防再犯的禁止性规定。"B项正确。

C项，《刑诉解释》第551条第1款："对分案起诉至同一人民法院的未成年人与成年人共同犯罪案件，可以由同一个审判组织审理；不宜由同一个审判组织审理的，可以分别审理。"本案中，并未出现"不宜由同一审判组织审理"的情形，因此并非"应当"由不同的审判组织审理。C项错误。

D项，《高检规则》第469条第2款："人民检察院在作出附条件不起诉的决定以前，应当听取公安机关、被害人、未成年犯罪嫌疑人及其法定代理人、辩护人的意见，并制作笔录附卷。"根据该规定，检察院只是需要听取乙的意见，但并未规定需要其同意。D项错误。

综上，本题选择B。

8. 王某涉嫌盗窃罪被立案侦查。侦查终结后移送检察院审查起诉。因为王某认罪认罚，且案件情节轻微，按照刑法规定不需要判处刑罚，因此检察院对王某作出酌定不起诉的决定。在作出不起诉决定后，王某不积极履行赔礼道歉、赔偿损失等义务，下列关于检察院审查后的处理，说法正确的是？（2020仿真题）

A. 检察院审查后如发现王某的情节显著轻微，应撤销原不起诉决定，依法重新作出不起诉决定

B. 检察院审查后如发现王某没有犯罪事实，应当撤销原不起诉决定，并将案卷材料退回侦查机关，建议其撤销案件

C. 检察院审查后认为案件仍然属于犯罪情节轻微，依照刑法规定不需要判处刑罚或者免除刑罚的，应当维持原不起诉决定

D. 排除认罪认罚因素后，符合起诉条件的，应当根据案件具体情况撤销原不起诉决定，依法对王某提起公诉

【考点】针对犯罪嫌疑人认罪认罚作出不起诉决定后反悔认罪认罚的处理

【解析】根据《高检规则》第278条："犯罪嫌疑人认罪认罚，人民检察院依照刑事诉讼法第177条第2款作出不起诉决定后，犯罪嫌疑人反悔的，人民检察院应当进行审查，并区分下列情形依法作出处理：（一）发现犯罪嫌疑人没有犯罪事实，或者符合刑事诉讼法第16条规定的情形之一的，应当撤销原不起诉决定，依照刑事诉讼法第177条第1款的规定重新作出不起诉决定；（二）犯罪嫌疑人犯罪情节轻微，依照刑法不需要判处刑罚或者免除刑罚的，可以维持原不起诉决定；（三）排除认罪认罚因素后，符合起诉条件的，应当根据案件具体情况撤销原不起诉决定，依法提起公诉。"可知：

A项，根据《高检规则》第278条第1项，审查后发现没有犯罪事实的，应当撤销原不起诉决定，依法重新作出法定不起诉决定，因此A项正确；

B项，根据《高检规则》第278条第1项，审查后发现没有犯罪事实的，应当撤销原不起诉决定，依法重新作出法定不起诉决定，而非退回侦查机关建议撤销案件，因此B项错误；

C项，根据《高检规则》第278条第2项，审查后发现案件属于犯罪情节轻微的，依照刑法不需要判处刑罚或者免除刑罚的，可以维持原不起诉决定，而不是"应当"，因此C项错误；

D项，根据《高检规则》第278条第3项，审查后发现符合起诉条件的，应

当根据案件具体情况撤销原不起诉决定，依法提起公诉，因此 D 项正确。

综上所述，本题答案为 A、D。

9. 有关单位或个人对于检察院作出不起诉决定不服有权要求救济。下列关于不同单位或个人的救济，表述正确的是？（2020 仿真题）

A. 公安机关针对自己移送检察院审查起诉的案件而检察院作出不起诉决定的，可以向作出决定的检察院申请复议

B. 公安机关对复议结果不服的，可以向作出不起诉决定检察院的上一级检察院申请复核

C. 监察机关针对其移送给检察院起诉的案件而检察院作出不起诉决定的，可以向作出决定的检察院申请复议

D. 监察机关对复议结果不服的，可以向作出不起诉决定检察院的上一级检察院申请复核

【考点】公安机关、监察机关对不起诉决定不服的救济

【解析】A 项，根据《刑事诉讼法》第 179 条："对于公安机关移送起诉的案件，人民检察院决定不起诉的，应当将不起诉决定书送达公安机关。公安机关认为不起诉的决定有错误的时候，可以要求复议，如果意见不被接受，可以向上一级人民检察院提请复核。"可知公安机关认为不起诉决定有错误的，向作出不起诉决定的人民检察院申请复议，因此 A 项正确；

B 项，根据《刑事诉讼法》第 179 条，可知公安机关对于人民检察院作出的复议结果不服的，可以向作出不起诉决定的上一级人民检察院申请复核，因此 B 项正确；

C 项，根据《监察法》第 47 条第 4 款："人民检察院对于有《中华人民共和国刑事诉讼法》规定的不起诉的情形的，经上一级人民检察院批准，依法作出不起诉的决定。监察机关认为不起诉的决定有错误的，可以向上一级人民检察院提请复议。"可知监察机关对于不起诉决定不服的向作出决定上一级检察院申请复议，而非作出决定的检察院，因此 C 项错误。

D 项，根据《监察法》第 47 条第 3 款可知监察机关对于不起诉决定不服的可以向上一级检察机关申请复议，而不是复核，因此 D 项错误。

综上所述，本题答案为 A、B。

专题十五　刑事审判概述

一、刑事审判的原则

1. 下列哪一选项属于两审终审制的例外？（2017－2－33 单）

A. 自诉案件的刑事调解书经双方当事人签收后，即具有法律效力，不得上诉

B. 地方各级法院的第一审判决，法定期限内没有上诉、抗诉，期满即发生法律效力

C. 在法定刑以下判处刑罚的判决，报请最高法院核准后生效

D. 法院可通过再审，撤销或者改变已生效的二审判决

【考点】两审终审制的例外

【解析】我国人民法院分为四级，即最高人民法院、高级人民法院、中级人民法院和基层人民法院。我国实行两审终审制的审级制度。两审终审制是指一个案件最多经过两级法院审判即告终结的制度。即一个案件至多经过两级人民法院审判即告终结，不得上诉和提出二审抗诉。依据《刑诉解释》第 414 条第 2 款：被告人上诉或者人民检察院抗诉的，上一级人民法院维持原判，或者改判后仍在法定刑以下判处刑罚的，应当依照前项规定层报最高人民法院核准。C 选项属于两审终审制的例外，正确。A 属于调解，调解是一调终局，B 是当事人的上诉、检察院抗诉期限届满二审判决生效，D 属于审判监督程序，都不是两审终审制的例外。

综上所述，此题答案为 C。

2. 刑事审判具有亲历性特征。下列哪一选项不符合亲历性要求？（2014－2－36，单）

A. 证人因路途遥远无法出庭，采用远程作证方式在庭审过程中作证

B. 首次开庭并对出庭证人的证言质证后，某合议庭成员因病无法参与审理，由另一人民陪审员担任合议庭成员继续审理并作出判决

C. 某案件独任审判员在公诉人和辩护人共同参与下对部分证据进行庭外调查核实

D. 第二审法院对决定不开庭审理的案件，通过讯问被告人，听取被害人、辩护人和诉讼代理人的意见进行审理

【考点】直接言词原则、集中审理原则

【解析】亲历性，顾名思义，亲身经历性，指的是法官必须亲自参与办案、接触审查证据、向控辩双方发问。刑事诉讼中的法官的亲历性也可以被表述为直接言词原则和集中审理原则。

直接言词原则包括直接原则和言词原则两项原则，理论上合称为直接言词原则。直接原则，是指法官必须与诉讼当事人和诉讼参与人直接接触，直接审查案件事实材料和证据。言词原则，是指法庭审理须以口头陈述的方式进行。除非法

律有特别规定，凡是未经口头调查之证据，不得作为定案的依据采纳。我国《刑事诉讼法》没有明确规定直接言词原则，但第一审程序和第二审程序中关于证人、鉴定人出庭的规定，关于控辩双方和被害人当庭质证的规定，关于被告人有权进行最后陈述的规定等，都体现了审理的直接性和言词性原则。

集中审理原则是指，法院开庭审理案件，应在不更换审判人员的条件下连续进行，不得中断审理的诉讼原则。集中审理原则的内容主要包括：（1）一个案件组成一个审判庭进行审理。（不换庭）（2）法庭成员不可更换。（不换人）（3）集中证据调查与法庭辩论。（4）庭审不中断并迅速作出裁判。（不中断）

本题中，A项，证人如果不出庭作证，会违背言词原则的要求，而通过网络远程作证，证人虽然人不用真正出庭，但相当于证人是出现在法庭上的，这样可以保障证人接受诉讼各方的询问，符合亲历性要求。A项正确。

B项，某合议庭成员因病无法参与审理，这属于不可避免的客观情况。但由另一人民陪审员担任合议庭成员来替补生病的合议庭成员，需要庭审重新开始，因为该人民陪审员是半路介入，对之前的审理不具有亲历性，违背了集中审理原则。B项错误。

C项，虽然法官是庭外调查，但却是在公诉人和辩护人共同参与下进行的，符合亲历性要求。C项正确。

D项，虽然法官不开庭审理，但法官仍然讯问被告人，听取被害人、辩护人和诉讼代理人的意见，符合亲历性的要求。D项正确。

综上所述，本题答案为B。

3. 开庭审判过程中，一名陪审员离开法庭处理个人事务，辩护律师提出异议并要求休庭，审判长予以拒绝，四十分钟后陪审员返回法庭继续参与审理。陪审员长时间离开法庭的行为违背下列哪一审判原则？（2013－2－37，单）

A. 职权主义原则　　　　　　B. 证据裁判规则
C. 直接言词原则　　　　　　D. 集中审理原则

【考点】直接言词原则

【解析】A项，职权主义原则是指法官在审判程序中居于主导和控制地位，控辩双方的发言需要服从法官指挥的审判原则。职权主义原则不是我国的审判原则，我国的审判原则有四个：（1）公开审理原则。（2）直接言词原则。（3）辩论原则。（4）集中审理原则。故，A项错误。

B项，证据裁判规则是指对于诉讼中案件事实的认定，只能依据有关的证据进行；没有证据，不得认定案件事实。"证据裁判"与"自由心证"是我国两大证据原则，而非审判原则，B项错误。

C项，陪审员离开法庭处理个人事务，该陪审员就无法直接参与审理，无法直接审查判断证据，无法直接询问控辩双方，显然违背的是直接言词原则。故C项正确。

D项，根据前面真题的解析，集中审理原则强调"不换人、不换庭、不中断"，本案中，陪审员离开法庭处理个人事务，合议庭没有换人，合议庭也没有整体换掉，庭审仍在继续没有中断，故没有违反集中审理原则，D项错误。

综上所述，本题答案为C。

大咖点拨区

扫码听课

4. 审判长在法庭审理过程中突发心脏病，无法继续参与审判，需在庭外另行指派其他审判人员参加审判。法院院长的下列哪一做法是正确的？（2011－2－32，单）

A. 指派一名陪审员担任审判长重新审理

B. 指派一名审判员担任审判长继续审理

C. 指派一名陪审员并指定原合议庭一名审判员担任审判长继续审理

D. 指定一名审判员担任审判长重新审理

【考点】 集中审理原则

【解析】 A项，全国人民代表大会常务委员会《关于完善人民陪审员制度的决定》第1条规定：人民陪审员依照本决定产生，依法参加人民法院的审判活动，除不得担任审判长外，同法官有同等权利。《人民陪审员法》第14条规定，人民陪审员和法官组成合议庭审判案件，由法官担任审判长。可见，陪审员不能担任审判长，A项错误。

B、C、D项，根据集中审理原则的要求，法院开庭审理案件，应在不更换审判人员的条件下连续进行，不得中断审理。一旦发生不可抗拒的原因使庭审中断，更换人员后，应当重新进行审理，不能继续审理。故，B、C项错误，D项正确。

综上所述，本题答案为D。

5. 《刑事诉讼法》规定，未成年人犯罪的案件一律或一般不公开审理。关于该规定中未成年人"年龄"的理解，下列哪一选项是正确的？（2010－2－30，单）

A. 张某被采取强制措施时十七岁，不应当公开审理

B. 李某在审理时十五岁，不应当公开审理

C. 钱某犯罪时十六岁，不应当公开审理

D. 赵某被立案时十八岁，不应当公开审理

【考点】 审判公开原则

【解析】 根据《刑事诉讼法》第285条规定：审判的时候被告人不满18周岁的案件，不公开审理。但是，经未成年被告人及其法定代理人同意，未成年被告人所在学校和未成年人保护组织可以派代表到场。可知，在审判时被告人不满18岁的，不公开审理，所以B项正确，A、C、D项错误。

综上所述，本题正确答案为B。

6. 下列哪些选项体现了集中审理原则的要求？（2010－2－73，多）

A. 案件一旦开始审理即不得更换法官

B. 法庭审理应不中断地进行

C. 更换法官或者庭审中断时间较长的，应当重新进行审理

D. 法庭审理应当公开进行

【考点】 集中审理原则

【解析】 集中审理原则是指，法院开庭审理案件，应在不更换审判人员的条件下连续进行，不得中断审理的诉讼原则。集中审理原则的内容主要包括：（1）一个案件组成一个审判庭进行审理（不换庭）。（2）法庭成员不可更换（不换人）。（3）集中证据调查与法庭辩论（不中断）。（4）庭审不中断并迅速作出裁

判。可见，A、B 项正确。

C 项，因更换法官或者庭审中断时间较长的，既然已经间断，为了保证后续庭审的不中断，应当重新进行审理，C 项正确。

D 项，刑事审判原则有四个：公开审判原则、直接言词原则、辩论原则和集中审理原则，法庭审理应当公开进行属于公开审判原则而不属于集中审理原则，D 项错误。

综上所述，本题答案为 A、B、C。

7. 下列关于我国刑事诉讼构造和刑事审判模式的说法，正确的是：（2021 仿真题，不定项）

A. 在审查起诉阶段，检察院中立，形成了控辩审三方的诉讼构造

B. 法官在开庭前阅卷，体现了职权主义的色彩

C. 我国庭前审查由实体性审查向程序性审查的转化，体现了当事人主义改革的思路

D. 证人出庭少，主要是以宣读证人证言的方式质证，说明我国控辩式庭审方式改革处于发展阶段

【考点】刑事诉讼构造和刑事审判模式

【解析】我国审查起诉阶段，只有控辩两方，不具有控辩审三方的构造。故 A 项错误。法官在开庭前阅卷，体现了法官的中心地位和主导作用，这是职权主义色彩的表现。故 B 项正确。我国庭前审查由实体性审查向程序性审查的转化，这样可让控辩双方在法庭上发挥积极、主动作用。故 C 项正确。实践中证人出庭率低，说明我国控辩式庭审方式改革还需要深化。故 D 项正确。

8. 某庭审结束后、评议前，合议庭成员陈龙不能继续履行审判职责，法院更换合议庭组成人员，重新开庭审理。下列表述，正确的是：（2021 仿真题，不定项）

A. 体现了集中审理原则

B. 法院应更换全体合议庭成员

C. 体现审判的亲历性的要求

D. 意味着之前的审理程序均归于无效

【考点】集中审理原则、审判的亲历性、合议庭成员不能履行审判职责的处理

【解析】集中审理原则的要求之一是，法庭成员不可更换，若更换法庭成员，应重新审理，但更换始终在场的候补法官、候补陪审员的除外。故 A 项正确。B 项的错误在于，不是更换全体合议庭成员，而是更换不能继续履职的合议庭成员。

审判的亲历性，是指案件的裁判者必须自始至终参与审理，审查所有证据，对案件作出判决须以充分听取控辩双方的意见为前提。故 C 项正确。法院在更换合议庭组成人员后重新开庭审理，这意味着原来的审理程序失去效力。故 D 项正确。因此，本题的正确答案为 A、C、D 项。

大咖点拨区

扫码听课

扫码听课

二、审判组织

1. 下列哪些情形下，合议庭成员不承担责任？（2013－2－73，多）

A. 发现了新的无罪证据，合议庭作出的判决被改判的

B. 合议庭认为审前供述虽非自愿，但能够与其他证据相印证，因此予以采纳，该供述后来被上级法院排除后而改判的

C. 辩护方提出被告人不在犯罪现场的线索和证据材料，合议庭不予调查，作出有罪判决而被改判无罪的

D. 合议庭对某一事实的认定以生效的民事判决为依据，后来该民事判决被撤销，导致刑事判决发回重审的

【考点】 合议庭免责情形

【解析】 最高人民法院《关于进一步加强合议庭职责的若干规定》第10条规定：……合议庭审理案件有下列情形之一的，合议庭成员不承担责任：（1）因对法律理解和认识上的偏差而导致案件被改判或者发回重审的；（2）因对案件事实和证据认识上的偏差而导致案件被改判或者发回重审的；（3）因新的证据而导致案件被改判或者发回重审的；（4）因法律修订或者政策调整而导致案件被改判或者发回重审的；（5）因裁判所依据的其他法律文书被撤销或变更而导致案件被改判或者发回重审的；（6）其他依法履行审判职责不应当承担责任的情形。

可见，A项，属于上述第（3）项规定的情形，合议庭成员不承担责任，A项正确。B项，属于上述第（2）项规定的情形，合议庭成员不承担责任，B项正确。D项，属于上述第（5）项规定的情形，合议庭成员不承担责任，D项正确。C项，《人民法院审判人员违法审判责任追究办法（试行）》第2条规定：人民法院审判人员在审判、执行工作中，故意违反与审判工作有关的法律、法规，或者因过失违反与审判工作有关的法律、法规造成严重后果的，应当承担违法审判责任。《人民法院审判人员违法审判责任追究办法（试行）》第9条规定：依职权应当对影响案件主要事实认定的证据进行鉴定、勘验、查询、核对，或者应当采取证据保全措施而故意不进行，导致裁判错误的。可见，合议庭对于辩护人提出的线索和证据材料不予调查导致裁判错误，合议庭成员应当承担责任，C项错误。

综上所述，本题答案为A、B、D。

2. 某市法院审理本市第一起醉酒驾车刑事案件。下列哪一说法是正确的？（2011－2－34，单）

A. 审判长可以提请庭长组织相关审判人员共同讨论

B. 法院院长可以主动组织相关审判人员共同讨论并作出决定

C. 庭长按照规定组织相关审判人员共同讨论形成的意见对合议庭有约束力

D. 法院院长可以指令庭长组织相关审判人员共同讨论

【考点】 合议庭活动规则

【解析】《关于进一步加强合议庭职责的若干规定》第7条规定：除提交审判委员会讨论的案件外，合议庭对评议意见一致或者形成多数意见的案件，依法作出判决或者裁定。下列案件可以由审判长提请院长或者庭长决定组织相关审判人员共同讨论，合议庭成员应当参加：（1）重大、疑难、复杂或者新类型的案件；（2）合议庭在事实认定或法律适用上有重大分歧的案件；（3）合议庭意见与本院

或上级法院以往同类型案件的裁判有可能不一致的案件；（4）当事人反映强烈的群体性纠纷案件；（5）经审判长提请且院长或者庭长认为确有必要讨论的其他案件。上述案件的讨论意见供合议庭参考，不影响合议庭依法作出裁判。

本案中，醉酒驾车犯罪属于新类型的案件，符合上述（1），A项正确。审判人员共同讨论只能由审判长提请院长或者庭长决定，不能由法院院长主动组织或者指令，B、D项错误。审判人员共同讨论不同于审判委员会讨论，审委会的讨论意见对合议庭有约束力，但审判人员共同讨论的意见仅供合议庭参考。C项错误。

综上所述，本题答案为A。

3. 陪审员王某参加一起案件审判。被告辩护人当庭提出被告有正当防卫和自首情节，公诉人予以否定，提请合议庭不予采信，审判长没有就此进行调查。王某对审判长没有征询合议庭其他成员意见就决定不予调查，在评议时提出异议，但审判长不同意。对此，关于王某可以行使的权力，下列哪一选项是正确的？（2011－2－35，单）

A. 要求合议庭将案件提请院长决定是否展开调查
B. 要求合议庭将案件提交审判委员会讨论决定
C. 提请院长决定是否提交审判委员会讨论决定
D. 要求合议庭提请院长决定是否提交审判委员会讨论决定

【考点】人民陪审员的权利

【解析】《人民陪审员法》第23条第2款规定：合议庭组成人员意见有重大分歧的，人民陪审员或者法官可以要求合议庭将案件提请院长决定是否提交审判委员会讨论决定。可见，人民陪审员同合议庭其他组成人员意见分歧，有权要求合议庭将案件提请院长决定是否提交审判委员会讨论决定，所以D项正确，A、B、C项错误。

综上所述，本题答案为D。

4. 根据最高人民法院《关于进一步加强合议庭职责的若干规定》，关于合议庭，下列哪些说法是正确的？（2010－2－72，多）

A. 合议庭是法院的基本审判组织，由审判员和人民陪审员随机组成
B. 合议庭成员因对案件事实和证据认识上的偏差而导致案件被改判或者发回重审的不承担责任
C. 合议庭成员因法律修订或者政策调整而导致案件被改判或者发回重审的不承担责任
D. 开庭审理时，合议庭成员从事与该庭审无关的活动，当事人提出异议合议庭不纠正的，当事人可以要求延期审理，并将有关情况记入庭审笔录。

【考点】合议庭组成规则、合议庭活动规则

【解析】A项，最高人民法院《关于进一步加强合议庭职责的若干规定》第2条规定：合议庭由审判员、助理审判员或者人民陪审员随机组成。可见，A项遗漏了"助理审判员"，A项错误。

B项，最高人民法院《关于进一步加强合议庭职责的若干规定》第10条第（2）项的规定：合议庭成员因对案件事实和证据认识上的偏差而导致案件被改判或者发回重审的不承担责任。可见，B项正确。

大咖点拨区

扫码听课

C项，最高人民法院《关于进一步加强合议庭职责的若干规定》第10条第（4）项规定，对因法律修订或者政策调整而导致案件被改判或者发回重审的合议庭不承担责任。可见，C项正确。

D项，最高人民法院《关于进一步加强合议庭职责的若干规定》第5条规定：对合议庭成员在开庭审理时从事与庭审无关的活动的，当事人提出异议后合议庭不改正的，当事人可以要求休庭，并将有关情况记入庭审笔录。可见，对于合议庭成员的不当行为，当事人可以要求"休庭"而非"延期审理"，D项错误。

综上所述，本题答案为B、C。

三、关于人民陪审员制度的规定

1. 罗某作为人民陪审员参与D市中级法院的案件审理工作。关于罗某的下列哪一说法是正确的？（2015－2－35，单）

A. 担任人民陪审员，必须经D市人大常委会任命

B. 同法官享有同等权利，也能担任合议庭审判长

C. 可参与中级法院二审案件审理，并对事实认定、法律适用独立行使表决权

D. 可要求合议庭将案件提请院长决定是否提交审委会讨论决定

【考点】人民陪审员的选任、人民陪审员的权利

【解析】根据《人民陪审员法》第9、10、11条规定，司法行政机关会同基层人民法院、公安机关从辖区内的常住居民名单中随机抽选、本人提出申请或者基层群众性自治组织、人民团体推荐，经司法行政机关会同基层人民法院、公安机关进行资格审查，确定人民陪审员人选，由基层人民法院院长提请同级人民代表大会常务委员会任命。A项错误。

陪审员确实和法官享有同等权利，但不能担任审判长。B项错误。

在我国，合议庭的组成方式是：（1）基层人民法院、中级人民法院审判第一审案件，应当由审判员3人或者由审判员和人民陪审员共3人组成合议庭进行，但是基层人民法院适用简易程序的案件可以由审判员1人独任审判。（2）高级人民法院、最高人民法院审判第一审案件，应当由审判员3人至7人或者由审判员和人民陪审员共3人至7人组成合议庭进行。（3）人民法院审判上诉和抗诉案件，由审判员3人至5人组成合议庭进行。（4）最高人民法院复核死刑案件，高级人民法院复核死刑缓期执行的案件，应当由审判员3人组成合议庭进行。可见，陪审员只能参加第一审，第二审无权参加。C项错误。

根据《人民陪审员法》第23条第2款规定，合议庭组成人员意见有重大分歧的，人民陪审员或者法官可以要求合议庭将案件提请院长决定是否提交审判委员会讨论决定。D项正确。

综上所述，本题答案为D。

2. 关于我国人民陪审员制度与一些国家的陪审团制度存在的差异，下列哪一选项是正确的？（2013－2－26，单）

A. 人民陪审员制度目的在于协助法院完成审判任务，陪审团制度目的在于制约法官

B. 人民陪审员与法官行使相同职权，陪审团与法官存在职权分工

C. 人民陪审员在成年公民中随机选任，陪审团从有选民资格的人员中聘任

扫码听课

D. 是否适用人民陪审员制度取决于当事人的意愿，陪审团适用于所有案件

【考点】人民陪审员的权利、人民陪审员的选任

【解析】人民陪审员是指从人民群众中产生的非专职的参加合议庭的审判人员。《刑事诉讼法》第 13 条规定："人民法院审判案件，依照本法实行人民陪审员陪审的制度。"各级人民法院审判第一审案件，均可吸收人民陪审员作为合议庭成员参与审判，人民陪审员在人民法院执行职务期间，同审判员有同等的权利义务。

从诉讼理论的角度分析，我国的陪审员与英美法系国家法庭中陪审团的成员是不一样的。第一，制度不同。我国虽然称为陪审员，但实际上属于"参审制度"，即由陪审员参加法庭审理，与法官共同裁决案件的制度。而在英美法系国家，尤其是在美国，法庭中的陪审团属于"陪审制度"；第二，分工不同。陪审团中的陪审员虽然叫"陪审"，但具有实质的裁判权力，可以对被告人是否有罪进行裁决。法官虽然在法庭中央正襟危坐，但他实际上没有对被告人定罪的权力，只能在陪审团确定被告人罪名成立后对其进行量刑，即陪审团负责定罪，法官负责量刑。而我国的陪审员既负责定罪又负责量刑；第三，作用不同。陪审团的目的在于制约法官权力，剥夺法官滥用定罪权的可能性，将定罪权牢牢掌握在人民手中。而我国设置陪审员的目的在于与法官一同合作解决被告人的刑事责任问题，陪审员属于准法官；第四，地位不同。陪审团中的陪审员虽然可以对被告人定罪，但在具体的法律适用和程序控制方面，陪审团需要听从法官的指挥。我国的陪审员不能担任审判长，但与法官的诉讼地位平等，无需听从法官的指挥；第五，遴选机制不同。根据《人民陪审员法》第 5 条规定，我国陪审员需要满足拥护中华人民共和国宪法、年满 28 周岁、遵纪守法、品行良好、公道正派、具有正常履行职责的身体条件以及具有高中以上文化程度等条件。而陪审团中的陪审员的条件在英美法系国家各有不同，多从年龄、经验、专业、生活背景等方面进行限制；第六，适用案件不同。在美国，90% 以上的刑事案件是通过辩诉交易制度终结的，只有 10% 不到的案件进入正式审判程序，在进入正式审判程序的案件中也并非全都由陪审团审理。在我国，陪审员可以参加各级法院第一审刑事案件的审理，但具体个案审理中是否需要陪审员还需要考虑案件影响等诸多因素。

本题中，人民陪审员制度目的不在于"协助"法院完成审判任务，而是和法官"共同"完成审判任务，A 项错误。人民陪审员与法官职权相同，陪审团与法官存在职权分工，陪审团负责定罪，法官负责量刑，B 项正确。人民陪审员不仅要求是成年公民，还必须是年满 28 周岁，此外还有一些其他条件。陪审团成员的选任也有很多细节的规定，不仅仅只要求有选民资格，故 C 项错误。在我国，是否适用人民陪审员不一定取决于当事人意愿，还可能会考虑案件影响等其他因素。在美国，陪审团审理刑事案件仅占 10% 左右，并非所有案件。故 D 项错误。

综上所述，本题答案为 B。

3. 关于人民陪审员制度，下列说法正确的是？（2020 仿真题）

A. 甲省高级人民法院审判案件由人民陪审员参加合议庭审判的，在其所在地的基层人民法院的人民陪审员名单中随机抽取确定

B. 乙市中级人民法院审理张三可能判死刑的案件，有人民陪审员参加的，可以组成 3 人合议庭，也可以由法官 3 人与人民陪审员 4 人组成 7 人合议庭

C. 丙区基层法院审理李四盗窃一案，由人民陪审员与法官组成三人合议庭进行审理，人民陪审员对事实认定、法律适用，独立发表意见，行使表决权

D. 丁市中级人民法院审理一起死刑案件，由人民陪审员与法官7人组成合议庭，人民陪审员对事实认定、法律适用，独立发表意见，行使表决权

【考点】具体案件中确定人民陪审员的方式、人民陪审员制度的适用范围

【解析】A项，根据《人民陪审员法》第19条："基层人民法院审判案件需要由人民陪审员参加合议庭审判的，应当在人民陪审员名单中随机抽取确定。中级人民法院、高级人民法院审判案件需要由人民陪审员参加合议庭审判的，在其辖区内的基层人民法院的人民陪审员名单中随机抽取确定。"可知，高级人民法院需要人民陪审员参与审判的，在其辖区内基层人民法院的人民陪审员名单内随机抽取，而非"所在地"，因此A项错误。

B项，根据《人民陪审员法》第16条："人民法院审判下列第一审案件，由人民陪审员和法官组成七人合议庭进行：（一）可能判处十年以上有期徒刑、无期徒刑、死刑，社会影响重大的刑事案件；（二）根据民事诉讼法、行政诉讼法提起的公益诉讼案件；（三）涉及征地拆迁、生态环境保护、食品药品安全，社会影响重大的案件；（四）其他社会影响重大的案件。"可知，对于张三可能判处死刑的第一审案件，由人民陪审员和法官组成7人合议庭进行，不得组成3人合议庭进行审理，因此B项错误。

C项，根据《人民陪审员法》第21条："人民陪审员参加三人合议庭审判案件，对事实认定、法律适用，独立发表意见，行使表决权。"可知人民陪审员组成的3人合议庭，对事实认定和法律适用都可以独立发表意见，行使表决权，因此C项正确。

D项，根据《人民陪审员法》第22条："人民陪审员参加七人合议庭审判案件，对事实认定，独立发表意见，并与法官共同表决；对法律适用，可以发表意见，但不参加表决。"可知人民陪审员组成的7人合议庭，对事实认定可以独立发表意见，行使表决权。对于法律适用可以发表意见，不得参与表决，因此D项错误。

综上所述，本题答案为C。

专题十六　公诉案件一审普通程序

一、对公诉案件的庭前审查

1. 关于庭前会议的下列表述，哪一选项正确？（2021仿真题，多）

A. 对庭前会议中有异议的证据，要重点质证

B. 控方申请庭前会议，法院认为无需召开庭前会议，仅告知控方

C. 经审判长委托，由法官助理召集双方举行庭前会议

D. 在庭前会议中法院可以不进行附带民事诉讼调解

【考点】庭前会议

【解析】依据《刑诉解释》第229条规定："庭前会议中，审判人员可以询问控辩双方对证据材料有无异议，对有异议的证据，应当在庭审时重点调查；无异议的，庭审时举证、质证可以简化。"故A项正确。

《刑诉解释》第227条规定："控辩双方可以申请人民法院召开庭前会议，提出申请应当说明理由。人民法院经审查认为有必要的，应当召开庭前会议；决定不召开的，应当告知申请人。"故B项正确。

《刑诉解释》第230条第1款规定："庭前会议由审判长主持，合议庭其他审判员也可以主持庭前会议。"由此可见，法官助理不能主持庭前会议，故C项错误。

《刑诉解释》第228条第2款规定："庭前会议中，人民法院可以开展附带民事调解。"故D项错误。综上，本题的正确答案为B项。

扫码听课

2. 高某利用职务便利多次收受贿赂，还雇凶将举报他的下属王某打成重伤。关于本案庭前会议，下列哪些选项是正确的？（2015-2-72，多）

A. 高某可就案件管辖提出异议

B. 王某提起附带民事诉讼的，可调解

C. 高某提出其口供系刑讯所得，法官可在审查讯问时同步录像的基础上决定是否排除口供

D. 庭前会议上出示过的证据，庭审时举证、质证可简化

【考点】庭前会议了解情况、听取意见的范围

【解析】需要注意：庭前会议不是正式庭审，只是了解情况、听取意见，即仅能处理一些程序性事项，不能对案件的具体事实和证据进行审查，审查事实和证据应当是后续第一审程序的工作。审判人员虽然可以询问控辩双方对证据材料有无异议，但对有异议的证据，会在庭审时重点调查，无异议的，庭审时举证、质证可以简化。不可以在庭前会议中对实体问题进行调查。根据《刑诉解释》第228条第1款的规定，庭前会议可以就下列事项向控辩双方了解情况，听取意见：①是否对案件管辖有异议；②是否申请有关人员回避；③是否申请不公开审理；④是否申请排除非法证据；⑤是否提供新的证据材料；⑥是否申请重新鉴定或者

扫码听课

勘验；⑦是否申请收集、调取证明被告人无罪或者罪轻的证据材料；⑧是否申请证人、鉴定人、有专门知识的人、调查人员、侦查人员或者其他人员出庭，是否对出庭人员名单有异议；⑨是否对涉案财物的权属情况和人民检察院的处理建议有异议；⑩与审判相关的其他问题。第228条第2款规定，庭前会议中，人民法院可以开展附带民事调解。

可见，根据上述（1），高某就案件管辖提出异议是允许的，A项正确。被害人或者其法定代理人、近亲属提起附带民事诉讼的，可以调解。B项正确。庭前会议只能处理程序性事项，譬如，可以处理"是否申请排除非法证据"，但却不能对非法证据进行实质性审查。因此，C项中"在审查讯问时同步录像的基础上决定是否排除口供"错误。根据《刑诉解释》第229条第2款的规定，在庭前会议中，审判人员可以询问控辩双方对证据材料有无异议，对有异议的证据，应当在庭审时重点调查；无异议的，庭审时举证、质证可以简化。但这并不意味着，庭前会议上出示过的证据，庭审时举证、质证可简化。出示过的证据，控辩双方没有异议的，庭审时举证、质证才可以简化。D项错误。

综上所述，本题答案为A、B。

3. 法院对检察院提起公诉的案件进行庭前审查，下列哪些做法是正确的？(2010-2-71，多)

A. 发现被告人张某在起诉前已从看守所脱逃的，退回检察院

B. 法院裁定准许撤诉的抢劫案，检察院因被害人范某不断上访重新起诉的，不予受理

C. 起诉时提供的一名外地证人石某没有列明住址和通讯处的，通知检察院补送

D. 某被告人被抓获后始终一言不发，也没有任何有关姓名、年龄、住址、单位等方面的信息或线索的，不予受理

【考点】公诉案件庭前审查后的处理

【解析】司法部当年答案A、B、C，根据现行法律应当选A、C。《刑诉解释》第219条规定：人民法院对提起公诉的案件审查后，应当按照下列情形分别处理：（1）不属于本院管辖的，应当退回人民检察院；（2）属于刑事诉讼法第16条第2项至第6项规定情形的，应当退回人民检察院；属于告诉才处理的案件，应当同时告知被害人有权提起自诉；（3）被告人不在案的，应当退回人民检察院；但是，对人民检察院按照缺席审判程序提起公诉的，应当依照本解释第二十四章的规定作出处理；（4）不符合前条第2项至第9项规定之一，需要补充材料的，应当通知人民检察院在3日以内补送；（5）依照刑事诉讼法第200条第3项规定宣告被告人无罪后，人民检察院根据新的事实、证据重新起诉的，应当依法受理；（6）依照本解释第296条规定裁定准许撤诉的案件，没有新的影响定罪量刑的事实、证据，重新起诉的，应当退回人民检察院；（7）被告人真实身份不明，但符合刑事诉讼法第160条第2款规定的，应当依法受理。对公诉案件是否受理，应当在7日以内审查完毕。可见，A项，张某在起诉前已从看守所脱逃，符合上述第（3）项规定的情况，应当依法退回检察院，A项正确。

B项，被害人不断上诉不属于"有新的事实和证据"。根据上述第（6）项，检察院没有新的事实和证据重新起诉，法院应当退回检察院，而非不予受理。B

项错误。

C 项，属于需要补充材料的情况，符合上述第（4）项的规定，应当通知人民检察院在 3 日内补送，C 项正确。

D 项，属于被告人真实身份不明的情况，符合上述（7）的规定，人民法院应当予以受理，D 项错误。

综上所述，本题答案为 A、C。

二、开庭审理前的准备

1. 某国有银行涉嫌违法发放贷款造成重大损失，该行行长因系直接负责的主管人员也被追究刑事责任，信贷科科长齐某因较为熟悉银行贷款业务被确定为单位的诉讼代表人。关于本案审理程序，下列哪一选项是正确的？（2015 - 2 - 37，单）

A. 如该案在开庭审理前召开庭前会议，应通知齐某参加
B. 齐某无正当理由拒不出庭的，可拘传其到庭
C. 齐某可当庭拒绝银行委托的辩护律师为该行辩护
D. 齐某没有最后陈述的权利

扫码听课

【考点】 开庭审判前的准备、单位犯罪案件的审理程序

【解析】 根据《刑诉解释》第 230 条第 2、3 款规定，召开庭前会议应当通知公诉人、辩护人到场。庭前会议准备就非法证据排除了解情况、听取意见，或者准备询问控辩双方对证据材料的意见的，应当通知被告人到场。有多名被告人的案件，可以根据情况确定参加庭前会议的被告人。可以得出，被告人是否参加庭前会议应该是法院视情况决定，不是法院"应当"通知被告人参加庭前会议。齐某作为诉讼代表人，《刑诉解释》338 条规定，被告单位的诉讼代表人享有刑事诉讼法规定的有关被告人的诉讼权利。所以在 A 项中，法院"应"通知齐某参加的表述错误。

《刑诉解释》第 337 条第 2 款第 1 项规定：诉讼代表人系被告单位的法定代表人、实际控制人或者主要负责人，无正当理由拒不出庭的，可以拘传其到庭。但本案中，信贷科科长齐某是"因较为熟悉银行贷款业务"而被确定为单位的诉讼代表人。也就是说，齐某并非"被告单位的法定代表人、实际控制人或者主要负责人"，故对齐某不得拘传。B 项错误。

《刑诉解释》第 311 条第 2 款规定：被告人当庭拒绝辩护人辩护，要求另行委托辩护人或者指派律师的，合议庭应当准许。齐某作为单位被告人，可当庭拒绝银行委托的辩护律师为该行辩护，正确。

最后陈述是被告人的一项基本诉讼权利，即使适用简易程序也不能剥夺。被告人可以区分为自然人被告人和单位被告人，齐某作为单位被告人，有权进行最后陈述。D 项错误。

综上所述，本题答案为 C。

2. 关于庭前会议，下列哪些选项是正确的？（2014 - 2 - 71，多）

A. 被告人有参加庭前会议的权利
B. 被害人提起附带民事诉讼的，审判人员可在庭前会议中进行调解
C. 辩护人申请排除非法证据的，可在庭前会议中就是否排除作出决定

扫码听课

D. 控辩双方可在庭前会议中就出庭作证的证人名单进行讨论

【考点】庭前会议了解情况、听取意见的范围

【解析】《刑诉解释》第230条第3款规定：庭前会议准备就非法证据排除了解情况、听取意见，或者准备询问控辩双方对证据材料的意见的，应当通知被告人到场。有多名被告人的案件，可以根据情况确定参加庭前会议的被告人。

可见，只有特定情况下才应当通知被告人参加庭前会议，有多名被告人的案件还可以根据案件情况确定参加庭前会议的被告人，参加庭前会议并非是被告人的权利。A项错误。

《刑诉解释》第228条规定：庭前会议可以就下列事项向控辩双方了解情况，听取意见：（1）是否对案件管辖有异议；（2）是否申请有关人员回避；（3）是否申请不公开审理；（4）是否申请排除非法证据；（5）是否提供新的证据材料；（6）是否申请重新鉴定或者勘验；（7）是否申请收集、调取证明被告人无罪或者罪轻的证据材料；（8）是否申请证人、鉴定人、有专门知识的人、调查人员、侦查人员或者其他人员出庭，是否对出庭人员名单有异议；（9）是否对涉案财物的权属情况和人民检察院的处理建议有异议；（10）与审判相关的其他问题。

庭前会议中，人民法院可以开展附带民事调解。

对第一款规定中可能导致庭审中断的程序性事项，人民法院可以在庭前会议后依法作出处理，并在庭审中说明处理决定和理由。控辩双方没有新的理由，在庭审中再次提出有关申请或者异议的，法庭可以在说明庭前会议情况和处理决定理由后，依法予以驳回。

庭前会议情况应当制作笔录，由参会人员核对后签名。

根据该条第2款的规定，被害人提起附带民事诉讼的，审判人员可在庭前会议中进行调解，B项正确。需要注意，召开庭前会议时，审判人员只能就是否申请排除非法证据向控辩双方了解情况，听取意见，不能对非法证据进行实体处理。C项错误。根据该条第1款第（8）项规定，D项正确。

综上所述，本题答案为B、D。

三、法庭审判程序

1. 《关于推进以审判为中心的刑事诉讼制度改革的意见》第13条要求完善法庭辩论规则，确保控辩意见发表在法庭。法庭应当充分听取控辩双方意见，依法保障被告人及其辩护人的辩论辩护权。关于这一规定的理解，下列哪些选项是正确的？（2017－2－74，多）

A. 符合我国刑事审判模式逐步弱化职权主义色彩的发展方向

B. 确保控辩意见发表在法庭，核心在于保障被告人和辩护人能充分发表意见

C. 体现了刑事审判的公开性

D. 被告人认罪的案件的法庭辩论，主要围绕量刑进行

【考点】法庭辩论

【解析】"推进以审判为中心的刑事诉讼制度改革，是贯彻落实党的十八届四中全会决定、全面依法治国的重要举措。众所周知，刑事审判的举证、质证是法庭调查的核心，核心在于保障被告人和辩护人能充分发表意见。在庭审过程中充分质证，对于查清案件事实具有重要作用，是推进以审判为中心的诉讼制度改革

扫码听课

的关键措施。这项改革实质是要改变在刑事诉讼中长期存在的以侦查为中心、以笔录卷宗为中心的刑事诉讼制度，强化了辩护律师在法庭调查中质证权。实现以司法审判标准为中心，对被告人认罪的案件的法庭辩论，主要围绕量刑进行，充分发挥审判尤其是庭审在查明事实、认定证据、保护诉权、公正裁判中的作用，最终实现司法公正，符合我国刑事审判模式逐步弱化职权主义色彩的发展方向。这对于完善我国司法制度，切实维护司法公正，防止冤假错案，让人民群众在每一起司法案件中都感受到公平正义都具有重要意义。"

综上所述，本题答案是 ABD。

2. 王某系聋哑人，因涉嫌盗窃罪被提起公诉。关于本案，下列哪一选项是正确的？（2016 - 2 - 28，单）

A. 讯问王某时，如有必要可通知通晓聋哑手势的人参加

B. 王某没有委托辩护人，应通知法律援助机构指派律师为其提供辩护

C. 辩护人经通知未到庭，经王某同意，法院决定开庭审理

D. 因事实清楚且王某认罪，实行独任审判

【考点】特殊犯罪嫌疑人、简易程序的适用条件

【解析】《公安部规定》第 204 条规定：讯问聋、哑的犯罪嫌疑人，应当有通晓聋、哑手势的人参加，并在讯问笔录上注明犯罪嫌疑人的聋、哑情况，以及翻译人员的姓名、工作单位和职业。讯问不通晓当地语言文字的犯罪嫌疑人，应当配备翻译人员。可见，A 项错误。不是"如有必要可通知"，而是"应当"通知。

《刑事诉讼法》第 35 条第 2 款规定：犯罪嫌疑人、被告人是盲、聋、哑人，或者是尚未完全丧失辨认或者控制自己行为能力的精神病人，没有委托辩护人的，人民法院、人民检察院和公安机关应当通知法律援助机构指派律师为其提供辩护。可见，B 项正确。

《刑诉解释》第 225 条第 2 款规定：辩护人经通知未到庭，被告人同意的，人民法院可以开庭审理，但被告人属于应当提供法律援助情形的除外。本案中，王某系聋哑人，属于应当提供法律援助情形，应当保障提供辩护人帮助。C 项错误。

《刑诉解释》第 360 条规定：具有下列情形之一的，不适用简易程序：（1）被告人是盲、聋、哑人的；（2）被告人是尚未完全丧失辨认或者控制自己行为能力的精神病人的；（3）案件有重大社会影响的；（4）共同犯罪案件中部分被告人不认罪或者对适用简易程序有异议的；（5）辩护人作无罪辩护的；（6）被告人认罪但经审查认为可能不构成犯罪的；（7）不宜适用简易程序审理的其他情形。本案中，王某系聋哑人，不适用简易程序。而只有简易程序才可能由审判员一人独任审理。故 D 项错误。

综上所述，本题答案为 B。

3. 法院在审理胡某持有毒品案时发现，胡某不仅持有毒品数量较大，而且向他人出售毒品，构成贩卖毒品罪。关于本案，下列哪一选项是正确的？（2016 - 2 - 36，单）

A. 如胡某承认出售毒品，法院可直接改判

B. 法院可在听取控辩双方意见基础上直接改判

C. 法院可建议检察院补充或者变更起诉

D. 法院可建议检察院退回补充侦查

【考点】法庭审理中特殊问题的处理

【解析】当年司法部答案为 C，但根据现行法律规定，本题无答案。2021 年修订的《刑诉解释》第 297 条规定：审判期间，人民法院发现新的事实，可能影响定罪量刑的，或者需要补查补证的，应当通知人民检察院，由其决定是否补充、变更、追加起诉或者补充侦查。人民检察院不同意或者在指定时间内未回复书面意见的，人民法院应当就起诉指控的事实，依照本解释第 295 条的规定作出判决、裁定。

可见，本案中，法院认为胡某除了有持有毒品行为外，还涉嫌贩卖毒品，属于发现新的犯罪事实，应当通知人民检察院，由其决定是否补充、变更、追加起诉或者补充侦查。因《刑诉解释》修改，本题无答案。

4. 关于电子数据作为证据使用。说法正确的是？（2021 仿真题，不定项）

A. 公安机关未以封存状态移送的电子数据，不得作为定案的根据

B. 发现电子数据存在篡改痕迹，应当先确认是否属于瑕疵证据

C. 侦查人员检查犯罪嫌疑人的手机银行，应制作检查笔录和清单

D. 侦查人员在调取电子数据时，应当有见证人在场并全程录像

【考点】电子数据的收集和审查、判断

【解析】依据《刑诉解释》第 113 条规定："电子数据的收集、提取程序有下列瑕疵，经补正或者作出合理解释的，可以采用；不能补正或者作出合理解释的，不得作为定案的根据：（一）未以封存状态移送的；（二）笔录或者清单上没有调查人员或者侦查人员、电子数据持有人、提供人、见证人签名或者盖章的；（三）对电子数据的名称、类别、格式等注明不清的；（四）有其他瑕疵的。"本题 A 项的电子数据符合该条第（一）项的情形，属于瑕疵证据，经补正或者作出合理解释的，可以采用。故 A 项错误。

依据《刑诉解释》第 114 条规定："电子数据具有下列情形之一的，不得作为定案的根据：（一）系篡改、伪造或者无法确定真伪的；（二）有增加、删除、修改等情形，影响电子数据真实性的；（三）其他无法保证电子数据真实性的情形。"本题 B 项中的电子数据若存在篡改痕迹，不得作为定案的根据。该 B 项不正确。

依据《关于办理刑事案件收集提取和审查判断电子数据若干问题的规定》第 14 条规定："收集、提取电子数据，应当制作笔录，记录案由、对象、内容、收集、提取电子数据的时间、地点、方法、过程，并附电子数据清单，注明类别、文件格式、完整性校验值等，由侦查人员、电子数据持有人（提供人）签名或者盖章；电子数据持有人（提供人）无法签名或者拒绝签名的，应当在笔录中注明。由见证人签名或者盖章。有条件的，应当对相关活动进行录像。"故 C 项正确。

D 项的错误在于，不是应当全程录像，而是"有条件的，应当对相关活动进行录像"。《关于办理刑事案件收集提取和审查判断电子数据若干问题的规定》第 15 条规定："收集、提取电子数据，应当根据刑事诉讼法的规定，由符合条件的人员担任见证人。由于客观原因无法由符合条件的人员担任见证人的，应当在笔录中注明情况，并对相关活动进行录像。针对同一现场多个计算机信息系统收集、提取电子数据的，可以由一名见证人见证。"可见，D 项的另一个错误在于，

见证人在场存在例外情形。

综上，本题的正确答案为C项。

5. 甲女与乙男在某社交软件互加好友，手机网络聊天过程中，甲女多次向乙男发送暧昧言语和色情图片，表示可以提供有偿性服务。二人于酒店内见面后因价钱谈不拢而争吵，乙男强行将甲女留在房间内，并采用胁迫手段与其发生性关系。后甲女向公安机关报案，乙男则辩称双方系自愿发生性关系。请回答第95~96题。

（1）乙男提供了二人之前的网络聊天记录。关于这一网络聊天记录，下列选项正确的是：（2016-2-95，不定项）

A. 属电子数据的一种

B. 必须随原始的聊天时使用的手机移送才能作为定案的依据

C. 只有经甲女核实认可后才能作为定案的依据

D. 因不具有关联性而不得作为本案定罪量刑的依据

【考点】 电子数据的审查判断

【解析】 根据《关于办理刑事案件收集提取和审查判断电子数据若干问题的规定》第1条第2款，以数字化形式存储、处理、传输的，能够证明案件事实的数据。一般认为，电子数据包括但不限于下列信息、电子文件：①网页、博客、微博客、朋友圈、贴吧、网盘等网络平台发布的信息；②手机短信、电子邮件、即时通信、通讯群组等网络应用服务的通信信息；③用户注册信息、身份认证信息、电子交易记录、通信记录、登录日志等信息；④文档、图片、音视频、数字证书、计算机程序等电子文件。

可见，本题中的网络聊天记录应当属于电子数据。A项正确。

《关于办理网络犯罪案件适用刑事诉讼程序若干问题的意见》第15条规定：具有下列情形之一，无法获取原始存储介质的，可以提取电子数据，但应当在笔录中注明不能获取原始存储介质的原因、原始存储介质的存放地点等情况，并由侦查人员、电子数据持有人、提供人签名或者盖章；持有人、提供人无法签名或者拒绝签名的，应当在笔录中注明，由见证人签名或者盖章；有条件的，侦查人员应当对相关活动进行录像：①原始存储介质不便封存的；②提取计算机内存存储的数据、网络传输的数据等不是存储在存储介质上的电子数据的；③原始存储介质位于境外的；④其他无法获取原始存储介质的情形。

本案中，手机即为网络聊天记录的原始存储介质，但不一定必须随案移送。B项错误。

《刑事诉讼法》第50条第3款规定：证据必须经过查证属实，才能作为定案的根据。但是，查证属实有很多种方法，不一定必须经过被害人核实。C项错误。

网络聊天记录可以证明犯罪行为发生的起因，与犯罪具有关联性，D项错误。

综上所述，本题答案为A。

（2）本案后起诉至法院，关于本案审理程序，下列选项正确的是：（2016-2-96，不定项）

A. 应当不公开审理

B. 甲女因出庭作证而支出的交通、住宿的费用，法院应给予补助

C. 甲女可向法院提起附带民事诉讼要求乙男赔偿因受侵害而支出的医疗费

D. 公诉人讯问乙男后，甲女可就强奸的犯罪事实向乙男发问

【考点】公开审判原则、证人出庭补助、附带民事诉讼的提起、法庭调查

【解析】《刑事诉讼法》第188条规定：人民法院审判第一审案件应当公开进行。但是有关国家秘密或者个人隐私的案件，不公开审理；涉及商业秘密的案件，当事人申请不公开审理的，可以不公开审理。不公开审理的案件，应当当庭宣布不公开审理的理由。可见，本案涉及强奸犯罪，涉及个人隐私，应当不公开审理，A项正确。

《刑事诉讼法》第65条第1款规定：证人因履行作证义务而支出的交通、住宿、就餐等费用，应当给予补助。证人作证的补助列入司法机关业务经费，由同级政府财政予以保障。本案中，甲不是证人，而是被害人，所以B项错误。

《刑事诉讼法》第101条第1款规定：被害人由于被告人的犯罪行为而遭受物质损失的，在刑事诉讼过程中，有权提起附带民事诉讼。被害人死亡或者丧失行为能力的，被害人的法定代理人、近亲属有权提起附带民事诉讼。显然，C项正确。

《刑诉解释》第242条第1款规定：在审判长主持下，公诉人可以就起诉书指控的犯罪事实讯问被告人。经审判长准许，被害人及其法定代理人、诉讼代理人可以就公诉人讯问的犯罪事实补充发问；附带民事诉讼原告人及其法定代理人、诉讼代理人可以就附带民事部分的事实向被告人发问；被告人的法定代理人、辩护人，附带民事诉讼被告人及其法定代理人、诉讼代理人可以在控诉方、附带民事诉讼原告方就某一问题讯问完毕后向被告人发问。可见，公诉人讯问乙男后，甲女可就强奸的犯罪事实向乙男发问，但需要事先经过审判长许可。D项正确。

综上所述，本题答案为A、C、D。

6. 关于我国刑事诉讼中起诉与审判的关系，下列哪一选项是正确的？（2015 - 2 - 36，单）

A. 自诉人提起自诉后，在法院宣判前，可随时撤回自诉，法院应准许

B. 法院只能就起诉的罪名是否成立作出裁判

C. 在法庭审理过程中，法院可建议检察院补充、变更起诉

D. 对检察院提起公诉的案件，法院判决无罪后，检察院不能再次起诉

【考点】法庭审理中特殊问题的处理、自诉的撤回

【解析】当年司法部答案C，但根据现行法律规定，无答案。《刑诉解释》第329条规定：判决宣告前，自诉案件的当事人可以自行和解，自诉人可以撤回自诉。人民法院经审查，认为和解、撤回自诉确属自愿的，应当裁定准许；认为系被强迫、威吓等，并非出于自愿的，不予准许。可见，A项错在"法院应准许"，法院还要审查撤诉的自愿性。

一般来说，法院受制于不告不理原则，法院只能就起诉的罪名是否成立作出裁判。但是，如果起诉指控的事实清楚，证据确实、充分，指控的罪名与审理认定的罪名不一致的，应当按照审理认定的罪名作出有罪判决。故，B项错误。

2013年的《刑诉解释》第243条规定了：审判期间，人民法院发现新的事实，可能影响定罪的，可以建议人民检察院补充或者变更起诉；第283条规定了：对应当认定为单位犯罪的案件，人民检察院只作为自然人犯罪起诉的，人民法院

大咖点拨区

扫码听课

应当建议人民检察院对犯罪单位补充起诉。但是 2021 年修订后的《刑诉解释》第 297 条规定：审判期间，人民法院发现新的事实，可能影响定罪量刑的，或者需要补查补证的，应当通知人民检察院，由其决定是否补充、变更、追加起诉或者补充侦查。人民检察院不同意或者在指定时间内未回复书面意见的，人民法院应当就起诉指控的事实，依照本解释第 295 条的规定作出判决、裁定。第 340 条规定：对应当认定为单位犯罪的案件，人民检察院只作为自然人犯罪起诉的，人民法院应当建议人民检察院对犯罪单位追加起诉。因司法解释修改，故 C 项错误。

依据《刑诉解释》第 219 条第 1 款第 5 项：依照刑事诉讼法第 200 条第 3 项规定宣告被告人无罪后，人民检察院根据新的事实、证据重新起诉的，应当依法受理。可见，对检察院提起公诉的案件，法院判决无罪后，检察院如果有新的证据，还是可以再次起诉的。D 项错误。综上所述，因《刑诉解释》修改，本题无答案。

7. 法院在审理案件过程中发现被告人可能有立功情节，而起诉书和移送的证据材料中没有此种材料，下列哪一处理是正确的？（2012 - 2 - 41，单）

A. 将全部案卷材料退回提起公诉的检察院

B. 建议提起公诉的检察院补充侦查

C. 建议公安机关补充侦查

D. 宣布休庭，进行庭外调查

【答案】法庭审理中特殊问题的处理

【解析】当年司法部答案 B，但根据现行法律，无答案。本题是 2012 年的考题，当时现行 2021 年《刑诉解释》还未出台，该题涉及的法律依据是 1998 年《关于执行〈中华人民共和国刑事诉讼法〉若干问题的解释》第 159 条的规定。按照该规定：合议庭在案件审理过程中，发现被告人可能有自首、立功等法定量刑情节，而起诉和移送的证据材料中没有这方面的证据材料的，应当建议人民检察院补充侦查。可见，本题选 B 是正确的。但是现行《刑诉解释》有了不同规定。

现行《刑诉解释》第 277 条规定：审判期间，合议庭发现被告人可能有自首、坦白、立功等法定量刑情节，而人民检察院移送的案卷中没有相关证据材料的，应当通知人民检察院在指定时间内移送。审判期间，被告人提出新的立功线索的，人民法院可以建议人民检察院补充侦查。

可见，对于被告人有立功量刑情节，而起诉书和移送的证据材料遗漏的，法院有两种发现途径，并且处理方式不同。第一种途径及处理：合议庭自行发现检察院遗漏了立功等量刑情节，应当通知检察院补充移送。第二种途径及处理：合议庭根据被告人的提出发现检察院遗漏了立功情节，可以建议检察院补充侦查。

可见，本题中，法院是自行发现检察院的遗漏，正确做法应当是"应当通知检察院移送"。故，本题没有正确答案。

8. 甲抢劫，审查起诉时认罪认罚，检察院量刑建议判有期徒刑 4 年，法院适用简易程序，认为量刑适当，但发现遗漏了其他犯罪事实，遂通知检察院，但检察院未作出书面答复，下列关于法院的做法的表述，正确的是：（2021 仿真题，单）

扫码听课

扫码听课

A. 判处有期徒刑4年　　　　　　B. 就新事实自行调查
C. 将简易程序转为普通程序　　　D. 宣布进行法庭调查

【考点】法院在审理时发现新的犯罪事实的处理

【解析】依据《刑诉解释》第297条规定："审判期间，人民法院发现新的事实，可能影响定罪量刑的，或者需要补查补证的，应当通知人民检察院，由其决定是否补充、变更、追加起诉或者补充侦查。人民检察院不同意或者在指定时间内未回复书面意见的，人民法院应当就起诉指控的事实，依照本解释第295条的规定作出判决、裁定。"本题中，在检察院未作出书面答复的情形下，法院依据指控的盗窃事实作出裁判，本案属于认罪认罚的案件，法院认为量刑建议适当，即采纳检察院的量刑建议有期徒刑4年，故A项正确。B、D两项的做法均违反不告不理原则。

依据《刑诉解释》第368条第1款规定："适用简易程序审理案件，在法庭审理过程中，具有下列情形之一的，应当转为普通程序审理：（一）被告人的行为可能不构成犯罪的；（二）被告人可能不负刑事责任的；（三）被告人当庭对起诉指控的犯罪事实予以否认的；（四）案件事实不清、证据不足的；（五）不应当或者不宜适用简易程序的其他情形。"本题中的情形不属于该条中的简易程序转为普通程序的情形，故C项不当选。

综上，本题的正确答案为A项。

9. 审理一起团伙犯罪案时，因涉及多个罪名和多名被告人、被害人，审判长为保障庭审秩序，提高效率，在法庭调查前告知控辩双方注意事项。下列哪些做法是错误的？（2012－2－69，多）

A. 公诉人和被告人仅就刑事部分进行辩论，被害人和被告人仅就附带民事部分进行辩论

B. 控辩双方仅在法庭辩论环节就证据的合法性、相关性问题进行辩论

C. 控辩双方可就证据问题、事实问题、程序问题以及法律适用问题进行辩论

D. 为保证控方和每名辩护人都有发言时间，控方和辩方发表辩论意见时间不超过30分钟

【考点】法庭辩论

【解析】一般而言，公诉人和被告人仅就刑事部分进行辩论。但是，当检察机关代表公共利益对附带民事诉讼被告人提起附带民事诉讼时，也可以就附带民事诉讼部分进行辩论。此外，被害人和被告人通常会就刑事部分进行辩论，对附带民事诉讼部分进行辩论的通常是附带民事诉讼的原告和附带民事诉讼被告。故，A项错误。

庭审程序可以分为开庭、法庭调查、法庭辩论、被告人最后陈述、评议和宣判几个步骤。法庭辩论阶段是控辩双方进行辩论的核心阶段，但在法庭调查阶段，对于一方的举证，另一方有权进行质疑和辩论。简单说，法庭调查阶段也会出现一定程度的辩论。故，B项错误。

控辩双方辩论的范围没有严格限制，可以包含事实、证据、法律、程序等多个方面，C项正确。

为了查明案件事实，法院一般不会打断控辩双方的辩论，应当让控辩双方畅所欲言，法官居中听取并作出判断。法律中没有发言不超过30分钟的规定。D项

扫码听课

错误。

综上所述，本题答案为 A、B、D。

10. 关于证人出庭作证，下列哪些说法是正确的？（2012 – 2 – 72，多）

A. 需要出庭作证的警察就其执行职务时目击的犯罪情况出庭作证，适用证人作证的规定

B. 警察就其非执行职务时目击的犯罪情况出庭作证，不适用证人作证的规定

C. 对了解案件情况的人，确有必要时，可以强制到庭作证

D. 证人没有正当理由拒绝出庭作证的，只有情节严重，才可以处以拘留，且拘留不可以超过 10 日

【考点】强制证人出庭作证制度、证人出庭作证规则

【解析】《刑事诉讼法》第 192 条规定：公诉人、当事人或者辩护人、诉讼代理人对证人证言有异议，且该证人证言对案件定罪量刑有重大影响，人民法院认为证人有必要出庭作证的，证人应当出庭作证。人民警察就其执行职务时目击的犯罪情况作为证人出庭作证，适用前款规定。公诉人、当事人或者辩护人、诉讼代理人对鉴定意见有异议，人民法院认为鉴定人有必要出庭的，鉴定人应当出庭作证。经人民法院通知，鉴定人拒不出庭作证的，鉴定意见不得作为定案的根据。

可见，警察就其执行职务时目击的犯罪情况出庭作证，适用证人作证的规定，A 项正确。通过 A 项可以推知，人民警察就其非执行职务时目击的犯罪情况出庭作证的，更加应当适用证人作证的规定，B 项错误。

《刑事诉讼法》第 193 条规定：经人民法院通知，证人没有正当理由不出庭作证的，人民法院可以强制其到庭，但是被告人的配偶、父母、子女除外。证人没有正当理由拒绝出庭或者出庭后拒绝作证的，予以训诫，情节严重的，经院长批准，处以 10 日以下的拘留。被处罚人对拘留决定不服的，可以向上一级人民法院申请复议。复议期间不停止执行。

可见，经人民法院通知，证人没有正当理由不出庭作证的，人民法院可以强制其到庭，法院并非对任何证人都可以强制到庭，C 项错误。证人没有正当理由拒绝出庭或者出庭后拒绝作证，情节严重的，可以处以 10 日以下的拘留，D 项正确。

综上所述，本题答案为 A、D。

11. 关于量刑程序，下列哪些说法是正确的？（2011 – 2 – 70，多）

A. 检察院可以在公诉意见书中提出量刑建议

B. 合议庭在评议前应向到庭旁听的人发放调查问卷了解他们对量刑的意见

C. 简易程序审理的案件，被告人自愿承认指控的犯罪事实和罪名且知悉认罪法律后果的，法庭审理可以直接围绕量刑问题进行

D. 辩护人无权委托有关方面制作涉及未成年人的社会调查报告

【考点】量刑程序

【解析】《高检规则》第 364 条第 2 款规定：提出量刑建议的，可以制作量刑建议书，与起诉书一并移送人民法院。量刑建议书的主要内容应当包括被告人所犯罪行的法定刑、量刑情节、建议人民法院对被告人判处刑罚的种类、刑罚幅度、可以适用的刑罚执行方式以及提出量刑建议的依据和理由等。《最高检规则》第 418 条第 1 款规定：人民检察院向人民法院提出量刑建议的，公诉人应当在发

表公诉意见时提出。可知，对提起公诉的案件需要提出量刑建议的，一般应当制作专门的量刑建议书，与起诉书一并移送人民法院。当然也可以不制作专门的量刑建议书。未制作专门的量刑建议书的，可以在公诉意见中载明量刑建议。因此，A 项正确。

B 项，没有法律根据，错误。

《关于规范量刑程序若干问题的意见》第 13 条第 1 款规定：适用简易程序审理的案件，在确认被告人对起诉书指控的犯罪事实和罪名没有异议，自愿认罪且知悉认罪的法律后果后，法庭审理可以直接围绕量刑进行，不再区分法庭调查、法庭辩论，但在判决宣告前应当听取被告人的最后陈述意见。可见，C 项正确。

《关于规范量刑程序若干问题的意见》第 18 条规定：人民法院、人民检察院、侦查机关或者辩护人委托有关方面制作涉及未成年人的社会调查报告的，调查报告应当在法庭上宣读，并进行质证。可见，辩护人有权委托制作涉及未成年人的社会调查报告，D 项错误。

综上所述，本题答案为 A、C。

12. 法院在审理一起抢夺案时，发现被告人朱某可能有自首情节，但起诉书和移送材料中没有相关证据材料。关于法院应当如何处理，下列哪一选项是正确的？（2010 - 2 - 33，单）

A. 运用庭外调查权调查核实

B. 建议检察院补充侦查

C. 裁定驳回起诉

D. 根据已有证据定罪量刑

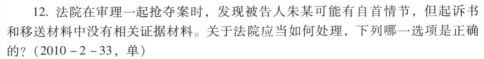

【考点】法庭审理中特殊问题的处理

【解析】当年司法部答案 B，但根据现行法律，无答案。本题是 2012 年的考题，当时现行 2021 年《刑诉解释》还未出台，该题涉及的法律依据是 1998 年《刑诉解释》第 159 条的规定。按照该规定：合议庭在案件审理过程中，发现被告人可能有自首、立功等法定量刑情节，而起诉和移送的证据材料中没有这方面的证据材料的，应当建议人民检察院补充侦查。

现行《刑诉解释》第 277 条规定：审判期间，合议庭发现被告人可能有自首、坦白、立功等法定量刑情节，而人民检察院移送的案卷中没有相关证据材料的，应当通知人民检察院移送。审判期间，被告人提出新的立功线索的，人民法院可以建议人民检察院补充侦查。

可见，关于检察院移送的案卷中缺失相关量刑证据材料有两种发现和处理方式：第一，合议庭主动发现后，应当要求检察院移送；第二，被告人提出后，法院可以建议检察院补充侦查。

本案属于第一种情形，应当要求检察院移送，故 A、B、C、D 项均错误，无答案。但本题涉及的知识点很重要，需要考生掌握。

13. 张三因故意伤害罪被检察院提起公诉，后张三觉得侦查人员收集证据的程序不合法便向法院申请排除非法证据，合议庭因此召开了庭前会议，其后法院对此案开庭审理，法庭审理包括了下列环节：①公诉人对被告人张三进行讯问；②辩方证人李四出庭作证；③公诉人宣读起诉书；④张三对控方出示的作案工具匕首进行辨认；⑤法庭宣布庭前会议对证据收集合法性的审查情况。关于以上庭

扫码听课

扫码听课

审环节的先后顺序，排列正确的是哪一项？（2019 仿真题）

A. ③①⑤②④
B. ③⑤①②④
C. ⑤③①②④
D. ③⑤①④②

【考点】 法庭调查

【解析】《人民法院办理刑事案件庭前会议规程（试行）》第 24 条："对于召开庭前会议的案件，在宣读起诉书后，法庭应当宣布庭前会议报告的主要内容；……"《人民法院办理刑事案件排除非法证据规程（试行）》第 19 条："法庭决定对证据收集的合法性进行调查的，一般按照以下步骤进行：（一）召开庭前会议的案件，法庭应当在宣读起诉书后，宣布庭前会议中对证据收集合法性的审查情况，以及控辩双方的争议焦点；……"据此，可以判断③应当先于⑤。此外，根据《刑诉解释》第九章第三节"宣布开庭与法庭调查"相关规定可以推知①②④顺序：第 242 条第 1 款："在审判长主持下，公诉人可以就起诉书指控的犯罪事实讯问被告人。"第 246 条第 2 款："在控诉方举证后，被告人及其法定代理人、辩护人可以提请法庭通知证人、鉴定人、有专门知识的人、调查人员、侦查人员或者其他人员出庭，或者出示证据。"第 267 条："举证方当庭出示证据后，由对方发表质证意见。"

综上，可得答案 B。

14. 张甲涉嫌在火车上扒窃被立案侦查并提起公诉，王乙和陈丙在案发时与张甲处于同一车厢，两人在侦查阶段作为目击证人提供了证人证言。关于本案的处理，下列哪一选项是正确的？（2019 仿真题）

A. 公安机关向法院提交的讯问笔录虽然没有经过被讯问人张甲核对签名确认，但是如果可以补正或作出合理解释，法院可以采纳作为定案依据

B. 辩护人柳丁向法院申请王乙出庭作证，法院告知柳丁应当说明其拟证明的案件事实

C. 在庭前会议中，控辩双方对于王乙的证言没有争议，在法庭调查阶段可以不再出示该证言

D. 在法庭审理中，陈丙无正当理由拒不出庭，法院以其在侦查阶段提供的证言作为定案依据，法院的做法不符合法律规定

【考点】 讯问犯罪嫌疑人的要求、证人出庭作证、庭前会议的事项处理

【解析】 A 项，《刑事诉讼法》第 122 条："讯问笔录应当交犯罪嫌疑人核对，对于没有阅读能力的，应当向他宣读。如果记载有遗漏或者差错，犯罪嫌疑人可以提出补充或者改正。犯罪嫌疑人承认笔录没有错误后，应当签名或者盖章。"因此，对于未经张甲核对并签名的笔录，不应当被采纳为定案依据。A 项错误。

B 项，《刑诉解释》第 247 条："控辩双方申请证人出庭作证，出示证据，应当说明证据的名称、来源和拟证明的事实。"故此，法官要求柳丁说明证人拟证明的事实是正确的。B 项正确。

C 项，《刑诉解释》第 229 条："庭前会议中，审判人员可以询问控辩双方对证据材料有无异议，对有异议的证据，应当在庭审时重点调查；无异议的，庭审时举证、质证可以简化。"因此，尽管控辩双方对王乙的证言没有争议，但仍应当出示并进行质证，只不过可以简化举证质证过程。C 项错误。

D 项，《刑事诉讼法》第 192 条第 1 款："公诉人、当事人或者辩护人、诉讼

大咖点拨区

扫码听课

代理人对证人证言有异议，且该证人证言对案件定罪量刑有重大影响，人民法院认为证人有必要出庭作证的，证人应当出庭作证。"我国刑诉法虽然规定了对有异议且法院认为有必要出庭作证的，证人应当出庭，但对证人未出庭，并未规定证人证言不可用作定案依据的法律后果。此外，《刑事诉讼法》第61条规定，"证人证言必须在法庭上经过公诉人、被害人和被告人、辩护人双方质证并且查实以后，才能作为定案的根据。"因此，陈某的证言若经过质证和查实，才可以作为定案依据，法院的做法符合法律规定。D项错误。

综上，本题选择 B。

四、延期审理、中止审理和终止审理

1. 下列哪一选项属于刑事诉讼中适用中止审理的情形？（2012－2－31，单）

A. 由于申请回避而不能进行审判的

B. 需要重新鉴定的

C. 被告人患有严重疾病，长时间无法出庭的

D. 检察人员发现提起公诉的案件需要补充侦查，提出建议的

【考点】中止审理的情形

【解析】《刑事诉讼法》第206条第1款规定：在审判过程中，有下列情形之一，致使案件在较长时间内无法继续审理的，可以中止审理：（1）被告人患有严重疾病，无法出庭的；（2）被告人脱逃的；（3）自诉人患有严重疾病，无法出庭，未委托诉讼代理人出庭的；（4）由于不能抗拒的原因。

《刑事诉讼法》第204条规定：在法庭审判过程中，遇有下列情形之一，影响审判进行的，可以延期审理：（1）需要通知新的证人到庭，调取新的物证，重新鉴定或者勘验的；（2）检察人员发现提起公诉的案件需要补充侦查，提出建议的；（3）由于申请回避而不能进行审判的。

考生除需要掌握上述法条外，还应当了解：延期审理使用决定，并多为诉讼程序自身的原因导致，且一般可以预见到下次开庭的时间。而中止审理使用裁定，并多为不可控制的诉讼之外的原因造成，且一般无法预见到下次开庭的时间。

A、B、D项，回避、鉴定、补充侦查都是诉讼程序本身的问题，适用延期审理决定。A、B、D项错误。C项，疾病不是诉讼程序自身原因，而是无法控制的诉讼程序之外的原因，适用中止审理裁定。C项正确。

综上所述，本题答案为 C。

2. 下列关于审理程序中断的处理，不正确的是：（2021仿真题，多）

A. 被告人因患新冠肺炎需要隔离治疗，法院决定延期审理

B. 法庭上当事人申请公诉人回避，法院决定休庭

C. 被告人在审理中自杀身亡，法院查明其有罪，裁定终止审理

D. 丁盗窃案，其在审理中申请重新鉴定，法院裁定中止审理

【考点】审理程序中断的处理方式

【解析】依据《刑事诉讼法》第206条第1款规定："在审判过程中，有下列情形之一，致使案件在较长时间内无法继续审理的，可以中止审理：（一）被告人患有严重疾病，无法出庭；（二）被告人脱逃的；（三）自诉人患有严重疾病，无法出庭，未委托诉讼代理人出庭的；（四）由于不能抗拒的原因。"本题A项属于该

扫码听课

扫码听课

条第（一）项规定的情形，法院可以裁定中止审理，而不是决定延期审理。故 A 项错误。

依据《刑诉解释》第 36 条规定：当事人及其法定代理人申请出庭的检察人员回避的，人民法院应当区分情况作出处理：（一）属于刑事诉讼法第 29 条、第 30 条规定情形的回避申请，应当决定休庭，并通知人民检察院尽快作出决定；（二）不属于刑事诉讼法第 29 条、第 30 条规定情形的回避申请，应当当庭驳回，并不得申请复议。本题 B 项属于以《刑事诉讼法》第 29 条、第 30 条规定情形申请回避，法院应决定休庭，该 B 项正确。

依据《刑诉解释》第 606 条规定："人民法院受理案件后被告人死亡的，应当裁定终止审理；但有证据证明被告人无罪，经缺席审理确认无罪的，应当判决宣告被告人无罪。前款所称'有证据证明被告人无罪，经缺席审理确认无罪'，包括案件事实清楚，证据确实、充分，依据法律认定被告人无罪的情形，以及证据不足，不能认定被告人有罪的情形。"本题 C 项的情形下，法院应裁定终止审理，该 C 项正确。

依据《刑事诉讼法》第 204 条规定："在法庭审判过程中，遇有下列情形之一，影响审判进行的，可以延期审理：（一）需要通知新的证人到庭，调取新的物证，重新鉴定或者勘验的；（二）检察人员发现提起公诉的案件需要补充侦查，提出建议的；（三）由于申请回避而不能进行审判的。"本题 D 项属于该条第（一）项规定的情形，法院可以决定延期审理，而不是裁定中止审理。故 D 项错误。

综上，本题的不正确答案为 AD 两项。

五、法庭秩序

1. 辩护律师在庭审中对控方证据提出异议，主张这些证据不得作为定案依据。对下列哪些证据的异议，法院应当予以支持？（2016 - 2 - 68，多）

A. 因证人拒不到庭而无法当庭询问的证人证言

B. 被告人提供了有关刑讯逼供的线索及材料，但公诉人不能证明讯问合法的被告人庭前供述

C. 工商行政管理部门关于查处被告人非法交易行为时的询问笔录

D. 侦查人员在办案场所以外的地点询问被害人所获得的被害人陈述

【考点】非法证据排除规则、行政证据的转化

【解析】《刑诉解释》第 91 条第 3 款规定：经人民法院通知，证人没有正当理由拒绝出庭或者出庭后拒绝作证，法庭对其证言的真实性无法确认的，该证人证言不得作为定案的根据。证人拒不出庭，其庭前证言并非不得作为定案根据，除非法庭对其证言的真实性无法确认。A 项错误。

《刑诉解释》第 137 条规定：经审理，法庭对证据收集的合法性进行调查后，确认或者不能排除存在刑事诉讼法第 56 条规定的以非法方法收集证据情形的，对有关证据应当排除。B 项中，公诉人不能证明讯问合法，意味着不能排除存在非法方法收集证据的可能，获取的庭前供述应当予以排除，B 项正确。

《刑诉解释》第 75 条第 1 款规定：行政机关在行政执法和查办案件过程中收集的物证、书证、视听资料、电子数据等证据材料，经法庭查证属实，且收集程

大咖点拨区

序符合有关法律、行政法规规定的，可以作为定案的根据。可见，行政证据转化为刑事证据，主要转化实物证据。言词证据一般需要重新收集，不能直接转化为刑事证据。C项中工商行政管理部门属于行政部门，收集的询问笔录属于言词证据，不能直接作为刑事证据使用，C项正确。

《公安部规定》第210条第1款规定：询问证人、被害人，可以在现场进行，也可以到证人、被害人所在单位、住处或者证人、被害人提出的地点进行。在必要的时候，可以书面、电话或者当场通知证人、被害人到公安机关提供证言。可见，在办案场所之外，譬如被害人的单位、住处等地点询问被害人是合法的。D项错误。

综上所述，本题答案为B、C。

2. 检察院以抢夺罪向法院提起公诉，法院经审理后查明被告人构成抢劫罪。关于法院的做法，下列哪一选项是正确的？（2013 - 2 - 39，单）

A. 应当建议检察院改变起诉罪名，不能直接以抢劫罪定罪

B. 可以直接以抢劫罪定罪，不必建议检察院改变起诉罪名

C. 只能判决无罪，检察院应以抢劫罪另行起诉

D. 应当驳回起诉，检察院应以抢劫罪另行起诉

扫码听课

【考点】评议和宣判

【解析】《刑诉解释》第295条第1款规定：对第一审公诉案件，人民法院审理后，应当按照下列情形分别作出判决、裁定：（1）起诉指控的事实清楚，证据确实、充分，依据法律认定指控被告人的罪名成立的，应当作出有罪判决；（2）起诉指控的事实清楚，证据确实、充分，但指控的罪名不当的，应当按照审理认定的罪名作出有罪判决；（3）案件事实清楚，证据确实、充分，依据法律认定被告人无罪的，应当判决宣告被告人无罪；（4）证据不足，不能认定被告人有罪的，应当以证据不足、指控的犯罪不能成立，判决宣告被告人无罪；（5）案件部分事实清楚，证据确实、充分的，应当作出有罪或者无罪的判决；对事实不清、证据不足部分，不予认定；（6）被告人因未达到刑事责任年龄，不予刑事处罚的，应当判决宣告被告人不负刑事责任；（7）被告人是精神病人，在不能辨认或者不能控制自己行为时造成危害结果，不予刑事处罚的，应当判决宣告被告人不负刑事责任；被告人符合强制医疗条件的，应当依照本解释第二十六章的规定进行审理并作出判决；（8）犯罪已过追诉时效期限且不是必须追诉，或者经特赦令免除刑罚的，应当裁定终止审理；（9）属于告诉才处理的案件，应当裁定终止审理，并告知被害人有权提起自诉；（10）被告人死亡的，应当裁定终止审理；但有证据证明被告人无罪，经缺席审理确认无罪的，应当判决宣告被告人无罪。

本题中，"检察院以抢夺罪向法院提起公诉，法院经审理后查明被告人构成抢劫罪"符合上述第（2）项，法院应当按照审理认定的罪名直接定罪，故，法院可以直接以抢劫罪定罪。B项正确，A、C、D项错误。

综上所述，本题答案为B。

3. 法院审理郑某涉嫌滥用职权犯罪案件，在宣告判决前，检察院发现郑某和张某接受秦某巨款，涉嫌贿赂犯罪。对于新发现犯罪嫌疑人和遗漏罪行的处理，下列哪些做法是正确的？（2013－2－66，多）

　　A. 法院可以主动将张某、秦某追加为被告人一并审理

　　B. 检察院可以补充起诉郑某、张某和秦某的贿赂犯罪

　　C. 检察院可以将张某、秦某追加为被告人，要求法院一并审理

　　D. 检察院应当撤回起诉，将三名犯罪嫌疑人以两个罪名重新起诉

　　【考点】法庭审理中特殊问题的处理

　　【解析】法院受制于不告不理原则，不可以主动将张某、秦某追加为被告人一并审理，A 项错误。

　　《高检规则》第 423 条规定：人民法院宣告判决前，人民检察院发现被告人的真实身份或者犯罪事实与起诉书中叙述的身份或者指控犯罪事实不符的，或者事实、证据没有变化，但罪名、适用法律与起诉书不一致的，可以变更起诉。发现遗漏同案犯罪嫌疑人或者罪行的，应当要求公安机关补充移送起诉或者补充侦查；对于犯罪事实清楚，证据确实、充分的，可以直接追加、补充起诉。

　　本题中，检察院在判决宣告前发现郑某和张某涉嫌贿赂犯罪，属于发现遗漏的罪行、同案犯罪嫌疑人的情形，检察院可以追加、补充起诉。故 B、C 项正确，检察院无需撤回起诉，只需追加、补充起诉即可，D 项错误。

　　综上所述，本题选 B、C。

4. 被告人刘某在案件审理期间死亡，法院作出终止审理的裁定。其亲属坚称刘某清白，要求法院作出无罪判决。对于本案的处理，下列哪些选项是正确的？（2013－2－74，多）

　　A. 应当裁定终止审理

　　B. 根据已查明的案件事实和认定的证据，能够确认无罪的，应当判决宣告刘某无罪

　　C. 根据刘某亲属要求，应当撤销终止审理的裁定，改判无罪

　　D. 根据刘某亲属要求，应当以审判监督程序重新审理该案

　　【考点】终止审理的情形、再审申诉的程序与要求

　　【解析】《刑事诉讼法》第 16 条规定：有下列情形之一的，不追究刑事责任，已经追究的，应当撤销案件，或者不起诉，或者终止审理，或者宣告无罪：（1）情节显著轻微、危害不大，不认为是犯罪的；（2）犯罪已过追诉时效期限的；（3）经特赦令免除刑罚的；（4）依照刑法告诉才处理的犯罪，没有告诉或者撤回告诉的；（5）犯罪嫌疑人、被告人死亡的；（6）其他法律规定免予追究刑事责任的。

　　可见，被告人刘某在案件审理期间死亡，法院应当作出终止审理的裁定，根据已查明的案件事实和认定的证据，能够确认无罪的，应当判决宣告被告人无罪。A、B 项正确。

　　《刑事诉讼法》第 253 条规定：当事人及其法定代理人、近亲属的申诉符合下列情形之一的，人民法院应当重新审判：（1）有新的证据证明原判决、裁定认定的事实确有错误，可能影响定罪量刑的；（2）据以定罪量刑的证据不确实、不充分、依法应当予以排除，或者证明案件事实的主要证据之间存在矛盾的；（3）原判决、裁定适用法律确有错误的；（4）违反法律规定的诉讼程序，可能影响公正

大咖点拨区

扫码听课

扫码听课

审判的；（5）审判人员在审理该案件的时候，有贪污受贿，徇私舞弊，枉法裁判行为的。

本题中，刘某亲属坚称刘某清白，属于申诉。申诉即伸冤、喊冤，申诉只有符合上述法定条件时才能引起审判监督程序。故，法院不可能根据其亲属的申诉马上"撤销终止审理的裁定，改判无罪"或者"以审判监督程序重新审理该案"。C、D 项错误。

综上所述，本题选 A、B。

5. 关于对法庭审理中违反法庭秩序的人员可采取的措施，下列哪些选项是正确的？（2012 - 2 - 70，多）

　　A. 警告制止　　　　　　　　　B. 强行带出法庭
　　C. 只能在 1000 元以下处以罚款　　D. 只能在 10 日以下处以拘留

【考点】法庭秩序

【解析】《刑事诉讼法》第 199 条第 1 款规定：在法庭审判过程中，如果诉讼参与人或者旁听人员违反法庭秩序，审判长应当警告制止。对不听制止的，可以强行带出法庭；情节严重的，处以 1000 元以下的罚款或者 15 日以下的拘留。罚款、拘留必须经院长批准。被处罚人对罚款、拘留的决定不服的，可以向上一级人民法院申请复议。复议期间不停止执行。

可见，A、B、C 项都是对违反法庭秩序的不同程度的处理方式，正确。D 项错在只能在 10 日以下处以拘留，应当是"15 日"，D 项错误。需要注意，本题出得不够严谨，因为 C 项"只能在 1000 元以下处以罚款"给人以只能处以罚款而不能处以司法拘留的错觉。考生无需纠结，只要把握题目背后的考点即可。

综上所述，答案为 A、B、C。

扫码听课

6. 高某抢劫一案在甲市 A 县法院开庭审理，审理过程中高某的辩护律师林某存在扰乱法庭秩序的不当行为，被多次提醒、制止、警告后仍置之不理，审判长遂指令法警将其带出法庭，旁听人员谢某因强烈支持辩方而对法院的做法大为不满，一气之下殴打了法警，后被法院移送 A 县公安机关处理，关于本案扰乱法庭秩序行为的处理，下列哪些说法是正确的？（2019 仿真题）

　　A. 林某被带出法庭后，高某要求自行辩护的，庭审应当继续进行

　　B. 林某被带出法庭后，高某要求另行委托辩护人的，法院应当决定延期审理

　　C. 林某对 A 县法院将其强行带出法庭的做法不服，可以向甲市检察院申诉

　　D. 如果 A 县检察院以扰乱法庭秩序罪将谢某起诉至 A 县法院，A 县法院可以请求将案件移送甲市法院管辖

【考点】法庭秩序

【解析】A 项、B 项，《刑诉解释》第 310 条第 1 款："辩护人严重扰乱法庭秩序，被责令退出法庭、强行带出法庭或者被处以罚款、拘留，被告人自行辩护的，庭审继续进行；被告人要求另行委托辩护人，或者被告人属于应当提供法律援助情形的，应当宣布休庭。"据此，林某被带出法庭后，如果高某要求自行辩护的，庭审应当继续进行，如果要求另行委托辩护人的，法院应当宣布休庭。A 正确、B 项错误。

扫码听课

C 项，《六机关规定》第 10 条："刑事诉讼法第 47 条规定："辩护人、诉讼代理人认为公安机关、人民检察院、人民法院及其工作人员阻碍其依法行使诉讼

权利的，有权向同级或者上一级人民检察院申诉或者控告。人民检察院对申诉或者控告应当及时进行审查，情况属实的，通知有关机关予以纠正。"人民检察院受理辩护人、诉讼代理人的申诉或者控告后，应当在十日以内将处理情况书面答复提出申诉或者控告的辩护人、诉讼代理人。"据此，如果林某对A县法院将其强行带出法庭的做法不服，可以向甲市检察院申诉。C项正确。

D项，《刑诉解释》第17条第2款："基层人民法院对下列第一审刑事案件，可以请求移送中级人民法院审判：（一）重大、复杂案件；（二）新类型的疑难案件；（三）在法律适用上具有普遍指导意义的案件。"第18条："有管辖权的人民法院因案件涉及本院院长需要回避或者其他原因，不宜行使管辖权的，可以请求移送上一级人民法院管辖。上一级人民法院可以管辖，也可以指定与提出请求的人民法院同级的其他人民法院管辖。"据此，谢某扰乱法庭秩序不属于上述案件类型，因此A县法院不能请求移送甲市法院。D项错误。

综上本题选择A、C。

六、单位犯罪案件的审理程序

1. 甲、乙二人系药材公司仓库保管员，涉嫌5次共同盗窃其保管的名贵药材，涉案金额40余万元。一审开庭审理时，药材公司法定代表人丙参加庭审。经审理，法院认定了其中4起盗窃事实，另1起因证据不足未予认定，甲和乙以职务侵占罪分别被判处有期徒刑3年和1年。关于丙参与法庭审理，下列选项正确的是：（2017–2–93，任）

A. 丙可委托诉讼代理人参加法庭审理
B. 公诉人讯问甲和乙后，丙可就犯罪事实向甲、乙发问
C. 丙可代表药材公司在附带民事诉讼中要求甲和乙赔偿被窃的药材损失
D. 丙反对适用简易程序的，应转为普通程序审理

【考点】单位犯罪的审理程序

【解析】丙作为单位诉讼代表人理应有权代表单位委托代理人，故此A项正确。依据《刑事诉讼法》第191条：公诉人在法庭上宣读起诉书后，被告人、被害人可以就起诉书指控的犯罪进行陈述，公诉人可以讯问被告人。被害人、附带民事诉讼的原告人和辩护人、诉讼代理人，经审判长许可，可以向被告人发问。有基于此，丙作为单位诉讼代表人理应有权就犯罪事实向甲、乙发问。故B项正确。甲和乙构成职务侵占罪，依据《刑诉解释》第176条：被告人非法占有、处置被害人财产的，应当依法予以追缴或者责令退赔。被害人提起附带民事诉讼的，人民法院不予受理。追缴、退赔的情况，可以作为量刑情节考虑。所以C选项错误。《刑事诉讼法》第214条规定，基层法院管辖的案件，同时符合下列条件的，人民法院可以适用简易程序审判：（1）案件事实清楚、证据充分的；（2）被告人承认自己所犯罪行，对指控的犯罪事实没有异议的；（3）被告人对适用简易程序没有异议的。人民检察院在提起公诉的时候，可以建议人民法院适用简易程序。由此得知《刑事诉讼法》仅将被告人是否同意适用简易程序作为适用的一个条件，没有需征求被害人意见的规定。丙是被害公司的诉讼代表人，能代表被害单位，无需征求丙的同意，仍然可以适用简易程序，因此D项错误。

综上所述，本题答案为AB。

大咖点拨区

扫码听课

2. 迅辉制药股份公司主要生产健骨消痛丸，公司法定代表人陆某指令保管员韩某采用不登记入库、销售人员打白条领取产品的方法销售，逃避缴税 65 万元。迅辉公司及陆某以逃税罪被起诉到法院。请回答第 92～94 题。

（1）可以作为迅辉公司单位犯罪的诉讼代表人的是：（2013－2－92，不定项）

A. 公司法定代表人陆某　　　　　B. 被单位委托的职工王某

C. 保管员韩某　　　　　　　　　D. 公司副经理李某

【考点】单位犯罪的诉讼代表人

【解析】《刑诉解释》第 336 条第 1 款规定：被告单位的诉讼代表人，应当是法定代表人、实际控制人或者主要负责人；法定代表人、实际控制人或者主要负责人被指控为单位犯罪直接责任人员或者因客观原因无法出庭的，应当由被告单位委托其他负责人或者职工作为诉讼代表人。但是，有关人员被指控为单位犯罪直接责任人员或者知道案件情况、负有作证义务的除外。

A 项，陆某是单位犯罪的直接负责人，不能作为被告单位的诉讼代表人。A 项错误。

B 项，在陆某不能作为被告单位的诉讼代表人时，被告单位可以委托职工王某为诉讼代表人，B 项正确。

C 项，在陆某不能作为被告单位的诉讼代表人时，职工韩某要成为单位的诉讼代表人必须接受单位的委托，C 项错误。

D 项，在陆某不能作为被告单位的诉讼代表人时，其他负责人李某要成为单位的诉讼代表人必须接受单位的委托，D 项错误。

综上所述，本题答案为 B。

（2）对迅辉公司财产的处置，下列选项正确的是：（2013－2－93，不定项）

A. 涉及违法所得及其孳息，尚未被追缴的，法院应当追缴

B. 涉及违法所得及其孳息，尚未被查封、扣押、冻结的，法院应当查封、扣押、冻结

C. 为了保证判决的执行，对迅辉公司财产，法院应当先行查封、扣押、冻结

D. 如果迅辉公司能够提供担保，对其财产也可以不采取查封、扣押、冻结

【考点】涉案财物处理

【解析】《刑诉解释》第 341 条规定：被告单位的违法所得及其他涉案财物，尚未被依法追缴或者查封、扣押、冻结的，人民法院应当决定追缴或者查封、扣押、冻结。可见，A、B 项正确。

《刑诉解释》第 342 条规定：为保证判决的执行，人民法院可以先行查封、扣押、冻结被告单位的财产，或者由被告单位提出担保。可见，对迅辉公司财产，法院"可以"先行查封、扣押、冻结而不是"应当"。C 项错误。如果迅辉公司能够提供担保，对其财产也可以不采取查封、扣押、冻结。D 项正确。

综上所述，本题选 A、B、D。

（3）如迅辉公司在案件审理期间发生下列变故，法院的做法正确的是：（2013－2－94，不定项）

A. 公司被撤销，不能免除单位和单位主管人员的刑事责任

B. 公司被注销，对单位不再追诉，对主管人员继续审理

C. 公司被合并，仍应将迅辉公司列为被告单位，并以其在新单位的财产范围承担责任

D. 公司被分立，应将分立后的单位列为被告单位，并以迅辉公司在新单位的财产范围承担责任

【考点】被告单位变更后的处理

【解析】《刑诉解释》第344条规定：审判期间，被告单位被吊销营业执照、宣告破产但尚未完成清算、注销登记的，应当继续审理；被告单位被撤销、注销的，对单位犯罪直接负责的主管人员和其他直接责任人员应当继续审理。A项错误、B项正确。

《刑诉解释》第345条规定：审判期间，被告单位合并、分立的，应当将原单位列为被告单位，并注明合并、分立情况。对被告单位所判处的罚金以其在新单位的财产及收益为限。可见，公司被合并或者分立的，仍应将迅辉公司列为被告单位，但应以其在新单位的财产范围承担责任。C项正确、D项错误。

综上所述，本题答案为B、C。

3. 山水公司涉嫌走私罪，和源律师事务所的陈龙律师担任该公司的诉讼代表人，张三是山水公司的实际控制人，也被追究刑事责任。下列说法正确的是：（2021仿真题，不定项）

A. 张三可以委托和源律师事务所的孙律师担任自己的辩护人

B. 陈龙律师可以同时担任张三的辩护人

C. 陈龙律师担任诉讼代表人，可由山水公司委托，也可由检察院指定

D. 陈龙律师行使辩护职能

【考点】单位犯罪案件诉讼程序、刑事诉讼职能

【解析】依据《刑诉解释》第336条第3款规定："诉讼代表人不得同时担任被告单位或者被指控为单位犯罪直接责任人员的有关人员的辩护人。"本题中，山水公司的诉讼代表人陈龙律师不得担任该公司实际控制人张三的辩护人，故B项错误。但张三可以委托同一律师事务所的不同律师担任辩护人。故A项正确。

依据《刑诉解释》第336条第1、2款规定："被告单位的诉讼代表人，应当是法定代表人、实际控制人或者主要负责人；法定代表人、实际控制人或者主要负责人被指控为单位犯罪直接责任人员或者因客观原因无法出庭的，应当由被告单位委托其他负责人或者职工作为诉讼代表人。但是，有关人员被指控为单位犯罪直接责任人员或者知道案件情况、负有作证义务的除外。依据前款规定难以确定诉讼代表人的，可以由被告单位委托律师等单位以外的人员作为诉讼代表人。"同时依据《刑诉解释》第337条第1款规定："开庭审理单位犯罪案件，应当通知被告单位的诉讼代表人出庭；诉讼代表人不符合前条（即第336条）规定的，应当要求人民检察院另行确定。"从上述条文可知，被告单位的诉讼代表人应先由被告单位委托，如果仍然没有诉讼代表人时再由检察院确定，故C项错误。

按照《刑诉解释》第338条的规定，被告单位的诉讼代表人享有刑事诉讼法规定的有关被告人的诉讼权利。开庭时，诉讼代表人席位置于审判台前左侧，与辩护人席并列。本题中，被告单位山水公司作为被告人行使辩护职能，陈龙律师是山水公司的诉讼代表人，享有被告人的诉讼权利，其也行使辩护职能。故D项正确。本题的正确答案为A、D两项。

4. 赵某系 A 市某生物公司实际控制人，明知本公司生产的胶囊有违禁成分仍大量销售，A 市检察院以生产、销售有毒、有害食品罪对赵某提起公诉，关于本案的处理，下列说法正确的是？（2021 仿真题，不定项）

A. 法院在审理时认为应追加起诉该生物公司，可直接指定赵某为诉讼代表人

B. 赵某可申请法院通知专业医师出庭就鉴定意见说明该违禁成分对人体的益处

C. 法院在判决时可直接自行将罪名更改为生产、销售有毒、有害非食品原料罪

D. 由于受害者大多数在 B 市，A 市检察院可将案件移送给 B 市检察院管辖

【考点】单位犯罪案件诉讼程序、地域管辖、专家辅助人

【解析】依据《刑诉解释》第 340 条规定："对应当认定为单位犯罪的案件，人民检察院只作为自然人犯罪起诉的，人民法院应当建议人民检察院对犯罪单位追加起诉。"可见，法院不能主动追加起诉该生物公司，而且，《刑诉解释》第 336 条第 1、2 款规定："被告单位的诉讼代表人，应当是法定代表人、实际控制人或者主要负责人；法定代表人、实际控制人或者主要负责人被指控为单位犯罪直接责任人员或者因客观原因无法出庭的，应当由被告单位委托其他负责人或者职工作为诉讼代表人。但是，有关人员被指控为单位犯罪直接责任人员或者知道案件情况、负有作证义务的除外。依据前款规定难以确定诉讼代表人的，可以由被告单位委托律师等单位以外的人员作为诉讼代表人。"《刑诉解释》第 337 条第 1 款规定："开庭审理单位犯罪案件，应当通知被告单位的诉讼代表人出庭；诉讼代表人不符合前条规定的，应当要求人民检察院另行确定。"从上述条文可知，诉讼代表人由被告单位委托，检察院确定，而不是法院指定。因此，A 项错误。

依据《刑事诉讼法》第 197 条第 2 款规定："公诉人、当事人和辩护人、诉讼代理人可以申请法庭通知有专门知识的人出庭，就鉴定人作出的鉴定意见提出意见。"本题 B 项中，被告人赵某可申请专业医师作为有专门知识的人出庭对违禁成分的鉴定意见提出意见，故 B 项正确。

本题中未提到新的事实，法院认为检察院指控的生产、销售有毒、有害食品罪这一罪名有错误，可在判决时直接自行将罪名更改为生产、销售有毒、有害非食品原料罪。故 C 项正确。

依据《刑事诉讼法》第 25 条规定："刑事案件由犯罪地的人民法院管辖。如果由被告人居住地的人民法院审判更为适宜的，可以由被告人居住地的人民法院管辖。"由此可见，刑事案件的管辖地是犯罪地和被告人居住地，没有被害人居住地，故本案的管辖权不包括 B 市。因此，D 项错误。综上，本题的正确答案为 B、C 两项。

5. 下列关于诉讼程序的说法，正确的是：（2021 仿真题，不定项）

A. 苏某故意杀人案被公安机关立案侦查，公安机关发现该案已过追诉期限，在最高人民检察院核准追诉前，不得对苏某拘留和起诉

B. 检察院对张某抢劫案二次退回补充侦查后，仍然认为证据不足，不符合起诉条件，作出不起诉决定

C. H 公司总经理沈某因虚开增值税发票被检察院起诉，法院认为 H 公司也应被追究刑事责任，法院建议检察院对 H 公司追加起诉

D. B 公司因走私普通货物被立案侦查，该公司偷税 500 万元，为保证判决的执行，法院对该公司的 700 万存款予以冻结

【考点】核准追诉的程序、不起诉、单位犯罪案件诉讼程序

【解析】依据《高检规则》第 321 条规定："须报请最高人民检察院核准追诉的案件，公安机关在核准之前可以依法对犯罪嫌疑人采取强制措施。公安机关报请核准追诉并提请逮捕犯罪嫌疑人，人民检察院经审查认为必须追诉而且符合法定逮捕条件的，可以依法批准逮捕，同时要求公安机关在报请核准追诉期间不得停止对案件的侦查。未经最高人民检察院核准，不得对案件提起公诉。"本题 A 项中，在最高人民检察院核准追诉前，对苏某可以拘留，但不得起诉。该项错误。

依据《高检规则》第 367 条第 1 款规定："人民检察院对于二次退回补充调查或者补充侦查的案件，仍然认为证据不足，不符合起诉条件的，经检察长批准，依法作出不起诉决定。"故 B 项正确。

依据《刑诉解释》第 340 条规定："对应当认定为单位犯罪的案件，人民检察院只作为自然人犯罪起诉的，人民法院应当建议人民检察院对犯罪单位追加起诉。"故 C 项正确。

依据《刑诉解释》第 341 条规定："被告单位的违法所得及其他涉案财物，尚未被依法追缴或者查封、扣押、冻结的，人民法院应当决定追缴或者查封、扣押、冻结。"《刑诉解释》第 342 条规定："为保证判决的执行，人民法院可以先行查封、扣押、冻结被告单位的财产，或者由被告单位提出担保。"本题 D 项看上去冻结的数额 700 万元超出了违法所得数额 500 万元，但是，该案会判处罚金，所以，为了保证判决的执行，可以冻结违法所得以外的财产。故 D 项的做法正确。综上，本题的正确答案为 B、C、D 三项。

七、判决、裁定和决定

1. 在一审法院审理中出现下列哪一特殊情形时，应以判决的形式作出裁判？（2017 - 2 - 35，单）

A. 经审理发现犯罪已过追诉时效且不是必须追诉的

B. 自诉人未经法庭准许中途退庭的

C. 经审理发现被告人系精神病人，在不能控制自己行为时造成危害结果的

D. 被告人在审理过程中死亡，根据已查明的案件事实和认定的证据，尚不能确认其无罪的

【考点】判决的适用对象

【解析】此题 A 项属于《刑事诉讼法》第 16 条第 2 款规定的"犯罪已过诉讼时效期限的"情形，在审判阶段应该用"裁定"终止审理，不选。B 项依据《刑诉解释》第 331 条第 1 款：自诉人经两次传唤，无正当理由拒不到庭，或者未经法庭准许中途退庭的，人民法院应当裁定按撤诉处理。不选。D 项属于《刑事诉讼法》第 16 条第 5 款规定的"犯罪嫌疑人、被告人死亡"情形，在审判阶段没有证据确认其无罪的应该用"裁定"终止审理，不选。C 项属于《刑诉解释》第 295 条第 1 款第 7 项：被告人是精神病人，在不能辨认或者不能控制自己行为时造成危害结果，不予刑事处罚的，应当判决宣告被告人不负刑事责任；被告人符合强制医疗条件的，应当依照本解释第二十六章的规定进行审理并作出判决；故

大咖点拨区

扫码听课

C 项正确。

综上所述，此题答案为 C。

2. 关于刑事判决与裁定的区别，下列哪一选项是正确的？（2010 - 2 - 35，单）

A. 判决解决案件的实体问题，裁定解决案件的程序问题

B. 一案中只能有一个判决，裁定可以有若干个

C. 判决只能以书面的形式表现，裁定只以口头作出

D. 不服判决与不服裁定的上诉、抗诉期限不同

【考点】判决、裁定的区别

【解析】判决、裁定、决定的区别如下表：

区别	判决	裁定	决定
1. 适用对象	实体问题	**程序性问题**（恢复诉讼期限/终止审理/维持原判/撤销原判发回重审/驳回起诉） **实体性问题**（减刑/假释/撤销缓刑/减免罚金）	程序性问题
2. 适用阶段	审判阶段	审判、执行阶段	整个诉讼过程
3. 适用机关	法院	法院	公检法、执行机关
4. 作出方式	书面	书面 + 口头	书面 + 口头
5. 排他性	一个案件只能有一项生效判决	一个案件可以有多个裁定	一个案件可以有多项决定
6. 法律效力	不服未生效的判决，可以上诉或抗诉。	未生效的裁定，可以上诉或抗诉。	一经作出立即生效，不得上诉或抗诉，部分决定可申请复议一次（如回避、司法拘留、罚款）

由上表可知，A、C 项错误，D 项正确。关于 B 项，一案中可以有多个裁定正确，因为案件中会出现很多程序问题需要用裁定解决。一个案件只能有一个判决的表述错误。一个案件中确实只能有一个生效判决，但却可以有多个判决。譬如，一审判决犯盗窃罪的甲有期徒刑 3 年（一个判决），甲不服上诉，二审法院改判甲有期徒刑 1 年（第二个判决）。

综上所述，本题答案为 D。

八、涉案财物处理

张三涉嫌盗窃罪，法院在审理时确认其犯罪事实成立，但张三突发心脏病死亡。关于该案的做法，正确的是？（2021 仿真题，不定项）

A. 公安机关可将扣押的赃物直接上缴国库

B. 对未随案移送的被害人的财物，公安机关可以决定返还被害人

C. 检察院未将毒品移交法院，而将毒品的照片和清单作为证据移送法院

D. 公诉人发现审判长应当回避而没回避，可以当庭提出纠正意见

【考点】涉案财物处理和检察监督

【解析】依据《六机关规定》第37条的规定，对于犯罪嫌疑人、被告人死亡，依照刑法规定应当追缴其违法所得及其他涉案财产的，适用刑事诉讼法第五编第三章规定的程序，由人民检察院向人民法院提出没收违法所得的申请。因此，公安机关、检察院不得直接将查封、扣押、冻结的物品上缴国库。A 项错误。

依据《刑事诉讼法》第245条，公安机关、人民检察院和人民法院对查封、扣押、冻结的犯罪嫌疑人、被告人的财物及其孳息，应当妥善保管，以供核查，并制作清单，随案移送。任何单位和个人不得挪用或者自行处理。对被害人的合法财产，应当及时返还。对违禁品或者不宜长期保存的物品，应当依照国家有关规定处理。对作为证据使用的实物应当随案移送，对不宜移送的，应当将其清单、照片或者其他证明文件随案移送。人民法院作出的判决，应当对查封、扣押、冻结的财物及其孳息作出处理。人民法院作出的判决生效以后，有关机关应当根据判决对查封、扣押、冻结的财物及其孳息进行处理。对查封、扣押、冻结的赃款赃物及其孳息，除依法返还被害人的以外，一律上缴国库。司法工作人员贪污、挪用或者私自处理查封、扣押、冻结的财物及其孳息的，依法追究刑事责任；不构成犯罪的，给予处分。本题 B 选项是对被害人的合法财产，应当及时返还，正确。本题 C 项中的毒品属于违禁品，不宜移送，应将毒品的照片和清单随案移送。该 C 项正确。

依据《刑诉解释》第315条规定："人民检察院认为人民法院审理案件违反法定程序，在庭审后提出书面纠正意见，人民法院认为正确的，应当采纳。"故 D 项的错误在于，检察院不得"当庭提出纠正意见"，而应"在庭审后提出书面纠正意见"综上，本题的正确答案为 B、C 两项。

大咖点拨区

大咖点拨区

扫码听课

扫码听课

专题十七　简易程序

1. 下列哪一案件可适用简易程序审理？（2017－2－34，单）

A. 甲为境外非法提供国家秘密案，情节较轻，可能判处3年以下有期徒刑

B. 乙抢劫案，可能判处10年以上有期徒刑，检察院未建议适用简易程序

C. 丙传播淫秽物品案，经审查认为，情节显著轻微，可能不构成犯罪

D. 丁暴力取证案，可能被判处拘役，丁的辩护人作无罪辩护

【考点】简易程序的适用范围

【解析】A项中非法提供国家秘密属于危害国家安全犯罪，最低由中级法院审判，不能适用简易程序，简易程序只有一审基层法院才能适用。人民检察院有适用简易程序的建议权即检察院只有建议适用权而无同意适用权，因此检察院未建议适用简易程序的10年以上有期徒刑，法院仍然可以适用简易程序权利，故B项正确。依据《刑事诉讼法》第214条和《刑诉解释》第360条的规定，辩护人作无罪辩护或者对主要犯罪事实有异议的，以及有犯罪事实但不构成犯罪的，都不适用简易程序，故CD项不选。

此题答案为B。

2. 甲犯抢夺罪，法院经审查决定适用简易程序审理。关于本案，下列哪一选项是正确的？（2016－2－37，单）

A. 适用简易程序必须由检察院提出建议

B. 如被告人已提交承认指控犯罪事实的书面材料，则无需再当庭询问其对指控的意见

C. 不需要调查证据，直接围绕罪名确定和量刑问题进行审理

D. 如无特殊情况，应当庭宣判

【考点】简易程序的启动主体

【解析】《高检规则》第430条规定：人民检察院对于基层人民法院管辖的案件，符合下列条件的，可以建议人民法院适用简易程序审理：（1）案件事实清楚、证据充分的；（2）犯罪嫌疑人承认自己所犯罪行，对指控的犯罪事实没有异议的；（3）犯罪嫌疑人对适用简易程序没有异议的。办案人员认为可以建议适用简易程序的，应当在审查报告中提出适用简易程序的意见，按照提起公诉的审批程序报请决定。可见，如果认为可以适用简易程序，检察院是"可以"向法院提出建议，而非必须由检察院提出建议。A项错误。

《刑诉解释》第364条规定：适用简易程序审理案件，审判长或者独任审判员应当当庭询问被告人对指控的犯罪事实的意见，告知被告人适用简易程序审理的法律规定，确认被告人是否同意适用简易程序。可见，必须当庭询问被告人对指控的犯罪事实的意见。B项错误。

《刑诉解释》第365条规定：适用简易程序审理案件，可以对庭审作如下简化：（1）公诉人可以摘要宣读起诉书；（2）公诉人、辩护人、审判人员对被告人

的讯问、发问可以简化或者省略；（3）对控辩双方无异议的证据，可以仅就证据的名称及所证明的事项作出说明；对控辩双方有异议，或者法庭认为有必要调查核实的证据，应当出示，并进行质证；（4）控辩双方对与定罪量刑有关的事实、证据没有异议的，法庭审理可以直接围绕罪名确定和量刑问题进行。适用简易程序审理案件，判决宣告前应当听取被告人的最后陈述。可见，简易程序只是对法庭调查程序进行了简化，而非不需要调查证据。C 项错误。

《刑诉解释》第 367 条第 2 款规定：适用简易程序审理案件，一般应当当庭宣判。显然，D 项正确。

综上所述，本题答案为 D。

3. 我国刑事审判模式正处于由职权主义走向控辩式的改革过程之中，2012 年《刑事诉讼法》修改内容中，下列哪一选项体现了这一趋势？（2015 - 2 - 34，单）

A. 扩大刑事简易程序的适用范围

B. 延长第一审程序的审理期限

C. 允许法院强制证人出庭作证

D. 增设当事人和解的公诉案件诉讼程序

【考点】 审判模式

扫码听课

【解析】 现行《刑事诉讼法》修改前，简易程序只能适用于可能被判处 3 年有期徒刑以下刑罚的被告人，而现行《刑事诉讼法》规定，只要是基层法院审理的案件，都有可能适用简易程序，扩大了简易程序的适用范围。但是，题目问的是，需要体现"由职权主义走向控辩式的改革过程"，控辩式要求，（1）庭前审查由实体性审查改为程序性审查。（2）强化了控方的举证责任和辩方的辩护职能，弱化了法官的事实调查功能。（3）扩大了辩护方的权利范围，强化了庭审的对抗性。而 A 项中，简易程序的扩大适用，并没能直接体现控辩式的特点。A 项错误。

延长审限有利于保障法院的办案时间，有利于查清案件事实，但与控辩式没有直接关系，B 项错误。

法院强制证人出庭的目的就是保障控辩双方与证人的质证权，强化控辩双方的积极对抗，体现了控辩式的要求，C 项正确。

当事人和解的公诉案件诉讼程序属于特别程序，有利于缓和社会矛盾，修复被犯罪行为损害的社会关系，但是，与控辩式没有直接联系。D 项错误。

综上所述，本题应当选 C。

4. 关于简易程序，下列哪些选项是正确的？（2014 - 2 - 73，多）

A. 甲涉嫌持枪抢劫，法院决定适用简易程序，并由两名审判员和一名人民陪审员组成合议庭进行审理

B. 乙涉嫌盗窃，未满 16 周岁，法院只有在征得乙的法定代理人和辩护人同意后，才能适用简易程序

C. 丙涉嫌诈骗并对罪行供认不讳，但辩护人为其作无罪辩护，法院决定适用简易程序

D. 丁涉嫌故意伤害，经审理认为可能不构成犯罪，遂转为普通程序审理

【考点】 简易程序的适用条件、程序转化

扫码听课

【解析】 根据《刑法》第 263 条的规定：持枪抢劫会被判处 10 年以上有期徒

刑、无期徒刑或者死刑，并处罚金或者没收财产。《刑事诉讼法》第216条规定：适用简易程序审理案件，对可能判处3年有期徒刑以下刑罚的，可以组成合议庭进行审判，也可以由审判员1人独任审判；对可能判处的有期徒刑超过3年的，应当组成合议庭进行审判。适用简易程序审理公诉案件，人民检察院应当派员出席法庭。可见，本案甲可能被判处10年有期徒刑以上刑罚，应当组成合议庭进行审理。又因为，《人民陪审员法》第14条："人民陪审员和法官组成合议庭审判案件，由法官担任审判长，可以组成三人合议庭，也可以由法官三人与人民陪审员四人组成七人合议庭。"故，由1名审判员，2名陪审员组成合议庭是合适的。A项正确。

《刑诉解释》第566条规定：对未成年人刑事案件，人民法院决定适用简易程序审理的，应当征求未成年被告人及其法定代理人、辩护人的意见。上述人员提出异议的，不适用简易程序。可见，需要经过乙的法定代理人和辩护人同意，B项正确。

《刑诉解释》第360条规定：具有下列情形之一的，不适用简易程序：（1）被告人是盲、聋、哑人的；（2）被告人是尚未完全丧失辨认或者控制自己行为能力的精神病人的；（3）案件有重大社会影响的；（4）共同犯罪案件中部分被告人不认罪或者对适用简易程序有异议的；（5）辩护人作无罪辩护的；（6）被告人认罪但经审查认为可能不构成犯罪的；（7）不宜适用简易程序审理的其他情形。根据该条第（5）项规定，C项错误。法院不能适用简易程序

《刑诉解释》第368条规定：适用简易程序审理案件，在法庭审理过程中，具有下列情形之一的，应当转为普通程序审理：（1）被告人的行为可能不构成犯罪的；（2）被告人可能不负刑事责任的；（3）被告人当庭对起诉指控的犯罪事实予以否认的；（4）案件事实不清、证据不足的；（5）不应当或者不宜适用简易程序的其他情形。决定转为普通程序审理的案件，审理期限应当从作出决定之日起计算。根据该条第1款第（1）项规定，D项正确。

综上所述，本题答案为A、B、D。

5. 下列哪一情形不得适用简易程序？（2012－2－32，单）

A. 未成年人案件　　　　　　　　B. 共同犯罪案件
C. 有重大社会影响的案件　　　　D. 被告人没有辩护人的案件

【考点】不适用简易程序的情形

【解析】《刑事诉讼法》第215条规定：有下列情形之一的，不适用简易程序：（1）被告人是盲、聋、哑人，或者是尚未完全丧失辨认或者控制自己行为能力的精神病人的；（2）有重大社会影响的；（3）共同犯罪案件中部分被告人不认罪或者对适用简易程序有异议的；（4）其他不宜适用简易程序审理的。

可见，法律只是规定盲聋哑人和精神病人不适用简易程序，没有规定未成年人不可以适用简易程序，A项错误。共同犯罪并非不能适用简易程序，但如果共同犯罪案件中部分被告人不认罪或者对适用简易程序有异议的才不能适用简易程序。B项错误。被告人没有辩护人，只要被告人自愿认罪，对适用简易程序没有异议，有可能适用简易程序，D项错误。C项符合上述法条第（2）项规定，正确。

综上所述，本题答案为C。

6. 关于适用简易程序审理刑事案件变更为适用普通程序，下列哪些说法是正确的？（2011－2－71，多）

A. 法院可以决定直接变更为普通程序审理，不需要将案件退回检察院

B. 对于自诉案件变更为普通程序的，按照自诉案件程序审理

C. 自诉案件由简易程序转化为普通程序时原起诉仍然有效，自诉人不必另行起诉

D. 在适用普通程序后又发现可适用简易程序时，可以再次变更为简易程序

【考点】简易程序的程序转化

【解析】司法部当年答案 B、C 项，根据现行法律应当选 A、B、C。《刑事诉讼法》第 221 条规定：人民法院在审理过程中，发现不宜适用简易程序的，应当按照公诉案件或者自诉案件第一审普通程序重新审理。可见，简易程序转为普通程序后，法律没有规定需要将案件退回检察院，法院只需按照公诉案件或者自诉案件第一审普通程序重新审理即可。A 项正确。

自诉案件中告诉才处理的案件和被害人有证据证明的轻微刑事案件可以适用简易程序，当简易程序需变更为普通程序后，没有改变自诉案件的性质，应当按照自诉案件程序审理，B 项正确。

自诉人起诉的作用是引起审判程序，至于审判程序适用简易程序还是普通程序与自诉人的起诉无关，因此，自诉案件由简易程序转化为普通程序时，自诉人不必另行起诉，C 项正确。

根据《刑事诉讼法》第 221 条的规定，简易程序必要时可变更为普通程序。但普通程序转为简易程序没有法律根据。D 项错误。

综上所述，本题答案为 A、B、C。

7. 甲犯合同诈骗罪，法院经审查决定适用简易程序审理。关于本案，下列说法正确的是？（2018 仿真题）

A. 本案开庭审理时，检察院应当派员出席法庭

B. 法院若认为本案可能判处 3 年以下有期徒刑，可由审判员一人独任审判

C. 在法庭审理中，被告人对被指控的犯罪事实无异议，但认为本案构成诈骗罪，而非合同诈骗罪，法院于是转为普通程序重新审理

D. 法院于 2018 年 9 月 10 日对本案开庭审判，于 2018 年 10 月 12 日判决甲有期徒刑 5 年，则本案已超过法定审判期限

【考点】简易程序的适用范围、特点、程序转化、审理期限

【解析】A、B 选项，《刑事诉讼法》第 216 条规定："适用简易程序审理案件，对可能判处三年有期徒刑以下刑罚的，可以组成合议庭进行审判，也可以由审判员一人独任审判；对可能判处的有期徒刑超过三年的，应当组成合议庭进行审判。适用简易程序审理公诉案件，人民检察院应当派员出席法庭。"据此，A、B 选项正确。

C 选项，《刑事诉讼法》第 214 条第 1 款规定："基层人民法院管辖的案件，符合下列条件的，可以适用简易程序审判：（1）案件事实清楚、证据充分的；（2）被告人承认自己所犯罪行，对指控的犯罪事实没有异议的；（3）被告人对适用简易程序没有异议的。"据此，简易程序的适用前提是对指控的犯罪事实没有异议即可，并不要求对指控的罪名也没有异议，故 C 选项错误。

D 选项，《刑事诉讼法》第 220 条规定："适用简易程序审理案件，人民法院应当在受理后二十日以内审结；对可能判处的有期徒刑超过三年的，可以延长至一个半月。" D 选项中，甲被判处有期徒刑 5 年，符合延长至一个半月的情形，并没有超期。故 D 选项错误。

综上，本题答案为 A、B。

8. 张一犯抢夺罪，法院经审查决定适用简易程序审理。关于本案，下列选项正确的是？（2020 仿真题）

A. 适用简易程序必须由检察院提出建议

B. 由于本案可能判处有期徒刑 2 年，法院只能由法官独任审判

C. 由于本案适用简易程序，检察院可以不派员出庭

D. 如无特殊情况，应当当庭宣判

【考点】简易程序的启动主体、简易程序的审理

【解析】A 项，根据《刑诉解释》第 359 条规定，基层人民法院受理公诉案件后，经审查认为案件事实清楚、证据充分的，在将起诉书副本送达被告人时，应当询问被告人对指控的犯罪事实的意见，告知其适用简易程序的法律规定。被告人对指控的犯罪事实没有异议并同意适用简易程序的，可以决定适用简易程序，并在开庭前通知人民检察院和辩护人。对人民检察院建议或者被告人及其辩护人申请适用简易程序审理的案件，依照前款规定处理；不符合简易程序适用条件的，应当通知人民检察院或者被告人及其辩护人。据此，简易程序有三种启动途径，分别是（1）法院自己决定适用；（2）检察院提起公诉时建议适用；（3）被告人及其辩护人申请适用，故 A 项错误。

B 项，根据《刑事诉讼法》第 216 条第 1 款规定，适用简易程序审理案件，对可能判处三年有期徒刑以下刑罚的，可以组成合议庭进行审判，也可以由审判员一人独任审判；对可能判处的有期徒刑超过三年的，应当组成合议庭进行审判。因此，本案可能判处有期徒刑 2 年，法院既可以由法官独任审判，也可以组成合议庭审判，故 B 项错误。

C 项，根据《刑事诉讼法》第 216 条第 2 款规定，适用简易程序审理公诉案件，人民检察院应当派员出席法庭。因此适用简易程序的案件检察院必须派员出庭，故 C 项错误。

D 项，根据《刑诉解释》第 367 条第 2 款规定，适用简易程序审理案件，一般应当当庭宣判。"一般应当"可以理解为没有特殊情况就应当当庭宣判，故 D 项正确。

综上所述，本题答案为 D。

专题十八　速裁程序

1. 林杨案，余周案，楚凌案和潘武案均事实清楚，证据确实充分，检察院在提起公诉时建议法院适用速裁程序审理，法院接受检察院的建议对四个案件适用速裁程序集中开庭审理。关于这些案件的审理，下列选项正确的是？（2019 仿真题）

A. 法院可以安排值班律师为没有委托辩护人的林杨进行辩护

B. 法院在受理余周涉嫌危险驾驶罪一案后，应当在 10 日内审结

C. 对于楚凌案，法院认为检察院所指控的罪名需要变更，可以在庭后听取控辩双方的意见，定期作出宣判

D. 在潘武案的审理过程中，法院如果认为其应当判处的刑罚不符合速裁程序的适用条件，应当组成合议庭重新审理该案

【考点】速裁程序的特点、速裁程序的审理

【解析】A 项，《刑事诉讼法》第 222 条："基层人民法院管辖的可能判处三年有期徒刑以下刑罚的案件，案件事实清楚，证据确实、充分，被告人认罪认罚并同意适用速裁程序的，可以适用速裁程序，由审判员一人独任审判。人民检察院在提起公诉的时候，可以建议人民法院适用速裁程序。"据此，本案中林杨案适用了速裁程序，可以判断林杨已经自愿认罪认罚。根据《关于适用认罪认罚从宽制度的指导意见》第 10 条第 2 款规定："犯罪嫌疑人、被告人自愿认罪认罚，没有辩护人的，人民法院、人民检察院、公安机关（看守所）应当通知值班律师为其提供法律咨询、程序选择建议、申请变更强制措施等法律帮助。符合通知辩护条件的，应当依法通知法律援助机构指派律师为其提供辩护。"林杨不符合强制辩护的情形，因此法院应当为林杨通知值班律师。A 项错误。

B 项，《刑事诉讼法》第 225 条："适用速裁程序审理案件，人民法院应当在受理后十日以内审结；对可能判处的有期徒刑超过一年的，可以延长至十五日。"根据我国《刑法》第 133 条之一规定，危险驾驶罪的法定刑为拘役与罚金，因此法院应当在 10 日内审结余周案。B 项正确。

C 项，《刑诉解释》第 295 条第 1 款第 2 项："起诉指控的事实清楚，证据确实、充分，但指控的罪名不当的，应当依据法律和审理认定的事实作出有罪判决。"据此楚凌案中，法院在庭后听取控辩双方的意见，定期作出宣判的做法错误。C 项错误。

D 项，《关于适用认罪认罚从宽制度的指导意见》第 48 条："程序转换。人民法院在适用速裁程序审理过程中，发现有被告人的行为不构成犯罪或者不应当追究刑事责任、被告人违背意愿认罪认罚、被告人否认指控的犯罪事实情形的，应当转为普通程序审理。发现其他不宜适用速裁程序但符合简易程序适用条件的，应当转为简易程序重新审理。发现有不宜适用简易程序审理情形的，应当转为普通程序审理。人民检察院在人民法院适用速裁程序审理案件过程中，发现有

不宜适用速裁程序审理情形的，应当建议人民法院转为普通程序或者简易程序重新审理；发现有不宜适用简易程序审理情形的，应当建议人民法院转为普通程序重新审理。"据此，潘武案中法院认为其应当判处的刑罚不符合速裁程序的适用条件，如果符合简易程序适用条件的，应当转为简易程序进行审理，如果不宜适用简易程序审理的，应当转为普通程序进行审理。

《刑事诉讼法》第222条第1款规定："基层人民法院管辖的可能判处三年有期徒刑以下刑罚的案件，案件事实清楚，证据确实、充分，被告人认罪认罚并同意适用速裁程序的，可以适用速裁程序，由审判员一人独任审判。"据此，潘武案中法院认为其应当判处的刑罚不符合速裁程序的适用条件，说明该刑罚重于三年有期徒刑。又依《刑事诉讼法》第216条第1款规定，"适用简易程序审理案件，对可能判处三年有期徒刑以下刑罚的，可以组成合议庭进行审判，也可以由审判员一人独任审判；对可能判处的有期徒刑超过三年的，应当组成合议庭进行审判"，由此可知，如果潘武案符合简易程序适用条件、转为简易程序审理的，应当组成合议庭进行审判。

《刑事诉讼法》第183条第1款规定："基层人民法院、中级人民法院审判第一审案件，应当由审判员三人或者由审判员和人民陪审员共三人或者七人组成合议庭进行，但是基层人民法院适用简易程序、速裁程序的案件可以由审判员一人独任审判。"据此，如果潘武案既不符合速裁程序适用条件，又不符合简易程序适用条件，最终转为普通程序进行审理的，也应当组成合议庭进行审判。结合前述，D项正确。

综上本题选择B、D。

2. 关于适用速裁程序审理刑事案件，下列选项正确的是？（2020仿真题）

A. 适用速裁程序审理案件，由审判员一人独任审判

B. 适用速裁程序审理案件，一律不进行法庭调查、法庭辩论

C. 适用速裁程序审理案件，一般应当庭宣判。

D. 适用速裁程序审理案件，在判决宣告前应当听取辩护人的意见

【考点】 速裁程序的特点、速裁程序的审理

【解析】 A项，根据《刑事诉讼法》第222条规定，基层人民法院管辖的可能判处三年有期徒刑以下刑罚的案件，案件事实清楚，证据确实、充分，被告人认罪认罚并同意适用速裁程序的，可以适用速裁程序，由审判员一人独任审判。因此，适用速裁程序审理案件应当由审判员一人独任审理，故A项正确。

B、D项，根据《刑事诉讼法》第224条第1款规定，适用速裁程序审理案件，不受送达期限的限制，一般不进行法庭调查、法庭辩论，但在判决宣告前应当听取辩护人的意见和被告人的最后陈述意见。因此，适用速裁程序审理案件"一般"不进行法庭调查、法庭辩论，B项中"一律"不进行的措辞过于绝对，故B项错误。判决宣告前应当听取辩护人的意见和被告人的最后陈述意见，该步骤不可省略，故D项正确。

C项，根据《刑事诉讼法》第224条第2款规定，适用速裁程序审理案件，应当当庭宣判。C项中"一般应当"的表述保留了特殊情况的可能性，不符合条文原意，故C项错误。综上所述，本题答案为AD。

扫码听课

3. 下列关于审理程序适用的说法，正确的是：（2021 仿真题，不定项）

A. 法院适用速裁程序审理抢劫案件时，发现该案事实不清，应转为普通程序重新审理

B. 法院适用速裁程序审理危险驾驶案时，发现被告人不应当追究刑事责任，可转为简易程序重新审理

C. 法院适用速裁程序审理寻衅滋事案时，双方对适用法律有争议，应转为普通程序重新审理

D. 某法院适用速裁程序审理盗窃犯罪，判处被告人有期徒刑一年，被告人上诉，二审法院认为该判决事实不清，应当发回原审法院重审，原审法院应适用普通程序重审

大咖点拨区

扫码听课

【考点】速裁程序、简易程序与普通程序的转化

【解析】依据《刑诉解释》第 375 条规定："适用速裁程序审理案件，在法庭审理过程中，具有下列情形之一的，应当转为普通程序或者简易程序审理：（一）被告人的行为可能不构成犯罪或者不应当追究刑事责任的；（二）被告人违背意愿认罪认罚的；（三）被告人否认指控的犯罪事实的；（四）案件疑难、复杂或者对适用法律有重大争议的；（五）其他不宜适用速裁程序的情形。"在该条的情形下，究竟转为简易程序还是普通程序，还要看能否适用简易程序，若不能适用简易程序，只能转为普通程序审理。依据《刑事诉讼法》第 214 条规定："基层人民法院管辖的案件，符合下列条件的，可以适用简易程序审判：（一）案件事实清楚、证据充分的；（二）被告人承认自己所犯罪行，对指控的犯罪事实没有异议的；（三）被告人对适用简易程序没有异议的。"由此可见，在案件事实不清的情形下，不符合简易程序适用条件，故 A 项只能转为普通程序审理，该项正确。

依据《刑诉解释》第 368 条第 1 款规定："适用简易程序审理案件，在法庭审理过程中，具有下列情形之一的，应当转为普通程序审理：（一）被告人的行为可能不构成犯罪的；（二）被告人可能不负刑事责任的；（三）被告人当庭对起诉指控的犯罪事实予以否认的；（四）案件事实不清、证据不足的；（五）不应当或者不宜适用简易程序的其他情形。"依据此条文，本题 B 项中"被告人不应当追究刑事责任"，不能适用简易程序，只能转为普通程序审理，该项错误。本题 C 项中的"控辩双方对适用法律有重大争议"的情形下，可以适用简易程序或者普通程序，所以，法院不是"应当转为普通程序重新审理"。该 C 项错误。

依据《刑诉解释》第 377 条规定：适用速裁程序审理的案件，第二审人民法院依照刑事诉讼法第 236 条第 1 款第 3 项的规定发回原审人民法院重新审判的，原审人民法院应当适用第一审普通程序重新审判。刑事诉讼法第 236 条第 1 款第 3 项的情形是"原判决事实不清楚或者证据不足"。故 D 项正确。

综上，本题的正确答案为 AD。

专题十九　自诉案件的第一审程序

1. 关于自诉案件的程序，下列哪一选项是正确的？（2014－2－37，单）

A. 不论被告人是否羁押，自诉案件与普通公诉案件的审理期限都相同

B. 不论在第一审程序还是第二审程序中，在宣告判决前，当事人都可和解

C. 不论当事人在第一审还是第二审审理中提出反诉的，法院都应当受理

D. 在第二审程序中调解结案的，应当裁定撤销第一审裁判

【考点】自诉案件的特点

【解析】《刑事诉讼法》第212条第2款规定："人民法院审理自诉案件的期限，被告人被羁押的，适用本法第二百零八条第一款、第二款的规定；未被羁押的，应当在受理后六个月以内宣判。"

《刑事诉讼法》第208条第1款：人民法院审理公诉案件，应当在受理后2个月以内宣判，至迟不得超过3个月。对于可能判处死刑的案件或者附带民事诉讼的案件，以及有本法第156条规定情形之一的，经上一级人民法院批准，可以延长3个月；因特殊情况还需要延长的，报请最高人民法院批准。

第2款：人民法院改变管辖的案件，从改变后的人民法院收到案件之日起计算审理期限。人民法院改变管辖的案件，从改变后的人民法院收到案件之日起计算审理期限。可见，对于未被羁押的，审限与公诉案件的不同。A项错误。

根据《刑事诉讼法》及相关司法解释的规定，自诉案件的特点为：可以——调解、和解、撤回自诉、反诉、简易程序；公诉转自诉案件的特点为：不可以——调解，也不可以——反诉。可见，B项正确。

C项错在两个方面，第一，第三类自诉案件，即公诉转自诉的案件不可以反诉。第二，《刑诉解释》第412条规定：第二审期间，自诉案件的当事人提出反诉的，应当告知其另行起诉。

《刑诉解释》第411条规定：对第二审自诉案件，必要时可以调解，当事人也可以自行和解。调解结案的，应当制作调解书，第一审判决、裁定视为自动撤销；当事人自行和解的，依照本解释第329条的规定处理；裁定准许撤回自诉的，应当撤销第一审判决、裁定。可见，调解结案的，第一审判决、裁定"视为"自动撤销，而非"裁定"撤销，D项错误。

综上所述，本题答案为B。

2. 方某涉嫌在公众场合侮辱高某和任某，高某向法院提起自诉。关于本案的审理，下列哪些选项是正确的？（2014－2－72，多）

A. 如果任某担心影响不好不愿起诉，任某的父亲可代为起诉

B. 法院通知任某参加诉讼并告知其不参加的法律后果，任某仍未到庭，视为放弃告诉，该案宣判后，任某不得再行自诉

C. 方某的弟弟系该案关键目击证人，经法院通知其无正当理由不出庭作证的，法院可强制其到庭

D. 本案应当适用简易程序审理

【考点】自诉案件的受理条件、强制证人出庭作证制度

【解析】《刑诉解释》第 317 条第 1 款规定：本解释第 1 条规定的案件（三类自诉案件），如果被害人死亡、丧失行为能力或者因受强制、威吓等无法告诉，或者是限制行为能力人以及因年老、患病、盲、聋、哑等不能亲自告诉，其法定代理人、近亲属告诉或者代为告诉的，人民法院应当依法受理。可见，任某只是担心影响不好不愿起诉，不属于该条文中所列情形，其父亲不能代为起诉。A 项错误。

《刑诉解释》第 323 条第 2 款规定：共同被害人中只有部分人告诉的，人民法院应当通知其他被害人参加诉讼，并告知其不参加诉讼的法律后果。被通知人接到通知后表示不参加诉讼或者不出庭的，视为放弃告诉。第一审宣判后，被通知人就同一事实又提起自诉的，人民法院不予受理。但是，当事人另行提起民事诉讼的，不受本解释限制。可知，任某放弃告诉，该案宣判后，不得再行自诉，但可以另行提起民事诉讼，B 项正确。

《刑事诉讼法》第 193 条规定：经人民法院通知，证人没有正当理由不出庭作证的，人民法院可以强制其到庭，但是被告人的配偶、父母、子女除外。可见，弟弟不属于"配偶、父母、子女"的范围，如果拒不出庭作证，法院可以强制其到庭。C 项正确。

《刑诉解释》第 327 条规定：自诉案件，符合简易程序适用条件的，可以适用简易程序审理。不适用简易程序审理的自诉案件，参照适用公诉案件第一审普通程序的有关规定。可见，适用简易程序是"可以"，而非"应当"。D 项说本案"应当"适用简易程序审理，错误。

综上所述，本题答案为 B、C。

3. 关于自诉案件的和解和调解，下列哪些说法是正确的？（2011 - 2 - 72，多）

A. 和解和调解适用于自诉案件

B. 和解和调解都适用于告诉才处理和被害人有证据证明的轻微案件

C. 和解和调解应当制作调解书、和解协议，由审判人员和书记员署名并加盖法院印章

D. 对于当事人已经签收调解书或法院裁定准许自诉人撤诉的案件，被告人被羁押的，应当予以解除

【考点】自诉案件的和解和调解

【解析】《刑事诉讼法》第 212 条第 1 款规定：人民法院对自诉案件，可以进行调解；自诉人在宣告判决前，可以同被告人自行和解或者撤回自诉。本法第 208 条第（3）项规定的案件不适用调解。

《刑诉解释》第 328 条规定：人民法院审理自诉案件，可以在查明事实、分清是非的基础上，根据自愿、合法的原则进行调解。调解达成协议的，应当制作刑事调解书，由审判人员、法官助理和书记员署名，并加盖人民法院印章。调解书经双方当事人签收后，即具有法律效力。调解没有达成协议，或者调解书签收前当事人反悔的，应当及时作出判决。

《刑事诉讼法》第 210 条第（3）项规定的案件（第三类自诉案件：公诉转自

诉）不适用调解。

《刑诉解释》第329条规定：判决宣告前，自诉案件的当事人可以自行和解，自诉人可以撤回自诉。人民法院经审查，认为和解、撤回自诉确属自愿的，应当裁定准许；认为系被强迫、威吓等，并非自愿的，不予准许。

《刑诉解释》第330条规定：裁定准许撤诉的自诉案件，被告人被采取强制措施的，人民法院应当立即解除。

《刑事诉讼法》第213条规定：自诉案件的被告人在诉讼过程中，可以对自诉人提起反诉。反诉适用自诉的规定。

《刑诉解释》第334条规定：告诉才处理和被害人有证据证明的轻微刑事案件的被告人或者其法定代理人在诉讼过程中，可以对自诉人提起反诉。反诉必须符合下列条件：（1）反诉的对象必须是本案自诉人；（2）反诉的内容必须是与本案有关的行为；（3）反诉的案件必须符合本解释第1条第（1）项、第（2）项的规定。反诉案件适用自诉案件的规定，应当与自诉案件一并审理。自诉人撤诉的，不影响反诉案件的继续审理。

《刑诉解释》第327条规定：自诉案件，符合简易程序适用条件的，可以适用简易程序审理。不适用简易程序审理的自诉案件，参照适用公诉案件第一审普通程序的有关规定。

综上可见，第一，自诉案件"可以"："调解""和解""撤诉""简易""反诉"。第二，第三类自诉案件不适用"调解"，不可"反诉"。

因此，A项，"和解和调解适用于自诉案件"的表述过于片面，因为第三类自诉案件不适用调解。A项错误。

B项，第一类和第二类自诉案件可以和解和调解，B项正确。

C项，根据《刑诉解释》第328条的规定，调解达成协议的，应当制作刑事调解书，由审判人员、法官助理和书记员署名，并加盖人民法院印章。没有涉及和解，C项错误。

D项，符合上述《刑诉解释》第330条的规定，D项正确。

综上所述，B、D项正确。

4. 某法院在审理张某自诉伤害案中，发现被告人还实施过抢劫。对此，下列哪一做法是正确的？（2010－2－31，单）

A. 继续审理伤害案，将抢劫案移送有管辖权的公安机关

B. 鉴于伤害案属于可以公诉的案件，将伤害案与抢劫案一并移送有管辖权的公安机关

C. 继续审理伤害案，建议检察院对抢劫案予以起诉

D. 对伤害案延期审理，待检察院对抢劫案起诉后一并予以审理

【考点】自诉案件的受理

【解析】《刑诉解释》第324条的规定：：被告人实施两个以上犯罪行为，分别属于公诉案件和自诉案件，人民法院可以一并审理。对自诉部分的审理，适用本章的规定。

可以进行以下分析：被告人实施了2个以上的犯罪行为，分别属于公诉案件和自诉案件的，分不同情况区别对待：（1）人民法院在审理公诉案件时，原告人提起自诉案件的，法院可以对原告人提起的自诉案件一并审理；（2）法院在审理

自诉案件的过程中发现被告人有属于公诉案件的犯罪行为的，应当将新发现的案件另案移送有管辖权的公安机关、检察院处理。

　　本题中，法院审理的是属于自诉案件的伤害案，而发现的抢劫行为属于需要立案侦查才能查明的公诉案件，依据管辖分工的有关规定，应由公安机关立案侦查。因此，人民法院应当将抢劫案移送公安机关侦查，对伤害案继续审理。所以A项正确，B、C、D项错误。

　　综上所述，本题答案为A。

　　5. 下列哪些案件法院审理时可以调解？（2010 - 2 - 74，多）

　　A.《刑法》规定告诉才处理的案件

　　B. 被害人有证据证明的轻微刑事案件

　　C. 检察院决定不起诉后被害人提起自诉的案件

　　D. 刑事诉讼中的附带民事诉讼案件

　　【考点】 自诉案件的调解特点

　　【解析】 司法部当年答案A、B项，根据现行法律应当选A、B、D项。A、B项，自诉案件有五个可以和两个不行。即自诉案件可以调解、和解、撤回自诉、提起反诉和适用简易程序。但是自诉案件的第三类，公诉转自诉案件不适用调解和反诉。故A、B项正确。

　　C项，属于自诉案件的第三类，公诉转自诉案件，不适用调解，C项错误。此外，C项的表述不够严谨。因为，C项的表述"检察院决定不起诉后被害人提起自诉的案件"也可以被理解为第二类自诉案件，即"检察院没有提起公诉，被害人有证据证明的轻微刑事案件"。如果是第二类自诉案件的情形，就可以调解了。考生无需纠结，掌握知识点即可。

　　D项，《刑事诉讼法》第103条规定：人民法院审理附带民事诉讼案件，可以进行调解或者根据物质损失情况作出判决裁定。可见，刑事诉讼中的附带民事诉讼案件可以进行调解，D项正确。

　　综上所述，本题答案为A、B、D。

　　6. 赵某（16周岁，高中学生）在游乐园游玩时因琐事与李某（15周岁，高中学生）发生争执，赵某殴打李某致其轻伤。李某向法院提起自诉，要求追究赵某的刑事责任。关于本案，说法错误的是？（2018/2019仿真题）

　　A. 法院受理李某的自诉案件后，李某自愿撤诉，2个月后，李某又以同一事实对赵某提起自诉，法院应当受理

　　B. 赵某的父亲是一名律师，其可以同时担任赵某的辩护人

　　C. 李某的母亲可以为李某委托诉讼代理人

　　D. 法院在审理本案时，可以进行调解

　　【考点】 自诉案件的受理、辩护人的范围、委托诉讼代理人的主体

　　【解析】 A选项，《刑诉解释》第320条第2款规定："具有下列情形之一的，应当说服自诉人撤回起诉；自诉人不撤回起诉的，裁定不予受理：（1）不属于本解释第一条规定的案件的；（2）缺乏罪证的；（3）犯罪已过追诉时效期限的；（4）被告人死亡的；（5）被告人下落不明的；（6）除因证据不足而撤诉的以外，自诉人撤诉后，就同一事实又告诉的；（7）经人民法院调解结案后，自诉人反悔，就同一事实再行告诉的。（8）属于本解释第1条第2项规定的案件，公安机

关正在立案侦查或者人民检察院正在审查起诉的；（9）不服人民检察院对未成年犯罪嫌疑人作出的附条件不起诉决定或者附条件不起诉考验期满后作出的不起诉决定，向人民法院起诉的。"根据上述规定中的（6），A选项错误。

B选项，《刑事诉讼法》第33条第1款规定："犯罪嫌疑人、被告人除自己行使辩护权以外，还可以委托一至二人作为辩护人。下列的人可以被委托为辩护人：（1）律师；（2）人民团体或者犯罪嫌疑人、被告人所在单位推荐的人；（3）犯罪嫌疑人、被告人的监护人、亲友。"据此，赵某的父亲作为被告人的监护人，且具备律师身份，是可以担任赵某的辩护人的，B选项正确。

C选项，《刑事诉讼法》第46条第1款规定："公诉案件的被害人及其法定代理人或者近亲属，附带民事诉讼的当事人及其法定代理人，自案件移送审查起诉之日起，有权委托诉讼代理人。自诉案件的自诉人及其法定代理人，附带民事诉讼的当事人及其法定代理人，有权随时委托诉讼代理人。"本案中，李某是自诉人，其母亲作为法定代理人有权随时委托诉讼代理人，故C选项正确。

D选项，《刑事诉讼法》第212条第1款规定："人民法院对自诉案件，可以进行调解；自诉人在宣告判决前，可以同被告人自行和解或者撤回自诉。本法第210条第3项规定的案件不适用调解。"《刑事诉讼法》第210条规定："自诉案件包括下列案件：（1）告诉才处理的案件；（2）被害人有证据证明的轻微刑事案件；（3）被害人有证据证明对被告人侵犯自己人身、财产权利的行为应当依法追究刑事责任，而公安机关或者人民检察院不予追究被告人刑事责任的案件。"据此，法院对于告诉才处理的案件和被害人有证据证明的轻微刑事案件可以进行调解。本案是故意伤害案（轻伤），属于被害人有证据证明的轻微刑事案件，故本案可以进行调解，D选项正确。

综上，本题答案为A。

7. 张三和李四共同在诽谤王五，损害王五的名誉。王五对张三向法院提起自诉，未对李四提起自诉。下列关于该案的说法，正确的是：（2021仿真题，不定项）

A. 王五经法院两次传唤，无正当理由拒不到庭，应当裁定按撤诉处理

B. 王五无法收集在网上被诽谤的证据，法院可以要求公安机关协助收集

C. 在审理过程中发现张三还对王五诈骗，法院应当一并审理

D. 王五告知法院放弃对李四提起自诉，法院可追加李四为第三人

扫码听课

【考点】 自诉案件的审理程序

【解析】依据《刑诉解释》第331条第1款规定："自诉人经两次传唤，无正当理由拒不到庭，或者未经法庭准许中途退庭的，人民法院应当裁定按撤诉处理。"本题中，自诉人王五经法院两次传唤，无正当理由拒不到庭，应当裁定按撤诉处理。故A项正确。

依据《刑诉解释》第325条第2款规定："对通过信息网络实施的侮辱、诽谤行为，被害人向人民法院告诉，但提供证据确有困难的，人民法院可以要求公安机关提供协助。"本案属于网络侮辱案，被害人王五无法收集在网上被侮辱的证据，法院可以要求公安机关提供协助。故B项正确。

依据《刑诉解释》第324条规定："被告人实施两个以上犯罪行为，分别属于公诉案件和自诉案件，人民法院可以一并审理。对自诉部分的审理，适用本章

的规定。"本题项中，若检察院对张三诈骗王五提起公诉，法院"可以"而不是"应当"一并审理，该 C 项错误。

依据《刑诉解释》第 323 条第 1 款规定："自诉人明知有其他共同侵害人，但只对部分侵害人提起自诉的，人民法院应当受理，并告知其放弃告诉的法律后果；自诉人放弃告诉，判决宣告后又对其他共同侵害人就同一事实提起自诉的，人民法院不予受理。"故 D 项的错误在于，张三告知法院放弃对李四提起自诉，法院不得将李四追加为第三人，否则，就违反了不告不理的原则。综上，本题的正确答案为 A、B 两项。

专题二十　第二审程序

一、第二审程序的提起

关于法定代理人对法院一审判决、裁定的上诉权，下列哪一说法是错误的？（2011－2－22，单）

A. 自诉人高某的法定代理人有独立上诉权

B. 被告人李某的法定代理人有独立上诉权

C. 被害人方某的法定代理人有独立上诉权

D. 附带民事诉讼当事人吴某的法定代理人对附带民事部分有独立上诉权

【考点】上诉的主体

【解析】《刑事诉讼法》第227条第1款规定："被告人、自诉人和他们的法定代理人，不服地方各级人民法院第一审的判决、裁定，有权用书状或者口头向上一级人民法院上诉。被告人的辩护人和近亲属，经被告人同意，可以提出上诉。"可见，被告人李某、自诉人高某和他们的法定代理人均有独立的上诉权，A、B项正确。

根据《刑事诉讼法》第229条规定，被害人及其法定代理人不服地方各级人民法院第一审的判决的，自收到判决书后5日以内，有权请求人民检察院提出抗诉。可见，被害人及其法定代理人没有上诉权，也没有抗诉权，只有请求抗诉权。C项错误。

《刑事诉讼法》第227条第2款规定："附带民事诉讼的当事人和他们的法定代理人，可以对地方各级人民法院第一审的判决、裁定中的附带民事诉讼部分，提出上诉。"可见，吴某和他的法定代理人对附带民事诉讼的部分有独立的上诉权，D项正确。

综上所述，本题答案为C。

二、二审程序的重要原则

1. 某法院判决赵某犯诈骗罪处有期徒刑4年，犯盗窃罪处有期徒刑9年，合并执行有期徒刑11年。赵某提出上诉。中级法院经审理认为，判处刑罚不当，犯诈骗罪应处有期徒刑5年，犯盗窃罪应处有期徒刑8年。根据上诉不加刑原则，下列哪一做法是正确的？（2010－2－36，单）

A. 以事实不清、证据不足为由发回原审法院重新审理

B. 直接改判两罪刑罚，分别为5年和8年，合并执行12年

C. 直接改判两罪刑罚，分别为5年和8年，合并执行仍为11年

D. 维持一审判决

【考点】上诉不加刑的具体要求

【解析】当年司法部答案为D，但根据现行法律规定，答案为CD。2013年

《刑诉解释》第325条第3款规定：原判对被告人实行数罪并罚的，不得加重决定执行的刑罚，也不得加重数罪中某罪的刑罚。根据该规定，在原判认定罪数不当的情况下，法院不得调整数罪中某罪的刑罚，因此C项错误。

2021年修订后的《刑诉解释》第401条规定：审理被告人或者其法定代理人、辩护人、近亲属提出上诉的案件，不得对被告人的刑罚作出实质不利的改判，并应当执行下列规定：

（1）同案审理的案件，只有部分被告人上诉的，既不得加重上诉人的刑罚，也不得加重其他同案被告人的刑罚；（2）原判认定的罪名不当的，可以改变罪名，但不得加重刑罚或者对刑罚执行产生不利影响；（3）原判认定的罪数不当的，可以改变罪数，并调整刑罚，但不得加重决定执行的刑罚或者对刑罚执行产生不利影响；（4）原判对被告人宣告缓刑的，不得撤销缓刑或者延长缓刑考验期；（5）原判没有宣告职业禁止、禁止令的，不得增加宣告；原判宣告职业禁止、禁止令的，不得增加内容、延长期限；（6）原判对被告人判处死刑缓期执行没有限制减刑、决定终身监禁的，不得限制减刑、决定终身监禁；（7）原判判处的刑罚不当、应当适用附加刑而没有适用的，不得直接加重刑罚、适用附加刑。原判判处的刑罚畸轻，必须依法改判的，应当在第二审判决、裁定生效后，依照审判监督程序重新审判。人民检察院抗诉或者自诉人上诉的案件，不受前款规定的限制。

《刑诉解释》第402条规定："人民检察院只对部分被告人的判决提出抗诉，或者自诉人只对部分被告人的判决提出上诉的，第二审人民法院不得对其他同案被告人加重刑罚。"

本案属于上述第401条第（3）项和第402条的情形，二审法院可以改变罪数，并调整刑罚，但不得加重决定执行的刑罚或者对刑罚执行产生不利影响（B项错误，C项正确）。同时，也不得以事实不清、证据不足为由发回第一审人民法院重新审判（A项错误）。因此，正确答案应当是C、D项。

综上所述，本题答案为C、D。

2. 朱某自诉陈某犯诽谤罪，法院审理后，陈某反诉朱某侮辱罪。法院审查认为，符合反诉条件，合并审理此案，判处陈某有期徒刑1年，判处朱某有期徒刑1年。两人不服，均以对方量刑过轻、己方量刑过重为由提出上诉。关于二审法院的判决，下列哪些选项是正确的？（2010-2-77，多）

A. 如认为对两人量刑均过轻，可同时加重朱某和陈某的刑罚

B. 如认为对某一人的量刑过轻，可加重该人的刑罚

C. 即使认为对两人量刑均过轻，也不得同时加重朱某和陈某的刑罚

D. 如认为一审量刑过轻，只能通过审判监督程序纠正

【考点】上诉不加刑的具体要求

【解析】《刑事诉讼法》第237条规定："第二审人民法院审理被告人或者他的法定代理人、辩护人、近亲属上诉的案件，不得加重被告人的刑罚。……人民检察院提出抗诉或者自诉人提出上诉的，不受前款规定的限制。"

本案中，双方当事人都提出了反诉，互为自诉人，且都上诉，二审法院可以加重对其中任何一人的刑罚。A、B项正确，C、D项错误。

综上所述，本题答案为A、B。

大咖点拨区

扫码听课

3. 甲、乙涉嫌故意杀人，A省B市中级法院开庭审理后，以甲犯故意杀人罪，判处死刑立即执行，乙犯故意杀人罪，判处死刑缓期二年执行。一审宣判后，乙以量刑过重为由向A省高级法院提起上诉，甲没有上诉，检察院也没有提起抗诉。如A省高级法院审理后认为，本案事实清楚、证据确实充分，对甲量刑适当，但对乙应当判处死刑缓期二年执行同时限制减刑，则对本案正确的做法是：（2020仿真题，单）

A. 二审应开庭审理

B. 由于未提起抗诉，同级检察院可不派员出席法庭

C. 高级法院可将全案发回B市中级法院重新审判

D. 高级法院可维持对甲的判决，并改判乙死刑缓期二年执行同时限制减刑

【考点】二审审理方式、二审审理程序、上诉不加刑的具体要求

【解析】A项，根据《刑诉解释》第393条第1款规定，下列案件，根据刑事诉讼法第234条的规定，应当开庭审理：（1）被告人、自诉人及其法定代理人对第一审认定的事实、证据提出异议，可能影响定罪量刑的上诉案件；（2）被告人被判处死刑的上诉案件；（3）人民检察院抗诉的案件；（4）应当开庭审理的其他案件。第（2）项被判处死刑的上诉案件中的"死刑"既包括死刑立即执行案件，也包括死刑缓期二年执行案件，故A项正确。

B项，根据《刑事诉讼法》第235条规定，人民检察院提出抗诉的案件或者第二审人民法院开庭审理的公诉案件，同级人民检察院都应当派员出席法庭。如前分析，本案应当开庭审理，因此同级检察院应当派员出席法庭，故B项错误。

C项，根据《刑事诉讼法》第236条第1款规定，第二审人民法院对不服第一审判决的上诉、抗诉案件，经过审理后，应当按照下列情形分别处理：（1）原判决认定事实和适用法律正确、量刑适当的，应当裁定驳回上诉或者抗诉，维持原判；（2）原判决认定事实没有错误，但适用法律有错误，或者量刑不当的，应当改判；（3）原判决事实不清楚或者证据不足的，可以在查清事实后改判；也可以裁定撤销原判，发回原审人民法院重新审判。本案中，A省高级法院认为本案事实清楚、证据确实充分，只是对乙判处刑罚的法律适用存在问题，因此不能发回B市中级法院重新审判，故C项错误。

D项，根据《刑诉解释》第401条第1款规定，审理被告人或者其法定代理人、辩护人、近亲属提出上诉的案件，不得对被告人的刑罚作出实质不利的改判，并应当执行下列规定：（一）同案审理的案件，只有部分被告人上诉的，既不得加重上诉人的刑罚，也不得加重其他同案被告人的刑罚；（二）原判认定的罪名不当的，可以改变罪名，但不得加重刑罚或者对刑罚执行产生不利影响；（三）原判认定的罪数不当的，可以改变罪数，并调整刑罚，但不得加重决定执行的刑罚或者对刑罚执行产生不利影响；（四）原判对被告人宣告缓刑的，不得撤销缓刑或者延长缓刑考验期；（五）原判没有宣告职业禁止、禁止令的，不得增加宣告；原判宣告职业禁止、禁止令的，不得增加内容、延长期限；（六）原判对被告人判处死刑缓期执行没有限制减刑、决定终身监禁的，不得限制减刑、决定终身监禁；（七）原判判处的刑罚不当、应当适用附加刑而没有适用的，不得直接加重刑罚、适用附加刑。原判判处的刑罚畸轻，必须依法改判的，应当在第二审判决、裁定生效后，依照审判监督程序重新审判。根据上述第（6）项，

本案中乙一审被判处死刑缓期二年执行，二审法院不得加重其刑罚改判为死刑缓期执行并限制减刑。因此，A省高级法院只能裁定驳回上诉，维持原判。如果原审判决确有错误需要纠正的，A省高级法院可以在判决生效后启动审判监督程序予以纠正，故D项错误。

综上所述，本题答案为A。

三、二审的审理程序

1. 甲、乙二人系药材公司仓库保管员，涉嫌5次共同盗窃其保管的名贵药材，涉案金额40余万元。一审开庭审理时，药材公司法定代表人丙参加庭审。经审理，法院认定了其中4起盗窃事实，另1起因证据不足未予认定，甲和乙以职务侵占罪分别被判处有期徒刑3年和1年。一审判决作出后，乙以量刑过重为由提出上诉，甲未上诉，检察院未抗诉。关于本案二审程序，下列选项正确的是：（2017-2-94，不定项）

A. 二审法院受理案件后应通知同级检察院查阅案卷

B. 二审法院可审理并认定一审法院未予认定的1起盗窃事实

C. 二审法院审理后认为乙符合适用缓刑的条件，将乙改判为有期徒刑2年，缓刑2年

D. 二审期间，甲可另行委托辩护人为其辩护

【考点】二审的审理程序

【解析】《刑事诉讼法》第235条："人民检察院提出抗诉的案件或者第二审人民法院开庭审理的公诉案件，同级人民检察院都应当派员出席法庭。第二审人民法院应当在决定开庭审理后及时通知人民检察院查阅案卷。人民检察院应当在一个月以内查阅完毕。人民检察院查阅案卷的时间不计入审理期限。"法律规定法院应当在决定开庭审理后及时通知检察院阅卷，并没有规定说二审法院受理案件后就应当通知同级检察院查阅案卷，故A项错误。

《刑诉解释》第388条规定："第二审人民法院审理上诉、抗诉案件，应当就第一审判决、裁定认定的事实和适用法律进行全面审查，不受上诉、抗诉范围的限制。"只能全面审查，不能全面认定，根据"二审终审"原则，二审期间不能认定一审法院未予认定的事实，如果认定就侵犯了对方的上诉权，故B项错误。

依据《刑诉解释》第401条第1款第（7）项的规定："原判判处的刑罚不当、应当适用附加刑而没有适用的，不得直接加重刑罚、适用附加刑。原判判处的刑罚畸轻，必须依法改判的，应当在第二审判决、裁定生效后，依照审判监督程序重新审判。"本题中的C选项说二审法院审理后认为乙符合适用缓刑的条件，将乙改判为有期徒刑2年，缓刑2年，属于直接加重刑罚、适用附加刑，违背"上诉不加刑"原则，错误。依据《刑诉解释》第392条第1款："第二审期间，被告人除自行辩护外，还可以继续委托第一审辩护人或者另行委托辩护人辩护。"D项正确。

综上所述，本题答案D。

2. 某基层法院就郭某敲诈勒索案一审适用简易程序，判处郭某有期徒刑4年。对于一审中的下列哪些情形，二审法院应以程序违法为由，撤销原判发回重审？（2016-2-73，多）

扫码听课

扫码听课

大咖点拨区

大咖点拨区

A. 未在开庭 10 日前向郭某送达起诉书副本

B. 由一名审判员独任审理

C. 公诉人没有对被告人进行发问

D. 应公开审理但未公开审理

【考点】第二审法院经过审查后的处理

【解析】《刑诉解释》第 406 条规定，第二审人民法院发现原审人民法院在重新审判过程中，有刑事诉讼法第 238 条规定的情形之一，或者违反第 239 条规定的，应当裁定撤销原判，发回重新审判。

《刑事诉讼法》第 238 条规定，第二审人民法院发现第一审人民法院的审理有下列违反法律规定的诉讼程序的情形之一的，应当裁定撤销原判，发回原审人民法院重新审判：（1）违反本法有关公开审判的规定的；（2）违反回避制度的；（3）剥夺或者限制了当事人的法定诉讼权利，可能影响公正审判的；（4）审判组织的组成不合法的；（5）其他违反法律规定的诉讼程序，可能影响公正审判的。

《刑事诉讼法》第 239 条规定，原审人民法院对于发回重新审判的案件，应当另行组成合议庭，依照第一审程序进行审判。对于重新审判后的判决，依照本法第 227 条、第 228 条、第 229 条的规定可以上诉、抗诉。可见，A 项，未在开庭 10 日前向郭某送达起诉书副本，不属于上述法条规定的违反程序的情形，二审法院无需撤销原判、发回重审。A 项错误。

《刑事诉讼法》第 216 条第 1 款规定，适用简易程序审理案件，对可能判处 3 年有期徒刑以下刑罚的，可以组成合议庭进行审判，也可以由审判员一人独任审判；对可能判处的有期徒刑超过 3 年的，应当组成合议庭进行审判。

本案中，对郭某判处 4 年，应当组成合议庭进行审判。B 项中由一名审判员独任审理属于上述第（4）项"审判组织的组成不合法的"情形，应当撤销原判、发回重审。B 项正确。

C 项，公诉人没有对被告人进行讯问，不属于上述法条规定的违反程序的情形，二审法院无需撤销原判、发回重审。C 项错误。

D 项，应公开审理但未公开审理属于上述第（1）项"违反本法有关公开审判的规定的"情形，应当撤销原判、发回重审。D 项正确。

综上所述，本题应当选 B、D。

3. 龚某因生产不符合安全标准的食品罪被一审法院判处有期徒刑 5 年，并被禁止在刑罚执行完毕之日起 3 年内从事食品加工行业。龚某以量刑畸重为由上诉，检察院未抗诉。关于本案二审，下列哪一选项是正确的？（2016 - 2 - 38，单）

A. 应开庭审理

B. 可维持有期徒刑 5 年的判决，并将职业禁止的期限变更为 4 年

C. 如认为原判认定罪名不当，二审法院可在维持原判刑罚不变的情况下改判为生产有害食品罪

D. 发回重审后，如检察院变更起诉罪名为生产有害食品罪，一审法院可改判并加重龚某的刑罚

【考点】二审的审理方式、上诉不加刑原则的具体要求

【解析】《刑诉解释》第 393 条规定，下列案件，根据刑事诉讼法第 234 条的规定，应当开庭审理：（1）被告人、自诉人及其法定代理人对第一审认定的事

扫码听课

实、证据提出异议，可能影响定罪量刑的上诉案件；（2）被告人被判处死刑的上诉案件；（3）人民检察院抗诉的案件；（4）应当开庭审理的其他案件。被判处死刑的被告人没有上诉，同案的其他被告人上诉的案件，第二审人民法院应当开庭审理。本题中，龚某案件不符合上述情形，二审法院不一定必须开庭审理，A项错误。

《刑诉解释》第401条规定：审理被告人或者其法定代理人、辩护人、近亲属提出上诉的案件，不得对被告人的刑罚作出实质不利的改判，并应当执行下列规定：（1）同案审理的案件，只有部分被告人上诉的，既不得加重上诉人的刑罚，也不得加重其他同案被告人的刑罚；（2）原判认定的罪名不当的，可以改变罪名，但不得加重刑罚或者对刑罚执行产生不利影响；（3）原判认定的罪数不当的，可以改变罪数，并调整刑罚，但不得加重决定执行的刑罚或者对刑罚执行产生不利影响；（4）原判对被告人宣告缓刑的，不得撤销缓刑或者延长缓刑考验期；（5）原判没有宣告职业禁止、禁止令的，不得增加宣告；原判宣告职业禁止、禁止令的，不得增加内容、延长期限；（6）原判对被告人判处死刑缓期执行没有限制减刑、决定终身监禁的，不得限制减刑、决定终身监禁；（7）原判判处的刑罚不当、应当适用附加刑而没有适用的，不得直接加重刑罚、适用附加刑。原判判处的刑罚畸轻，必须依法改判的，应当在第二审判决、裁定生效后，依照审判监督程序重新审判。人民检察院抗诉或者自诉人上诉的案件，不受前款规定的限制。可见，根据上述第（5）项规定，B项错误。根据上述第（2）项规定C项正确。根据上述第（7）项规定，D项错误。

综上所述，本题答案为C。

4. 黄某倒卖文物案于2014年5月28日一审终结。6月9日（星期一），法庭宣判黄某犯倒卖文物罪，判处有期徒刑4年并立即送达了判决书，黄某当即提起上诉，但于6月13日经法院准许撤回上诉；检察院以量刑畸轻为由于6月12日提起抗诉，上级检察院认为抗诉不当，于6月17日向同级法院撤回了抗诉。关于一审判决生效的时间，下列哪一选项是正确的？（2015－2－38，单）

A. 6月9日　　　　　　　　　　B. 6月17日

C. 6月19日　　　　　　　　　　D. 6月20日

【考点】判决的生效时间

【解析】6月9日，是法院一审宣判时间；6月17日，是检察院撤回抗诉时间；6月19日，是上诉、抗诉期限届满日；6月20日，不知是什么日子。

《刑诉解释》第380条第1款规定，"上诉、抗诉必须在法定期限内提出。不服判决的上诉、抗诉的期限为10日；不服裁定的上诉、抗诉的期限为5日。上诉、抗诉的期限，从接到判决书、裁定书的第2日起计算。"

根据《刑诉解释》第386条的规定，在上诉、抗诉期满前撤回上诉、抗诉的，第一审判决、裁定在上诉、抗诉期满之日起生效。

可见，本题中，上诉和抗诉均在法定的上诉、抗诉期限内撤回，第一审判决应当在上诉、抗诉期满之日起生效。也就是在6月19日生效。综上所述，本题答案为C。

这是按照官方答案进行的解释。本题存在一定争议，有学者认为，本题应当选择D项，因为从6月10日开始计算十日，第十日应当是6月19日，在这一天，裁判还没有生效，还允许上诉、抗诉，过了 6 月 19 日，即 6 月 20 日，才算过了上诉、抗诉期，裁判才算生效。但本人认为，官方答案没有错误。因为根据上述《刑诉解释》第 380 条、第 386 条的规定，第一审判决、裁定在上诉、抗诉期满之日起生效，法律并没有说是从期满后第 2 日起生效，期满之日指的就是第 10 日。因此本题中 6 月 19 日生效没有问题。建议考生按照官方答案理解较为适当。

5. 甲、乙、丙三人共同实施故意杀人，一审法院判处甲死刑立即执行、乙无期徒刑、丙有期徒刑 10 年。丙以量刑过重为由上诉，甲和乙未上诉，检察院未抗诉。关于本案的第二审程序，下列哪一选项是正确的？（2014 - 2 - 38，单）

A. 可不开庭审理

B. 认为没有必要的，甲可不再到庭

C. 由于乙没有上诉，其不得另行委托辩护人为其辩护

D. 审理后认为原判事实不清且对丙的量刑过轻，发回一审法院重审，一审法院重审后可加重丙的刑罚

【考点】二审的审理方式、二审的审理程序、上诉不加刑原则的具体要求

【解析】《刑诉解释》第 393 条规定，下列案件，根据刑事诉讼法第 234 条的规定，应当开庭审理：（1）被告人、自诉人及其法定代理人对第一审认定的事实、证据提出异议，可能影响定罪量刑的上诉案件；（2）被告人被判处死刑的上诉案件；（3）人民检察院抗诉的案件；（4）应当开庭审理的其他案件。被判处死刑的被告人没有上诉，同案的其他被告人上诉的案件，第二审人民法院应当开庭审理。可见，A 项属于该条第 3 款规定的情形，二审应当开庭审理。A 项错误。

《刑诉解释》第 399 条第 2 款规定："同案审理的案件，未提出上诉、人民检察院也未对其判决提出抗诉的被告人要求出庭的，应当准许。出庭的被告人可以参加法庭调查和辩论。"从此条文可以推论，甲没有上诉，也没有被抗诉，二审中可以不出庭。B 项正确。

《刑诉解释》第 392 条规定："第二审期间，被告人除自行辩护外，还可以继续委托第一审辩护人或者另行委托辩护人辩护。共同犯罪案件，只有部分被告人提出上诉，或者自诉人只对部分被告人的判决提出上诉，或者人民检察院只对部分被告人的判决提出抗诉的，其他同案被告人也可以委托辩护人辩护。"可见，乙也可以委托辩护人。C 项错误。

《刑诉解释》第 401 条第 1 款第（7）项规定："审理被告人或者其法定代理人、辩护人、近亲属提出上诉的案件，不得对被告人的刑罚作出实质不利的改判，并应当执行下列规定：……（7）原判判处的刑罚不当、应当适用附加刑而没有适用的，不得直接加重刑罚、适用附加刑。原判判处的刑罚畸轻，必须依法改判的，应当在第二审判决、裁定生效后，依照审判监督程序重新审判。"可见，二审法院审理后如果认为原判事实不清且对丙的量刑过轻，发回一审法院重审，一审法院重审后不得加重丙的刑罚，D 项错误。

综上所述，本题答案为 B。

6. 关于发回重审，下列哪一说法是不正确的？（2011 - 2 - 37，单）

A. 发回重审原则上不能超过二次

B. 在发回重审裁定书中应详细阐明发回重审的理由及法律根据

C. 一审剥夺或者限制了当事人的法定诉讼权利，可能影响公正审判的，应当

发回重审

　　D. 发回重审应当撤销原判

　　【考点】　发回重审裁定

　　【解析】　根据《刑事诉讼法》第236条第2款的规定，原审人民法院对于依照"事实不清、证据不足"为由发回重新审判的案件作出判决后，被告人提出上诉或者人民检察院提出抗诉的，第二审人民法院应当依法作出判决或者裁定，不得再发回原审人民法院重新审判。可见，因"事实不清、证据不足"，二审法院只能发回重审一次。但是，二审法院如果因为一审法院违反程序等理由而发回重审的，法律没有限定发回重审的次数。因此，不能说"发回重审原则上不能超过二次"，A项错误。

　　《关于规范上下级人民法院审判业务关系的若干意见》第6条规定："第一审人民法院已经查清事实的案件，第二审人民法院原则上不得以事实不清、证据不足为由发回重审。第二审人民法院作出发回重审裁定时，应当在裁定书中详细阐明发回重审的理由及法律依据。"可见，B项正确。

　　《刑事诉讼法》第238条规定：第二审人民法院发现第一审人民法院的审理有下列违反法律规定的诉讼程序的情形之一的，应当裁定撤销原判，发回原审人民法院重新审判：（1）违反本法有关公开审判的规定的；（2）违反回避制度的；（3）剥夺或者限制了当事人的法定诉讼权利，可能影响公正审判的；（4）审判组织的组成不合法的；（5）其他违反法律规定的诉讼程序，可能影响公正审判的。

　　可见，C项符合上述第（3）项规定的情形，应当发回重审，C项正确。同时，发回原审人民法院重新审判的，应当裁定撤销原判，故，D项正确。

　　综上所述，本题答案为A。

　　7. 某市中级人民法院对甲被指控故意杀人一案进行了第一审审理，判处甲无期徒刑。检察院认为量刑过轻，提出抗诉。关于本案的第二审程序，下列说法正确的是？（2018仿真题）

　　A. 如果甲不服一审判决，可以口头方式提起上诉

　　B. 二审法院可以不开庭审理

　　C. 二审法院仅就甲的量刑问题进行审查

　　D. 第二审法院经审查，认为原判事实不清、证据不足，需要发回重新审判的，可以不开庭审理

　　【考点】　上诉的提起、二审的审理方式

　　【解析】　A选项，《刑事诉讼法》第227条第1款规定："被告人、自诉人和他们的法定代理人，不服地方各级人民法院第一审的判决、裁定，有权用书状或者口头向上一级人民法院上诉。被告人的辩护人和近亲属，经被告人同意，可以提出上诉。"据此，被告人上诉既可以书面形式，也可以口头形式，A选项正确。

　　B选项，《刑事诉讼法》第234条第1款规定："第二审人民法院对于下列案件，应当组成合议庭，开庭审理：（1）被告人、自诉人及其法定代理人对第一审认定的事实、证据提出异议，可能影响定罪量刑的上诉案件；（2）被告人被判处死刑的上诉案件；（3）人民检察院抗诉的案件；（4）其他应当开庭审理的案件。"本案属于检察院抗诉的案件，应当开庭审理，故B选项错误。

　　C选项，《刑事诉讼法》第233条规定："第二审人民法院应当就第一审判决

认定的事实和适用法律进行全面审查，不受上诉或者抗诉范围的限制。共同犯罪的案件只有部分被告人上诉的，应当对全案进行审查，一并处理。"据此，二审法院审理案件遵循全面审查原则，不仅针对量刑进行审查，而且针对事实部分等进行审查，C 选项错误。

D 选项，《刑诉解释》第 394 条规定："对上诉、抗诉案件，第二审人民法院经审查，认为原判事实不清、证据不足，或者具有刑事诉讼法第二百三十八条规定的违反法定诉讼程序情形，需要发回重新审判的，可以不开庭审理。"据此，D 选项正确。

综上，本题答案为 A、D。

8. 公安机关接举报称本市张大明为牟取非法利益而贩卖毒品，后立案展开侦查，侦查过程中公安机关提请逮捕张大明并获检察院批准，最终张大明因涉嫌贩卖毒品罪被检察院提起公诉，但其始终辩称是被冤枉，声称侦查人员在其家中查获的毒品并非自己所有，而是被恶人栽赃陷害，一审法院经审理认为现有证据无法排除合理怀疑，遂判决宣告张大明无罪。检察机关认为一审判决确有错误向上一级法院提起抗诉，在二审开庭前检察院发现了关于毒品来源的关键证据，关于本案的处理，下列哪些选项是正确的？（2019 仿真题）

A. 法院应当通知辩方查阅、摘抄或复制检察机关发现的新证据

B. 因二审开庭前本案出现新的关键性证据，二审法院审理后认为一审判决事实不清、证据不足的，应撤销原判、发回重审

C. 依据全面贯彻证据裁判规则的要求，本案中一审法院作出无罪判决并无不当

D. 张大明应于一审宣判后立即被释放，检察机关可对其另行适用取保候审的强制措施

【考点】二审的审理程序、证据裁判规则

【解析】A 项，《刑诉解释》第 395 条："第二审期间，人民检察院或者被告人及其辩护人提交新证据的，人民法院应当及时通知对方查阅、摘抄或者复制。"本案中检察机关二审开庭前发现关于毒品来源的关键证据，应当通知辩方查阅、摘抄或复制，A 项正确。

B 项，《刑事诉讼法》第 236 条："第二审人民法院对不服第一审判决的上诉、抗诉案件，经过审理后，应当按照下列情形分别处理：……（三）原判决事实不清楚或者证据不足的，可以在查清事实后改判；也可以裁定撤销原判，发回原审人民法院重新审判。……"因此本案中二审法院可以在查清事实后改判；也可以裁定撤销原判，发回原审人民法院重新审判，而非应当撤销原判、发回重审。B 项错误。

C 项，证据裁判规则要求对于案件事实的认定，必须有应当的证据予以证明。没有证据或者证据不充分，不能认定案件事实。作为综合裁判所依据的证据，必须达到排除合理怀疑的证明标准，根据《刑事诉讼法》第 55 条："对一切案件的判处都要重证据，重调查研究，不轻信口供。只有被告人供述，没有其他证据的，不能认定被告人有罪和处以刑罚；没有被告人供述，证据确实、充分的，可以认定被告人有罪和处以刑罚。证据确实、充分，应当符合以下条件：（一）定罪量刑的事实都有证据证明；（二）据以定案的证据均经法定程序查证属实；

（三）综合全案证据，对所认定事实已排除合理怀疑。"据此，本案中一审法院经审理认为现有证据无法排除合理怀疑判决张大玥无罪并无不当，C 项正确。

D 项，《刑事诉讼法》第 260 条："第一审人民法院判决被告人无罪、免除刑事处罚的，如果被告人在押，在宣判后应当立即释放。"本案中张大明已被宣判无罪，因此应当被立即释放，检察机关可以对其进行取保候审。D 项正确。

综上本题答案为 A、C、D。

大咖点拨区

扫码听课

专题二十一 死刑复核程序

一、死刑立即执行案件的复核程序

1. 甲和乙因故意杀人被中级法院分别判处死刑立即执行和无期徒刑。甲、乙上诉后，高级法院裁定维持原判。关于本案，下列哪一选项是正确的？（2016－2－39，单）

A. 高级法院裁定维持原判后，对乙的判决即已生效

B. 高级法院应先复核再报请最高法院核准

C. 最高法院如认为原判决对乙的犯罪事实未查清，可查清后对乙改判并核准甲的死刑

D. 最高法院如认为甲的犯罪事实不清、证据不足，不予核准死刑的，只能使用裁定

【考点】刑事案件终审裁判的生效、死刑案件的报请复核、复核死刑案件的处理情形

【解析】最高人民法院《关于刑事案件终审判决和裁定何时发生法律效力问题的批复》规定："终审的判决和裁定自宣告之日起发生法律效力。"A项中，"高级法院裁定维持原判"，意味着高级法院做出了维持原判的裁定，但还没有宣告。因此，对乙无期徒刑的维持裁定暂未生效。故，A项错误。

本案中，甲被判处死刑立即执行，乙被判处无期徒刑。高级法院对甲确实应当先复核，再报请最高法院核准。但对乙无需先复核再报最高法院核准，因为乙被一审判处无期徒刑，无期徒刑无需复核。B项错误。

认为原判犯罪事实不清，可以在查清事实后改判，这是二审法院对一审裁判的处理方式。但C项中说的是最高法院认为乙的犯罪事实不清，最高法院在本案中并非二审法院，法律没有明确规定最高法院可以对乙查清事实后改判。C项错误。

《刑诉解释》第429条规定：最高人民法院复核死刑案件，应当按照下列情形分别处理：（1）原判认定事实和适用法律正确、量刑适当、诉讼程序合法的，应当裁定核准；（2）原判认定的某一具体事实或者引用的法律条款等存在瑕疵，但判处被告人死刑并无不当的，可以在纠正后作出核准的判决、裁定；（3）原判事实不清、证据不足的，应当裁定不予核准，并撤销原判，发回重新审判；（4）复核期间出现新的影响定罪量刑的事实、证据的，应当裁定不予核准，并撤销原判，发回重新审判；（5）原判认定事实正确、证据充分，但依法不应当判处死刑的，应当裁定不予核准，并撤销原判，发回重新审判；根据案件情况，必要时，也可以依法改判；（6）原审违反法定诉讼程序，可能影响公正审判的，应当裁定不予核准，并撤销原判，发回重新审判。根据上述第（3）项规定，最高人民法院应当"裁定"不予核准，并撤销原判，发回重新审判。可见，D项正确。

综上所述，本题答案为 D。

2. 鲁某与关某涉嫌贩卖冰毒 500 余克，B 省 A 市中级法院开庭审理后，以鲁某犯贩卖毒品罪，判处死刑立即执行，关某犯贩卖毒品罪，判处死刑缓期二年执行。一审宣判后，关某以量刑过重为由向 B 省高级法院提起上诉，鲁某未上诉，检察院也未提起抗诉。请回答第 94～96 题。

（1）关于本案侦查，下列选项正确的是：（2015－2－94，不定项）

A. 本案经批准可采用控制下交付的侦查措施

B. 对鲁某采取技术侦查的期限不得超过 9 个月

C. 侦查机关只有在对鲁某与关某立案后，才能派遣侦查人员隐匿身份实施侦查

D. 通过技术侦查措施收集到的证据材料可作为定案的依据，但须经法庭调查程序查证属实或由审判人员在庭外予以核实

【考点】技术侦查措施的适用条件、技术侦查措施的期限、技术侦查措施收集的证据材料的使用

【解析】根据《刑事诉讼法》第 153 条第 2 款的规定，对涉及给付毒品等违禁品或者财物的犯罪活动，公安机关根据侦查犯罪的需要，可以依照规定实施控制下交付。可见，A 项正确。

根据《刑事诉讼法》第 151 条的规定，批准决定应当根据侦查犯罪的需要，确定采取技术侦查措施的种类和适用对象。批准决定自签发之日起 3 个月以内有效。对于不需要继续采取技术侦查措施的，应当及时解除；对于复杂、疑难案件，期限届满仍有必要继续采取技术侦查措施的，经过批准，有效期可以延长，每次不得超过 3 个月。可见，技术侦查的时间是以 3 个月为单位延长，但没有延长期限的限制，B 项错误。

技术侦查也是侦查，只要是侦查，就必须发生于立案之后，在立案阶段不允许采取技术侦查措施，C 项正确。

根据《刑事诉讼法》第 154 条的规定，依照本节规定采取侦查措施收集的材料在刑事诉讼中可以作为证据使用。如果使用该证据可能危及有关人员的人身安全，或者可能产生其他严重后果的，应当采取不暴露有关人员身份、技术方法等保护措施，必要的时候，可以由审判人员在庭外对证据进行核实。可见，D 项正确。

综上所述，本题应当选 A、C、D。

（2）如 B 省高级法院审理后认为，本案事实清楚、证据确实充分，对鲁某的量刑适当，但对关某应判处死刑缓期二年执行同时限制减刑，则对本案正确的做法是：（2015－2－95，不定项）

A. 二审应开庭审理

B. 由于未提起抗诉，同级检察院可不派员出席法庭

C. 高级法院可将全案发回 A 市中级法院重新审判

D. 高级法院可维持对鲁某的判决，并改判关某死刑缓期二年执行同时限制减刑

【考点】二审开庭审理情形、二审开庭审理检察官出庭、上诉不加刑

【解析】依据《刑事诉讼法》第 234 条第 1 款的规定，第二审人民法院对于

扫码听课

大咖点拨区

下列案件，应当组成合议庭，开庭审理：①被告人、自诉人及其法定代理人对第一审认定的事实、证据提出异议，可能影响定罪量刑的上诉案件；②被告人被判处死刑的上诉案件；③人民检察院抗诉的案件；④其他应当开庭审理的案件。死刑判决既包括死刑立即执行，也包括死刑缓期二年执行，本案中，关某被判处死刑缓期二年执行，其上诉符合第②项的规定，因此，二审应开庭审理。A项正确。

根据《高检规则》第445条的规定，人民检察院提出抗诉的案件或者第二审人民法院开庭审理的公诉案件，同级人民检察院都应当派员出席法庭。可见，对于因上诉引起的第二审程序，只要二审开庭审理，检察官需要出庭，B项错误。

对于只有被告人上诉的第二审案件，如果原判事实清楚，证据确实、充分，但判处的刑罚畸轻、应当适用附加刑而没有适用的，不得直接加重刑罚、适用附加刑，也不得以事实不清、证据不足为由发回第一审人民法院重新审判。必须依法改判的，应当在第二审判决、裁定生效后，依照审判监督程序重新审判。可见，二审法院只能维持原判，不能以此为由发回重审，C项错误。

原判对被告人判处死刑缓期执行没有限制减刑的，第二审法院不得限制减刑。故，D项错误。

综上所述，本题答案为A。

（3）如B省高级法院审理后认为，一审判决认定事实和适用法律正确、量刑适当，裁定驳回关某的上诉，维持原判，则对本案进行死刑复核的正确程序是：（2015－2－96，不定项）

A. 对关某的死刑缓期二年执行判决，B省高级法院不再另行复核

B. 最高法院复核鲁某的死刑立即执行判决，应由审判员三人组成合议庭进行

C. 如鲁某在死刑复核阶段委托律师担任辩护人的，死刑复核合议庭应在办公场所当面听取律师意见

D. 最高法院裁定不予核准鲁某死刑的，可发回A市中级法院或B省高级法院重新审理

【**考点**】死刑复核程序

【**解析**】本案中，由于关某上诉，高级法院审理后即可裁定维持原判，案件生效。此时，无需再专门对关某进行一次死刑复核程序。高院进行的第二审程序就包含了死刑复核程序，这在诉讼理论中也被称为"二审带复核"。A项正确。

根据《刑事诉讼法》第249条的规定，最高人民法院复核死刑案件，高级人民法院复核死刑缓期执行案件，应当由审判员3人组成合议庭进行。B项正确。

根据《刑事诉讼法》第251条第1款的规定，最高人民法院复核死刑案件，应当讯问被告人，辩护律师提出要求的，应当听取辩护律师的意见。可见，辩护律师如果没有提出要求，法院不是必须听取辩护律师意见。C项错误。

《刑诉解释》第430条第1款规定："最高人民法院裁定不予核准死刑的，根据案件情况，可以发回第二审人民法院或者第一审人民法院重新审判。"可见，D项正确。

综上所述，本题答案为A、B、D。

　　3. 甲和乙共同实施拐卖妇女、儿童罪，均被判处死刑立即执行。最高法院复核后认为全案判决认定事实正确，甲系主犯应当判处死刑立即执行，但对乙可不立即执行。关于最高法院对此案的处理，下列哪一选项是正确的？（2014 - 2 - 39，单）

　　A. 将乙改判为死缓，并裁定核准甲死刑

　　B. 对乙作出改判，并判决核准甲死刑

　　C. 对全案裁定不予核准，撤销原判，发回重审

　　D. 裁定核准甲死刑，撤销对乙的判决，发回重审

　　【考点】最高法院复核死刑案件的处理

　　【解析】《刑诉解释》第 429 条规定："最高人民法院复核死刑案件，应当按照下列情形分别处理：（一）原判认定事实和适用法律正确、量刑适当、诉讼程序合法的，应当裁定核准；（二）原判认定的某一具体事实或者引用的法律条款等存在瑕疵，但判处被告人死刑并无不当的，可以在纠正后作出核准的判决、裁定；（三）原判事实不清、证据不足的，应当裁定不予核准，并撤销原判，发回重新审判；（四）复核期间出现新的影响定罪量刑的事实、证据的，应当裁定不予核准，并撤销原判，发回重新审判；（五）原判认定事实正确、证据充分，但依法不应当判处死刑的，应当裁定不予核准，并撤销原判，发回重新审判；根据案件情况，必要时，也可以依法改判；（六）原审违反法定诉讼程序，可能影响公正审判的，应当裁定不予核准，并撤销原判，发回重新审判。"

　　本案中，全案判决认定事实正确，甲应当判处死刑，乙判处死刑立即执行不当，最高人民法院对乙可以发回重新审判，必要时也可以依法改判，对甲则予以维持。需要注意，只要出现改判，一律用判决，因此，ACD 项错误，本题只能选 B 项。

　　4. 张某因犯故意杀人罪和爆炸罪，一审均被判处死刑立即执行，张某未上诉，检察机关也未抗诉。最高法院经复核后认为，爆炸罪的死刑判决事实不清、证据不足，但故意杀人罪死刑判决认定事实和适用法律正确、量刑适当。关于此案的处理，下列哪些选项是错误的？（2013 - 2 - 75，多）

　　A. 对全案裁定核准死刑

　　B. 裁定核准故意杀人罪死刑判决，并对爆炸罪死刑判决予以改判

　　C. 裁定核准故意杀人罪死刑判决，并撤销爆炸罪的死刑判决，发回重审

　　D. 对全案裁定不予核准，并撤销原判，发回重审

　　【考点】最高人民法院复核死刑案件的处理

　　【解析】《刑诉解释》第 429 条规定："最高人民法院复核死刑案件，应当按照下列情形分别处理：（一）原判认定事实和适用法律正确、量刑适当、诉讼程序合法的，应当裁定核准；（二）原判认定的某一具体事实或者引用的法律条款等存在瑕疵，但判处被告人死刑并无不当的，可以在纠正后作出核准的判决、裁定；（三）原判事实不清、证据不足的，应当裁定不予核准，并撤销原判，发回重新审判；（四）复核期间出现新的影响定罪量刑的事实、证据的，应当裁定不予核准，并撤销原判，发回重新审判；（五）原判认定事实正确、证据充分，但依法不应当判处死刑的，应当裁定不予核准，并撤销原判，发回重新审判；根据案件情况，必要时，也可以依法改判；（六）原审违反法定诉讼程序，可能影响

大咖点拨区

扫码听课

扫码听课

公正审判的，应当裁定不予核准，并撤销原判，发回重新审判。"

本案中，最高法院经复核后认为，爆炸罪判决事实不清、证据不足，针对此种情形应撤销原判，发回重审；故意杀人罪判决认定事实和适用法律正确，量刑适当，应裁定核准。

综上，C 项正确，ABD 错误。

5. 关于死刑复核程序，下列哪一选项是正确的？（2012－2－33，单）

A. 最高法院复核死刑案件，可以不讯问被告人

B. 最高法院复核死刑案件，应当听取辩护律师的意见

C. 在复核死刑案件过程中，最高检察院应当向最高法院提出意见

D. 最高法院应当将死刑复核结果通报最高检察院

【考点】最高法复核死刑案件应当讯问被告人、听取辩护律师或最高检意见的情形、死刑复核结果通报最高检

【解析】《刑事诉讼法》第 251 条规定："最高人民法院复核死刑案件，应当讯问被告人，辩护律师提出要求的，应当听取辩护律师的意见。在复核死刑案件过程中，最高人民检察院可以向最高人民法院提出意见。最高人民法院应当将死刑复核结果通报最高人民检察院。"

A 项，最高人民法院复核死刑案件"应当"讯问被告人，A 项错误。

B 项，辩护律师提出要求的，才应当听取辩护律师的意见，B 项错误。

C 项，最高人民检察院"可以"向最高人民法院提出意见，C 项错误。

D 项，符合法律规定，D 项正确。

综上所述，本题答案为 D。

6. 关于检察院办理死刑上诉、抗诉案件的开庭前审查程序，下列哪些说法是正确的？（2011－2－73，多）

A. 应当讯问被告人，听取被告人的上诉理由或者辩解

B. 应当听取辩护人的意见

C. 应当询问证人

D. 可以听取被害人的意见

【考点】检察院办理死刑上诉、抗诉案件进行的工作

【解析】《高检规则》第 450 条规定："人民检察院办理死刑上诉、抗诉案件，应当进行下列工作：（1）讯问原审被告人，听取原审被告人的上诉理由或者辩解；（2）听取辩护人的意见；（3）复核主要证据，必要时询问证人；（4）必要时补充收集证据；（5）对鉴定意见有疑问的，可以重新鉴定或者补充鉴定；（6）根据案件情况，可以听取被害人的意见。"

可见，A 项，属于上述第（1）项规定的情形，A 项正确。

B 项，属于上述第（2）项规定的情形，B 项正确。

C 项，根据上述第（3）项规定的情形，"复核主要证据，必要时询问证人"，并非"应当询问"，C 项错误。

D 项，属于上述第（6）项规定的情形，D 项正确。综上所述，本题答案为 A、B、D。

7. 被告人甲犯数罪被判死刑，甲向辩护人咨询死刑复核程序的有关情况，辩护人对此作出的下列哪一答复符合法律及司法解释的规定？（2010－2－37，单）

A. 应当调查甲的人际关系

B. 应当为甲指定辩护人

C. 应当审查甲犯罪的情节、后果及危害程度

D. 应当开庭审理并通知检察院派员出庭

【考点】复核死刑案件审查内容、法律援助辩护条件、复核死刑案件书面审理

【解析】《刑诉解释》第427条第1款规定："复核死刑、死刑缓期执行案件，应当全面审查以下内容：（1）被告人的年龄，被告人有无刑事责任能力、是否系怀孕的妇女；（2）原判认定的事实是否清楚，证据是否确实、充分；（3）犯罪情节、后果及危害程度；（4）原判适用法律是否正确，是否必须判处死刑，是否必须立即执行；（5）有无法定、酌定从重、从轻或者减轻处罚情节；（6）诉讼程序是否合法；（7）应当审查的其他情况。"

可见，C项审查犯罪情节、后果及危害程度符合上述第（3）项的规定，所以C项正确，A项，法律没有相关规定，错误。

B项，本题中，甲向辩护人咨询死刑复核程序的有关情况，说明甲已经委托了辩护人，因此不具备法律援助的条件，B项错误。

D项，《刑事诉讼法》第249条规定："最高人民法院复核死刑案件，高级人民法院复核死刑缓期执行的案件，应当由审判员3人组成合议庭进行。"《刑事诉讼法》第251条第2款规定："在复核死刑案件过程中，最高人民检察院可以向最高人民法院提出意见。最高人民法院应当将死刑复核结果通报最高人民检察院。"可见，最高人民法院复核死刑案件采取书面审理方式，不开庭审理，不会通知检察院派员出庭，所以D项错误。

综上所述，本题答案为C项。另外，请考生注意，"指定辩护"这一概念已经被现行《刑事诉讼法》替代为"法律援助辩护"。

8. 段某因贩卖毒品罪被市中级法院判处死刑立即执行，段某上诉后省高级法院维持了一审判决。最高法院复核后认为，原判认定事实清楚，但量刑过重，依法不应当判处死刑，不予核准，发回省高级法院重新审判。关于省高级法院重新审判，下列哪一选项是正确的？（2017-2-36，单）

A. 应另行组成合议庭

B. 应由审判员5人组成合议庭

C. 应开庭审理

D. 可直接改判死刑缓期2年执行，该判决为终审判决

【考点】死刑立即执行案件复核后发回重审的程序要求

【解析】根据《刑诉解释》第430条第1款的规定："最高人民法院裁定不予核准死刑的，根据案件情况，可以发回第二审人民法院或者第一审人民法院重新审判。"发回第一审人民法院重新审判的，应当开庭审理，发回第二审人民法院重新审判的，可以直接改判，只有必须通过开庭查清事实、核实证据或者纠正原审程序违法的，应当开庭审理。所以C错，D正确。依据《刑诉解释》第432条，最高人民法院裁定不予核准死刑，发回重新审判的案件，原审人民法院应当另行组成合议庭审理，但本解释第429条第4项、第5项规定的案件除外。即因复核期间出现新的影响定罪量刑的事实、证据，或因原判认定事实正确，但依法

不应当判处死刑，裁定不予核准，并撤销原判，发回重新审判的案件，原审人民法院可以不另行组成合议庭，所以 A 错。另最高人民法院裁定不予核准死刑的，根据案件情况，可以发回第二审，由审判员 3 人至 5 人组成合议庭进行，所以 B 选项错误。此题答案为 D。

9. 甲因犯故意杀人罪被 H 省 S 市中级法院判处死刑立即执行，甲未上诉，检察机关也未抗诉。最高人民法院经复核后认为，原判认定事实清楚，证据确实充分，但量刑过重，依法不应当判处死刑，不予核准，发回重审。关于本案的诉讼程序，下列说法错误的是？（2018 仿真题）

A. S 市中级法院判处死刑立即执行后，应当先报请 H 省高级法院复核后再报请最高法院核准

B. 最高人民法院发回 S 市中级法院重新审判的，S 市中级法院应当另行组成合议庭审理

C. 最高人民法院发回 S 市中级法院重新审判的，S 市中级法院应当开庭审理

D. S 市中级法院重新审判后，甲如果不服判决结果的，可以上诉

【考点】死刑立即执行案件复核后发回重审的程序要求

【解析】《刑诉解释》第 423 条第 1 款第（1）项规定："报请最高人民法院核准死刑案件，应当按照下列情形分别处理：（1）中级人民法院判处死刑的第一审案件，被告人未上诉、人民检察院未抗诉的，在上诉、抗诉期满后 10 日以内报请高级人民法院复核。高级人民法院同意判处死刑的，应当在作出裁定后 10 日以内报请最高人民法院核准；认为原判认定的某一具体事实或者引用的法律条款等存在瑕疵，但判处被告人死刑并无不当的，可以在纠正后作出核准的判决、裁定；不同意判处死刑的，应当依照第二审程序提审或者发回重新审判。"本案中，甲未上诉，检察机关也未抗诉，故在上诉、抗诉期满的 10 日以内，由 S 市中级法院报请 H 省高级法院复核后再报请最高法院核准，故 A 选项正确。

《刑诉解释》第 432 条规定，最高人民法院裁定不予核准死刑，发回重新审判的案件，原审人民法院应当另行组成合议庭审理，但本解释第 429 条第 4 项、第 5 项规定的案件除外。而该解释第 429 条第 4 项、第 5 项规定的内容是："（四）复核期间出现新的影响定罪量刑的事实、证据的，应当裁定不予核准，并撤销原判，发回重新审判；（五）原判认定事实正确、证据充分，但依法不应当判处死刑的，应当裁定不予核准，并撤销原判，发回重新审判；根据案件情况，必要时，也可以依法改判；"据此，原判认定事实正确，但依法不应当判处死刑发回重审的，原审人民法院可以不另行组成合议庭审理，故 B 选项错误。

《刑诉解释》第 430 条规定："最高人民法院裁定不予核准死刑的，根据案件情况，可以发回第二审人民法院或者第一审人民法院重新审判。对最高人民法院发回第二审人民法院重新审判的案件，第二审人民法院一般不得发回第一审人民法院重新审判。第一审人民法院重新审判的，应当开庭审理。第二审人民法院重新审判的，可以直接改判；必须通过开庭查清事实、核实证据或者纠正原审程序违法的，应当开庭审理。"本案中，S 市中级法院是本案一审法院，由其重审应当按照一审程序重新审判，故应当开庭审理，C 选项正确。

由于 S 市中院是本案一审法院，发回 S 市中级法院重新审判，S 市中院按照一审程序重审，重审后的判决是一审判决，故可以上诉，D 选项正确。

综上，本题答案为 B。

10. 甲因犯绑架罪被中级法院判处死刑立即执行，甲以量刑过重为由上诉，检察院未抗诉。高级法院裁定维持原判。关于本案的死刑复核程序，下列说法正确的是？（2020 仿真题）

A. 高级法院应先复核再报请最高法院核准

B. 最高法院复核本案的死刑立即执行判决，应当由审判员三人组成合议庭进行

C. 最高法院如认为原判决对甲的犯罪事实不清，证据不足，可以查清后核准死刑，也可以不予核准，发回重审

D. 最高法院复核本案的死刑立即执行判决，应当听取辩护律师的意见

【考点】死刑复核程序的报请复核、复核程序的合议庭、复核后的处理、复核程序听取辩方意见

【解析】A 项，根据《刑诉解释》第 423 条第 1 款规定，报请最高人民法院核准死刑的案件，应当按照下列情形分别处理：（1）中级人民法院判处死刑的第一审案件，被告人未上诉、人民检察院未抗诉的，在上诉、抗诉期满后 10 日以内报请高级人民法院复核。高级人民法院同意判处死刑的，应当在作出裁定后 10 日以内报请最高人民法院核准；认为原判认定的某一具体事实或者引用的法律条款等存在瑕疵，但判处被告人死刑并无不当的，可以在纠正后作出核准的判决、裁定；不同意判处死刑的，应当依照第二审程序提审或者发回重新审判；（2）中级人民法院判处死刑的第一审案件，被告人上诉或者人民检察院抗诉，高级人民法院裁定维持的，应当在作出裁定后 10 日以内报请最高人民法院核准；（3）高级人民法院判处死刑的第一审案件，被告人未上诉、人民检察院未抗诉的，应当在上诉、抗诉期满后 10 日以内报请最高人民法院核准。根据上述第（2）项，由于本案存在被告人上诉，高级法院应当在作出裁定后 10 日以内报请最高法院核准，不需要再自行复核。根据上述第（1）项，高级法院只有在被告人未上诉、检察院未抗诉的情形下才应当先自己复核再报请最高法院核准，故 A 项错误。

B 项，根据《刑事诉讼法》第 249 条规定，最高人民法院复核死刑案件，高级人民法院复核死刑缓期执行的案件，应当由审判员 3 人组成合议庭进行，故 B 项正确。

C 项，根据《刑诉解释》第 429 条规定，最高人民法院复核死刑案件，应当按照下列情形分别处理：（1）原判认定事实和适用法律正确、量刑适当、诉讼程序合法的，应当裁定核准；（2）原判认定的某一具体事实或者引用的法律条款等存在瑕疵，但判处被告人死刑并无不当的，可以在纠正后作出核准的判决、裁定；（3）原判事实不清、证据不足的，应当裁定不予核准，并撤销原判，发回重新审判；（4）复核期间出现新的影响定罪量刑的事实、证据的，应当裁定不予核准，并撤销原判，发回重新审判；（5）原判认定事实正确、证据充分，但依法不应当判处死刑的，应当裁定不予核准，并撤销原判，发回重新审判；根据案件情况，必要时，也可以依法改判；（6）原判违反法定诉讼程序，可能影响公正审判的，应当裁定不予核准，并撤销原判，发回重新审判。本案中，根据上述第（3）项，如最高法院认为原判决甲的犯罪事实不清，证据不足，应当裁定不予核准，并撤销原判，发回重新审判，而不能查清后核准死刑，故 C 项错误。另需注意的

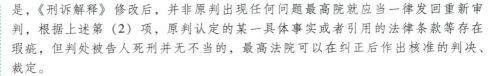

是，《刑诉解释》修改后，并非原判出现任何问题最高院就应当一律发回重新审判，根据上述第（2）项，原判认定的某一具体事实或者引用的法律条款等存在瑕疵，但判处被告人死刑并无不当的，最高法院可以在纠正后作出核准的判决、裁定。

D 项，根据《刑事诉讼法》第 251 条第 1 款的规定，最高人民法院复核死刑案件，应当讯问被告人，辩护律师提出要求的，应当听取辩护律师的意见。可见，只有辩护律师提出要求，最高法院才应当听取辩护律师的意见，我国刑诉法目前没有明确规定最高法院在死刑复核时应当主动听取辩护律师意见，故 D 项错误。

综上所述，本题答案为 B。

11. 张三、李四共同故意杀人案，第一审法院判处张三死刑，李四有期徒刑 10 年，张三和李四对被害人的近亲属赔偿人民币 10 万元。下列关于该案的说法，正确的是：（2021 仿真题，不定项）

A. 最高法院复核该案时，发现原判决引用法律条文有瑕疵，在纠正后核准张三的死刑

B. 若张三提出上诉，二审法院审理发现一审对李四判处的刑罚过轻，可对李四加重刑罚

C. 若张三以量刑过重为由上诉，二审法院发现附带民事判决不当，应当将刑事部分和附带民事部分一并审理

D. 李四在服刑期间因病申请暂予监外执行，由法院负责组织对其进行病情诊断

【考点】死刑复核程序、上诉不加刑、附带民事诉讼的二审、监外执行

【解析】依据《刑诉解释》第 429 条规定："最高人民法院复核死刑案件，应当按照下列情形分别处理：……（二）原判认定的某一具体事实或者引用的法律条款等存在瑕疵，但判处被告人死刑并无不当的，可以在纠正后作出核准的判决、裁定；……"故 A 项正确。

依据《刑诉解释》第 401 条规定："审理被告人或者其法定代理人、辩护人、近亲属提出上诉的案件，不得对被告人的刑罚作出实质不利的改判。并应当执行下列规定：（一）同案审理的案件，只有部分被告人上诉的，既不得加重上诉人的刑罚。也不得加重其他同案被告人的刑罚；……"本题 B 项中，只有张三提出上诉。二审法院既不得加重张三的刑罚，也不能加重李四的刑罚，故该项错误。

依据《刑诉解释》第 407 条规定："第二审人民法院审理对刑事部分提出上诉、抗诉，附带民事部分已经发生法律效力的案件，发现第一审判决、裁定中的附带民事部分确有错误的，应当依照审判监督程序对附带民事部分予以纠正。"本题项的错误在于，无需将刑事部分和附带民事部分一并审理。

依据全国人民代表大会常务委员会《关于〈中华人民共和国刑事诉讼法〉第二百五十四条第五款、第二百五十七条第二款的解释》规定："罪犯在被交付执行前，因有严重疾病、怀孕或者正在哺乳自己婴儿的妇女、生活不能自理的原因，依法提出暂予监外执行的申请的，有关病情诊断、妊娠检查和生活不能自理的鉴别，由人民法院负责组织进行。"本题 D 项中李四因病在交付执行后适用监外执行，则不适用该条文。不是由法院负责组织进行病情诊断，故 D 项表述不正

确。综上，本题的正确答案为 A 项。

二、死刑缓期二年执行案件的复核程序

1. 关于死刑缓期执行限制减刑案件的审理程序，下列哪一说法是正确的？（2011 - 2 - 36，单）

A. 对一审法院作出的限制减刑的判决，被告人的辩护人、近亲属可以独立提起上诉

B. 高级法院认为原判对被告人判处死刑缓期执行适当但限制减刑不当的，应当改判，撤销限制减刑

C. 最高法院复核死刑案件，认为可以判处死刑缓期执行并限制减刑的，可以裁定不予核准，发回重新审判

D. 最高法院复核死刑案件，认为对部分被告人应当适用死刑缓期执行的，如符合《刑法》限制减刑规定，应当裁定不予核准，发回重新审判

【考点】死刑缓期执行限制减刑案件的审理程序要求

【解析】最高人民法院《关于死刑缓期执行限制减刑案件审理程序若干问题的规定》第 2 条规定："被告人对第一审人民法院作出的限制减刑判决不服的，可以提出上诉。被告人的辩护人和近亲属，经被告人同意，也可以提出上诉。"可见，被告人的辩护人、近亲属没有独立的上诉权，A 项错误。

最高人民法院《关于死刑缓期执行限制减刑案件审理程序若干问题的规定》第 3 条规定："高级人民法院审理或者复核判处死刑缓期执行并限制减刑的案件，认为原判对被告人判处死刑缓期执行适当，但判决限制减刑不当的，应当改判，撤销限制减刑。"可见，B 项正确。

最高人民法院《关于死刑缓期执行限制减刑案件审理程序若干问题的规定》第 6 条规定，最高人民法院复核死刑案件，认为对被告人可以判处死刑缓期执行并限制减刑的，应当裁定不予核准，并撤销原判，发回重新审判。一案中 2 名以上被告人被判处死刑，最高人民法院复核后，对其中部分被告人改判死刑缓期执行的，如果符合刑法第 50 条第 2 款的规定，可以同时决定对其限制减刑。可知，C 项中应当是"应当"裁定不予核准而非"可以"裁定，D 项中应为"可以同时决定对其限制减刑"而非"裁定不予核准"，故，C、D 项错误。

综上所述，本题答案为 B。

2. 根据有关立法及司法解释的规定，对被判处死刑缓期执行的被告人可以同时决定对其限制减刑，因而涉及相关诉讼程序方面的问题。请回答下列问题：

（1）关于犯罪分子可以适用死刑缓期执行限制减刑的案件，下列选项正确的是：（2011 - 2 - 92，不定项）

A. 绑架案件　　　　　　　　　　B. 抢劫案件

C. 爆炸案件　　　　　　　　　　D. 有组织的暴力性案件

【考点】死刑缓期执行限制减刑案件的适用范围

【解析】最高人民法院《关于死刑缓期执行限制减刑案件审理程序若干问题的规定》第 1 条规定："根据刑法第 50 条第 2 款的规定，对被判处死刑缓期执行的累犯以及因故意杀人、强奸、抢劫、绑架、放火、爆炸、投放危险物质或者有组织的暴力性犯罪被判处死刑缓期执行的犯罪分子，人民法院根据犯罪情节、人

大咖点拨区

扫码听课

身危险性等情况，可以在作出裁判的同时决定对其限制减刑。"

可见，A、B、C、D四项均符合法律的规定，都正确。

（2）高级法院审理判处死刑缓期执行没有限制减刑的上诉案件，认为原判事实清楚、证据充分，但确有必要限制减刑的，下列处理程序正确的是：（2011－2－93，不定项）

A. 直接改判

B. 发回重新审判

C. 维持原判不再纠正

D. 二审判决、裁定生效后，按照审判监督程序重新审判

【考点】　死刑缓期执行限制减刑案件的程序要求、上诉不加刑

【解析】　最高人民法院《关于死刑缓期执行限制减刑案件审理程序若干问题的规定》第4条规定："高级人民法院审理判处死刑缓期执行没有限制减刑的上诉案件，认为原判事实清楚、证据充分，但应当限制减刑的，不得直接改判，也不得发回重新审判。确有必要限制减刑的，应当在第二审判决、裁定生效后，按照审判监督程序重新审判。高级人民法院复核判处死刑缓期执行没有限制减刑的案件，认为应当限制减刑的，不得以提高审级等方式对被告人限制减刑。"

《刑诉解释》第401条规定："审理被告人或者其法定代理人、辩护人、近亲属提出上诉的案件，不得对被告人的刑罚作出实质不利的改判，并应当执行下列规定：…（六）原判对被告人判处死刑缓期执行没有限制减刑、决定终身监禁的，不得限制减刑、决定终身监禁……"可见，根据上诉不加刑原则的要求，只有被告人一方上诉的案件，第二审人民法院不得加重被告人的刑罚。对于一审被告人判处死刑缓期执行没有限制减刑的，第二审人民法院不得限制减刑。如果认为确实需要改判，只能先维持原判让案件生效，然后再启动审判监督程序进行纠正。显然，只有D项符合法律规定，正确，A、B、C项错误。

综上所述，本题答案为D。

专题二十二　审判监督程序

一、审判监督程序的提起

(一) 申诉

1. 关于审判监督程序中的申诉, 下列哪一选项是正确的? (2015 - 2 - 39, 单)

A. 二审法院裁定准许撤回上诉的案件, 申诉人对一审判决提出的申诉, 应由一审法院审理

B. 上一级法院对未经终审法院审理的申诉, 应直接审理

C. 对经两级法院依照审判监督程序复查均驳回的申诉, 法院不再受理

D. 对死刑案件的申诉, 可由原核准的法院审查, 也可交由原审法院审查

【考点】法院对审判监督程序中申诉的审查处理或受理

【解析】根据《刑诉解释》第 453 条第 1 款的规定, 申诉由终审人民法院审查处理。但是, 第二审人民法院裁定准许撤回上诉的案件, 申诉人对第一审判决提出申诉的, 可以由第一审人民法院审查处理。可见, 是 "可以" 而非 "应当"。A 项错误。

第 453 条第 2 款, 上一级人民法院对未经终审人民法院审查处理的申诉, 可以告知申诉人向终审人民法院提出申诉, 或者直接交终审人民法院审查处理, 并告知申诉人; 案件疑难、复杂、重大的, 也可以直接审查处理。可见, 并非应当直接审理。B 项错误。

上级人民法院对经终审法院的上一级人民法院依照审判监督程序审理后维持原判或者经两级人民法院依照审判监督程序复查均驳回的申诉案件, 一般不予受理。但申诉人提出新的理由, 且符合法定申诉条件的, 以及刑事案件的原审被告人可能被宣告无罪的除外。可见, 还是有受理可能性的。C 项错误。

根据《刑诉解释》第 455 条的规定, 对死刑案件的申诉, 可以由原核准的人民法院直接审查处理, 也可以交由原审人民法院审查。D 项正确。

综上所述, 本题答案为 D。

2. 某检察院申诉接待室《申诉指引》中的下列哪些表述是正确的? (2011 - 2 - 75, 多)

A. 不服法院已经执行完毕的刑事判决、裁定的申诉, 由控告申诉检察部门办理

B. 被告人不服法院已经发生法律效力且尚在执行中的判决、裁定的申诉, 由监所检察部门办理

C. 不服法院死刑终审判决、裁定尚未执行的申诉, 由审查起诉部门办理

D. 被害人不服法院已经发生法律效力且尚在执行中的刑事判决、裁定的申诉, 由控告申诉检察部门办理

大咖点拨区

扫码听课

扫码听课

大咖点拨区

扫码听课

扫码听课

【考点】 检察院对申诉的处理

【解析】 司法部当时答案为A、B、C、D，根据现行法律无正确答案。《人民检察院办理刑事申诉案件规定》第16条规定，刑事申诉由控告申诉检察部门统一接收。注意，新规定此处用的是"接收"，而非"办理"。第17条规定，对受理的刑事申诉案件，控告申诉检察部门应当进行审查。第19条规定，控告申诉检察部门经审查，具有下列情形之一的，应当移送刑事检察部门办理：（1）原判决、裁定或者处理决定存在错误可能的；（2）不服人民检察院诉讼终结的刑事处理决定首次提出申诉的；（3）被害人及其法定代理人、近亲属、被不起诉人及其法定代理人、近亲属不服不起诉决定，在收到不起诉决定书后7日以内提出申诉的。由此观之，刑事申诉由控告申诉检察部门接收，由刑事检察部门办理，因此本题无正确答案。请考生注意，关于申诉的审查、处理，请以现行《刑事诉讼法》及相关司法解释中的规定为准。

3. 甲因盗窃罪被A市K区法院一审判处有期徒刑5年，甲提出上诉，A市中级法院二审裁定维持原判，驳回上诉。甲向A市中级法院提出申诉。下列关于申诉的说法，不正确的是：（2021仿真题，不定项）

A. 可以由甲的妻子申诉

B. A市中级法院不可以再指定K区法院对申诉进行审查

C. 法院对申诉立案后，对侦查人员提出的意见可召开听证会进行审查

D. 法院审查申诉时，可以听取甲及其辩护人的意见

【考点】 申诉的审查和处理

【解析】 依据《刑诉解释》第451条第1款规定："当事人及其法定代理人、近亲属对已经发生法律效力的判决、裁定提出申诉的，人民法院应当审查处理。"本题A项中，甲的妻子是甲的近亲属，可以由甲的妻子申诉。故A项正确。

依据《刑诉解释》第454条规定："最高人民法院或者上级人民法院可以指定终审人民法院以外的人民法院对申诉进行审查。被指定的人民法院审查后，应当制作审查报告，提出处理意见，层报最高人民法院或者上级人民法院审查处理。"本题的终审法院是K市中级法院，甲向A市中级法院提出申诉，A市中级法院可以指定K区法院对申诉进行审查。故B项不正确。

依据《刑诉解释》第456条规定："对立案审查的申诉案件，人民法院可以听取当事人和原办案单位的意见，也可以对原判据以定罪量刑的证据和新的证据进行核实。必要时，可以进行听证。"由此可见，C、D两项均正确。综上，本题的不正确答案为B项。

4. 甲、乙因诈骗罪被A市B区法院一审分别判处有期徒刑5年和3年，该判决生效4年后，在一次执法检查活动中，B区法院发现该案原判决认定事实有误，甲系为丙顶罪，且分担了乙部分实施的犯罪行为，B区法院对甲决定再审。关于该案的说法，正确的是：（2021仿真题，不定项）

A. B区法院再审中可对乙加重刑罚

B. B区法院应另行组成合议庭审理

C. B区法院再审时可对甲决定中止执行

D. B区检察院可对乙决定逮捕

【考点】 再审的审理程序

【解析】依据《刑诉解释》第469条规定："除人民检察院抗诉的以外，再审一般不得加重原审被告人的刑罚。再审决定书或者抗诉书只针对部分原审被告人的，不得加重其他同案原审被告人的刑罚。"本题中，区法院对甲决定再审，未对乙决定再审，因此，不得加重乙的刑罚。故A项错误。

依据《刑事诉讼法》第256条规定，人民法院按照审判监督程序重新审判的案件，由原审人民法院审理的，应当另行组成合议庭进行。故B项正确。

依据《刑诉解释》第464条规定，再审期间不停止原判决、裁定的执行，但被告人可能经再审改判无罪，或者可能经再审减轻原判刑罚而致刑期届满的，可以决定中止原判决、裁定的执行，必要时，可以对被告人采取取保候审、监视居住措施。本题中，甲可能经再审改判无罪，因此，法院可以决定对甲中止原判决的执行。故C项正确。

依据《刑事诉讼法》第257条第1款规定："人民法院决定再审的案件，需要对被告人采取强制措施的，由人民法院依法决定；人民检察院提出抗诉的再审案件，需要对被告人采取强制措施的，由人民检察院依法决定。"本题是由法院启动再审，故由法院决定对乙逮捕。故D项错误。综上，本题的正确答案为B、C两项。

（二）审判监督程序的启动

1. 王某因间谍罪被甲省乙市中级法院一审判处死刑，缓期二年执行。王某没有上诉，检察院没有抗诉。判决生效后，发现有新的证据证明原判决认定的事实确有错误。下列哪些机关有权对本案提起审判监督程序？（2017-2-75，多）

A. 乙市中级法院　　　　　　　B. 甲省高级法院

C. 甲省检察院　　　　　　　　D. 最高检察院

【考点】提起审判监督程序的主体

【解析】本题所涉及的是对死缓案件的审判监督程序的提起，而死缓案件的审判程序不同于非死刑案件。其特殊性在于，虽然经过一审程序没有发生上诉或抗诉，或者虽然已经过二审程序，已作出的裁判也不能生效，必须依法定程序经过省高院核准后裁判才能生效。即本题实质是对高院生效判决的审判监督，依据《刑诉解释》第460条："各级人民法院院长发现本院已经发生法律效力的判决、裁定确有错误的，应当提交审判委员会讨论决定是否再审。"《刑诉解释》第461条第1款："上级人民法院发现下级人民法院已经发生法律效力的判决、裁定确有错误的，可以指令下级人民法院再审；原判决、裁定认定事实正确但适用法律错误，或者案件疑难、复杂、重大，或者有不宜由原审人民法院审理情形的，也可以提审。"《高检规则》第597条："最高人民检察院发现各级人民法院已经发生法律效力的判决或者裁定，上级人民检察院发现下级人民法院已经发生法律效力的判决或者裁定确有错误时，可以直接向同级人民法院提出抗诉，或者指令作出生效判决、裁定人民法院的上一级人民检察院向同级人民法院提出抗诉。"

2. 甲因犯抢劫罪被市检察院提起公诉，经一审法院审理，判处死刑缓期二年执行。甲上诉，省高级法院核准死缓判决。根据审判监督程序规定，下列哪一做法是错误的？（2010-2-38，单）

A. 最高法院自行对该案重新审理，依法改判

B. 最高法院指令省高级法院再审

扫码听课

扫码听课

大咖点拨区

C. 最高检察院对该案向最高法院提出抗诉

D. 省检察院对该案向省高院提出抗诉

【考点】提起审判监督程序的主体

【解析】提起审判监督程序的主体包括：（1）作出生效裁判法院的院长和审判委员会。《刑事诉讼法》第254条第1款规定："各级人民法院院长对本院已经发生法律效力的判决和裁定，如果发现在认定事实上或者在适用法律上确有错误，必须提交审判委员会处理。"（2）最高人民法院和上级人民法院。《刑事诉讼法》第254条第2款规定："最高人民法院对各级人民法院已经发生法律效力的判决和裁定，上级人民法院对下级人民法院已经发生法律效力的判决和裁定，如果发现确有错误，有权提审或者指令下级人民法院再审。"（3）最高人民检察院和上级人民检察院。《刑事诉讼法》第254条第3款规定："最高人民检察院对各级人民法院已经发生法律效力的判决、裁定，上级人民检察院对下级人民法院已经发生法律效力的判决、裁定，如果发现确有错误，有权按照审判监督程序向同级人民法院提出抗诉。"

本题中，作出生效裁判的法院是省高级法院，提起审判监督程序的主体包括：省高级法院、最高人民检察院、最高人民法院。其中，最高人民法院有权提审或者指令下级人民法院再审。最高人民检察院有权向同级人民法院提出抗诉。故，A、B、C项正确，D项错误，与作出生效裁判法院同级的检察院没有再审抗诉权。

综上所述，本题答案为D。

3. 李鹏因实施诈骗行为被A市甲县公安机关立案侦查，后甲县检察院就本案向甲县法院提起公诉，法院经审理认为现有证据不能证明李鹏的行为构成诈骗，故判决李鹏无罪，判决生效10个月后，甲县检察院偶然间发现了新的证据足以证明李鹏构成诈骗。关于甲县检察院对本案的处理，下列哪一选项是正确的？（2019仿真题）

A. 向甲县法院再次提起公诉，要求追究李鹏诈骗罪的刑事责任

B. 以检察建议书的形式要求甲县法院纠正已生效的错误判决

C. 以甲县法院所作的无罪判决确有错误为由，向A市法院提起抗诉

D. 先向甲县法院发出检察建议要求撤销先前的无罪判决后，才能起诉李鹏构成诈骗罪

【考点】审判监督程序、检察建议

【解析】《高检规则》第591条："人民检察院认为人民法院已经发生法律效力的判决、裁定确有错误，具有下列情形之一的，应当按照审判监督程序向人民法院提出抗诉：（一）有新的证据证明原判决、裁定认定的事实确有错误，可能影响定罪量刑的。……经审查，认为有前款规定情形之一的，应当提请上一级人民检察院提出抗诉。"本案属于该条规定的第一种情形，因此，检察院应当按照该规定，通过抗诉来启动审判监督程序，进而纠正错误的生效判决。A项错误。

《人民检察院检察建议工作规定》第8条："人民检察院发现同级人民法院已经发生法律效力的判决、裁定具有法律规定的应当再审情形的，或者发现调解书损害国家利益、社会公共利益的，可以向同级人民法院提出再审检察建议。"据此，甲县检察院可以向同级人民法院即甲县法院发送再审检察建议书，以要求纠

扫码听课

正生效的错误判决。B 项正确。

甲县检察院应当提请上一级人民检察院进行抗诉，而不能自行向上级人民法院进行抗诉。C 项错误。

《人民检察院检察建议工作规定》第 5 条："检察建议主要包括以下类型：（一）再审检察建议；（二）纠正违法检察建议；（三）公益诉讼检察建议；（四）社会治理检察建议；（五）其他检察建议。"检察院无权通过检察建议直接要求撤销原判决，仅可要求启动再审程序。D 项错误。

综上，本题选择 B。

二、再审的程序

1. 最高人民法院《关于适用〈中华人民共和国刑事诉讼法〉的解释》第 469 条规定，除检察院抗诉的以外，再审一般不得加重原审被告人的刑罚。关于这一规定的理解，下列哪些选项是正确的？（2016－2－74，多）

A. 体现了刑事诉讼惩罚犯罪和保障人权基本理念的平衡

B. 体现了刑事诉讼具有追求实体真实与维护正当程序两方面的目的

C. 再审不加刑有例外，上诉不加刑也有例外

D. 审判监督程序的纠错功能决定了再审不加刑存在例外情形

【考点】再审一般不得加重刑罚的理解

【解析】启动再审是为了纠正原审错误，但再审却不能被轻易、频繁启动。因为，再审如果能够被轻易启动，尤其是为了加重被告人刑罚而启动，将会使我国的生效裁判的既判力降低，稳定性下降，有损司法权威。因此，一方面，我国应当秉持实事求是、有错必纠的精神，对于错误的案件坚决启动再审，打击犯罪。但另一方面，再审的启动不可随意，如果启动再审将会对被告人不利，应当尽可能贯彻"禁止双重危险"原则的要求，不启动审判监督程序，维护裁判的既判力，保障原审被告人合法诉讼权利，实现惩罚犯罪与保障人权的平衡。A 项正确。

启动再审，目的是纠正原裁判错误，体现了对实体真实的保障。而为了保护原审被告人的人权，不轻易启动再审，目的则是为了保障原审裁判的既判力，肯定原审的程序正当，从而体现了司法对于实体真实与正当程序的共同追求。B 项正确。

根据《刑诉解释》第 469 条规定，除检察院抗诉的以外，再审一般不得加重原审被告人的刑罚。所以说，再审不加刑可以有例外。但二审程序中，除了检察院抗诉或者自诉人上诉以外，对于仅有被告人一方上诉的案件，二审绝对不得加重被告人刑罚，从这个角度来看，上诉不加刑是没有例外的。C 项错误。

虽然要考虑正当程序，虽然要考虑人权保障，但缺失了惩罚犯罪和对实体真实的追求，一味地保障的司法系统注定是无法实现公平正义的。应当明确的是，审判监督程序的终极目的是纠错，在此基础上，再考虑是否需要平衡人权保障与程序正当。因此，再审不加刑虽然重要，但存在的例外恰好是对再审纠错目的的回归。D 项正确。

综上所述，本题应当选 A、B、D。

2. 关于审判监督程序，下列哪些选项是正确的？（2014－2－75，多）

A. 只有当事人及其法定代理人、近亲属才能对已经发生法律效力的裁判提出申诉

B. 原审法院依照审判监督程序重新审判的案件，应当另行组成合议庭

C. 对于依照审判监督程序重新审判后可能改判无罪的案件，可中止原判决、裁定的执行

D. 上级法院指令下级法院再审的，一般应当指令原审法院以外的下级法院审理

【考点】 申诉主体、审判监督程序重新审判的审判组织、再审效力、指令再审

【解析】《刑诉解释》第451条规定："当事人及其法定代理人、近亲属对已经发生法律效力的判决、裁定提出申诉的，人民法院应当审查处理。案外人认为已经发生法律效力的判决、裁定侵害其合法权益，提出申诉的，人民法院应当审查处理。申诉可以委托律师代为进行。"可见，案外人和律师也可以作为申诉主体。A项错误。

《刑事诉讼法》第256条第1款规定："人民法院按照审判监督程序重新审判的案件，由原审人民法院审理的，应当另行组成合议庭进行。如果原来是第一审案件，应当依照第一审程序进行审判，所作的判决、裁定，可以上诉、抗诉；如果原来是第二审案件，或者是上级人民法院提审的案件，应当依照第二审程序进行审判，所作的判决、裁定，是终审的判决、裁定。"可见，"原审法院依照审判监督程序重新审判的案件，应当另行组成合议庭"，B项正确。

《刑诉解释》第464条规定："对决定依照审判监督程序重新审判的案件，人民法院应当制作再审决定书。再审期间不停止原判决、裁定的执行，但被告人可能经再审改判无罪，或者可能经再审减轻原判刑罚而致刑期届满的，可以决定中止原判决、裁定的执行，必要时，可以对被告人采取取保候审、监视居住措施。"可见，C项正确。

《刑诉解释》第461条第2款规定："上级人民法院指令下级人民法院再审的，一般应当指令原审人民法院以外的下级人民法院审理；由原审人民法院审理更有利于查明案件事实、纠正裁判错误的，可以指令原审人民法院审理。"可见，D项正确。

综上所述，本题应当选B、C、D。

3. 法院就被告人"钱某"盗窃案作出一审判决，判决生效后检察院发现"钱某"并不姓钱，于是在确认其真实身份后向法院提出其冒用他人身份，但该案认定事实和适用法律正确。关于法院对此案的处理，下列哪一选项是正确的？（2013－2－40，单）

A. 可以建议检察院提出抗诉，通过审判监督程序加以改判

B. 可以自行启动审判监督程序加以改判

C. 可以撤销原判并建议检察机关重新起诉

D. 可以用裁定对判决书加以更正

【考点】 原判身份信息等错误时的更正

【解析】《刑诉解释》第473条规定："原判决、裁定认定被告人姓名等身份

信息有误，但认定事实和适用法律正确、量刑适当的，作出生效判决、裁定的人民法院可以通过裁定对有关信息予以更正。"

本题中，钱某的身份信息错误，但是案件认定事实和适用法律正确，法院对此可以通过裁定对有关信息进行予以更正。故，D项正确，A、B、C项错误。

综上所述，本题答案为D。

4. 关于审判监督程序，下列哪一选项是正确的？（2012-2-34，单）

A. 对于原判决事实不清楚或者证据不足的，应当指令下级法院再审

B. 上级法院指令下级法院再审的，应当指令原审法院以外的下级法院审理；由原审法院审理更为适宜的，也可以指令原审法院审理

C. 不论是否属于由检察院提起抗诉的再审案件，逮捕由检察院决定

D. 法院按照审判监督程序审判的案件，应当决定中止原判决、裁定的执行

【考点】审判监督程序的指令再审、审判监督程序中强制措施的决定主体、再审效力

【解析】《刑事诉讼法》第254条第4款规定："人民检察院抗诉的案件，接受抗诉的人民法院应当组成合议庭重新审理，对于原判决事实不清楚或者证据不足的，可以指令下级人民法院再审。"可见，对于原判决事实不清楚或者证据不足的，上级法院是"可以"而非"应当"指令下级法院再审，A项错误。

《刑事诉讼法》第255条规定："上级人民法院指令下级人民法院再审的，应当指令原审人民法院以外的下级人民法院审理；由原审人民法院审理更为适宜的，也可以指令原审人民法院审理。"可见，B项正确。

《刑事诉讼法》第257条规定："人民法院决定再审的案件，需要对被告人采取强制措施的，由人民法院依法决定；人民检察院提出抗诉的再审案件，需要对被告人采取强制措施的，由人民检察院依法决定。人民法院按照审判监督程序审判的案件，可以决定中止原判决、裁定的执行。"可知，强制措施应当由启动再审的主体来决定，只有检察院抗诉的，强制措施才由检察院决定，C项错误。同时，人民法院"可以"中止原判决、裁定的执行，不是"应当"，D项错误。

综上所述，本题答案为B。

5. 邢某因涉嫌强奸罪被判处有期徒刑。刑罚执行期间，邢某父母找到证人金某，证明案发时邢某正与金某在外开会，邢某父母提出申诉。法院对该案启动再审。关于原判决的执行，下列哪一说法是正确的？（2011-2-38，单）

A. 继续执行原判决

B. 由再审法院裁定中止执行原判决

C. 由再审法院决定中止执行原判决

D. 报省级法院决定中止原判决

【考点】审判监督程序原判决的中止执行

【解析】《刑事诉讼法》第257条第2款规定："人民法院按照审判监督程序审判的案件，可以决定中止原判决、裁定的执行。"

《刑诉解释》第464条规定："对决定依照审判监督程序重新审判的案件，人民法院应当制作再审决定书再审期间不停止原判决、裁定的执行，但被告人可能经再审改判无罪，或者可能经再审减轻原判刑罚而致刑期届满的，可以决定中止原判决、裁定的执行，必要时，可以对被告人采取取保候审、监视居住措施。"

本案中，法院启动了再审，并且理由是"邢某父母找到证人金某，证明案发时邢某正与金某在外开会"，这意味着邢某"可能经再审改判无罪"，这种情况下，可以中止原判决、裁定的执行。此外，"中止原判决、裁定的执行"应该使用"决定"而不是"裁定"，C项正确，A、B、D项错误。

综上所述，本题答案为C。

6. 关于审判监督程序，下列选项正确的是？（2020仿真题）

A. 当事人及其法定代理人、近亲属有权对已经发生效力的裁判提出申诉

B. 上级法院指令下级法院再审的，一般应当指令原审法院以外的下级法院审理；由原审法院审理更为适宜的，也可以指令原审法院审理

C. 被告人可能经再审改判无罪，或者可能经再审减轻原判刑罚而致刑期届满的，可以裁定中止原判决、裁定的执行

D. 不论是否属于由法院决定的再审案件，逮捕均由法院决定

【考点】申诉主体、再审管辖法院、审判监督程序中原裁判的中止执行以及审判监督程序中强制措施的适用

【解析】A项，《刑事诉讼法》第252条规定："当事人及其法定代理人、近亲属，对已经发生法律效力的判决、裁定，可以向人民法院或者人民检察院提出申诉，但是不能停止判决、裁定的执行。"可见，当事人及其法定代理人、近亲属有权对已经发生效力的裁判提出申诉，A项正确。

B项，《刑事诉讼法》第255条规定："上级人民法院指令下级人民法院再审的，应当指令原审人民法院以外的下级人民法院审理；由原审人民法院审理更为适宜的，也可以指令原审人民法院审理。"《刑诉解释》第461条第2款规定："上级人民法院指令下级人民法院再审的，一般应当指令原审人民法院以外的下级人民法院审理；由原审人民法院审理更有利于查明案件事实、纠正裁判错误的，可以指令原审人民法院审理。"可见，B项正确。

C项，依据《刑诉解释》第464条的规定："对决定依照审判监督程序重新审判的案件，人民法院应当制作再审决定书。再审期间不停止原判决、裁定的执行，但被告人可能经再审改判无罪，或者可能经再审减轻原判刑罚而致刑期届满的，可以决定中止原判决、裁定的执行，必要时，可以对被告人采取取保候审、监视居住措施。"可见，当被告人可能经再审改判无罪或可能经再审减轻原判刑罚而致刑期届满的，可以"决定"原判决、裁定的执行，而非"裁定"，故C项错误。

D项，依据《刑事诉讼法》第257第1款规定："人民法院决定再审的案件，需要对被告人采取强制措施的，由人民法院依法决定；人民检察院提出抗诉的再审案件，需要对被告人采取强制措施的，由人民检察院依法决定。"再审案件中，决定适用强制措施的主体因启动再审程序的主体不同而不同，法院决定再审的，则由法院决定采取强制措施；检察院抗诉的再审案件，则由检察院决定采取强制措施。可见，D项错误。

综上，本题正确答案为AB。

专题二十三　执　行

一、执行概述

（一）执行机关

关于生效裁判执行，下列哪一做法是正确的？（2016－2－40，单）

A. 甲被判处管制 1 年，由公安机关执行

B. 乙被判处有期徒刑 1 年宣告缓刑 2 年，由社区矫正机构执行

C. 丙被判处有期徒刑 1 年 6 个月，在被交付执行前，剩余刑期 5 个月，由看守所代为执行

D. 丁被判处 10 年有期徒刑并处没收财产，没收财产部分由公安机关执行

【考点】　生效裁判执行机关

【解析】　关于刑罚的执行机关，见下表：

执行机关	刑罚
法院	无罪免刑、死刑立即执行、罚金、没收财产
监狱	死缓、无期、有期（余刑 3 个月以下由看守所代为执行）
社区矫正机构	管制、缓刑、假释、暂予监外执行
公安机关	拘役（看守所）、剥夺政治权利等

可见，管制应当由社区矫正机构执行，A 项错误。缓刑由社区矫正机构执行，B 项正确。有期徒刑，余刑 5 个月，应当由监狱执行，C 项错误。没收财产应当由法院执行，D 项错误。

综上所述，本题答案为 B。

二、执行的种类

（一）死刑立即执行判决的执行

1. 赵某因绑架罪被甲省 A 市中级法院判处死刑缓期两年执行，后交付甲省 B 市监狱执行。死刑缓期执行期间，赵某脱逃至乙省 C 市实施抢劫被抓获，C 市中级法院一审以抢劫罪判处无期徒刑。赵某不服判决，向乙省高级法院上诉。乙省高级法院二审维持一审判决。此案最终经最高法院核准死刑立即执行。关于执行赵某死刑的法院，下列哪一选项是正确的？（2013－2－24，单）

A. A 市中级法院　　　　　　B. B 市中级法院

C. C 市中级法院　　　　　　D. 乙省高级法院

【考点】　死刑立即执行判决的执行机关

【解析】　《刑诉解释》第 499 条规定："最高人民法院的执行死刑命令，由高级人民法院交付第一审人民法院执行。第一审人民法院接到执行死刑命令后，应

当在 7 日以内执行。在死刑缓期执行期间故意犯罪，最高人民法院核准执行死刑的，由罪犯服刑地的中级人民法院执行。"

本案中，赵某被判处死刑缓期执行，交付甲省 B 市监狱执行，死刑缓期执行期间犯抢劫罪，最高法院核准死刑立即执行，应交由 B 市中级法院执行。故 B 项正确，A、C、D 项错误。

综上所述，本题答案为 B。

2. 关于最高人民法院裁定停止执行死刑后的处理，下列哪一选项是正确的？（2019 仿真题）

A. 确认张三怀有身孕的，应当裁定不予核准死刑，撤销原判，发回重审

B. 如果确认李四的死刑判决确有错误，需要改判的，应当改判

C. 王五因故意杀人罪被判处死刑，停止执行后确认其另犯有强奸罪需要追诉的，应对强奸罪作出判决后裁定继续执行死刑

D. 赵六确有重大立功表现，但经查明确认不影响原判决执行的，应当裁定继续执行死刑

【考点】停止执行死刑后的处理

【解析】《刑诉解释》第 504 条："最高人民法院对停止执行死刑的案件，应当按照下列情形分别处理：（一）确认罪犯怀孕的，应当改判；（二）确认罪犯有其他犯罪，依法应当追诉的，应当裁定不予核准死刑，撤销原判，发回重新审判；（三）确认原判决、裁定有错误或者罪犯有重大立功表现，需要改判的，应当裁定不予核准死刑，撤销原判，发回重新审判；（四）确认原判决、裁定没有错误，罪犯没有重大立功表现，或者重大立功表现不影响原判决、裁定执行的，应当裁定继续执行死刑，并由院长重新签发执行死刑的命令。"据此，A 选项中，对张三应当改判，A 选项错误；B 选项中，对李四应当裁定不予核准死刑，撤销原判，发回重审，B 选项错误；D 选项中，对赵六应当裁定继续执行死刑，并由院长重新签发执行死刑的命令，D 选项正确。

《刑诉解释》第 500 条第 1 款："下级人民法院在接到执行死刑命令后、执行前，发现有下列情形之一的，应当暂停执行，并立即将请求停止执行死刑的报告和相关材料层报最高人民法院：（一）罪犯可能有其他犯罪的；（二）共同犯罪的其他犯罪嫌疑人到案，可能影响罪犯量刑的；（三）共同犯罪的其他罪犯被暂停或者停止执行死刑，可能影响罪犯量刑的；（四）罪犯揭发重大犯罪事实或者有其他重大立功表现，可能需要改判的；（五）罪犯怀孕的；（六）判决、裁定可能有影响定罪量刑的其他错误的。"据此，C 选项中，对王五应当暂停执行，并立即将请求停止执行死刑的报告和相关材料层报最高人民法院，C 选项错误。

综上，本题选择 D。

（二）其他刑罚的执行

1. 甲纠集他人多次在市中心寻衅滋事，造成路人乙轻伤、丙的临街商铺严重受损。甲被起诉到法院后，乙和丙提起附带民事诉讼。法院判处甲有期徒刑 6 年，罚金 1 万元，赔偿乙医疗费 1 万元，赔偿丙财产损失 4 万元。判决生效交付执行后，查明甲除 1 辆汽车外无其他财产，且甲曾以该汽车抵押获取小额贷款，尚欠银行贷款 2.5 万元，银行主张优先受偿。法院以 8 万元的价格拍卖了甲的汽车。关于此 8 万元的执行顺序，下列哪一选项是正确的？（2017 - 2 - 37，单）

A. 医疗费→银行贷款→财产损失→罚金

B. 医疗费→财产损失→银行贷款→罚金

C. 银行贷款→医疗费→财产损失→罚金

D. 医疗费→财产损失→罚金→银行贷款

【考点】刑事裁判涉财产部分的执行顺序

【解析】依据最高人民法院《关于刑事裁判涉财产部分执行的若干规定》第13条："被执行人在执行中同时承担刑事责任、民事责任，其财产不足以支付的，按照下列顺序执行：（1）人身损害赔偿中的医疗费用；（2）退赔被害人的损失；（3）其他民事债务；（4）罚金；（5）没收财产。债权人对执行标的依法享有优先受偿权，其主张优先受偿的，人民法院应当在前款第（1）项规定的医疗费用受偿后，予以支持。"

综上，A 是应选答案。

2. 关于刑事裁判涉财产部分执行，下列哪一说法是正确的？（2015－2－40，单）

A. 对侦查机关查封、冻结、扣押的财产，法院执行时可直接裁定处置，无需侦查机关出具解除手续

B. 法院续行查封、冻结、扣押的顺位无需与侦查机关的顺位相同

C. 刑事裁判涉财产部分的裁判内容应明确具体，涉案财产和被害人均应在判决书主文中详细列明

D. 刑事裁判涉财产部分，应由与一审法院司级的财产所在地的法院执行

【考点】刑事裁判涉财产部分的执行

【解析】最高人民法院《关于刑事裁判涉财产部分执行的若干规定》第5条规定："刑事审判或者执行中，对于侦查机关已经采取的查封、扣押、冻结，人民法院应当在期限届满前及时续行查封、扣押、冻结。人民法院续行查封、扣押、冻结的顺位与侦查机关查封、扣押、冻结的顺位相同。对侦查机关查封、扣押、冻结的财产，人民法院执行中可以直接裁定处置，无需侦查机关出具解除手续，但裁定中应当指明侦查机关查封、扣押、冻结的事实。"根据该条文第2款规定，A项正确。根据第1款规定，人民法院续行查封、扣押、冻结的顺位与侦查机关查封、扣押、冻结的顺位相同。B项错误。

最高人民法院《关于刑事裁判涉财产部分执行的若干规定》第6条第1款规定："刑事裁判涉财产部分的裁判内容，应当明确、具体。涉案财物或者被害人人数较多，不宜在判决主文中详细列明的，可以概括叙明并另附清单。"可见，C项说"涉案财产和被害人均应在判决书主文中详细列明"错误。

最高人民法院《关于刑事裁判涉财产部分执行的若干规定》第2条规定："刑事裁判涉财产部分，由第一审人民法院执行。第一审人民法院可以委托财产所在地的同级人民法院执行。"可见，D项说"应由与一审法院同级的财产所在地的法院执行"错误。

综上所述，本题答案为 A。

3. 关于有期徒刑缓刑、拘役缓刑的执行，下列哪些选项是正确的？（2014－2－74，多）

A. 对宣告缓刑的罪犯，法院应当核实其居住地

大咖点拨区

B. 法院应当向罪犯及原所在单位或居住地群众宣布犯罪事实、期限及应遵守的规定

C. 罪犯在缓刑考验期内犯新罪应当撤销缓刑的，由原审法院作出裁定

D. 法院撤销缓刑的裁定，一经作出立即生效

【考点】 缓刑的执行、缓刑的撤销

【解析】《刑诉解释》第519条第1款规定："对被判处管制、宣告缓刑的罪犯，人民法院应当依法确定社区矫正执行地。社区矫正执行地为罪犯的居住地；罪犯在多个地方居住的，可以确定其经常居住地为执行地；罪犯的居住地、经常居住地无法确定或者不适宜执行社区矫正的，应当根据有利于罪犯接受矫正、更好地融入社会的原则，确定执行地。"可见对宣告缓刑的罪犯，法院应当确定社区矫正执行地，而非单纯的核实其居住地，A项错误。

《刑法》《刑事诉讼法》及相关司法解释中均没有类似规定，B项错误。

《刑诉解释》第542条规定："罪犯在缓刑、假释考验期限内犯新罪或者被发现在判决宣告前还有其他罪没有判决，应当撤销缓刑、假释的，由审判新罪的人民法院撤销原判决、裁定宣告的缓刑、假释，并书面通知原审人民法院和执行机关。"可见，应当由审判新罪的人民法院而不是由原审法院作出裁定。C项错误。

《刑诉解释》第545条规定："人民法院应当在收到社区矫正机构的撤销缓刑、假释建议书后30日以内作出裁定。撤销缓刑、假释的裁定一经作出，立即生效。"因此，D项正确。

综上所述，本题答案为D。当时司法部答案为AD，但注意法律规定修改后，A项错误。

4. 被告人王某故意杀人案经某市中级法院审理，认为案件事实清楚，证据确实、充分。请根据下列条件，回答第95～97题。

（1）如王某被判处死刑立即执行，下列选项正确的是：（2010－2－95，不定项）

A. 核准死刑立即执行的机关是最高法院

B. 签发死刑立即执行命令的是最高法院审判委员会

C. 王某由作出一审判决的法院执行

D. 王某由法院交由监狱或指定的羁押场所执行

【考点】 死刑立即执行判决核准机关、签发死刑执行命令主体、执行机关、执行场所

【解析】《刑事诉讼法》第246条规定："死刑由最高人民法院核准。"可见，A项正确。

《刑事诉讼法》第261条第1款规定："最高人民法院判处和核准的死刑立即执行的判决，应当由最高人民法院院长签发执行死刑的命令。"可见，死刑立即执行命令由审判委员会签发不正确，B项错误。

《刑诉解释》第499条第1款规定，最高人民法院的执行死刑命令，由高级人民法院交付第一审人民法院执行。第一审人民法院接到执行死刑命令后，应当在7日内执行。可见，C项正确。

《刑事诉讼法》第263条第3款规定："死刑可以在刑场或者指定的羁押场所内执行。"可见，"监狱"的表述不准确，D项错误。

扫码听课

综上所述，本题答案为 A、C。

（2）如王某被判处无期徒刑，附加剥夺政治权利，下列选项正确的是：（2010 - 2 - 96，不定项）

A. 无期徒刑的执行机关是监狱

B. 剥夺政治权利的执行机关是公安机关

C. 对王某应当剥夺政治权利终身

D. 如王某减刑为有期徒刑，剥夺政治权利的期限应改为十五年

【考点】无期徒刑、剥夺政治权利的执行

【解析】根据《刑事诉讼法》及相关司法解释的规定，在我国，执行机关包括人民法院、监狱、社区矫正机构和公安机关。

①人民法院：死刑立即执行、罚金、没收财产、无罪或者免除刑罚。

②监狱：死刑缓期二年执行、无期徒刑、有期徒刑（有期徒刑余刑在 3 个月以下的，由看守所代为执行）未成年犯监狱负责未成年犯被判处刑罚的执行。

③社区矫正机构：管制、缓刑、假释、暂予监外执行。

④公安机关：拘役（看书所）、剥夺政治权利等。

故，A、B 项正确。

《刑法》第 57 条第 1 款规定："对于被判处死刑、无期徒刑的犯罪分子，应当剥夺政治权利终身。"可知，C 项正确。

《刑法》第 57 条第 2 款规定："在死刑缓期执行减为有期徒刑或者无期徒刑减为有期徒刑的时候，应当把附加剥夺政治权利的期限改为 3 年以上 10 年以下。"可见，D 项错误。

综上所述，本题答案为 A、B、C。

（3）如王某被并处没收个人财产，关于本案财产刑的执行及赔偿、债务偿还，下列说法正确的是：（2010 - 2 - 97，不定项）

A. 财产刑由公安机关执行

B. 王某应先履行对提起附带民事诉讼的被害人的民事赔偿责任

C. 案外人对执行标的物提出异议的，法院立当裁定中止执行

D. 王某在案发前所负所有债务，经债权人请求先行予以偿还

【考点】刑事裁判涉财产部分的执行机关、财产刑执行顺序、执行异议

【解析】《刑事诉讼法》第 272 条规定："没收财产的判决，无论附加适用或者独立适用，都由人民法院执行；在必要的时候，可以会同公安机关执行。"可见，财产刑只能由法院执行，A 项错误。

《刑诉解释》第 527 条规定："被判处财产刑，同时又承担附带民事赔偿责任的被执行人，应当先履行民事赔偿责任。"

《刑法》第 60 条规定："没收财产以期犯罪分子所负的正当债务，需要以没收的财产偿还的，经债权人请求，应当偿还。"可见，B 项正确。并非所有债务都要偿还，仅限于正当债务，D 项错误。

《刑诉解释》第 528 条规定："执行刑事裁判涉财产部分、附带民事裁判过程中，当事人、利害关系人认为执行行为违反法律规定，或者案外人对被执行标的书面提出异议的，人民法院应当参照民事诉讼法的有关规定处理。"

《民事诉讼法》第 263 条第 1 款规定：有下列情形之一的，人民法院应当裁

定中止执行：（1）申请人表示可以延期执行的；（2）案外人对执行标的提出确有理由的异议的；（3）作为一方当事人的公民死亡，需要等待继承人继承权利或者承担义务的；（4）作为一方当事人的法人或者其他组织终止，尚未确定权利义务承受人的；（5）人民法院认为应当中止执行的其他情形。可见，案外人对标的物提出异议必须是书面提出，而且该异议确有理由，法院方可裁定中止执行，因此，C 项错误。

综上，本题 B 项正确。

5. 李某因涉嫌多次盗窃被检察院提起公诉。法院判处李某盗窃罪并对其盗窃所得的赃款赃物进行追缴。以下哪些赃款赃物依法应当予以追缴？（2018 仿真题）

A. 李某将盗窃所得的价值 100 万元却以 10 万元卖给古玩店的古董

B. 李某赠予其女友的价值 1 万元的金项链

C. 李某通过网络二手买卖平台将价值 8000 元而以 6000 元转卖他人的智能手机

D. 李某用于偿还赌债的 4 万元盗窃赃款

【考点】赃款赃物的追缴

【解析】《最高人民法院关于刑事裁判涉财产部分执行的若干规定》第 11 条规定，被执行人将刑事裁判认定为赃款赃物的涉案财物用于清偿债务、转让或者设置其他权利负担，具有下列情形之一的，人民法院应予追缴：（1）第三人明知是涉案财物而接受的；（2）第三人无偿或者以明显低于市场的价格取得涉案财物的；（3）第三人通过非法债务清偿或者违法犯罪活动取得涉案财物的；（4）第三人通过其他恶意方式取得涉案财物的。第三人善意取得涉案财物的，执行程序中不予追缴。作为原所有人的被害人对该涉案财物主张权利的，人民法院应当告知其通过诉讼程序处理。据此，A、B 两个选项属于"第三人无偿或者以明显低于市场的价格取得涉案财物的"，D 选项属于"第三人通过非法债务清偿或者违法犯罪活动取得涉案财物的"，应当予以追缴。而 C 选项，网络二手买卖平台转卖，属于"第三人善意取得涉案财物的"，不予追缴。

综上，本题答案为 A、B、D。

6. 周某因诈骗罪被 K 市北区公安局立案侦查，K 市北区公安局将其位于 K 市南区的一处房产查封，该房产此前已被银行抵押。周某被北区法院判处有期徒刑 3 年并处罚金。周某提出上诉。K 市中级法院裁定维持原判。关于该案执行程序的说法，正确的是：（2021 仿真题，不定项）

A. 北区公安局出具解封手续后，法院才可以处置该房产

B. 若银行主张优先受偿，应在退赔被害人损失后予以支持

C. 由 K 市中级法院处置该房产

D. 南区法院可受委托处置该房产

【考点】财产刑的执行程序

【解析】依据最高人民法院《关于刑事裁判涉财产部分执行的若干规定》第 5 条第 2 款规定："对侦查机关查封、扣押、冻结的财产，人民法院执行中可以直接裁定处置。无需侦查机关出具解除手续，但裁定中应当指明侦查机关查封、扣押、冻结的事实。"本题中，对侦查机关查封的房产，法院执行中可直接裁定处置，无需侦查机关出具解除手续。故 A 项错误。

依据最高人民法院《关于刑事裁判涉财产部分执行的若干规定》第13条规定："被执行人在执行中同时承担刑事责任、民事责任，其财产不足以支付的，按照下列顺序执行：（一）人身损害赔偿中的医疗费用；（二）退赔被害人的损失；（三）其他民事债务；（四）罚金；（五）没收财产债权人对执行标的依法享有优先受偿权，其主张优先受偿的，人民法院应当在前款第（一）项规定的医疗费用受偿后，予以支持。"本题中，银行的抵押权属于第三人的优先受偿权，其优先于退赔被害人损失，故 B 项错误。

依据最高人民法院《关于刑事裁判涉财产部分执行的若干规定》第 2 条规定："刑事裁判涉财产部分，由第一审人民法院执行。第一审人民法院可以委托财产所在地的同级人民法院执行。"本题中，财产刑由第一审法院执行，本案中的第一审法院是 K 市北区法院，故 C 项错误。被执行财产在外地的，第一审法院可委托财产所在地的同级法院执行，本案中的被执行财产在南区，所以，北区法院可以委托南区法院执行。故 D 项正确。综上，本题的正确答案为 D 项。

7. 黄某和李某因共同非法出售发票被 K 市公安局立案侦查，后被 K 市检察院提起公诉，法院经审理，判处黄某有期徒刑 3 年，李某管制 6 个月，并处罚金 1 万元。下列关于该案的说法，正确的是：（2021 仿真题，不定项）

A. K 市公安局提请 K 市检察院审查批捕，K 市检察院发现李某未满 16 周岁，K 市检察院做出不批准逮捕的决定，同时告知公安机关终止侦查

B. 若 K 市公安局对黄某取保候审，黄某缴纳保证金，由 K 市公安局将其保证金作为罚金予以执行

C. 若 K 市公安局对李某指定居所监视居住，指定居所监视居住 2 日折抵管制 1 日

D. 若 K 市公安局对李某指定居所监视居住，在特殊情况下，可以不在 K 市指定居所监视居住

【考点】取保候审、监视居住、逮捕和罚金刑的执行

【解析】依据《高检规则》第 287 条第 1 款和第 2 款规定："对于没有犯罪事实或者犯罪嫌疑人具有刑事诉讼法第十六条规定情形之一，人民检察院作出不批准逮捕决定的。应当同时告知公安机关撤销案件。对于有犯罪事实需要追究刑事责任，但不是被立案侦查的犯罪嫌疑人实施，或者共同犯罪案件中部分犯罪嫌疑人不负刑事责任，人民检察院作出不批准逮捕决定的，应当同时告知公安机关对有关犯罪嫌疑人终止侦查。"本题 A 项中李某未满 16 周岁，不需要追究刑事责任，但是黄某需要追究责任，故 K 市检察院对李某做出不批准逮捕的决定，同时告知公安机关终止侦查。故该项正确。

依据《刑事诉讼法》第 272 条的规定，罚金刑由法院执行，而不是公安机关执行，故 B 项不正确。

依据《刑事诉讼法》第 76 条规定："指定居所监视居住的期限应当折抵刑期。被判处管制的，监视居住一日折抵刑期一日；被判处拘役、有期徒刑的，监视居住二日折抵刑期一日。"故项中"指定居所监视居住 2 日折抵管制 1 日"这一表述是错误的。故 C 项不正确。

依据《公安部规定》第 112 条第 1 款规定："固定住处，是指被监视居住人在办案机关所在的市、县内生活的合法住处；指定的居所，是指公安机关根据案

大咖点拨区

扫码听课

件情况，在办案机关所在的市、县内为被监视居住人指定的生活居所。"本题的办案机关是 K 市，故 D 项的错误在于，不能在 K 市以外的地方对李某指定居所监视居住。综上，本题的正确答案为 A 项。

三、执行的变更程序

（一）减刑、假释

1. 关于减刑、假释案件审理程序，下列哪一选项是正确的？（2015－2－41，单）

A. 甲因抢劫罪和绑架罪被法院决定执行有期徒刑 20 年，对甲的减刑，应由其服刑地高级法院作出裁定

B. 乙因检举他人重大犯罪活动被报请减刑的，法院应通知乙参加减刑庭审

C. 丙因受贿罪被判处有期徒刑 5 年，对丙的假释，可书面审理，但必须提讯丙

D. 丁因强奸罪被判处无期徒刑，对丁的减刑，可聘请律师到庭发表意见

【考点】减刑、假释案件审理程序管辖法院、参加庭审、开庭审理情形

【解析】最高人民法院《关于减刑、假释案件审理程序的规定》第 1 条第 1 款第 3 项规定："对被判处有期徒刑和被减为有期徒刑的罪犯的减刑、假释，由罪犯服刑地的中级人民法院在收到执行机关提出的减刑、假释建议书后 1 个月内作出裁定，案情复杂或者情况特殊的，可以延长 1 个月。" A 项错在高院。

最高人民法院《关于减刑、假释案件审理程序的规定》第 7 条第 1 款规定："人民法院开庭审理减刑、假释案件，应当通知人民检察院、执行机关及被报请减刑、假释罪犯参加庭审。"可见，乙作为被报请减刑的罪犯，应当通知到庭，B 项正确。

最高人民法院《关于减刑、假释案件审理程序的规定》第 6 条规定：人民法院审理减刑、假释案件，可以采取开庭审理或者书面审理的方式。但下列减刑、假释案件，应当开庭审理：（1）因罪犯有重大立功表现报请减刑的；（2）报请减刑的起始时间、间隔时间或者减刑幅度不符合司法解释一般规定的；（3）公示期间收到不同意见的；（4）人民检察院有异议的；（5）被报请减刑、假释罪犯系职务犯罪罪犯，组织（领导、参加、包庇、纵容）黑社会性质组织犯罪罪犯，破坏金融管理秩序和金融诈骗犯罪罪犯及其他在社会上有重大影响或社会关注度高的；（6）人民法院认为其他应当开庭审理的。C 项中，丙因受贿罪被判处有期徒刑 5 年属于职务犯罪，根据该条第（5）项对丙的假释，应当开庭审理，不能书面审理。C 项错误。

律师无论是担任辩护人还是申诉代理人，活动阶段一般在侦查、起诉和审判阶段。减刑、假释案件的审理程序并非真正的审判程序，而是属于执行程序。在这一程序中，由执行机关提出减刑、假释的建议，由法院审理，由检察院监督，没有律师存在的空间。故，D 项说"可聘请律师到庭发表意见"错误。

综上所述，本题答案为 B。

2. 甲因贷款诈骗罪被判处有期徒刑 12 年，在 D 市监狱服刑。服刑期间认真遵守监规，接受教育改造，确有悔改表现，在刑罚执行 4 年后，D 市监狱向 D 市中级人民法院提出减刑建议书。关于本案的减刑程序，下列说法正确的是？

（2018仿真题）

  A. D市中级人民法院审理本案可以书面审理

  B. D市中级人民法院可由审判员李某一人独任审判

  C. 在审理过程中，甲对报请理由有疑问的，在经审判长许可后可以申请能够证明其有悔改表现的证人乙出庭作证

  D. D市中级人民法院受理本案的，应当由甲提供其确有悔改表现的具体事实的书面证明材料

  【考点】减刑程序开庭审理情形、减刑程序审判组织、减刑程序中向特定人员的提问、减刑程序审查材料

  【解析】最高人民法院《关于减刑、假释案件审理程序的规定》第6条规定，人民法院审理减刑、假释案件，可以采取开庭审理或者书面审理的方式。但下列减刑、假释案件，应当开庭审理：（1）因罪犯有重大立功表现报请减刑的；（2）报请减刑的起始时间、间隔时间或者减刑幅度不符合司法解释一般规定的；（3）公示期间收到不同意见的；（4）人民检察院有异议的；（5）被报请减刑、假释罪犯系职务犯罪罪犯，组织（领导、参加、包庇、纵容）黑社会性质组织犯罪罪犯，破坏金融管理秩序和金融诈骗犯罪罪犯及其他在社会上有重大影响或社会关注度高的；（6）人民法院认为其他应当开庭审理的。本案中，甲所犯的贷款诈骗罪属于金融诈骗犯罪，应当开庭审理，故A选项错误。

  《刑诉解释》第538条规定："审理减刑、假释案件，应当组成合议庭，可以采用书面审理的方式，但下列案件应当开庭审理：（一）因罪犯有重大立功表现提请减刑的；（二）提请减刑的起始时间、间隔时间或者减刑幅度不符合一般规定的；（三）被提请减刑、假释罪犯系职务犯罪罪犯，组织、领导、参加、包庇、纵容黑社会性质组织罪犯，破坏金融管理秩序罪犯或者金融诈骗罪犯的；（四）社会影响重大或者社会关注度高的；（五）公示期间收到不同意见的；（六）人民检察院提出异议的；（七）有必要开庭审理的其他案件。"据此，法院审理减刑、假释案件不能独任审判，故B选项错误。

  最高人民法院《关于减刑、假释案件审理程序的规定》第11条第2款规定："庭审过程中，检察人员对报请理由有疑问的，在经审判长许可后，可以出示证据，申请证人到庭，向被报请减刑、假释罪犯及证人提问并发表意见。被报请减刑、假释罪犯对报请理由有疑问的，在经审判长许可后，可以出示证据，申请证人到庭，向证人提问并发表意见。"据此，经审判长许可后，甲也可以申请证人到庭，故C选项正确。

  《刑诉解释》第535条规定："受理减刑、假释案件，应当审查执行机关移送的材料是否包括下列内容：（一）减刑、假释建议书；（二）原审法院的裁判文书、执行通知书、历次减刑裁定书的复制件；（三）证明罪犯确有悔改、立功或者重大立功表现具体事实的书面材料；（四）罪犯评审鉴定表、奖惩审批表等；（五）罪犯假释后对所居住社区影响的调查评估报告；（六）刑事裁判涉财产部分、附带民事裁判的执行、履行情况；（七）根据案件情况需要移送的其他材料。人民检察院对报请减刑、假释案件提出意见的，执行机关应当一并移送受理减刑、假释案件的人民法院。经审查，材料不全的，应当通知提请减刑、假释的执行机关在3日以内补送；逾期未补送的，不予立案。"据此，不是由罪犯甲提供

证明材料，而是由监狱提供证明材料，故 D 选项错误。综上，本题答案为 C。

3. 甲涉嫌非法吸收公众存款罪被判处有期徒刑 7 年，服刑 2 年内积极退赃退赔，执行机关依法向法院提出减刑建议，下列关于法院审理该减刑案件的程序的说法，正确的是：（2021 仿真题，不定项）

A. 可在服刑的监狱开庭审理

B. 甲承担减刑的证明责任

C. 甲积极退赃退赔，可认定有悔改表现，在减刑时从宽掌握

D. 可以书面审理

【考点】减刑的审理程序

【解析】依据《刑诉解释》第 538 条规定："审理减刑、假释案件，应当组成合议庭，可以采用书面审理的方式，但下列案件应当开庭审理：（一）因罪犯有重大立功表现提请减刑的；（二）提请减刑的起始时间、间隔时间或者减刑幅度不符合一般规定的；（三）被提请减刑、假释罪犯系职务犯罪罪犯，组织、领导、参加、包庇、纵容黑社会性质组织罪犯，破坏金融管理秩序罪犯或者金融诈骗罪犯的；（四）社会影响重大或者社会关注度高的；（五）公示期间收到不同意见的；（六）人民检察院提出异议的；（七）有必要开庭审理的其他案件。"本题中，甲涉嫌的是非法吸收公众存款罪，该罪属于破坏金融管理秩序罪犯，故该减刑案件属于该条第（三）项规定的情形，应当开庭审理，不得书面审理。因此，D 项错误。

依据最高人民法院《关于减刑、假释案件审理程序的规定》第 8 条第 1 款规定："开庭审理应当在罪犯刑罚执行场所或者人民法院确定的场所进行。有条件的人民法院可以采取视频开庭的方式进行。"所以，本题 A 项中的"可在服刑的监狱开庭审理"，是正确的。

B 项的错误在于，不是由罪犯甲承担减刑的证明责任，而是由执行机关即监狱承担减刑的证明责任。

依据《刑诉解释》第 536 条规定："审理减刑、假释案件，对罪犯积极履行刑事裁判涉财产部分、附带民事裁判确定的义务的，可以认定有悔改表现，在减刑、假释时从宽掌握；对确有履行能力而不履行或者不全部履行的，在减刑、假释时从严掌握。"故 C 项正确。综上，本题的正确答案为 A、C 两项。

（二）暂予监外执行

1. 张某居住于甲市 A 区，曾任甲市 B 区某局局长，因受贿罪被 B 区法院判处有期徒刑 5 年，执行期间突发严重疾病而被决定暂予监外执行。张某在监外执行期间违反规定，被决定收监执行。关于本案，下列哪一选项是正确的？（2017 - 2 - 38，单）

A. 暂予监外执行由 A 区法院决定

B. 暂予监外执行由 B 区法院决定

C. 暂予监外执行期间由 A 区司法行政机关实行社区矫正

D. 收监执行由 B 区法院决定

【考点】暂予监外执行的决定主体、收监执行的决定主体、社区矫正

【解析】依据《刑事诉讼法》第 265 条第 5 款："在交付执行前，暂予监外执行由交付执行的人民法院决定；在交付执行后，暂予监外执行由监狱或者看守所

提出书面意见，报省级以上监狱管理机关或者设区的市一级以上公安机关批准。"本题张某在送交执行后采取监外执行的，理应由监狱决定，如违反规定收监也应由监狱决定，所以 ABD 都不正确。依据《刑事诉讼法》第 269 条的规定："对被判处管制、宣告缓刑、假释或者暂予监外执行的罪犯，依法实行社区矫正，由社区矫正机构负责执行。"依据《刑诉解释》第 519 条第 1 款规定："对被判处管制、宣告缓刑的罪犯，人民法院应当依法确定社区矫正执行地。社区矫正执行地为罪犯的居住地；罪犯在多个地方居住的，可以确定其经常居住地为执行地；罪犯的居住地、经常居住地无法确定或者不适宜执行社区矫正的，应当根据有利于罪犯接受矫正、更好地融入社会的原则，确定执行地。"A 区为其居住地，即 A 区为社区矫正执行地，所以本题 C 正确。

2. 钱某涉嫌纵火罪被提起公诉，在法庭审理过程中被诊断患严重疾病，法院判处其有期徒刑 8 年，同时决定予以监外执行。下列哪一选项是错误的？（2014－2－26，单）

　　A. 决定监外执行时应当将暂予监外执行决定抄送检察院

　　B. 钱某监外执行期间，应当对其实行社区矫正

　　C. 如钱某拒不报告行踪、脱离监管，应当予以收监

　　D. 如法院作出收监决定，钱某不服，可向上一级法院申请复议

【考点】暂予监外执行决定作出前征求意见、社区矫正、收监情形

【解析】《刑诉解释》第 515 条第 1 款和第 2 款规定：被判处无期徒刑、有期徒刑或者拘役的罪犯，符合刑事诉讼法第 265 条第 1 款、第 2 款的规定，人民法院决定暂予监外执行的，应当制作暂予监外执行决定书，写明罪犯基本情况、判决确定的罪名和刑罚、决定暂予监外执行的原因、依据等。人民法院在作出暂予监外执行决定前，应当征求人民检察院的意见。可见，法律规定的是法院在作出暂予监外执行决定前征求检察院的意见，并未规定"决定监外执行时将暂予见外执行决定抄送检察院"，A 项错误。

《刑事诉讼法》第 269 条规定："对被判处管制、宣告缓刑、假释或者暂予监外执行的罪犯，依法实行社区矫正，由社区矫正机构负责执行。"故"钱某监外执行期间，应当对其实行社区矫正"，B 项正确。

《刑诉解释》第 516 条规定：人民法院收到社区矫正机构的收监执行建议书后，经审查，确认暂予监外执行的罪犯具有下列情形之一的，应当作出收监执行的决定：（1）不符合暂予监外执行条件的；（2）未经批准离开所居住的市、县，经警告拒不改正，或者拒不报告行踪，脱离监管的；（3）因违反监督管理规定受到治安管理处罚，仍不改正的；（4）受到执行机关两次警告，仍不改正的；（5）保外就医期间不按规定提交病情复查情况，经警告拒不改正的；（6）暂予监外执行的情形消失后，刑期未满的；（7）保证人丧失保证条件或者因不履行义务被取消保证人资格，不能在规定期限内提出新的保证人的；（8）违反法律、行政法规和监督管理规定，情节严重的其他情形。可见，根据该条第（2）项的规定，C 项正确。

《刑事诉讼法》及相关司法解释没有关于被法院作出收监决定人不服的救济方式。故，谈不上"向上一级法院申请复议"，D 项错误。

综上所述，本题答案为 AD。注意，当时司法部答案为 D，法律修订以后，A

项表述也存在错误。

3. 下列哪一选项是2012年《刑事诉讼法修正案》新增加的规定内容？（2012 – 2 – 35，单）

A. 怀孕或者正在哺乳自己婴儿的妇女可以暂予监外执行

B. 监狱、看守所提出暂予监外执行的书面意见的，应当将书面意见的副本抄送检察院

C. 决定或者批准暂予监外执行的机关应当将暂予监外执行决定抄送检察院

D. 检察院认为暂予监外执行不当的，应当在法定期间内将书面意见送交决定或者批准暂予监外执行的机关

【考点】2012年《刑事诉讼法》新增内容、暂予监外执行

【解析】《刑事诉讼法》第255条（现为第266条）规定："监狱、看守所提出暂予监外执行的书面意见的，应当将书面意见的副本抄送人民检察院。人民检察院可以向决定或者批准机关提出书面意见。"该条是2012年《刑事诉讼法修正案》新增加的内容，B项正确。A、C、D项不是新增内容。

需要考生注意一下A项，1996年《刑事诉讼法》中规定了对于被判处拘役或者有期徒刑的罪犯，如果是怀孕或者哺乳状态，可以暂予监外执行。现行《刑事诉讼法》对此没有进行改动，但增加了另外一种情形，根据《刑事诉讼法》第254条（现为第265条）第2款的规定，对被判处无期徒刑的罪犯，如果是怀孕或者哺乳状态的，可以暂予监外执行。简言之，对于怀孕或者哺乳的妇女罪犯，被判处拘役、有期、无期都可以暂予监外执行。

综上所述，本题答案为B。

4. 在刑事诉讼执行程序中，下列情形中可以暂予监外执行的是？（2020仿真题）

A. 被判处无期徒刑的女罪犯张某，被发现服刑时怀有身孕

B. 被判处有期徒刑10年的罪犯王某，在狱中自杀未遂，致使生活不能自理

C. 被判处有期徒刑5年的罪犯李某患有严重疾病需要保外就医

D. 被判处无期徒刑的女罪犯赵某，生活不能自理，适用暂予监外执行不致危害社会的

【考点】暂予监外执行的适用条件

【解析】依据《刑事诉讼法》第265条第1~3款的规定：对被判处有期徒刑或者拘役的罪犯，有下列情形之一的，可以暂予监外执行：（1）有严重疾病需要保外就医的；（2）怀孕或者正在哺乳自己婴儿的妇女；（3）生活不能自理，适用暂予监外执行不致危害社会的。对被判处无期徒刑的罪犯，有前款第2项规定情形的，可以暂予监外执行。对适用保外就医可能有社会危险性的罪犯，或者自伤自残的罪犯，不得保外就医。可见，A项张某被判处无期徒刑，但怀有身孕，符合暂予监外执行的条件，A项正确。B项王某被判处有期徒刑，虽生活不能自理，但系自杀所致，属于自伤自残的罪犯，不得保外就医，B项错误。C项李某被判有期徒刑，但患有严重疾病需要保外就医，符合暂予监外执行条件，C项正确。D项赵某被判处无期徒刑，无期徒刑罪犯暂予监外执行的条件仅有怀孕或正在哺乳自己婴儿的妇女，赵某不符合暂予监外执行条件，D项错误。

综上，本题正确答案为AC。

5. 居住于 A 市的张三、李四共同诈骗。张三在侦查阶段，被监视居住。法院经审理分别判处张三、李四有期徒刑 5 年、3 年。李四因怀孕，在交付执行前，被监外执行。下列关于该案诉讼程序的表述，正确的是：（2021 仿真题，不定项）

A. 可以对张三指定居所监视居住

B. 张三应当将护照交公安机关保存

C. 对李四的监外执行，由法院决定

D. 李四在监外执行期间死亡，应当及时通知监狱

【考点】监视居住、监外执行

【解析】依据《刑事诉讼法》第 75 条第 1 款规定："监视居住应当在犯罪嫌疑人、被告人的住处执行；无固定住处的，可以在指定的居所执行。对于涉嫌危害国家安全犯罪、恐怖活动犯罪，在住处执行可能有碍侦查的，经上一级公安机关批准，也可以在指定的居所执行。"本题中张三涉嫌的是诈骗罪，该罪不属于危害国家安全犯罪、恐怖活动犯罪，而且张三有固定住处，故不得对张三指定居所监视居住。A 项表述不正确。

依据《刑事诉讼法》第 77 条第 1 款规定："被监视居住的犯罪嫌疑人、被告人应当遵守以下规定：（一）未经执行机关批准不得离开执行监视居住的处所；（二）未经执行机关批准不得会见他人或者通信；（三）在传讯的时候及时到案；（四）不得以任何形式干扰证人作证；（五）不得毁灭、伪造证据或者串供；（六）将护照等出入境证件、身份证件、驾驶证件交执行机关保存。"本题 B 项符合该条第（六）项的规定，被监视居住人张三应当将护照交公安机关保存，故 B 项正确。

依据《刑事诉讼法》第 265 条第 5 款规定："在交付执行前，暂予监外执行由交付执行的人民法院决定；在交付执行后，暂予监外执行由监狱或者看守所提出书面意见，报省级以上监狱管理机关或者设区的市一级以上公安机关批准。"本题中，李四在交付执行前被监外执行，该监外执行由法院决定，故 C 项正确。

依据《刑事诉讼法》第 268 条第 4 款规定："罪犯在暂予监外执行期间死亡的，执行机关应当及时通知监狱或者看守所。"故 D 项正确。综上，本题的正确答案为 B、C、D 三项。

专题二十四　特别程序

一、未成年人刑事案件诉讼程序

1. 未成年人小周涉嫌故意伤害被取保候审，A县检察院审查起诉后决定对其适用附条件不起诉，监督考察期限为6个月。关于本案处理，下列哪一选项是正确的？（2017-2-39，单）

A. 作出附条件不起诉决定后，应释放小周

B. 本案审查起诉期限自作出附条件不起诉决定之日起中止

C. 监督考察期间，如小周经批准迁居B县继续上学，改由B县检察院负责监督考察

D. 监督考察期间，如小周严格遵守各项规定，表现优异，可将考察期限缩短为5个月

【考点】附条件不起诉适用程序、附条件不起诉的考验

【解析】依据《办理未成年人刑事案件的规定》第40条第1款："人民检察院决定附条件不起诉的，应当确定考验期。考验期为六个月以上一年以下，从人民检察院作出附条件不起诉的决定之日起计算。考验期不计入案件审查起诉期限。"故B项正确。

依据《办理未成年人刑事案件的规定》第44条："未成年犯罪嫌疑人经批准离开所居住的市、县或者迁居，作出附条件不起诉决定的人民检察院可以要求迁入地的人民检察院协助进行考察，并将考察结果函告作出附条件不起诉决定的人民检察院。"故C项错误。

根据《办理未成年人刑事案件的规定》第40条第2款的规定："考验期的长短应当与未成年犯罪嫌疑人所犯罪行的轻重、主观恶性的大小和人身危险性的大小、一贯表现及帮教条件等相适应，根据未成年犯罪嫌疑人在考验期的表现，可以在法定期限范围内适当缩短或者延长。"所以D项将考察期限缩短为5个月错误。

依据《高检规则》第474条第1款："在附条件不起诉的考验期内，由人民检察院对被附条件不起诉的未成年犯罪嫌疑人进行监督考察。人民检察院应当要求未成年犯罪嫌疑人的监护人对未成年犯罪嫌疑人加强管教，配合人民检察院做好监督考察工作。"A项中将作出附条件不起诉决定后，应释放小周做法错误，不选。

综上，此题答案为B。

2. 未成年人小天因涉嫌盗窃被检察院适用附条件不起诉。关于附条件不起诉可以附带的条件，下列哪些选项是正确的？（2016-2-75，多）

A. 完成一个疗程四次的心理辅导

B. 每周参加一次公益劳动

C. 每个月向检察官报告日常花销和交友情况

D. 不得离开所居住的县

【考点】附条件不起诉考验内容

【解析】《办理未成年人刑事案件的规定》第41条规定：被附条件不起诉的未成年犯罪嫌疑人，应当遵守下列规定：（1）遵守法律法规，服从监督；（2）按照考察机关的规定报告自己的活动情况；（3）离开所居住的市、县或者迁居，应当报经考察机关批准；（4）按照考察机关的要求接受矫治和教育。《办理未成年人刑事案件的规定》第42条规定：人民检察院可以要求被附条件不起诉的未成年犯罪嫌疑人接受下列矫治和教育：（1）完成戒瘾治疗、心理辅导或者其他适当的处遇措施；（2）向社区或者公益团体提供公益劳动；（3）不得进入特定场所，与特定的人员会见或者通信，从事特定的活动；（4）向被害人赔偿损失、赔礼道歉等；（5）接受相关教育；（6）遵守其他保护被害人安全以及预防再犯的禁止性规定。可见，A项属于上述第42条第（1）项规定的情形，正确。B项属于上述第42条第（2）项规定的情形，正确。C项属于上述第41条第（2）项规定的情形，正确。D项没有法律根据，错误。综上所述，本题答案为A、B、C。

3. 律师邹某受法律援助机构指派，担任未成年人陈某的辩护人。关于邹某的权利，下列哪些说法是正确的？（2015－2－73，多）

A. 可调查陈某的成长经历、犯罪原因、监护教育等情况，并提交给法院

B. 可反对法院对该案适用简易程序，法院因此只能采用普通程序审理

C. 可在陈某最后陈述后进行补充陈述

D. 可在有罪判决宣告后，受法庭邀请参与对陈某的法庭教育

【考点】未成年人刑事案件辩护权内容

【解析】《刑诉解释》第568条第1款的规定："对人民检察院移送的关于未成年被告人性格特点、家庭情况、社会交往、成长经历、犯罪原因、犯罪前后的表现、监护教育等情况的调查报告，以及辩护人提交的反映未成年被告人上述情况的书面材料，法庭应当接受。"可见，辩护人也可以调查未成年被告人的成长经历、犯罪原因、监护教育等情况，并提交给法院。A项正确。

《刑诉解释》第566条规定："对未成年人刑事案件，人民法院决定适用简易程序审理的，应当征求未成年被告人及其法定代理人、辩护人的意见。上述人员提出异议的，不适用简易程序。"可见，辩护人可反对法院对该案适用简易程序，法院因此只能采用普通程序审理。B项正确。

《刑诉解释》第577条规定："未成年被告人最后陈述后，法庭应当询问其法定代理人是否补充陈述。"可见，补充陈述是法定代理人的权利，而非辩护人的权利。C项错误。

《刑诉解释》第576条第1款规定："法庭辩论结束后，法庭可以根据未成年人的生理、心理特点和案件情况，对未成年被告人进行法治教育；判决未成年被告人有罪的，宣判后，应当对未成年被告人进行法治教育。"该条第2款规定："对未成年被告人进行教育，其法定代理人以外的成年亲属或者教师、辅导员等参与有利于感化、挽救未成年人的，人民法院应当邀请其参加有关活动。"可见，辩护人作为诉讼参与人，可以受法庭邀请参与对陈某的法庭教育。D项正确。

综上所述，本题答案为A、B、D。

4. 甲、乙系初三学生，因涉嫌抢劫同学丙（三人均不满16周岁）被立案侦查。关于该案诉讼程序，下列哪些选项是正确的？（2015－2－74，多）

A. 审查批捕讯问时，甲拒绝为其提供的合适成年人到场，应另行通知其他合适成年人到场

B. 讯问乙时，因乙的法定代理人无法到场而通知其伯父到场，其伯父可代行乙的控告权

C. 法庭审理询问丙时，应通知丙的法定代理人到场

D. 如该案适用简易程序审理，甲的法定代理人不能到场时可不再通知其他合适成年人到场

【考点】合适成年人

【解析】《人民检察院办理未成年人刑事案件的规定》第17条第5款规定："未成年犯罪嫌疑人明确拒绝法定代理人以外的合适成年人到场，人民检察院可以准许，但应当另行通知其他合适成年人到场。"A项正确。

《办人民检察院理未成年人刑事案件的规定》第17条第4款规定："……到场的法定代理人可以代为行使未成年犯罪嫌疑人的诉讼权利，行使时不得侵犯未成年犯罪嫌疑人的合法权益。"但是，法律没有规定合适成年人到场后可以代为行使未成年犯罪嫌疑人的诉讼权利。B项错误。

《刑诉解释》第555条规定："人民法院审理未成年人刑事案件，在讯问和开庭时，应当通知未成年被告人的法定代理人到场。法定代理人无法通知、不能到场或者是共犯的，也可以通知合适成年人到场，并将有关情况记录在案。到场的法定代理人或者其他人员，除依法行使刑事诉讼法第二百八十一条第二款规定的权利外，经法庭同意，可以参与对未成年被告人的法庭教育等工作。适用简易程序审理未成年人刑事案件，适用前两款的规定。"《刑诉解释》第556条第1款规定："询问未成年被害人、证人，适用前两款规定。"可见，询问未成年被害人，也适用讯问未成年被告人的规定，应当通知法定代理人到场。C项正确。

适用简易程序审理未成年人刑事案件，也适用普通程序审理未成年人刑事案件的规定，即"应当通知未成年被告人的法定代理人到场。法定代理人无法通知、不能到场或者是共犯的，也可以通知合适成年人到场"。可见，D项错误。

综上所述，本题答案为A、C。

5. 全国人大常委会关于《刑事诉讼法》第271条第2款的解释规定，检察院办理未成年人刑事案件，在作出附条件不起诉决定以及考验期满作出不起诉决定前，应听取被害人的意见。被害人对检察院作出的附条件不起诉的决定和不起诉的决定，可向上一级检察院申诉，但不能向法院提起自诉。关于这一解释的理解，下列哪些选项是正确的？（2015－2－71，多）

A. 增加了听取被害人陈述意见的机会

B. 有利于对未成年犯罪嫌疑人的转向处置

C. 体现了对未成年犯罪嫌疑人的特殊保护

D. 是刑事公诉独占主义的一种体现

【考点】附条件不起诉

【解析】根据全国人大常委会《关于〈刑事诉讼法〉第二百七十一条第二款的解释》的规定，应听取被害人的意见。可见，增加了听取被害人陈述意见的机

会，A 项正确。

一般来说，被害人对不起诉决定不服，有两种救济途径。一是在收到不起诉决定书之日起 7 日内向上一级检察院申诉；二是直接向人民法院提起自诉。但是，根据全国人大常委会《关于〈刑事诉讼法〉第二百七十一条第二款的解释》规定，对未成年附条件不起诉或者不起诉的，被害人只能申诉不能自诉了，这有利于对未成年犯罪嫌疑人的转向处置，即未成年犯罪嫌疑人不可能再成为自诉案件中的被告人，而转为只能在检察院内部通过被害人的申诉进行审查。B 项正确。

附条件不起诉的目的是保护未成年被告人，属于检察院的裁量范围。自诉的目的是保护被害人合法权益，属于法院的管辖权限。在保护被告人与被害人权利的平衡与博弈，检察院与法院职权的平衡与博弈中，立法解释这一次站在了未成年人被告人这一边，相当于扩大了检察机关的司法处置权，限缩了法院自诉案件的受案范围。这是因为：第一，对未成年人不起诉或者附条件不起诉后，未成年人已经经历了诉讼程序，吃到了苦头。同时，正是因为未成年人有悔罪表现或者情节轻微才会被不起诉或者附条件不起诉。不起诉决定作出后，未成年人相当于无罪，会回归社会或者学校。如果此时启动自诉意味着将未成年人置于被告人地位，增加其被再次追诉的风险，可能会对未成年人的学习、生活、身心健康和前途产生影响。第二，如果被害人不经申诉而直接向法院提起自诉，就会使得检察机关作出的不起诉决定处于不稳定状态。如果检察院不起诉，而法院却在自诉案件中判未成年人有罪。可见，"只能申诉不能自诉的做法"体现了对未成年犯罪嫌疑人的特殊保护，C 项正确。

刑事公诉独占主义指的是，刑事案件的起诉权被国家垄断，排除被害人自诉。在我国，不奉行公诉独占主义，而奉行公诉兼自诉制度。虽然对于未成年人附条件不起诉或者不起诉后，被害人不服只能申诉不能自诉了，但这是一个特殊规定，体现了对未成年犯罪嫌疑人的特殊保护，不能说这属于刑事公诉独占主义的一种体现，我国不奉行该主义。D 项错误。

综上所述，本题答案为 A、B、C。

6. 黄某（17 周岁，某汽车修理店职工）与吴某（16 周岁，高中学生）在餐馆就餐时因琐事与赵某（16 周岁，高中学生）发生争吵，并殴打赵某致其轻伤。检察院审查后，综合案件情况，拟对黄某作出附条件不起诉决定，对吴某作出不起诉决定。请回答第 94～96 题。

（1）关于本案审查起诉的程序，下列选项正确的是：（2014－2－94，不定项）

A. 应当对黄某、吴某的成长经历、犯罪原因和监护教育等情况进行社会调查

B. 在讯问黄某、吴某和询问赵某时，应当分别通知他们的法定代理人到场

C. 应当分别听取黄某、吴某的辩护人的意见

D. 拟对黄某作出附条件不起诉决定，应当听取赵某及其法定代理人与诉讼代理人的意见

【考点】未成年人刑事案件审查起诉程序、附条件不起诉

【解析】《人民检察院办理未成年人刑事案件的规定》第 9 条第 1 款规定："人民检察院根据情况可以对未成年犯罪嫌疑人的成长经历、犯罪原因、监护教育等情况进行调查，并制作社会调查报告，作为办案和教育的参考。"故，应当

扫码听课

是"可以"而非"应当"，A项错误。

《人民检察院办理未成年人刑事案件的规定》第17条第4款规定："讯问未成年犯罪嫌疑人，应当通知其法定代理人到场，告知法定代理人依法享有的诉讼权利和应当履行的义务。无法通知、法定代理人不能到场或者法定代理人是共犯的，也可以通知未成年犯罪嫌疑人的其他成年亲属，所在学校、单位或者居住地的村民委员会、居民委员会、未成年人保护组织的代表等合适成年人到场，并将有关情况记录在案。到场的法定代理人可以代为行使未成年犯罪嫌疑人的诉讼权利，行使时不得侵犯未成年犯罪嫌疑人的合法权益。"第8款规定："询问未成年被害人、证人，适用本条第四款至第七款的规定。"根据该条第4款和第8款的规定，B项正确。

《人民检察院办理未成年人刑事案件的规定》第22条第4款规定："审查起诉未成年犯罪嫌疑人，应当听取其父母或者其他法定代理人、辩护人、被害人及其法定代理人的意见。"可见，C项正确。

《人民检察院办理未成年人刑事案件的规定》第30条规定："人民检察院在作出附条件不起诉的决定以前，应当听取公安机关、被害人、未成年犯罪嫌疑人的法定代理人、辩护人的意见，并制作笔录附卷。被害人是未成年人的，还应当听取被害人的法定代理人、诉讼代理人的意见。"可见，D项正确。

综上所述，本题答案为B、C、D。

（2）关于对黄某的考验期，下列选项正确的是：（2014-2-95，不定项）

A. 从宣告附条件不起诉决定之日起计算
B. 不计入检察院审查起诉的期限
C. 可根据黄某在考验期间的表现，在法定范围内适当缩短或延长
D. 如黄某违反规定被撤销附条件不起诉决定而提起公诉，已经过的考验期可折抵刑期

【考点】附条件不起诉的考验

【解析】《人民检察院办理未成年人刑事案件的规定》第40条第1款规定：人民检察院决定附条件不起诉的，应当确定考验期。考验期为6个月以上1年以下，从人民检察院作出附条件不起诉的决定之日起计算。考验期不计入案件审查起诉期限。可见，应当是从"作出"附条件不起诉的决定之日起计算。A项错误。考验期不计入案件审查起诉期限。B项正确。

《人民检察院办理未成年人刑事案件的规定》第40条第2款规定："考验期的长短应当与未成年犯罪嫌疑人所犯罪行的轻重、主观恶性的大小和人身危险性的大小、一贯表现及帮教条件等相适应，根据未成年犯罪嫌疑人在考验期的表现，可以在法定期限范围内适当缩短或者延长。"可见，C项正确。

立法及司法解释中没有"违反规定被撤销附条件不起诉决定而提起公诉，已经过的考验期可折抵刑期"的相关规定。从理论上讲，考验期内，未成年人并没有处于被羁押的状态，且被撤销附条件不起诉决定也是因为未成年人违反了相关的法律规定而导致，已过的考验期不应当折抵刑期。D项错误。

综上所述，本题答案为B、C。

（3）关于本案的办理，下列选项正确的是：（2014-2-96，不定项）

A. 在对黄某作出附条件不起诉决定、对吴某作出不起诉决定时，必须达成刑

扫码听课

扫码听课

事和解

B. 检察院对黄某作出附条件不起诉决定、对吴某作出不起诉决定时，可要求他们向赵某赔礼道歉、赔偿损失

C. 在附条件不起诉考验期内，检察院可将黄某移交有关机构监督考察

D. 检察院对黄某作出附条件不起诉决定，对吴某作出不起诉决定后，均应将相关材料装订成册，予以封存

【考点】 附条件不起诉适用条件、犯罪记录封存

【解析】 本案中，检察机关对黄某是附条件不起诉，对吴某是酌定不起诉。

附条件不起诉所附的条件中，确实要求犯罪嫌疑人要有悔罪表现，但没有要求必须达成刑事和解。酌定不起诉要求犯罪情节轻微，依照刑法规定不需要判处刑罚或者免除刑罚，但也没有要求必须达成刑事和解。A 错误。

《人民检察院办理未成年人刑事案件的规定》第 27 条规定：对于未成年人实施的轻伤害案件、初次犯罪、过失犯罪、犯罪未遂的案件以及被诱骗或者被教唆实施的犯罪案件等，情节轻微，犯罪嫌疑人确有悔罪表现，当事人双方自愿就民事赔偿达成协议并切实履行或者经被害人同意并提供有效担保，符合刑法第 37 条规定的，人民检察院可以依照刑事诉讼法第 173 条第 2 款的规定作出不起诉决定，并可以根据案件的不同情况，予以训诫或者责令具结悔过、赔礼道歉、赔偿损失，或者由主管部门予以行政处罚。

《人民检察院办理未成年人刑事案件的规定》第 42 条规定：人民检察院可以要求被附条件不起诉的未成年犯罪嫌疑人接受下列矫治和教育：（1）完成戒瘾治疗、心理辅导或者其他适当的处遇措施；（2）向社区或者公益团体提供公益劳动；（3）不得进入特定场所，与特定的人员会见或者通信，从事特定的活动；（4）向被害人赔偿损失、赔礼道歉等；（5）接受相关教育；（6）遵守其他保护被害人安全以及预防再犯的禁止性规定。可见，检察院对未成年被告人作出不起诉决定或者附条件不起诉决定时，可要求他们向被害人赔礼道歉、赔偿损失。B 项正确。

《人民检察院办理未成年人刑事案件的规定》第 43 条第 1 款规定："在附条件不起诉的考验期内，人民检察院应当对被附条件不起诉的未成年犯罪嫌疑人进行监督考察。未成年犯罪嫌疑人的监护人应当对未成年犯罪嫌疑人加强管教，配合人民检察院做好监督考察工作。"可见，检察院不能将黄某移交有关机构监督考察，只能自己进行监督考察，C 项错误。

《高检规则》第 486 条规定："人民检察院对未成年犯罪嫌疑人作出不起诉决定后，应当对相关记录予以封存。除司法机关为办案需要进行查询外，不得向任何单位和个人提供。具体程序参照本规则第四百八十三至第四百八十五条的规定。"可见，检察院对未成年人"不起诉"后，才封存相关记录。对未成年人"附条件不起诉"后，不会封存相关记录。这是因为，"不起诉"是一种终局处理，即刑事诉讼程序结束了，未成人无罪，可以回家了。而"附条件不起诉"不具有终局性，不是真正的不起诉，而是对未成人给予一定的考验期限并观察未成人的表现，在考验期限内，仍然存在对未成年人提起公诉的可能性。故，D 项错误。

综上所述，本题答案为 B。

大咖点拨区

7. 检察机关对未成年人童某涉嫌犯罪的案件进行审查后决定附条件不起诉。在考验期间，下列哪些情况下可以对童某撤销不起诉的决定、提起公诉？（2013－2－72，多）

A. 根据新的证据确认童某更改过年龄，在实施涉嫌犯罪行为时已满18周岁的

B. 发现决定附条件不起诉以前还有其他犯罪需要追诉的

C. 违反考察机关有关附条件不起诉的监管规定，情节严重的

D. 违反治安管理规定，情节严重的

【考点】附条件不起诉考验后处理

【解析】《刑事诉讼法》第284条规定：被附条件不起诉的未成年犯罪嫌疑人，在考验期内有下列情形之一的，人民检察院应当撤销附条件不起诉的决定，提起公诉：（1）实施新的犯罪或者发现决定附条件不起诉以前还有其他犯罪需要追诉的；（2）违反治安管理规定或者考察机关有关附条件不起诉的监督管理规定，情节严重的。被附条件不起诉的未成年犯罪嫌疑人，在考验期内没有上述情形，考验期满的，人民检察院应当作出不起诉的决定。

本题中，A项，童某更改过年龄，在犯罪时已经年满18周岁，对童某不可以适用附条件不起诉，可以对童某撤销不起诉的决定、提起公诉。A项正确。

B项属于上述第（1）项规定的情形，应当撤销不起诉的决定，提起公诉。B项正确。

C、D项属于上述第（2）项规定的情形，应当撤销不起诉的决定，提起公诉。C、D项正确。综上所述，本题答案为A、B、C、D。

8. 关于附条件不起诉，下列哪一说法是错误的？（2012－2－36，单）

A. 只适用于未成年人案件

B. 应当征得公安机关、被害人的同意

C. 未成年犯罪嫌疑人及其法定代理人对附条件不起诉有异议的，应当起诉

D. 有悔罪表现时，才可以附条件不起诉

【考点】附条件不起诉适用条件

【解析】《刑事诉讼法》第282条第1款规定，对于未成年人涉嫌刑法分则第四章、第五章、第六章规定的犯罪，可能判处1年有期徒刑以下刑罚，符合起诉条件，但有悔罪表现的，人民检察院可以作出附条件不起诉的决定。人民检察院在作出附条件不起诉的决定以前，应当听取公安机关、被害人的意见。

可见，A项，附条件不起诉只适用于未成年案件，A项正确。

B项，人民检察院作出附条件不起诉决定前，应当"听取"而非"听从"公安机关、被害人的意见，无需征得其同意，B项错误。

D项，有悔罪表现是附条件不起诉的条件之一，D项正确。

《刑事诉讼法》第282条第3款规定："未成年犯罪嫌疑人及其法定代理人对人民检察院决定附条件不起诉有异议的，人民检察院应当作出起诉的决定。"

可见，未成年犯罪嫌疑人及其法定代理人对附条件不起诉有异议的，应当起诉。C项正确。综上所述，本题答案为B。

9. 根据《刑事诉讼法》规定，审判的时候被告人不满18周岁的案件，不公开审理。但是，经未成年被告人及其法定代理人同意，未成年被告人所在学校和

未成年人保护组织可以派代表到场。关于该规定的理解，下列哪些说法是错误的？（2012－2－73，多）

　　A. 该规定意味着经未成年被告人及其法定代理人同意，可以公开审理

　　B. 未成年被告人所在学校和未成年人保护组织派代表到场是公开审理的特殊形式

　　C. 未成年被告人所在学校和未成年人保护组织经同意派代表到场是为了维护未成年被告人合法权益和对其进行教育

　　D. 未成年被告人所在学校和未成年人保护组织经同意派代表到场与审判的时候被告人不满18周岁的案件不公开审理并不矛盾

　　【考点】未成年人刑事案件不公开审理

　　【解析】《刑事诉讼法》第285条规定，审判的时候被告人不满18周岁的案件，不公开审理。但是，经未成年被告人及其法定代理人同意，未成年被告人所在学校和未成年人保护组织可以派代表到场。

　　审判的时候被告人不满18周岁的案件，一律不公开审理。即使未成年被告人及其法定代理人同意公开审理也不允许公开审理。A项错误。

　　未成年被告人所在学校和未成年人保护组织经同意派代表到场是为了维护未成年被告人合法权益和对其进行教育，而非公开审理的特殊形式。B项错误、C项正确。

　　不公开审理指的是庭审不能面向社会、面向新闻媒体、舆论进行公开，未成年被告人所在学校和未成年人保护组织派代表到场是为了保护未成年被告人，不是为了将案件向社会公开，与不公开审理并不矛盾，D项正确。

　　综上所述，本题答案为A、B。

　　10. 关于犯罪记录封存的适用条件，下列哪些选项是正确的？（2012－2－74，多）

　　A. 犯罪的时候不满18周岁　　　　B. 被判处5年有期徒刑以下刑罚

　　C. 初次犯罪　　　　　　　　　　D. 没有受过其他处罚

　　【考点】犯罪记录封存制度

　　【解析】《刑事诉讼法》第286条第1款规定："犯罪的时候不满十八周岁，被判处五年有期徒刑以下刑罚的，应当对相关犯罪记录予以封存。"

　　显然，A、B项正确，C、D项错误。

　　综上所述，本题答案为A、B。

　　11. 赵某因涉嫌抢劫犯罪被抓获，作案时未满18周岁，案件起诉到法院时已年满18周岁。下列哪一说法是正确的？（2011－2－33，单）

　　A. 本案由少年法庭审理

　　B. 对赵某不公开审理

　　C. 对赵某进行审判，可以通知其法定代理人到场

　　D. 对赵某进行审判，应当通知其监护人到场

　　【考点】未成年人刑事案件审判程序特殊规定

　　【解析】《刑诉解释》第550条规定："被告人实施被指控的犯罪时不满十八周岁、人民法院立案时不满二十周岁的案件，由未成年人案件审判组织审理。下列案件可以由未成年人案件审判组织审理：（一）人民法院立案时不满二十二周

扫码听课

扫码听课

大咖点拨区

岁的在校学生犯罪案件；（二）强奸、猥亵、虐待、遗弃未成年人等侵害未成年人人身权利的犯罪案件；（三）由未成年人案件审判组织审理更为适宜的其他案件。共同犯罪案件有未成年被告人的或者其他涉及未成年人的刑事案件，是否由未成年人案件审判组织审理，由院长根据实际情况决定。"赵某犯罪时未满18周岁，但案件起诉到法院时已满18周岁，属于人民法院立案时不满20周岁的案件，应当由少年法庭审理，A项正确。（根据2020年新修订的《刑诉解释》，"少年法庭"的概念不再存在，改称为"未成年人案件审判组织"）

《刑诉解释》第557条第1款规定："开庭审理时被告人不满18周岁的案件，一律不公开审理。"本案中，赵某在开庭审理时已满18周岁，不符合不公开审理的条件，所以B项错误。

《刑诉解释》第555条第1款规定："人民法院审理未成年人刑事案件，在讯问或开庭时，应当通知未成年被告人的法定代理人到场。……"本案中，本题中赵某开庭审理时已满18周岁，无需通知法定代理人或监护人到场，故C、D项错误。

综上所述，本题正确答案为A。

12. 未成年人甲（17周岁，还有两个月满18周岁）涉嫌故意伤害罪（轻伤）被A区公安机关立案侦查，A区公安机关侦查终结将案件移送审查起诉两日后甲满18周岁。A区人民检察院对案件进行审查后决定附条件不起诉。在考验期间，甲犯新的盗窃罪，A区人民检察院对甲作出撤销附条件不起诉的决定，并向A区人民法院提起公诉。关于本案的诉讼程序，下列说法正确的是？

A. A区人民法院应当对本案公开审判，但不得组织人员旁听

B. A区人民法院决定适用简易程序，应当征得他的父亲同意才能适用

C. 本案中A区人民检察院附条件不起诉的决定是违法的

D. A区人民法院立案时甲未满20周岁，本案应当由少年法庭审理

【考点】 未成年人刑事案件审判程序特殊规定

【解析】《刑诉解释》第557条规定："开庭审理时被告人不满十八周岁的案件，一律不公开审理。经未成年被告人及其法定代理人同意，未成年被告人所在学校和未成年人保护组织可以派代表到场。到场代表的人数和范围，由法庭决定。经法庭同意，到场代表可以参与对未成年被告人的法庭教育工作。对依法公开审理，但可能需要封存犯罪记录的案件，不得组织人员旁听；有旁听人员的，应当告知其不得传播案件信息。"本案中，甲在移送审查起诉两日后已满18周岁，不符合不公开审理的情况，本案依法应当公开审判。另外，《刑事诉讼法》第286条第1款规定："犯罪的时候不满十八周岁，被判处五年有期徒刑以下刑罚的，应当对相关犯罪记录予以封存。"本案中，由于甲犯罪时不满18周岁，可能需要封存犯罪记录，因此，公开审理时，不得组织人员旁听。A选项正确。

《刑诉解释》第566条规定："对未成年人刑事案件，人民法院决定适用简易程序审理的，应当征求未成年被告人及其法定代理人、辩护人的意见。上述人员提出异议的，不适用简易程序。"由此可见，未成年人刑事案件，适用简易程序审理的，不仅要征得法定代理人的同意，还得征得辩护人的同意才能适用。据此，B选项错误。

《刑事诉讼法》第282条第1款规定："对于未成年人涉嫌刑法分则第四章、

第五章、第六章规定的犯罪，可能判处一年有期徒刑以下刑罚，符合起诉条件，但有悔罪表现的，人民检察院可以作出附条件不起诉的决定。人民检察院在作出附条件不起诉的决定以前，应当听取公安机关、被害人的意见。"本案中，甲在犯罪时未满18周岁，涉嫌故意伤害罪（轻伤），可能判处1年有期徒刑以下刑罚，可以对其决定附条件不起诉，故C选项错误。

根据修订后的《刑诉解释》，选项中的"少年法庭"现应表述为"未成年人案件审判组织"。《刑诉解释》第550条规定："被告人实施被指控的犯罪时不满十八周岁、人民法院立案时不满二十周岁的案件，由未成年人案件审判组织审理。下列案件可以由未成年人案件审判组织审理：（一）人民法院立案时不满二十二周岁的在校学生犯罪案件；（二）强奸、猥亵、虐待、遗弃未成年人等侵害未成年人人身权利的犯罪案件；（三）由未成年人案件审判组织审理更为适宜的其他案件。共同犯罪案件有未成年被告人的或者其他涉及未成年人的刑事案件，是否由未成年人案件审判组织审理，由院长根据实际情况决定。"在本案中，尽管甲在犯新的盗窃罪时已经满了18周岁，但其在实施故意伤害罪时未满18周岁，且法院立案时未满20周岁，本案是针对甲故意伤害罪撤销附条件不起诉决定而提起公诉的，符合未成年人案件审判组织审理的条件，由未成年人案件审判组织审理。需要指出的是，根据上述规定，虽然司法解释并没有使用"应当"二字，但根据共同犯罪案件及其他涉未成年人刑事案件是否由未成年人案件审判组织审理由院长决定可以推断，前面符合条件的案件是"应当"由未成年人案件审判组织审理的。据此，D选项正确。

综上，本题答案为A、D。

13. 根据《人民检察院办理未成年人刑事案件的规定》，关于检察院审查批捕未成年犯罪嫌疑人，下列哪些做法是正确的？（2010－2－78，多）

A. 讯问未成年犯罪嫌疑人，应当通知法定代理人到场

B. 讯问女性未成年犯罪嫌疑人，应当有女性检察人员参加

C. 讯问未成年犯罪嫌疑人一般不得使用械具

D. 对难以判断犯罪嫌疑人实际年龄，影响案件认定的，应当作出不批准逮捕的决定

【考点】 未成年人刑事案件审查起诉程序特殊规定

【解析】 A项，根据《人民检察院办理未成年人刑事案件的规定》第17条第4款的规定，讯问未成年犯罪嫌疑人，应当通知法定代理人到场，告知法定代理人依法享有的诉讼权利和应当履行的义务。可见，A项正确。

B项，《人民检察院办理未成年人刑事案件的规定》第17条第7款规定，讯问女性未成年犯罪嫌疑人，应当有女性检察人员参加。可见，B项正确。

C项，根据《人民检察院办理未成年人刑事案件的规定》第18条规定，讯问未成年犯罪嫌疑人一般不得使用械具。对于确有人身危险性，必须使用械具的，在现实危险消除后，应当立即停止使用。可见，"讯问未成年犯罪嫌疑人一般不得使用械具"，C项正确。

D项，《人民检察院办理未成年人刑事案件的规定》第14条第2款规定，对犯罪嫌疑人实际年龄难以判断，影响对该犯罪嫌疑人是否应当负刑事责任认定的，应当不批准逮捕。需要补充侦查的，同时通知公安机关。可见，D项正确。

大咖点拨区

扫码听课

综上所述，本题的答案为A、B、C、D。

14. 李某（高一学生，刚满17周岁），因涉嫌盗窃罪被A县公安局立案侦查。侦查终结移送A县检察院审查起诉。A县检察院对李某附条件不起诉，并确定考验期为9个月。下列关于本案的附条件不起诉，说法正确的是？（2020仿真题）

A. 本案审查起诉期限自作出附条件不起诉决定之日起中止

B. 监督考察期间，如李某经批准迁居B县继续上学，应由A县检察院负责监督考察

C. 监督考察期间，如李某违反有关附条件不起诉的监督管理规定，可将考察期限延长为1年2个月

D. 被害人如果对本案附条件不起诉不服可以向上一级检察院申诉，也可以向人民法院起诉

【考点】附条件不起诉

【解析】A项，依据《人民检察院办理未成年人刑事案件的规定》第45条第3款的规定："作出附条件不起诉决定的案件，审查起诉期限自人民检察院作出附条件不起诉决定之日起中止计算，自考验期限届满之日起或者人民检察院作出撤销附条件不起诉决定之日起恢复计算"。可见，审查起诉期限自作出附条件不起诉决定之日起中止，A项正确。

B项，依据《刑事诉讼法》第283条第1款的规定："在附条件不起诉的考验期内，由人民检察院对被附条件不起诉的未成年犯罪嫌疑人进行监督考察。未成年犯罪嫌疑人的监护人，应当对未成年犯罪嫌疑人加强管教，配合人民检察院做好监督考察工作"。可见，附条件不起诉的监督考察主体为人民检察院，且是作出附条件不起诉决定的检察院，因此，A县检察院作为决定机关，虽然李某经批准迁居B县，仍应由A县检察院监督考察，故B项正确。

C项，依据《刑事诉讼法》第283条第2款的规定："附条件不起诉的考验期为六个月以上一年以下，从人民检察院作出附条件不起诉的决定之日起计算"。《高检规则》第479条规定：被附条件不起诉的未成年犯罪嫌疑人，在考验期内具有下列情形之一的，人民检察院应当撤销附条件不起诉的决定，提起公诉：（1）实施新的犯罪的；（2）发现附条件不起诉以前还有其他犯罪需要追诉的；（3）违反治安管理规定，造成严重后果，或者多次违反治安管理规定的；（4）违反有关附条件不起诉的监督管理规定，造成严重后果，或者多次违反有关附条件不起诉的监督管理规定的。可见，对未成年犯罪嫌疑人附条件不起诉的监督考察期限为6个月以上1年以下，法律并没有因违反有关附条件不起诉监督管理规定而延长监督考察期限的规定，故C项错误。

D项，《刑事诉讼法》第282条第2款规定："对附条件不起诉的决定，公安机关要求复议、提请复核或者被害人申诉的，适用本法第一百七十九条、第一百八十条的规定"。《刑事诉讼法》第180条规定："对于有被害人的案件，决定不起诉的，人民检察院应当将不起诉决定书送达被害人。被害人如果不服，可以自收到决定书后七日以内向上一级人民检察院申诉，请求提起公诉。人民检察院应当将复查决定告知被害人。对于人民检察院维持不起诉决定的，被害人可以向人民法院起诉。被害人也可以不经申诉，直接向人民法院起诉。人民法院受理案件后，人民检察院应当将有关案件材料移送人民法院"。同时，《高检规则》第472

条第1款规定，对附条件不起诉的决定，公安机关要求复议、提请复核或者被害人提出申诉的，具体程序参照本规则第379条至383条的规定。被害人不服附条件不起诉决定的，应当告知其不适用刑事诉讼法第180条关于被害人可以向人民法院起诉的规定，并做好释法说理工作。可见，被害人对附条件不起诉决定不服的，只能向上一级人民检察院申诉，不能向人民法院起诉，故D项错误。

综上，本题正确答案为AB。

15. 关于未成年人审判程序的说法，不正确的是：（2021仿真题，不定项）

A. 陈龙（15岁）抢劫案，法院对其决定逮捕，但应保证其继续接受义务教育

B. 陈小龙利用曹某（13岁）运输毒品，曹某可以在不暴露外貌、声音的条件下出庭作证

C. 余某猥亵儿童案，法院询问被害人时，应同步录音录像并尽量一次完成

D. 在校大学生李某盗窃案，法院受理该案时李某刚满20岁，不由未成年人案件审判组织审理

【考点】未成年人刑事案件审判程序

【解析】依据《刑诉解释》第553条第3款规定："对被逮捕且没有完成义务教育的未成年被告人，人民法院应当与教育行政部门互相配合，保证其接受义务教育。"故A项正确

依据《刑诉解释》第558条规定："开庭审理涉及未成年人的刑事案件。未成年被害人、证人一般不出庭作证；必须出庭的，应当采取保护其隐私的技术手段和心理干预等保护措施。"B项中曹某是未成年证人，其在不暴露外貌、声音的条件下出庭作证，是对其采取保护措施，故B项正确。

依据《刑诉解释》第556条第2款规定："审理未成年人遭受性侵害或者暴力伤害案件，在询问未成年被害人、证人时，应采取同步录音录像等措施，尽量一次完成；未成年被害人、证人是女性的，应当由女性工作人员进行。"故C项正确。

依据《刑诉解释》第550条第2款规定："下列案件可以由未成年人案件审判组织审理：（一）人民法院立案时不满二十二周岁的在校学生犯罪案件；（二）强奸、猥亵、虐待、遗弃未成年人等侵害未成年人人身权利的犯罪案件；（三）由未成年人案件审判组织审理更为适宜的其他案件。"本题D项属于该条第（一）项规定的情形，可以由未成年人案件审判组织审理。该项不正确。综上，本题的不正确答案是D项。

16. 小陈（14岁，男）涉嫌强奸小孙（12岁，女），公安机关对小陈立案侦查。下列哪些表述正确？（2021仿真题，多）

A. 虽然小陈涉嫌的罪名较重，但能适用附条件不起诉

B. 在审查起诉时，小陈的父亲对小马认罪认罚有异议，可将异议内容在认罪认罚具结书中注明，但不影响对小陈从宽处理

C. 在对小孙询问时，如果其法定代理人或其他合适成年人不在场，小孙的陈述不得作为定案根据

D. 在审理中，法院可通知侦查阶段对小陈进行社会调查的社会工作者出庭说明情况，接受询问

【考点】附条件不起诉、认罪认罚从宽、证据、法定代理人、合适成年人到场、社会调查

【解析】依据《刑事诉讼法》第282条第1款规定:"对于未成年人涉嫌刑法分则第四章、第五章、第六章规定的犯罪,可能判处一年有期徒刑以下刑罚,符合起诉条件,但有悔罪表现的。人民检察院可以作出附条件不起诉的决定。"本题中,小马涉嫌的强奸罪,属于刑法分则第四章规定的犯罪,可适用附条件不起诉。故A项正确。

依据《高检规则》第468条第1、2、3款规定:"未成年犯罪嫌疑人认罪认罚的,应当在法定代理人、辩护人在场的情况下签署认罪认罚具结书。法定代理人、辩护人对认罪认罚有异议的,不需要签署具结书。因未成年犯罪嫌疑人的法定代理人、辩护人对其认罪认罚有异议而不签署具结书的,人民检察院应当对未成年人认罪认罚情况,法定代理人、辩护人的异议情况如实记录。提起公诉的,应当将该材料与其他案卷材料一并移送人民法院。未成年犯罪嫌疑人的法定代理人、辩护人对认罪认罚有异议而不签署具结书的,不影响从宽处理。"由此可知,小马的父亲是小马的法定代理人,其对小马认罪认罚有异议。可将异议内容在认罪认罚具结书中注明,但不影响对小马从宽处理。B项表述正确。依据《刑诉解释》第90条规定:"证人证言的收集程序、方式有下列瑕疵,经补正或者作出合理解释的,可以采用;不能补正或者作出合理解释的,不得作为定案的根据:(一)询问笔录没有填写询问人、记录人、法定代理人姓名以及询问的起止时间、地点的;(二)询问地点不符合规定的;(三)询问笔录没有记录告知证人有关权利义务和法律责任的;(四)询问笔录反映出在同一时段,同一询问人员询问不同证人的;(五)询问未成年人,其法定代理人或者合适成年人不在场的。"依据《刑诉解释》第92条的规定,对被害人陈述的审查与认定,参照适用证人证言的有关规定。因此,本题中,未成年被害人小刘的陈述经补正或者作出合理解释的,可以采用;不能补正或者作出合理解释的,不得作为定案的根据,故C项错误。

依据《刑诉解释》第575条规定:"对未成年被告人情况的调查报告,以及辩护人提交的有关未成年被告人情况的书面材料,法庭应当审查并听取控辩双方意见。上述报告和材料可以作为办理案件和教育未成年人的参考。人民法院可以通知作出调查报告的人员出庭说明情况,接受控双方和法庭的询问。"故D项表述正确。综上,本题的正确答案为A、B、D项。

17. 未成年人小陈涉嫌盗窃罪,下列关于该案的说法,正确的是:(2021仿真题,多)

A. 小陈的父亲对附条件不起诉有异议,则检察院不能适用附条件不起诉

B. 法院对该案可适用速裁程序审理

C. 若检察院对小陈作出酌定不起诉,可以封存

D. 有关单位按照规定可查询小陈的酌定不起诉决定,但应当保密

【考点】附条件不起诉、速裁程序、犯罪记录封存

【解析】依据《刑事诉讼法》第282条第3款规定:"未成年犯罪嫌疑人及其法定代理人对人民检察院决定附条件不起诉有异议的,人民检察院应当作出起诉的决定。"本题A项中,小陈的父亲是小陈的法定代理人,其对附条件不起诉有

异议，检察院不得对小陈适用附条件不起诉。A 项正确。

依据《刑事诉讼法》第 223 条的规定，被告人是未成年人的，不得适用速裁程序。故 B 项错误。

依据《高检规则》第 486 条规定："人民检察院对未成年犯罪嫌疑人作出不起诉决定后。应当对相关记录予以封存。除司法机关为办案需要进行查询外，不得向任何单位和个人提供。封存的具体程序参照本规则第四百八十三条至第四百八十五条的规定。"故 C 错，D 项正确。综上，本题的正确答案为 A、D 两项。

二、当事人和解的公诉案件诉讼程序

（一）刑事和解的适用条件

1. 下列哪一案件可以适用当事人和解的公诉案件诉讼程序？（2016 - 2 - 41，单）

A. 甲因侵占罪被免除处罚 2 年后，又涉嫌故意伤害致人轻伤

B. 乙涉嫌寻衅滋事，在押期间由其父亲代为和解，被害人表示同意

C. 丙涉嫌过失致人重伤，被害人系限制行为能力人，被害人父亲愿意代为和解

D. 丁涉嫌破坏计算机信息系统，被害人表示愿意和解

【考点】刑事和解的适用条件

【解析】《刑事诉讼法》第 288 条第 2 款规定："犯罪嫌疑人、被告人在五年以内曾经故意犯罪的，不适用本章规定的程序。"A 项中，侵占罪和故意伤害罪属于故意犯罪，且发生于 5 年以内，不适用和解程序。A 项错误。

《刑事诉讼法》第 288 条第 1 款规定："下列公诉案件，犯罪嫌疑人、被告人真诚悔罪，通过向被害人赔偿损失、赔礼道歉等方式获得被害人谅解，被害人自愿和解的，双方当事人可以和解：（一）因民间纠纷引起，涉嫌刑法分则第四章、第五章规定的犯罪案件，可能判处三年有期徒刑以下刑罚的；（二）除渎职犯罪以外的可能判处七年有期徒刑以下刑罚的过失犯罪案件。"《公安机关办理刑事案件程序规定》第 334 条规定：有下列情形之一的，不属于因民间纠纷引起的犯罪案件：（1）雇凶伤害他人的；（2）涉及黑社会性质组织犯罪的；（3）涉及寻衅滋事的；（4）涉及聚众斗殴的；（5）多次故意伤害他人身体的；（6）其他不宜和解的。

可见，寻衅滋事不属于民间纠纷，不能适用和解程序，B 项错误。

此外，根据《刑事诉讼法》第 288 条第 1 款规定，C 项中，过失致人重伤属于可能被判处 7 年以下有期徒刑的过失犯罪，具备和解的条件。又根据《刑诉解释》第 588 条第 2 款规定："被害人系无行为能力或者限制行为能力人的，其法定代理人、近亲属可以代为和解。"故，C 项正确。

根据《刑事诉讼法》第 288 条第 1 款的规定，故意犯罪的和解，需要涉嫌刑法分则第四章、第五章规定的犯罪案件，即涉嫌侵犯人身权利犯罪和侵犯财产犯罪，而 D 项中的破坏计算机信息系统罪属于刑法分则第六章，即妨害社会管理秩序犯罪中的罪名，故本罪不适用和解程序。D 项错误。

综上所述，本题答案为 C。

大咖点拨区

扫码听课

2. 李某因琐事将邻居王某打成轻伤。案发后，李家积极赔偿，赔礼道歉，得到王家谅解。如检察院根据双方和解对李某作出不起诉决定，需要同时具备下列哪些条件？（2013－2－71，多）

A. 双方和解具有自愿性、合法性
B. 李某实施伤害的犯罪情节轻微，不需要判处刑罚
C. 李某五年以内未曾故意犯罪
D. 公安机关向检察院提出从宽处理的建议

【考点】刑事和解的适用条件

【解析】《刑事诉讼法》第289条规定："双方当事人和解的，公安机关、人民检察院、人民法院应当听取当事人和其他有关人员的意见，对和解的自愿性、合法性进行审查，并主持制作和解协议书。"可知，双方和解应当具有自愿性。合法性，A项正确。

《刑事诉讼法》第288条第2款规定："犯罪嫌疑人、被告人在5年以内曾经故意犯罪的，不适用本章规定的程序。"可见，"李某5年以内未曾故意犯罪"是和解需要具备的条件，C项正确。

《刑事诉讼法》第290条规定："对于达成和解协议的案件，公安机关可以向人民检察院提出从宽处理的建议。人民检察院可以向人民法院提出从宽处罚的建议；对于犯罪情节轻微，不需要判处刑罚的，可以作出不起诉的决定。人民法院可以依法对被告人从宽处罚。"可见，"李某实施伤害的犯罪情节轻微，不需要判处刑罚"是检察机关做出不起诉决定的必要条件，故B项正确；公安机关向检察院提出从宽处理的建议并不是检察院作出不起诉决定的必要条件，D项错误。

综上所述，本题答案为A、B、C。

3. 关于可以适用当事人和解的公诉案件诉讼程序的案件范围，下列哪些选项是正确的？（2012－2－75，多）

A. 交通肇事罪
B. 暴力干涉婚姻自由罪
C. 过失致人死亡罪
D. 刑讯逼供罪

【考点】刑事和解的适用条件

【解析】《刑事诉讼法》第288条规定，下列公诉案件，犯罪嫌疑人、被告人真诚悔罪，通过向被害人赔偿损失、赔礼道歉等方式获得被害人谅解，被害人自愿和解的，双方当事人可以和解：（1）因民间纠纷引起，涉嫌刑法分则第四章（侵犯公民人身权利、民主权利罪）、第五章（侵犯财产罪）规定的犯罪案件，可能判处3年有期徒刑以下刑罚的；（2）除渎职犯罪以外的可能判处七年有期徒刑以下刑罚的过失犯罪案件。犯罪嫌疑人、被告人在五年以内曾经故意犯罪的，不适用本章规定的程序。

根据《刑法》的相关规定，交通肇事罪属于过失犯罪，可以处3年以下有期徒刑或者拘役，如果交通运输肇事后逃逸或者有其他特别恶劣情节的，处3年以上7年以下有期徒刑。可见，交通肇事可以适用当事人和解程序，A项正确。

暴力干涉婚姻自由案件属于自诉案件的第一类：告诉才处理的案件，自诉案件可以和解，但无法适用特别程序中专门针对公诉案件的和解程序，B项错误。

根据《刑法》的相关规定，过失致人死亡的，处7年以下有期徒刑。可见，过失致人死亡罪可以适用当事人和解程序，C项正确。

刑讯逼供罪属于故意犯罪，同时，刑讯逼供主要指侦查人员对犯罪嫌疑人、被告人实施的非法取证行为，不是因民间纠纷引起的，不适用当事人和解程序，D项错误。

综上所述，本题答案为A、C。

4. 郎某诽谤李某从事淫秽色情行业，李某的名誉严重受损，李某提起自诉。之后，由于该案严重扰乱网络空间的社会秩序，公安机关进行立案侦查，并由检察院提起公诉。关于该案的自诉和公诉的说法，哪一项是不正确的：（2021仿真题，多）

A. 在自诉案件中，若郎某认罪认罚并同意适用速裁程序进行审理，可以适用速裁程序

B. 在检察院提起公诉后，可以将自诉案件与公诉案件一并审理

C. 在公诉案件中，若郎某认罪认罚并同意适用速裁程序进行审理，可以适用速裁程序

D. 若郎某对李某真诚悔过，双方达成和解，无论是自诉案件还是公诉案件，郎某都可判无罪

【考点】自诉案件和公诉案件的和解、速裁程序的适用、自诉和公诉的关系

【解析】依据自诉案件没有侦查阶段，所以，自诉案件中，自诉人与被告人可能对事实、证据还有争议，故自诉案件不能适用速裁程序，故A项错误。

检察院对该诽谤案提起公诉后，该案就不再适用自诉程序，故B项错误。

依据《刑事诉讼法》第222条第1款的规定，基层人民法院管辖的可能判处三年有期徒刑以下刑罚的案件，案件事实清楚，证据确实、充分，被告人认罪认罚并同意适用速裁程序的，可以适用速裁程序，由审判员一人独任审判。本题的项符合速裁程序适用的条件，故C项正确。

自诉案件中当事人和解后，自诉人往往撤回自诉；依据《刑事诉讼法》第290条的规定，公诉案件中当事人和解后，法院可以依法对被告人从宽处罚，而不是宣判无罪。故D项错误。综上可知，本题的不正确答案为ABD项。

5. 陈龙寻衅滋事致李龙轻伤而被逮捕，在审查起诉阶段才认罪认罚，且双方没有达成和解协议。下列关于该案的程序的说法，正确的是：（2021仿真题，不定项）

A. 检察院应当及时进行羁押必要性审查

B. 此案双方可自愿达成和解

C. 此案可适用速裁程序审理

D. 若检察院认为可以对甲适用非监禁刑，可自行进行社会调查

【考点】羁押必要性审查、当事人和解的公诉案件诉讼程序适用的条件、速裁程序适用的条件、量刑程序

【解析】依据《高检规则》第270条第2款规定："已经逮捕的犯罪嫌疑人认罪认罚的，人民检察院应当及时对羁押必要性进行审查。经审查，认为没有继续羁押必要的，应当予以释放或者变更强制措施。"故A项正确。

依据《公安部规定》第334条规定："有下列情形之一的，不属于因民间纠纷引起的犯罪案件：（一）雇凶伤害他人的；（二）涉及黑社会性质组织犯罪的；（三）涉及寻衅滋事的；（四）涉及聚众斗殴的；（五）多次故意伤害他人身体

的；（六）其他不宜和解的。"本题中，甲涉嫌的寻衅滋事罪属于该条第（三）项规定的犯罪，不是民间纠纷引起的犯罪，依据《刑事诉讼法》第288条的规定，不能适用刑事和解程序，故B项错误。

依据《刑事诉讼法》第223条规定："有下列情形之一的，不适用速裁程序：（一）被告人是盲、聋、哑人，或者是尚未完全丧失辨认或者控制自己行为能力的精神病人的；（二）被告人是未成年人的；（三）案件有重大社会影响的；（四）共同犯罪案件中部分被告人对指控的犯罪事实、罪名、量刑建议或者适用速裁程序有异议的；（五）被告人与被害人或者其法定代理人没有就附带民事诉讼赔偿等事项达成调解或者和解协议的；（六）其他不宜适用速裁程序审理的。"本题中，陈龙没有与李龙就赔偿达成和解协议，不得适用速裁程序，故C项错误。

依据《关于适用认罪认罚从宽制度的指导意见》第36条规定，犯罪嫌疑人认罪认罚，人民检察院拟提出缓刑或者管制量刑建议的，可以及时委托犯罪嫌疑人居住地的社区矫正机构进行调查评估，也可以自行调查评估。故D项正确。综上，本题的正确答案为A、D项。

（二）和解协议

对于适用当事人和解的公诉案件诉讼程序而达成和解协议的案件，下列哪一做法是错误的？（2012－2－37，单）

A. 公安机关可以撤销案件

B. 检察院可以向法院提出从宽处罚的建议

C. 对于犯罪情节轻微，不需要判处刑罚的，检察院可以不起诉

D. 法院可以依法对被告人从宽处罚

【考点】达成和解协议的处理

【解析】《刑事诉讼法》第290条规定："对于达成和解协议的案件，公安机关可以向人民检察院提出从宽处理的建议。人民检察院可以向人民法院提出从宽处罚的建议；对于犯罪情节轻微，不需要判处刑罚的，可以作出不起诉的决定。人民法院可以依法对被告人从宽处罚。"

可见，只有检察院在审查起诉阶段，当事人和解后可以酌定不起诉。公安机关在侦查阶段以及法院在审判阶段，当事人和解后，公安机关和法院都不能作出撤销案件的决定或者裁定终止审理、宣告无罪，公安机关只能向检察院提出从宽处理的建议，法院只能对被告人从宽处罚。故B、C、D项正确，A项错误。

综上所述，本题答案为A。

（三）和解程序

1. 董某（17岁）在某景点旅游时，点燃荒草不慎引起大火烧毁集体所有的大风公司林地，致大风公司损失5万元，被检察院提起公诉。关于本案处理，下列哪一选项是正确的？（2017－2－40，单）

A. 如大风公司未提起附带民事诉讼，检察院可代为提起，并将大风公司列为附带民事诉讼原告人

B. 董某与大风公司既可就是否对董某免除刑事处分达成和解，也可就民事赔偿达成和解

C. 双方刑事和解时可约定由董某在1年内补栽树苗200棵

扫码听课

扫码听课

D. 如双方达成刑事和解，检察院经法院同意可撤回起诉并对董某适用附条件不起诉

【考点】和解事项

【解析】依据《高检规则》第495条规定："双方当事人可以就赔偿损失、赔礼道歉等民事责任事项进行和解，并且可以就被害人及其法定代理人或者近亲属是否要求或者同意公安机关、人民检察院、人民法院对犯罪嫌疑人依法从宽处理进行协商，但不得对案件的事实认定、证据采信、法律适用和定罪量刑等依法属于公安机关、人民检察院、人民法院职权范围的事宜进行协商。"所以此题B选项免除刑事处分达成和解错误。而就C选项中的约定由董某在1年内补栽树苗200棵民事赔偿予以认可，故C项为应选答案。

《刑事诉讼法》第290条："对于达成和解协议的案件，公安机关可以向人民检察院提出从宽处理的建议。人民检察院可以向人民法院提出从宽处罚的建议；对于犯罪情节轻微，不需要判处刑罚的，可以作出不起诉的决定。人民法院可以依法对被告人从宽处罚。"根据该条规定，若在审查起诉阶段达成和解协议，检察院有权直接作出不起诉决定，而无需法院同意；本题中，已经提起公诉，撤回起诉于法无依，故D项错。

依据《刑诉解释》第179条第1、2款："国家财产、集体财产遭受损失，受损失的单位未提起附带民事诉讼，人民检察院在提起公诉时提起附带民事诉讼的，人民法院应当受理。人民检察院提起附带民事诉讼的，应当列为附带民事诉讼原告人。"故A项把大风公司列为附带民事诉讼原告人做法错误。

综上，此题答案为C。

2. 甲因琐事与乙发生口角进而厮打，推搡之间，不慎致乙死亡。检察院以甲涉嫌过失致人死亡提起公诉，乙母丙向法院提起附带民事诉讼。关于本案处理，下列哪些选项是正确的？（2015–2–75，多）

A. 法院可对附带民事部分进行调解

B. 如甲与丙经法院调解达成协议，调解协议中约定的赔偿损失内容可分期履行

C. 如甲提出申请，法院可组织甲与丙协商以达成和解

D. 如甲与丙达成刑事和解，其约定的赔偿损失内容可分期履行

【解析】《刑事诉讼法》第103条规定："人民法院审理附带民事诉讼案件，可以进行调解，或者根据物质损失情况作出判决、裁定。"A项正确。

《刑诉解释》第587条第1款规定：对符合刑事诉讼法第288条规定的公诉案件，事实清楚、证据充分的，人民法院应当告知当事人可以自行和解；当事人提出申请的，人民法院可以主持双方当事人协商以达成和解。可见，如甲提出申请，法院可组织甲与丙协商以达成和解，C项正确。

《刑诉解释》第593条第1款第1款规定："和解协议约定的赔偿损失内容，被告人应当在协议签署后即时履行。"该解释第595条："被害人或者其法定代理人、近亲属提起附带民事诉讼后，双方愿意和解，但被告人不能即时履行全部赔偿义务的，人民法院应当制作附带民事调解书。"可见，和解一般需要即时履行全部赔偿义务，如果不能即时全部履行的，法院应当采取调解方式，这意味着，调解是有可能分期履行的。因此，B项正确。D项错误。

大咖点拨区

扫码听课

综上所述，本题答案为 A、B、C。

3. 甲因邻里纠纷失手致乙死亡，甲被批准逮捕。案件起诉后，双方拟通过协商达成和解。对于此案的和解，下列哪一选项是正确的？（2014－2－40，单）

A. 由于甲在押，其近亲属可自行与被害方进行和解

B. 由于乙已经死亡，可由其近亲属代为和解

C. 甲的辩护人和乙近亲属的诉讼代理人可参与和解协商

D. 由于甲在押，和解协议中约定的赔礼道歉可由其近亲属代为履行

【考点】和解主体

【解析】《刑诉解释》第 589 条第 1 款规定："被告人的近亲属经被告人同意，可以代为和解。"可见，被告人的近亲属不可以自行与被害人和解，需要事先取得被告人同意，A 项错误。

《刑诉解释》第 588 条规定："符合刑事诉讼法第二百八十八条规定的公诉案件，被害人死亡的，其近亲属可以与被告人和解。近亲属有多人的，达成和解协议，应当经处于最先继承顺序的所有近亲属同意。被害人系无行为能力或者限制行为能力人的，其法定代理人、近亲属可以代为和解。"可见，被害人死亡，近亲属可以与被告人和解，而非"代为"和解。B 项错误。

《刑诉解释》第 587 条第 2 款规定："根据案件情况，人民法院可以邀请人民调解员、辩护人、诉讼代理人、当事人亲友等参与促成双方当事人和解。"可见，甲的辩护人和乙近亲属的诉讼代理人可以参与和解协商。C 项正确。

《刑诉解释》第 589 条第 3 款规定："被告人的法定代理人、近亲属依照前两款规定代为和解的，和解协议约定的赔礼道歉等事项，应当由被告人本人履行。"可见，赔礼道歉不可以由近亲属代为履行，D 项错误。

综上所述，本题答案为 C。

4. 张某因超速驾驶发生交通事故，不慎将行人 A 撞成重伤，且把 B 停放在路边的摩托车撞毁了。张某因害怕承担责任在肇事后逃逸。S 区公安局在张某哥哥的协助下将张某抓获归案。S 区检察院以交通肇事罪对张某提起公诉。关于本案，下列说法正确的是？

A. 张某就民事赔偿问题与 A 没有达成和解，而与 B 达成了和解，法院应当对张某从轻处罚

B. B 只有向法院提起附带民事诉讼后，才能委托诉讼代理人

C. B 向法院提起附带民事诉讼后，张某与 B 达成和解，但张某不能即时履行全部赔偿义务，S 区法院应当制作附带民事和解书

D. 对张某哥哥协助公安机关抓获张某的行为，因为不是法定量刑情节，法院可不予以审理

【考点】和解事项、委托代理、和解协议的履行、量刑情节

【解析】《刑诉解释》第 596 条规定："对达成和解协议的案件，人民法院应当对被告人从轻处罚；符合非监禁刑适用条件的，应当适用非监禁刑；判处法定最低刑仍然过重的，可以减轻处罚；综合全案认为犯罪情节轻微不需要判处刑罚的，可以免除刑事处罚。共同犯罪案件，部分被告人与被害人达成和解协议的，可以依法对该部分被告人从宽处罚，但应当注意全案的量刑平衡。"据此，只要被告人与被害人达成和解协议，不管是与部分被害人还是全部被害人达成和解协

议，法院均应当对被告人从轻处罚，A 选项正确。

《刑事诉讼法》第 46 条第 1 款规定："公诉案件的被害人及其法定代理人或者近亲属，附带民事诉讼的当事人及其法定代理人，自案件移送审查起诉之日起，有权委托诉讼代理人。自诉案件的自诉人及其法定代理人，附带民事诉讼的当事人及其法定代理人，有权随时委托诉讼代理人。"本案为公诉案件，作为被害人的 B，自案件移送审查起诉之日起，即有双委托诉讼代理人。故 B 选项错误。

《刑诉解释》第 595 条规定："被害人或者其法定代理人、近亲属提起附带民事诉讼后，双方愿意和解，但被告人不能即时履行全部赔偿义务的，人民法院应当制作附带民事调解书。"故 C 选项错误。

《关于办理死刑案件审查判断证据若干问题的规定》第 36 条规定，在对被告人作出有罪认定后，人民法院认定被告人的量刑事实，除审查法定情节外，还应审查以下影响量刑的情节：（1）案件起因；（2）被害人有无过错及过错程度，是否对矛盾激化负有责任及责任大小；（3）被告人的近亲属是否协助抓获被告人；（4）被告人平时表现及有无悔罪态度；（5）被害人附带民事诉讼赔偿情况，被告人是否取得被害人或者被害人近亲属谅解；（6）其他影响量刑的情节。既有从轻、减轻处罚等情节，又有从重处罚等情节的，应当依法综合相关情节予以考虑。不能排除被告人具有从轻、减轻处罚等量刑情节的，判处死刑应当特别慎重。据此，尽管张某哥哥协助抓获张某并非法定量刑情节，但属于酌定量刑情节，法院应当予以审理，故 D 选项错误。

综上，本题答案为 A。

三、犯罪嫌疑人、被告人逃匿、死亡案件违法所得的没收程序

1. 李某（女）家住甲市，系该市某国有公司会计，涉嫌贪污公款 500 余万元，被甲市检察院立案侦查后提起公诉，甲市中级法院受理该案后，李某脱逃，下落不明。关于李某脱逃后的诉讼程序，下列选项正确的是：（2015 - 2 - 93，任）

A. 李某脱逃后，法院可中止审理

B. 在通缉李某 1 年不到案后，甲市检察院可向甲市中级法院提出没收李某违法所得的申请

C. 李某的近亲属只能在 6 个月的公告期内申请参加诉讼

D. 在审理没收违法所得的案件过程中，李某被抓捕归案的，法院应裁定终止审理

【考点】违法所得没收程序适用情形及审理

【解析】《刑事诉讼法》第 206 条规定：在审判过程中，有下列情形之一，致使案件在较长时间内无法继续审理的，可以中止审理：（1）被告人患有严重疾病，无法出庭的；（2）被告人脱逃的；（3）自诉人患有严重疾病，无法出庭，未委托诉讼代理人出庭的；（4）由于不能抗拒的原因。中止审理的原因消失后，应当恢复审理。中止审理的期间不计入审理期限。可见，李某脱逃后，法院可中止审理，故 A 项正确。

根据《刑事诉讼法》第 298 条的规定，该程序适用于两种情况：第一，（1）贪污贿赂犯罪、恐怖活动犯罪等重大犯罪案件，（2）犯罪嫌疑人、被告人逃匿，在

大咖点拨区

大咖点拨区

扫码听课

通缉一年后不能到案，（3）依照刑法规定应当追缴其违法所得及其他涉案财产的。第二，（1）犯罪嫌疑人、被告人死亡，（2）依照刑法规定应当追缴其违法所得及其他涉案财产的。可见，本案中，李某属于第一种情况，B项正确。

《刑诉解释》第617条第1款规定："犯罪嫌疑人、被告人的近亲属和其他利害关系人申请参加诉讼的，应当在公告期间提出。犯罪嫌疑人、被告人的近亲属应当提供其与犯罪嫌疑人、被告人关系的证明材料，其他利害关系人应当提供证明其对违法所得及其他涉案财产主张权利的证据材料。"《刑诉解释》第617条第3款规定："利害关系人在公告期满后申请参加诉讼，能够合理说明理由的，人民法院应当准许。"可见，李某的近亲属超过公告期申请参加诉讼，法院也有可能准许，C项错误。

根据《刑事诉讼法》第301条第1款的规定，在审理过程中，在逃的犯罪嫌疑人、被告人自动投案或者被抓获的，人民法院应当终止审理。可见，D项正确。

综上所述，本题答案为A、B、D。

2. A市原副市长马某，涉嫌收受贿赂2000余万元。为保证公正审判，上级法院指令与本案无关的B市中级法院一审。B市中级法院受理此案后，马某突发心脏病不治身亡。关于此案处理，下列哪一选项是错误的？（2014-2-41，单）

　　A. 应当由法院作出终止审理的裁定，再由检察院提出没收违法所得的申请

　　B. 应当由B市中级法院的同一审判组织对是否没收违法所得继续进行审理

　　C. 如裁定没收违法所得，而马某妻子不服的，可在5日内提出上诉

　　D. 如裁定没收违法所得，而其他利害关系人不服的，有权上诉

【考点】终止审理、违法所得没收程序启动及审理

【解析】《刑事诉讼法》第16条规定：有下列情形之一的，不追究刑事责任，已经追究的，应当撤销案件，或者不起诉，或者终止审理，或者宣告无罪：（1）情节显著轻微、危害不大，不认为是犯罪的；（2）犯罪已过追诉时效期限的；（3）经特赦令免除刑罚的；（4）依照刑法告诉才处理的犯罪，没有告诉或者撤回告诉的；（5）犯罪嫌疑人、被告人死亡的；（6）其他法律规定免予追究刑事责任的。可见，根据该条第（5）项规定，法院应当裁定终止审理。此外，《刑事诉讼法》第298条第1款规定："对于贪污贿赂犯罪、恐怖活动犯罪等重大犯罪案件，犯罪嫌疑人、被告人逃匿，在通缉一年后不能到案，或者犯罪嫌疑人、被告人死亡，依照刑法规定应当追缴其违法所得及其他涉案财产的，人民检察院可以向人民法院提出没收违法所得的申请。"可知，应当由检察院向法院提出没收违法所得的申请。A项正确。

《刑事诉讼法》第299条第1款规定："没收违法所得的申请，由犯罪地或者犯罪嫌疑人、被告人居住地的中级人民法院组成合议庭进行审理。"本题中，B市中级人民法院既不是犯罪地，也不是居住地，而是由上级法院指令的与本案无关的法院，该法院有资格审理受贿案，但没有权力审理没收程序。可见，B市中级人民法院没有管辖权。B项错误。

《刑诉解释》第622条规定：对没收违法所得或者驳回申请的裁定，犯罪嫌疑人、被告人的近亲属和其他利害关系人或者人民检察院可以在5日以内提出上诉、抗诉。可见，马某妻子属于近亲属，可以在5日内提出上诉，其他利害关系人同样可以。C、D项正确。

综上所述，本题答案为 B。

3. 关于犯罪嫌疑人、被告人逃匿、死亡案件违法所得的没收程序，下列哪一说法是正确的？（2012 - 2 - 38，单）

A. 贪污贿赂犯罪案件的犯罪嫌疑人潜逃，通缉 1 年后不能到案的，依照《刑法》规定应当追缴其违法所得及其他涉案财产的，公安机关可以向法院提出没收违法所得的申请

B. 在 A 选项所列情形下，检察院可以向法院提出没收违法所得的申请

C. 没收违法所得及其他涉案财产的申请，由犯罪地的基层法院组成合议庭进行审理

D. 没收违法所得案件审理中，在逃犯罪嫌疑人被抓获的，法院应当中止审理

【考点】违法所得没收程序适用情形、启动及审理

【解析】《刑事诉讼法》第 298 条第 1 款规定：对于贪污贿赂犯罪、恐怖活动犯罪等重大犯罪案件，犯罪嫌疑人、被告人逃匿，在通缉 1 年后不能到案，或者犯罪嫌疑人、被告人死亡，依照刑法规定应当追缴其违法所得及其他涉案财产的，人民检察院可以向人民法院提出没收违法所得的申请。可见，检察院可以向法院提出没收违法所得的申请，公安机关不能直接向法院提出没收违法所得的申请，故 A 项错误、B 项正确。

《刑事诉讼法》第 299 条第 1 款规定："没收违法所得的申请，由犯罪地或者犯罪嫌疑人、被告人居住地的中级人民法院组成合议庭进行审理。"可见，不能由犯罪地的基层法院审理，C 项错误。

《刑事诉讼法》第 301 条第 1 款规定："在审理过程中，在逃的犯罪嫌疑人、被告人自动投案或者被抓获的，人民法院应当终止审理。"可见，在逃犯罪嫌疑人被抓获的，不是"中止"审理，D 项错误。

综上所述，本题答案为 B。

4. 王某家住 A 市，系该市某工商局副局长，涉嫌贪污公款 1200 余万元，被立案调查后移送检察院审查起诉。A 市检察院提起公诉，A 市中级法院受理该案后，王某脱逃，下落不明。关于王某脱逃后的诉讼程序，下列选项正确的是：（2020 仿真题）

A. 王某脱逃后，法院应当裁定终止审理

B. 在通缉王某 1 年不到案后，A 市检察院可向 A 市中级法院提出没收王某违法所得的申请

C. 王某的近亲属只能在 6 个月的公告期内申请参加诉讼

D. 在审理没收违法所得的案件过程中，王某被抓捕归案的，法院应裁定终止审理

【考点】违法所得没收程序适用情形及审理

【解析】根据《刑事诉讼法》第 206 条第 1 款："在审判过程中，有下列情形之一，致使案件在较长时间内无法继续审理的，可以中止审理：（一）被告人患有严重疾病，无法出庭的；（二）被告人脱逃的；（三）自诉人患有严重疾病，无法出庭，未委托诉讼代理人出庭的；（四）由于不能抗拒的原因。"可见，王某在法院受理案件后脱逃属于"中止审理"的第二种情形，而不是"终止审理"的情形，故 A 选项错误。

根据《刑事诉讼法》第298条第1款："对于贪污贿赂犯罪、恐怖活动犯罪等重大犯罪案件，犯罪嫌疑人、被告人逃匿，在通缉一年后不能到案，或者犯罪嫌疑人、被告人死亡，依照刑法规定应当追缴其违法所得及其他涉案财产的，人民检察院可以向人民法院提出没收违法所得的申请。"可见，通缉一年仍不能到案的王某属于"没收违法所得程序"的第一种情形，A市检察院可以向A市中级法院提出没收王某违法所得的申请，B选项正确。

《刑诉解释》第617条第1款规定："犯罪嫌疑人、被告人的近亲属和其他利害关系人申请参加诉讼的，应当在公告期间提出。犯罪嫌疑人、被告人的近亲属应当提供其与犯罪嫌疑人、被告人关系的证明材料，其他利害关系人应当提供证明其对违法所得及其他涉案财产主张权利的证据材料。"《刑诉解释》第617条第3款规定："利害关系人在公告期满后申请参加诉讼，能够合理说明理由的，人民法院应当准许。"可见，李某的近亲属超过公告期申请参加诉讼，法院也有可能准许，C项错误。

根据《刑事诉讼法》第301条第1款的规定：在审理过程中，在逃的犯罪嫌疑人、被告人自动投案或者被抓获的，人民法院应当终止审理。可见，D项正确。

综上所述，本题答案为B、D。

5. 聋哑人孙某涉嫌诈骗犯罪，被检察院批捕。下列关于该案程序的表述，正确的是：（2021仿真题，不定项）

A. 孙某的母亲可以为孙某提供翻译

B. 孙某的父亲经孙某同意，可以代为与被害人和解

C. 被害人可以提起附带民事诉讼

D. 若孙某在审理中死亡，检察院可向法院提出没收违法所得申请

【考点】翻译人员、当事人和解的公诉案件诉讼程序、附带民事赔偿范围、违法所得没收程序

【解析】依据《刑事诉讼法》第29条规定："审判人员、检察人员、侦查人员有下列情形之一的，应当自行回避，当事人及其法定代理人也有权要求他们回避：（一）是本案的当事人或者是当事人的近亲属的；（二）本人或者他的近亲属和本案有利害关系的；（三）担任过本案的证人、鉴定人、辩护人、诉讼代理人的；（四）与本案当事人有其他关系，可能影响公正处理案件的。"《刑事诉讼法》第32条第1款规定："本章关于回避的规定适用于书记员、翻译人员和鉴定人。"由此可见，翻译人员属于回避的对象，孙某的母亲是孙某的近亲属，不得为孙某提供翻译。故A项不正确。

依据《刑诉解释》第589条第1款规定："被告人的近亲属经被告人同意，可以代为和解。"B项中孙某的父亲是孙某的近亲属，其经孙某同意，可代为与被害人和解。故B项正确。

依据《刑诉解释》第176条规定："被告人非法占有、处置被害人财产的，应当依法予以追缴或者责令退赔。被害人提起附带民事诉讼的，人民法院不予受理。"本题中孙某涉嫌诈骗，属于非法占有、处置被害人财产的犯罪，被害人不能提起附带民事诉讼，故C项不正确。

《刑诉解释》第611条规定："犯罪嫌疑人、被告人死亡，依照刑法规定应当追缴其违法所得及其他涉案财产，人民检察院提出没收违法所得申请的，人民法

院应当依法受理。"故 D 项正确。综上，本题的正确答案为 B、D 两项。

四、依法不负刑事责任的精神病人的强制医疗程序

1. 甲在公共场所实施暴力行为，经鉴定为不负刑事责任的精神病人，被县法院决定强制医疗。甲父对决定不服向市中级法院申请复议，市中级法院审理后驳回申请，维持原决定。关于本案处理，下列哪一选项是正确的？（2017－2－41，单）

A. 复议期间可暂缓执行强制医疗决定，但应采取临时的保护性约束措施

B. 应由公安机关将甲送交强制医疗

C. 强制医疗 6 个月后，甲父才能申请解除强制医疗

D. 申请解除强制医疗应向市中级法院提出

【考点】强制医疗程序复议机制、强制医疗的解除

【解析】依据《刑诉解释》第 642 条：被决定强制医疗的人、被害人及其法定代理人、近亲属对强制医疗决定不服的，可以自收到决定书第二日起 5 日以内向上一级人民法院申请复议。复议期间不停止执行强制医疗的决定。故 A 项不正确。

依据《刑诉解释》第 641 条：人民法院决定强制医疗的，应当在作出决定后 5 日以内，向公安机关送达强制医疗决定书和强制医疗执行通知书，由公安机关将被决定强制医疗的人送交强制医疗。故 B 正确。

依据《刑诉解释》第 631 条："依法不负刑事责任的精神病人强制医疗的案件，由被申请人实施暴力行为所在地的基层人民法院管辖；由被申请人居住地的人民法院审判更为适宜的，可以由被申请人居住地的基层人民法院管辖。"故 D 不正确。

《刑诉解释》第 645 条：被强制医疗的人及其近亲属申请解除强制医疗的，应当向决定强制医疗的人民法院提出。被强制医疗的人及其近亲属提出的解除强制医疗申请被法院驳回，6 个月后再次提出申请的，法院应当受理。此题中 C 选项说强制医疗 6 个月后，甲父才能申请解除强制医疗，不符合法条原意，故 C 项不选。

综上，此题答案为 B。

2. 甲将乙杀害，经鉴定甲系精神病人，检察院申请法院适用强制医疗程序。关于本案，下列哪一选项是正确的？（2016－2－42，单）

A. 法院审理该案，应当会见甲

B. 甲没有委托诉讼代理人的，法院可通知法律援助机构指派律师担任其诉讼代理人

C. 甲出庭的，应由其法定代理人或诉讼代理人代为发表意见

D. 经审理发现甲具有部分刑事责任能力，依法应当追究刑事责任的，转为普通程序继续审理

【考点】强制医疗的决定程序

【解析】《刑诉解释》第 635 条第 2 款规定："审理强制医疗案件，应当会见被申请人，听取被害人及其法定代理人的意见。"可见，A 项正确。

《刑诉解释》第 634 条规定，被申请人或者被告人没有委托诉讼代理人的，

大咖点拨区

扫码听课

应当自受理强制医疗申请或者发现被告人符合强制医疗条件之日起 3 日以内，通知法律援助机构指派律师担任其诉讼代理人，为其提供法律帮助。可见，法院"应当"而非"可以"通知。B 项错误。

《刑诉解释》第 636 条第 2 款规定："被申请人要求出庭，人民法院经审查其身体和精神状态，认为可以出庭的，应当准许。出庭的被申请人，在法庭调查、辩论阶段，可以发表意见。"可见，甲可以自己发表意见，不是必须由其法定代理人或诉讼代理人代为发表意见。C 项错误。

《刑诉解释》第 637 条规定，对申请强制医疗的案件，人民法院审理后，应当按照下列情形分别处理：（1）符合《刑事诉讼法》第 302 条规定的强制医疗条件的，应当作出对被申请人强制医疗的决定；（2）被申请人属于依法不负刑事责任的精神病人，但不符合强制医疗条件的，应当作出驳回强制医疗申请的决定；被申请人已经造成危害结果的，应当同时责令其家属或者监护人严加看管和医疗；（3）被申请人具有完全或者部分刑事责任能力，依法应当追究刑事责任的，应当作出驳回强制医疗申请的决定，并退回人民检察院依法处理。

可见，根据上述"（3）"，D 项错误。

综上所述，本题答案为 A。

3. 依法不负刑事责任的精神病人的强制医疗程序是一种特别程序。关于其特别之处，下列哪一说法是正确的？（2015－2－42，单）

A. 不同于普通案件奉行的不告不理原则，法院可未经检察院对案件的起诉或申请而启动这一程序

B. 不同于普通案件审理时被告人必须到庭，可在被申请人不到庭的情况下审理并作出强制医疗的决定

C. 不同于普通案件中的抗诉或上诉，被决定强制医疗的人可通过向上一级法院申请复议启动二审程序

D. 开庭审理时无需区分法庭调查与法庭辩论阶段

【考点】 强制医疗的启动、决定程序

【解析】 启动强制医疗的程序有两种方式：一是由检察院向法院提出申请而启动；二是对于检察院提起公诉的案件，法院在审理过程中依职权启动强制医疗的审理程序。因此，法院可未经检察院申请启动这一程序正确，但如果要自己依职权启动，需要检察院对案件提起公诉。故 A 项错误。

《刑诉解释》第 636 条第 2 款规定："被申请人要求出庭，人民法院经审查其身体和精神状态，认为可以出庭的，应当准许。出庭的被申请人，在法庭调查、辩论阶段，可以发表意见。"可见，被申请人是可以不到庭的，因为，被申请人有可能是暴力倾向的精神病人，出庭无益于审理的正常进行。B 项正确。

《刑诉解释》第 642 条规定：被决定强制医疗的人、被害人及其法定代理人、近亲属对强制医疗决定不服的，可以自收到决定书第二日起 5 日以内向上一级人民法院申请复议。复议期间不停止执行强制医疗的决定。此外，根据《刑诉解释》第 643 条的规定，对不服强制医疗决定的复议申请，上一级人民法院应当组成合议庭审理，并在 1 个月内作出复议决定。但是，这不能被称为二审程序。只有对一审判决、裁定不服，通过上诉、抗诉启动的程序才叫二审程序。精神病强制医疗程序做的是决定，没有上诉、抗诉的说法，也没有第二审程序。C 项错误。

《刑诉解释》第636条第1款规定，开庭审理申请强制医疗的案件，按照下列程序进行：（1）审判长宣布法庭调查开始后，先由检察员宣读申请书，后由被申请人的法定代理人、诉讼代理人发表意见；（2）法庭依次就被申请人是否实施了危害公共安全或者严重危害公民人身安全的暴力行为、是否属于依法不负刑事责任的精神病人、是否有继续危害社会的可能进行调查；调查时，先由检察员出示证据，后由被申请人的法定代理人、诉讼代理人发表意见、出示证据，并进行质证；必要时，可以通知鉴定人出庭对鉴定意见作出说明；（3）法庭辩论阶段，先由检察员发言，后由被申请人的法定代理人、诉讼代理人发言，并进行辩论。

根据上述第（2）～（3）项规定，该程序也存在法庭调查和法庭辩论，D项错误。

综上所述，本题答案为B。

4. 公安机关在案件侦查中，发现打砸多辆机动车的犯罪嫌疑人何某神情呆滞，精神恍惚。经鉴定，何某属于依法不负刑事责任的精神病人。关于公安机关对此案的处理，下列哪一选项是正确的？（2013－2－41，单）

A. 写出强制医疗意见书，移送检察院向法院提出强制医疗申请
B. 撤销案件，将何某交付其亲属并要求其积极治疗
C. 移送强制医疗机构对何某进行诊断评估
D. 何某的亲属没有能力承担监护责任的，可以采取临时的保护性约束措施

【考点】强制医疗启动

【解析】本题重点考查精神病强制医疗的条件，并非所有的精神病都可以适用强制医疗程序。

《刑事诉讼法》第303条规定："根据本章规定对精神病人强制医疗的，由人民法院决定。公安机关发现精神病人符合强制医疗条件的，应当写出强制医疗意见书，移送人民检察院。对于公安机关移送的或者在审查起诉过程中发现的精神病人符合强制医疗条件的，人民检察院应当向人民法院提出强制医疗的申请。人民法院在审理案件过程中发现被告人符合强制医疗条件的，可以作出强制医疗的决定。对实施暴力行为的精神病人，在人民法院决定强制医疗前，公安机关可以采取临时的保护性约束措施。"可见，公安机关发现精神病人符合强制医疗条件的，应当写出强制医疗意见书。此外，《刑事诉讼法》第302条规定："实施暴力行为，危害公共安全或者严重危害公民人身安全，经法定程序鉴定依法不负刑事责任的精神病人，有继续危害社会可能的，可以予以强制医疗。"简言之，精神病人必须同时具备"暴力"行为、危害"公共、人身"安全、经过"鉴定"、有"继续"危害可能性，才可以启动精神病强制医疗程序。本案中，犯罪嫌疑人何某神情呆滞，精神恍惚，打砸多辆机动车，经鉴定何某属于依法不负刑事责任的精神病人。可知，对何某适用精神病强制医疗程序仍欠缺"有继续危害可能性"条件，故公安机关不需要写出强制医疗意见书、移送人民检察院。A项错误。

《刑事诉讼法》第16条规定：有下列情形之一的，不追究刑事责任，已经追究的，应当撤销案件，或者不起诉，或者终止审理，或者宣告无罪：（1）情节显著轻微、危害不大，不认为是犯罪的；（2）犯罪已过追诉时效期限的；（3）经特赦令免除刑罚的；（4）依照刑法告诉才处理的犯罪，没有告诉或者撤回告诉的；（5）犯罪嫌疑人、被告人死亡的；（6）其他法律规定免予追究刑事责任的。本题

大咖点拨区

扫码听课

中，何某属于依法不负刑事责任的精神病人，可以属于上述第（6）项规定的情形，公安机关需要撤销案件。B项正确。

《刑事诉讼法》第303条的规定："根据本章规定对精神病人强制医疗的，由人民法院决定。公安机关发现精神病人符合强制医疗条件的，应当写出强制医疗意见书，移送人民检察院。对于公安机关移送的或者在审查起诉过程中发现的精神病人符合强制医疗条件的，人民检察院应当向人民法院提出强制医疗的申请。人民法院在审理案件过程中发现被告人符合强制医疗条件的，可以作出强制医疗的决定。对实施暴力行为的精神病人，在人民法院决定强制医疗前，公安机关可以采取临时的保护性约束措施。"可见，公安机关发现精神病人符合强制医疗条件的，应当写出强制医疗意见书，移送人民检察院。而非"移送强制医疗机构对何某进行诊断评估"，C项错误。

此外，对实施暴力行为的精神病人，在人民法院决定强制医疗前，公安机关可以采取临时的保护性约束措施。可见，采取临时性约束措施不以"何某的亲属没有能力承担监护责任"为条件，D项错误。

综上所述，本题答案为B。

5. 法院受理叶某涉嫌故意杀害郭某案后，发现其可能符合强制医疗条件。经鉴定，叶某属于依法不负刑事责任的精神病人，法院审理后判决宣告叶某不负刑事责任，同时作出对叶某强制医疗的决定。关于此案的救济程序，下列哪一选项是错误的？（2013－2－42，单）

A. 对叶某强制医疗的决定，检察院可以提出纠正意见

B. 叶某的法定代理人可以向上一级法院申请复议

C. 叶某对强制医疗决定可以向上一级法院提出上诉

D. 郭某的近亲属可以向上一级法院申请复议

【考点】强制医疗决定的复议

【解析】《刑诉解释》第648条规定："人民检察院认为强制医疗决定或者解除强制医疗决定不当，在收到决定书后二十日以内提出书面纠正意见的，人民法院应当另行组成合议庭审理，并在一个月以内作出决定。"可见，"检察院可以提出纠正意见"，A项正确。

《刑事诉讼法》第305条规定："人民法院经审理，对于被申请人或者被告人符合强制医疗条件的，应当在1个月以内作出强制医疗的决定。被决定强制医疗的人、被害人及其法定代理人、近亲属对强制医疗决定不服的，可以向上一级人民法院申请复议。"可见，B、D项正确。C项错在"上诉"，对强制医疗决定不服只能通过复议的方式得到救济。C项错误。

综上所述，本题答案为C。

6. 犯罪嫌疑人刘某涉嫌故意杀人被公安机关立案侦查。在侦查过程中，侦查人员发现刘某行为异常。经鉴定，刘某属于依法不负刑事责任的精神病人，需要对其实施强制医疗。请回答第95～96题。

（1）关于有权启动强制医疗程序的主体，下列选项正确的是：（2012－2－95，不定项）

A. 公安机关

B. 检察院

C. 法院

D. 刘某的监护人、法定代理人以及受害人

【考点】强制医疗启动主体

【解析】《刑事诉讼法》第303条规定："根据本章规定对精神病人强制医疗的，由人民法院决定。公安机关发现精神病人符合强制医疗条件的，应当写出强制医疗意见书，移送人民检察院。对于公安机关移送的或者在审查起诉过程中发现的精神病人符合强制医疗条件的，人民检察院应当向人民法院提出强制医疗的申请。人民法院在审理案件过程中发现被告人符合强制医疗条件的，可以作出强制医疗的决定。对实施暴力行为的精神病人，在人民法院决定强制医疗前，公安机关可以采取临时的保护性约束措施。"可见，有权启动精神病强制医疗程序的主体包括：检察院（申请法院启动）和法院（依职权启动）。

本题答案为 B、C。

（2）法院审理刘某强制医疗一案，下列做法不符合法律规定的是：（2012－2－96，不定项）

A. 由审判员和人民陪审员共3人组成合议庭

B. 鉴于刘某自愿放弃委托诉讼代理人，法院只通知了刘某的法定代理人到场

C. 法院认为刘某符合强制医疗的条件，依法对刘某作出强制医疗的裁定

D. 本案受害人不服法院对刘某强制医疗裁定，可申请检察院依法提起抗诉

【考点】强制医疗决定程序

【解析】《刑事诉讼法》第304条规定："人民法院受理强制医疗的申请后，应当组成合议庭进行审理。人民法院审理强制医疗案件，应当通知被申请人或者被告人的法定代理人到场。被申请人或者被告人没有委托诉讼代理人的，人民法院应当通知法律援助机构指派律师为其提供法律帮助。"

可见，只要不是上诉、抗诉案件、死刑复核等案件，有合议庭就可能存在陪审员，所以 A 项正确。

被申请人或者被告人没有委托诉讼代理人的，人民法院应当通知法律援助机构指派律师为其提供法律帮助，法院只通知了刘某的法定代理人到场的做法是错误的，B 项错误。

精神病强制医疗程序应当适用"决定"而不是"裁定"，C 项错误。

《刑事诉讼法》第305条第2款规定："被决定强制医疗的人、被害人及其法定代理人、近亲属对强制医疗决定不服的，可以向上一级人民法院申请复议。"可见，被害人不服，可以向上一级人民法院申请复议，而不是申请检察院抗诉，D 项错误。

综上所述，本题答案为 B、C、D。

7. 孙某将李某杀害，经鉴定孙某系精神病人，甲县检察院遂向甲县法院申请适用强制医疗程序。关于本案，下列说法正确的是？

A. 在法院决定强制医疗前，甲县检察院可以对孙某采取临时的保护性约束措施

B. 甲县法院受理检察院的强制医疗申请后，可由审判员一人独任审判

C. 甲县法院审理该案，应当会见孙某

D. 经审理发现孙某具有部分刑事责任能力，依法应当追究刑事责任的，可直

接判处孙某故意杀人罪

【考点】 强制医疗决定程序

【解析】《刑事诉讼法》第 303 条第 3 款规定："对实施暴力行为的精神病人，在人民法院决定强制医疗前，公安机关可以采取临时的保护性约束措施。"据此，有权采取临时保护性约束措施的是"公安机关"，而不是"检察院"，故 A 选项错误。

《刑事诉讼法》第 304 条第 1 款规定："人民法院受理强制医疗的申请后，应当组成合议庭进行审理。"据此，法院审理强制医疗案件不能独任审判，而只能组成合议庭进行审理，故 B 选项错误。

《刑诉解释》第 635 条第 2 款规定："审理强制医疗案件，应当会见被申请人，听取被害人及其法定代理人的意见。"据此，C 选项正确。

《刑诉解释》第 637 条规定，对申请强制医疗的案件，人民法院审理后，应当按照下列情形分别处理：（1）符合《刑事诉讼法》第 302 条规定的强制医疗条件的，应当作出对被申请人强制医疗的决定；（2）被申请人属于依法不负刑事责任的精神病人，但不符合强制医疗条件的，应当作出驳回强制医疗申请的决定；被申请人已经造成危害结果的，应当同时责令其家属或者监护人严加看管和医疗；（3）被申请人具有完全或者部分刑事责任能力，依法应当追究刑事责任的，应当作出驳回强制医疗申请的决定，并退回人民检察院依法处理。可见，根据上述规定（3），法院若认为应当追究孙某刑事责任的，应当作出驳回强制医疗申请的决定，并退回检察院依法处理。由于法院要遵循不告不理原则，甲县法院能否判孙某故意杀人罪，要取决于甲县检察院是否向其提起公诉，故 D 选项错误。

综上，本题答案为 C。

8. 下列关于强制医疗程序说法不正确的是？（2020 仿真题）

A. 被申请人或者被告人没有委托诉讼代理人的，法院应当通知法律援助机构指派律师为其提供法律帮助

B. 人民法院审理强制医疗案件，被申请人或者被告人及其法定代理人应当到场

C. 强制医疗案件，由被申请人实施暴力行为所在地的中级法院管辖；由被申请居住地法院审判更为适宜的，可以由被申请人居住地的中级法院管辖

D. 被决定强制医疗的人、被害人及其法定代理人、近亲属对强制医疗决定不服的，可以向上一级人民法院上诉

【考点】 强制辩护、强制医疗决定程序

【解析】 根据《刑事诉讼法》第 304 条："人民法院受理强制医疗的申请后，应当组成合议庭进行审理。人民法院审理强制医疗案件，应当通知被申请人或者被告人的法定代理人到场。被申请人或者被告人没有委托诉讼代理人的，人民法院应当通知法律援助机构指派律师为其提供法律帮助。"由此可见，A 选项正确。此外，根据第 304 条第 2 款的规定，"通知到场"是法院的义务，并无将"到场"规定为必要条件的意思，故 B 选项错误。

根据《刑事诉讼法》第 21 条："中级人民法院管辖下列第一审刑事案件：（一）危害国家安全、恐怖活动案件；（二）可能判处无期徒刑、死刑的案件。"依法不负刑事责任的精神病人的强制医疗程序不在中院一审的范围之内，C 选项

扫码听课

大咖点拨区

于法无依。

根据《刑事诉讼法》第305条第2款："被决定强制医疗的人、被害人及其法定代理人、近亲属对强制医疗决定不服的，可以向上一级人民法院申请复议。"可见，对强制医疗决定不服的，可以"申请复议"，而非"上诉"。故D选项错误。

综上，本题选择B、C、D。

9. 一中级法院二审时委托鉴定机构鉴定被告人，经鉴定，是不负刑事责任的精神病人，下列关于中级法院对本案的处理的说法，哪一项是正确的？（2021仿真题，单）

A. 先判决宣告刘某无罪，再启动强制医疗程序

B. 先裁定终止审理，再启动强制医疗程序

C. 以第一审判决适用法律错误为由，裁定撤销原判，发回重审

D. 直接启动强制医疗程序

【考点】二审中发现被告人符合强制医疗的情形的处理

【解析】依据《刑诉解释》第640条规定："第二审人民法院在审理刑事案件过程中。发现被告人可能符合强制医疗条件的，可以依照强制医疗程序对案件作出处理。也可以裁定发回原审人民法院重新审判。"本题中，D项的做法符合该法的规定。A项的错误在于，刘某实施暴力行为。不能对其宣告无罪。而是判决不负刑事责任。

B项的错误在于，本题不属于《刑事诉讼法》第16条、《刑诉解释》第604、625条规定的终止审理的情形。

按照《刑事诉讼法》第236条第1款第（二）项的规定，二审法院认为原判决认定事实没有错误，但适用法律有错误，或者量刑不当的，应当改判。不得裁定撤销原判，发回重审，因此，C项发回重审的理由是错误的。综上，本题的正确答案为D项。

10. 法院适用强制医疗程序对甲进行审理，下列说法不正确的是：（2021仿真题，不定项）

A. 在审理期间，公安可决定对甲采取临时保护性约束措施

B. 法院对甲决定强制医疗时应确认对其的强制医疗期限

C. 民政局可指派人员担任甲的诉讼代理人

D. 对甲进行精神病鉴定的医生可担任该案的人民陪审员参与审理

【考点】依法不负刑事责任的精神病人的强制医疗程序

【解析】依据《刑事诉讼法》第303条第3款规定："对实施暴力行为的精神病人，在人民法院决定强制医疗前，公安机关可以采取临时的保护性约束措施。"本题A项正确。

B项的错误在于法院对甲决定强制医疗时无需确认对其的强制医疗期限。

依据《刑事诉讼法》第304条第2款规定："……被申请人或者被告人没有委托诉讼代理人的，人民法院应当通知法律援助机构指派律师为其提供法律帮助。"故C项的错误在于，不是"民政部门"而是"法律援助机构"指派律师担任甲的诉讼代理人。

依据《刑事诉讼法》第29条规定："审判人员、检察人员、侦查人员有下列

情形之一的，应当自行回避，当事人及其法定代理人也有权要求他们回避：……（三）担任过本案的证人、鉴定人、辩护人、诉讼代理人的；……"。本题中，对甲进行精神病鉴定的医生参与过对甲的鉴定，其属于回避的对象，不得再参与该案审理，故 D 项错误。综上，本题符合题意的选项是 B、C、D 三项。

五、缺席审判程序

1. 关于贪污贿赂犯罪案件被告人在境外的缺席审判程序，下列说法正确的是？（2020 仿真题，单）

A. 由犯罪地、被告人离境前居住地或者最高人民法院指定的基层人民法院组成合议庭进行审理

B. 被告人及其近亲属没有委托辩护人的，人民法院可以通知法律援助机构指派律师为其提供辩护

C. 在审理过程中，被告人自动投案或者被抓获的，人民法院应当重新审理。

D. 被告人的近亲属经被告人同意，可以向上一级人民法院上诉。

【考点】 缺席审判案件管辖法院、缺席审判案件法律援助辩护、缺席审判案件的重新审理、缺席审判案件近亲属上诉权

【解析】 A 项，《刑事诉讼法》第 291 条规定："对于贪污贿赂犯罪案件，以及需要及时进行审判，经最高人民检察院核准的严重危害国家安全犯罪、恐怖活动犯罪案件，犯罪嫌疑人、被告人在境外，监察机关、公安机关移送起诉，人民检察院认为犯罪事实已经查清，证据确实、充分，依法应当追究刑事责任的，可以向人民法院提起公诉。人民法院进行审查后，对于起诉书中有明确的指控犯罪事实，符合缺席审判程序适用条件的，应当决定开庭审判。前款案件，由犯罪地、被告人离境前居住地或者最高人民法院指定的中级人民法院组成合议庭进行审理。"可见，贪污贿赂犯罪案件缺席审判程序的管辖法院是犯罪地、被告人离境前居住地或者最高人民法院指定的中级人民法院，而非基层人民法院，故 A 项错误。

B 项，《刑事诉讼法》第 293 条规定："人民法院缺席审判案件，被告人有权委托辩护人，被告人的近亲属可以代为委托辩护人。被告人及其近亲属没有委托辩护人的，人民法院应当通知法律援助机构指派律师为其提供辩护。"可见，被告人及其近亲属没有委托辩护人的，法院"应当"通知法律援助机构指派律师提供辩护，而非"可以"通知，故 B 项错误。

C 项，《刑事诉讼法》第 295 条第 1 款规定："在审理过程中，被告人自动投案或者被抓获的，人民法院应当重新审理。"可见，C 项正确。

D 项，《刑事诉讼法》第 294 条第 1 款规定："人民法院应当将判决书送达被告人及其近亲属、辩护人。被告人或者其近亲属不服判决的，有权向上一级人民法院上诉。辩护人经被告人或者其近亲属同意，可以提出上诉。"可见，被告人或近亲属均有上诉权，近亲属无须取得被告人同意即可提出上诉，故 D 项错误。

综上，本题正确答案为 C。

2. 陈龙因涉嫌故意杀人罪被批准逮捕。公安机关在侦查期间，又发现其还涉嫌贪污罪。检察院以故意杀人罪和贪污罪一起向法院提起公诉。在法院审判期间，陈龙自杀身亡。下列关于该案不正确的表述是：（2021 仿真题，不定项）

A. 涉嫌贪污罪的线索交给监察机关立案调查后，逮捕措施自动解除

B. 涉嫌贪污罪的线索交给监察机关立案调查后，仍由公安机关为主侦查

C. 对陈龙涉嫌的贪污罪，检察院可以向审理陈龙贪污罪的合议庭提出没收违法所得的申请

D. 法院缺席审理后，认为陈龙不是故意杀人案的凶手，可以宣告陈龙无罪并对贪污罪中止审理

【考点】 监察机关与公安机关管辖竞合的处理、违法所得没收程序、对死亡被告人的缺席审理

【解析】 本题中，公安机关在侦查陈龙故意杀人案期间。又发现陈龙还涉嫌贪污罪，在将贪污罪交给监察机关立案调查后，逮捕措施依然有效。故 A 项错误。

依据《监察法》第 34 条第 2 款规定："被调查人既涉嫌严重职务违法或者职务犯罪，又涉嫌其他违法犯罪的，一般应当由监察机关为主调查，其他机关予以协助。"本题中，陈龙的贪污罪由监察机关调查，故意杀人罪由公安机关侦查，一般应当由监察机关为主调查，公安机关予以协助。故 B 项错误。

依据《刑诉解释》第 626 条规定："在审理案件过程中，被告人脱逃或者死亡，符合刑事诉诊法第二百九十八条第一款规定的，人民检察院可以向人民法院提出没收违法所得的申请；符合刑事诉讼法第二百九十一条第一款规定的。人民检察院可以按照缺席审判程序向人民法院提起公诉。人民检察院向原受理案件的人民法院提出没收违法所得申请的，可以由同一审判组织审理。"故 C 项表述正确。

依据《刑诉解释》第 606 条规定："人民法院受理案件后被告人死亡的，应当裁定终止审理；但有证据证明被告人无罪，经缺席审理确认无罪的。应当判决宣告被告人无罪。前款所称"有证据证明被告人无罪，经缺席审理确认无罪，包括案件事实清楚，证据确实、充分，依据法律认定被告人无罪的情形，以及证据不足，不能认定被告人有罪的情形。"本题 D 项中，法院对已经死亡的被告人陈龙缺席审理后，认为陈龙不是故意杀人案的凶手，可以宣告陈龙无罪，这一表述是正确的，但是，若陈龙实施贪污罪的，对陈龙应"终止审理"而不是"中止审理"。故 D 项错误。综上，本题的正确答案为 ABD 项。

3. 陈龙涉嫌间谍罪被立案侦查，陈龙逃往境外，下列关于对该案程序的说法，正确是：（2021 仿真题，多）

A. 若对陈龙进行缺席审判，需报最高人民检察院核准

B. 在缺席审判中，若陈龙归案，法院应当重新审判

C. 在缺席审判中，若陈龙归案，法院拟重新审理的，检察院应商法院将案件撤回并重新审查

D. 在缺席判决生效后，若陈龙归案，法院应当重新审判

【考点】 对境外被告人的缺席审判程序

【解析】 依据《刑事诉讼法》第 291 条第 1 款规定："对于贪污贿赂犯罪案件，以及需要及时进行审判，经最高人民检察院核准的严重危害国家安全犯罪、恐怖活动犯罪案件，犯罪嫌疑人、被告人在境外，监察机关、公安机关移送起诉，人民检察院认为犯罪事实已经查清，证据确实、充分，依法应当追究刑事责任的，可以向人民法院提起公诉。人民法院进行审查后，对于起诉书中有明确的

大咖点拨区

扫码听课

大咖点拨区

指控犯罪事实，符合缺席审判程序适用条件的。应当决定开庭审判。"本题中陈龙涉嫌的间谍罪是危害国家安全的犯罪，需经最高人民检察院核准，才可以缺席审判，A 项正确。

依据《刑事诉讼法》第 295 条第 1 款规定："在审理过程中，被告人自动投案或者被抓获的，人民法院应当重新审理。"故 B 项正确。

依据《高检规则》第 510 条规定："提起公诉后被告人到案，人民法院拟重新审理的，人民检察院应当商人民法院将案件撤回并重新审查。"故 C 项正确。

依据《刑事诉讼法》第 295 条第 2 款规定："罪犯在判决、裁定发生法律效力后到案的，人民法院应当将罪犯交付执行刑罚。交付执行刑罚前，人民法院应当告知罪犯有权对判决、裁定提出异议。罪犯对判决、裁定提出异议的，人民法院应当重新审理。"故 D 项的错误在于，缺少了"陈龙提出异议"这一前提条件。综上，本题的正确答案为 A、B、C 三项。

4. 法院就涉嫌贪污罪的被告人进行缺席审判。下列关于该案诉讼程序的说法，正确的是：（2021 仿真题，不定项）

A. 对该案缺席审判，需经最高人民检察院核准

B. 被告人的妻子可以直接对缺席判决提起上诉

C. 上诉期未满时，被告人回国后对一审判决没有异议的，法院可以直接将被告人交付执行

D. 被告人的妻子可以申请参加诉讼

扫码听课

【考点】 对境外的被告人缺席审判的程序

【解析】 依据《刑事诉讼法》第 291 条规定："对于贪污贿赂犯罪案件，以及需要及时进行审判，经最高人民检察院核准的严重危害国家安全犯罪、恐怖活动犯罪案件，犯罪嫌疑人、被告人在境外，监察机关、公安机关移送起诉，人民检察院认为犯罪事实已经查清，证据确实、充分，依法应当追究刑事责任的，可以向人民法院提起公诉。人民法院进行审查后，对于起诉书中有明确的指控犯罪事实，符合缺席审判程序适用条件的。应当决定开庭审判。前款案件，由犯罪地、被告人离境前居住地或者最高人民法院指定的中级人民法院组成合议庭进行审理。"由此可见。只有对危害国家安全犯罪、恐怖活动犯罪案件缺席审判。才需要经最高人民检察院核准，本题中涉嫌的贪污罪，无需经最高人民检察院核准，就可以对程某缺席审判。故 A 项错误。

依据《刑事诉讼法》第 294 条第 1 款规定："人民法院应当将判决书送达被告人及其近亲属、辩护人。被告人或者其近亲属不服判决的，有权向上一级人民法院上诉。辩护人经被告人或者其近亲属同意，可以提出上诉。"本题中，被告人的妻子作为近亲属，对缺席判决享有独立的上诉权，故 B 项正确。

依据《刑事诉讼法》第 295 条规定："在审理过程中，被告人自动投案或者被抓获的，人民法院应当重新审理。罪犯在判决、裁定发生法律效力后到案的。人民法院应当将罪犯交付执行刑罚。交付执行刑罚前。人民法院应当告知罪犯有权对判决、裁定提出异议。罪犯对判决、裁定提出异议的。人民法院应当重新审理。依照生效判决、裁定对罪犯的财产进行的处理确有错误的，应当予以返还、赔偿。"本题项中，因为上诉期未满，属于"在审理过程中"，被告人到案的，法院应重新审理，而不是直接将交付执行，该 C 项不正确。

　　依据《刑诉解释》第 603 条规定："人民法院审理人民检察院依照刑事诉讼法第二百九十一条第一款的规定提起公诉的案件，参照适用公诉案件第一审普通程序的有关规定。被告人的近亲属参加诉讼的，可以发表意见，出示证据，申请法庭通知证人、鉴定人等出庭，进行辩论。"可见，妻子作为近亲属，有权申请参加诉讼。故 D 项正确。综上，本题的正确答案为 B、D 两项。

大咖点拨区

专题二十五　涉外刑事诉讼程序与司法协助制度

1. W国人约翰涉嫌在我国某市A区从事间谍活动被立案侦查并提起公诉。关于本案诉讼程序，下列哪一选项是正确的？（2017－2－42，单）

A. 约翰可通过W国驻华使馆委托W国律师为其辩护

B. 本案由A区法院一审

C. 约翰精通汉语，开庭时法院可不为其配备翻译人员

D. 给约翰送达的法院判决书应为中文本

【考点】涉外刑事诉讼特有原则

【解析】《刑诉解释》第484条第2款规定："法院的诉讼文书为中文本。外国籍当事人不通晓中文的，应当附有外文译本，译本不加盖人民法院印章，以中文本为准。"故D项正确。

《刑诉解释》第485条第1款规定："外国籍被告人委托律师辩护，或者外国籍附带民事诉讼原告人、自诉人委托律师代理诉讼的，应当委托具有中国律师资格并依法取得执业证书的律师。"故A项错误。

《刑事诉讼法》第21条规定："中级人民法院管辖下列第一审刑事案件：（一）危害国家安全、恐怖活动案件；（二）可能判处无期徒刑、死刑的案件。"本案是涉嫌从事间谍活动危害国家安全，应由中级法院审理，不应由A区法院一审，故B项错误。

《刑诉解释》第484条第3款规定："外国籍当事人通晓中国语言、文字，拒绝他人翻译，或者不需要诉讼文书外文译本的，应当由其本人出具书面声明。拒绝出具书面声明的，应当记录在案；必要时，应当录音录像。"故C错误。

综上，此题答案为D。

2. 李某、阮某持某外国护照，涉嫌贩卖毒品罪被检察机关起诉至某市中级人民法院。关于李某、阮某的诉讼权利及本案诉讼程序，下列说法正确的是：（2011－2－95，不定项）

A. 即使李某、阮某能够使用中文交流，也应当允许其使用本国语言进行诉讼

B. 向李某、阮某送达中文本诉讼文书时，可以附有李某、阮某通晓的外文译本

C. 李某、阮某只能委托具有中华人民共和国律师资格并依法取得执业证书的律师作为辩护人

D. 如我国缔结或参加的国际条约中有关于刑事诉讼程序具体规定的，审理该案均适用该条约的规定

【考点】涉外刑事诉讼特有原则

【解析】《刑诉解释》第484条第1、2款规定："人民法院审判涉外刑事案件，使用中华人民共和国通用的语言、文字，应当为外国籍被告人提供翻译。翻

译人员应当在翻译文件上签名。人民法院的诉讼文书为中文本。外国籍当事人不通晓中文的，应当附有外文译本，译本不加盖人民法院印章，以中文本为准。"可见，外国被告人当然允许使用本国语言进行诉讼，法院应为其提供翻译，A项正确。外国被告人使用本国语言时，应当附有被告人通晓的外文译本，而非"可以"，故B项错误。

《刑诉解释》第485条第1款规定："外国籍被告人委托律师辩护的，或者附带民事诉讼的原告人、自诉人委托律师代理诉讼的，应当委托具有中华人民共和国律师资格并依法取得执业证书的律师。"可知，如果委托律师只能委托中国律师，但如果委托的辩护人是非律师身份的其他辩护人，则不受必须是"中国的"限制。C项错误。

在民事案件中，可以直接适用我国缔结或参加的国际条约中的相关规定。但在刑事案件中，审判时是否可以直接援引我国缔结或参加的国际条约没有规定。D项表达过于绝对，错误。

综上所述，本题答案为A。

3. 下列哪些案件适用涉外刑事诉讼程序？（2010－2－79，多）

A. 在公海航行的我国货轮被索马里海盗抢劫的案件
B. 我国国内一起贩毒案件的关键目击证人在诉讼时身在国外
C. 陈某经营的煤矿发生重大安全事故后携款潜逃国外的案件
D. 我驻某国大使馆内中方工作人员甲、乙因看世界杯而发生斗殴的故意伤害案件

【考点】涉外刑事案件范围

【解析】《刑诉解释》第475条规定：本解释所称的涉外刑事案件是指：（1）在中华人民共和国领域内，外国人犯罪的或者我国公民对外国、外国人犯罪的刑事案件；（2）符合《刑法》第7条、第10条规定情形的我国公民在中华人民共和国领域外犯罪的案件；（3）符合《刑法》第8条、第10条规定情形的外国人犯罪的案件；（4）符合《刑法》第9条规定情形的中华人民共和国在所承担国际条约义务范围内行使管辖权的案件。"需要注意的是，刑事诉讼涉外案件与涉外诉讼程序不同。刑事诉讼涉外案件是指犯罪嫌疑人、被告人具有涉外因素或者是案件发生在我国领域外，我国有管辖权的刑事案件；涉外诉讼程序，是指诉讼活动涉及外国人（包括无国籍人）或需要在国外进行的刑事诉讼所特有的方式、方法和步骤。本题中，A项，海盗抢劫案件虽然发生在公海上，但是其属于国际犯罪，属于上述（4），是涉外案件，适用涉外程序，A项正确。B项，我国证人在诉讼时身在国外，该案件不属于上述规定的涉外案件，但是该案的诉讼活动需要在国外进行，因此适用涉外刑事诉讼程序，B项正确。C项，陈某携款逃到国外的，该案不属于上述规定的涉外案件，但会涉及刑事司法协助，适用涉外刑事诉讼程序，C项正确。D项，虽然案件发生在国外，但案件发生在我国使馆内，当事人都是中国人，不属于涉外案件，由我国法院管辖。D项错误。

综上所述，本题答案为A、B、C。

4. 张三涉嫌危害国家安全犯罪，张三委托其哥哥担任辩护人，张三的哥哥是美国人，但是取得了美国的律师执业证书。下列关于该案程序的说法，不正确的是：（2021仿真题，不定项）

A. 张三的哥哥应当提供自己的律师执业证书

B. 张三的近亲属会见张三，应向受理案件的中级法院提出申请

C. 中级法院认为自己不宜管辖，可以请求上一级法院管辖

D. 张三所在国的驻华领事官员探视张三，法院应当安排

【考点】 本题考查涉外刑事诉讼程序

【解析】 依据《刑诉解释》第485条第1款规定："外国籍被告人委托律师辩护，或者外国籍附带民事诉讼原告人、自诉人委托律师代理诉讼的，应当委托具有中华人民共和国律师资格并依法取得执业证书的律师。"本题A项中张三的哥哥是外国律师，其不得以外国律师的身份担任辩护人，只能以近亲属的身份出庭，故该A项不正确。

依据《刑诉解释》第482条第2款规定："涉外刑事案件审判期间，外国籍被告人在押，其监护人、近亲属申请会见的，可以向受理案件的人民法院所在地的高级人民法院提出，并依照本解释第四百八十六条的规定提供与被告人关系的证明。人民法院经审查认为不妨碍案件审判的，可以批准。"故B项的错误在于，不是向"受理案件的中级法院"，而是向"受理案件的人民法院所在地的高级人民法院"提出申请。

依据《刑诉解释》第18条规定："有管辖权的人民法院因案件涉及本院院长需要回避或者其他原因，不宜行使管辖权的，可以请求移送上一级人民法院管辖。上一级人民法院可以管辖，也可以指定与提出请求的人民法院同级的其他人民法院管辖。"本题中张三涉嫌间谍罪，属于中级法院管辖的案件，但是，若其不宜行使管辖权的，可以请求移送上一级人民法院管辖。故C项正确。

依据《刑诉解释》第482条第1款规定："涉外刑事案件审判期间，外国籍被告人在押，其国籍国驻华使领馆官员要求探视的，可以向受理案件的人民法院所在地的高级人民法院提出。人民法院应当根据我国与被告人国籍国签订的双边领事条约规定的时限予以安排；没有条约规定的，应尽快安排。必要时，可以请人民政府外事主管部门协助。"故D项正确。

综上，本题的不正确答案为A、B两项。

大咖点拨区

客观题　　主观题

内部嘟学班

录播课 ＋ 直播课

全年保姆式课程安排

01 针对在职在校学生设置　　**02** 拒绝懒惰没计划效率低

03 全程规划督学答疑指导　　**04** 学习任务按周精确到天

你仅需好好学习其他的都交给我们

- ✓ 每日督学管理　　✓ 个人学习计划　　✓ 阶段测评模拟
- ✓ 专辅1V1答题　　✓ 个人学习档案　　✓ 考点背诵任务
- ✓ 主观题1V1批改

扫码立即
咨询客服

扫码下载
小嘟AI课APP

客观题 **主观题**

面授密训班

内部密训课程 ✓   内部核心资料 ✓   揭示命题套路 ✓

直击采分陷阱 ✓   传授答题思路 ✓   强化得分能力 ✓

**全封闭
管理**

**专题式
密训**

**专辅跟班
指导**

**阶段模拟
测评**

**点对点
背诵检查**

**手把手
案例批改**

**1V1
督学提醒**

扫码立即
咨询客服

扫码下载
小嘟AI课APP